Zu diesem Buch

Jeder Mensch hat Hoffnungen und Wünsche. Doch oftmals glauben wir selbst nicht an die Möglichkeit, das Ziel unserer Träume zu erreichen. Wir setzen uns vorschnell Grenzen oder lassen zu, daß andere über unsere Art zu leben urteilen.

Wayne W. Dyer zeigt, daß man sich nicht mit einem Leben abfinden muß, in dem man nicht glücklich ist. Wie schon in seinem Weltbestseller *Der wunde Punkt* fordert er uns auf, an unsere Chance zu glauben und selbst die Verantwortung für unser Glück in die Hand zu nehmen. Er beschreibt, wie man Stück für Stück sein Selbstvertrauen stärken und die eigenen inneren Grenzen überwinden kann.

Der Autor

Dr. Wayne W. Dyer, Psychologe und Autor, lebt in den USA. Bisher sind zwei seiner Bücher im Rowohlt Taschenbuch Verlag erschienen: der Weltbestseller «Der wunde Punkt. Die Kunst, nicht unglücklich zu sein» (rororo 7384) und «Wirkliche Wunder. Wie man scheinbar Unmögliches vollbringt» (rororo 9937).

Wayne W. Dyer

Mut zum Glück

So überwinden Sie Ihre inneren Grenzen

Deutsch von
Angelika Bardeleben und
Helena Jadebeck

 Rowohlt

Die Originalausgabe erschien 1981 unter dem Titel «The Sky's The Limit»
bei Pocket Books, a division of Simon & Schuster, New York
1990 erschien bei mvg – Moderne Verlagsgesellschaft mbH, München,
die deutsche Erstausgabe unter dem Titel
«Sie sollten nach den Sternen greifen. Mit Mut zu neuen Zielen»

Überarbeitete Neuausgabe
Veröffentlicht im
Rowohlt Taschenbuch Verlag GmbH,
Reinbek bei Hamburg, Januar 1997
Copyright © 1997 by Rowohlt Taschenbuch Verlag GmbH,
Reinbek bei Hamburg
Copyright © 1980 by Wayne W. Dyer
Copyright © Die Rechte der deutschen Übersetzung liegen bei
mvg verlag im verlag moderne industrie AG,
München/Landsberg am Lech
Redaktion Barbara Keiner
Umschlaggestaltung Susanne Heeder
(Foto: PICTOR International)
Satz Sabon (Linotronic 500)
Gesamtherstellung Clausen & Bosse, Leck
Printed in Germany
1690-ISBN 3 499 60230 x

Zum Gedenken an Abraham H. Maslow,
den ursprünglichen Wegbereiter
für die Erforschung des Potentials
menschlicher Größe.

Und für Maya,
als Nachschlagewerk für die
«selbstverwirklichte Persönlichkeit».

Als Alexander der Große Diogenes besuchte und ihn fragte, ob er etwas für den berühmten Lehrer tun könne, erwiderte Diogenes: «Bitte geht mir aus der Sonne.» Vielleicht werden wir eines Tages wissen, wie man Kreativität gezielt fördert. Bis dahin wird es wohl das Beste sein, die großen Denker sich selbst zu überlassen. *John W. Gardner:* Selbsterneuerung

Inhalt

Kennen Sie Ihre Grenzen?

Immer wieder werden Sie beobachten können, daß jemand, dem man ein drittes, viertes oder fünftes Glas Alkohol anbietet, erwidert: «Nein, danke, ich habe meine Grenze erreicht.»

Wenn es sich um Alkohol handelt, ist es sicher richtig, das zu sagen. Schließlich legt man es nicht gerade darauf an, einen Kater zu bekommen oder seinen Körper und Geist zu mißbrauchen. Es zahlt sich aus, seine eigene Alkoholgrenze zu kennen und sie zu respektieren.

Aber wenn uns das Leben ein drittes, viertes oder fünftes Glas anbietet – und Angebote gibt es genügend, ob wir sie erkennen oder nicht –, auch dann denken wir zu oft: «Nein, lieber nicht. Ich glaube, ich habe mein Soll bereits erfüllt.» In diesem Sinne hörte ich einmal einen Babysitter, der ein mit großer Begeisterung spielendes Kind anfauchte: «Werd jetzt bloß nicht übermütig! Du weißt genau, daß du jedesmal, wenn du zu übermütig wirst, hinfällst und dir weh tust!»

In diesem Buch geht es darum zu erkennen, daß unserem Potential an Glück und Kreativität, an konstruktivem Verhalten in der Gesellschaft oder anderen uns wichtigen Dingen keine Grenzen gesetzt sind. Natürlich, wenn man etwas tun möchte, was nicht menschenmöglich ist – wenn man etwa ohne die geringste Ausrüstung von einer Klippe springt, um im Flug weiterzugleiten –, dann wird man kein Glück haben. Dieses Buch aber handelt davon, daß *jeder* fähig ist, alles zu erreichen, was Menschen je erreichen können. Außerdem ist er fähig, das zu sein, was er selbst wirklich sein will, und nicht das, was andere von ihm erwarten.

Als ich mich vor einigen Jahren dazu entschlossen habe, nicht mehr für eine Handvoll Fachexperten zu schreiben, schwebte mir ein vierteiliges Programm vor, das den Menschen dabei helfen sollte, die höchsten Stufen von Glück und Erfüllung zu erreichen. Damals glaubte ich, genau wie heute, daß die meisten Menschen unglücklich sind, weil sie nicht wissen, wie sie mit ihren Gefühlen umgehen sollen. Man hat sie dazu gebracht, viel Unsinn zu glauben, wie zum Beispiel «Niemand ist wirklich psychisch gesund», «Jeder ist zumindest ein kleines bißchen neurotisch» oder «Ihre Persönlichkeitsprobleme sind das Ergebnis tiefverwurzelter Charakterzüge, die irgendwann in einer weit entfernten Vergangenheit geformt wurden, und es wird Jahre ‹auf der Couch› dauern, um sie auszugraben.»

In meinem ersten Buch, *Der wunde Punkt*, legte ich besonderen Wert auf die Frage, wie man sich von selbstzerstörendem Denken und Verhalten befreien und den Anfang finden kann, mit Vernunft zu denken und sich – wenn Sie so wollen – zu «ent-neurotisieren». Mein zweites Buch, *Führen Sie in Ihrem Leben selbst Regie,* zeigte Schritt für Schritt, wie Sie mit Menschen umgehen können, die Sie manipulieren oder zum Opfer machen wollen – Menschen, die ihren eigenen wunden Punkt noch nicht gefunden haben und meinen, deshalb immer noch ihren Selbstwert dadurch beweisen zu müssen, daß sie andere gängeln und unter Druck setzen.

Angenommen, Sie gestehen sich zu, daß Sie selbst in Fallen tappen, die andere für Sie aufgestellt haben. Dann müssen wir uns drei aufeinanderfolgende Bilder vorstellen: Zunächst die Person, die ihre persönlichen Fehler, ihre «wunden Punkte», überwunden hat; dann die Person, die ihre eigenen Fäden in der Hand hält; um schließlich, im dritten Bild, die Entwicklung zu jener Persönlichkeit zu vollziehen, die alle inneren und äußeren Zwänge abgelegt hat: die uneingeschränkte Persönlichkeit.

Schon als ich mit *Der wunde Punkt* begann, schwebte mir die Idee für dieses Buch zur uneingeschränkten Persönlichkeitsbildung vor, das zeigen soll, wie man den Status der selbstverwirklichten Persönlichkeit, der in den ersten beiden Büchern beschrieben wird, noch überschreitet. Es gibt sehr viel mehr im Leben, als zu lernen, wie man mit seinen Problemen fertig wird, mit seinen Gefühlen umgeht und sich durchsetzt. Jeder Mensch auf dieser Erde ist dazu veranlagt, «schwindelerregende Höhen» von Glück und Erfüllung zu erreichen. Was die meisten Menschen davon abhält, ist ihre «Höhenangst», weil sie sich nicht vorstellen können, durch diese

«Höhe» noch tieferen Halt zu finden, noch fest
wurzeln.

Es scheint eine weitverbreitete Furcht davor
nahe an die Sonne heranzuwagen; großen Gewi
ihn dann wieder zu verlieren; glücklich zu werde
Höhe abzustürzen. Das betrifft nicht nur einzelne von uns, sonde-
alle Menschen. Wenn wir die Möglichkeiten für ein Leben in Frieden, Harmonie, Produktivität, sogar Freude betrachten und uns
dann ansehen, wie die Welt wirklich ist, fällt der Vergleich erschüt-
ternd aus. Wie kommt es, daß wir uns in diese Situation hineinma-
növriert haben? Wir haben die Augen verschlossen vor der Größe
unserer eigenen Möglichkeiten. Unser ganzes Leben haben wir
darum gekämpft, durchschnittlich zu werden, mit Erwartungen
übereinzustimmen und in die sozialen Strukturen zu passen, die das
Chaos fortsetzen, in dem sich ein Großteil der Welt heute befindet.

Die Vorstellung, daß erst «der Himmel» die Grenze sei und daß
wir deshalb getrost nach den Sternen greifen sollten, erweist sich als
besonders treffend, wenn wir sie auf das menschliche Potential anwenden. Geht man dieser Idee nach, dann sind die Geheimnisse des
Universums, etwa die Frage, wie hoch eigentlich der Himmel sei,
nichts im Vergleich zu den Geheimnissen des Lebens.

Wer ist denn eigentlich dieses Wesen, das während der letzten
paar tausend Jahre aus den Höhlen gekrochen ist, um Relativitäts-
theorien zu entwickeln, um den Himmel zu benennen, um das Universum zu erforschen und um sogar zu beweisen, daß keine einzige
Maschine, die nach irgendeinem logischen System konstruiert
wurde, und kein Computer jemals die Kreativität des menschlichen
Geistes erreichen kann?

Wenn Sie sich also das nächste Mal voller Erstaunen und Ver-
wunderung den Himmel ansehen, dann erinnern Sie sich daran, daß
in Ihnen selbst sehr viel größere Wunder stecken. Der Unterschied
ist, daß der Himmel nicht über sich selbst nachdenken kann, daß er
nicht wählen kann, was er sein möchte.

Dieses Buch bedeutet für mich in vielerlei Hinsicht einen Wendepunkt. Ich hoffe, daß es auch für Sie ein Wendepunkt sein wird. Es

...s Wie und das Warum der vollkommenen menschlichen ...altung. Mit Hilfe dieses Programms können Sie neue Wege zu ...nken, zu fühlen und sich zu verhalten kennenlernen – Wege, auf denen Sie Ihr «durchschnittliches» oder «normales» Selbst überschreiten und sich zu einer Persönlichkeit entwickeln werden, wie Sie es sich nie erträumt hätten. Ich möchte Sie dazu ermutigen, Ihr Leben nach humanistischen Werten und Verhaltensweisen auszurichten, die nicht nur Sie selbst Tag für Tag bereichern, sondern auch ihre Umgebung positiv beeinflussen werden. Wir alle brauchen diese Kreativität und diese Visionen, die die Welt zu einem besseren und lebenswerteren Ort machen.

Um diesen Wendepunkt zu markieren und um der Persönlichkeit, die als Potential in jedem von uns steckt, einen Namen zu geben, habe ich einen neuen Begriff geprägt. Ich werde die Person, die die Grenze ihrer eigenen Durchschnittlichkeit oder Begrenztheit überschreitet und all ihre Potentiale aktiviert, als uneingeschränkte Persönlichkeit bezeichnen. Damit will ich andeuten, daß dieser Mensch keine künstlichen oder mit seinem Wesen nicht zu vereinbarenden Grenzen akzeptiert. Der selbstverwirklichte Mensch, der seine Fehler überwunden und zu sich selbst gefunden hat, und die uneingeschränkte Persönlichkeit sind eigentlich zwei Seiten derselben Medaille.

Möglicherweise sind die Begriffe «selbstverwirklicht» und «uneingeschränkt» sogar austauschbar. «Selbstverwirklicht» gebrauche ich gewöhnlich für «den Vogel, bevor er seinen ersten Flugversuch unternimmt» – für den Menschen, der seine Fehler erkannt, aber noch nicht seine Flügel ausprobiert hat. Wenn ich «uneingeschränkt» sage, dann beziehe ich mich auf jene, die bereits «dem Himmel entgegenfliegen».

Ich hoffe, daß Sie in diesem Buch eine ursprüngliche Kraft finden, die Ihnen hilft, Ihre eigene neue Perspektive zu entwickeln, sich selbst und die Welt in neuem Licht zu sehen.

Wenn ein Buch diesen Anspruch erhebt, muß es zugleich in den immer noch lebendigen und fruchtbaren Gedanken der Vergangenheit verwurzelt sein. Philosophisch denkende Freunde haben mich darauf hingewiesen, daß es Aristoteles war, der zuerst daran gedacht hat, Lebendigkeit nicht danach zu definieren, was sie zu irgendeinem bestimmten Zeitpunkt ist, sondern danach, was an Potential in ihr steckt – und dies ist tatsächlich die Art und Weise, in der wir uns alle sehen sollten. Zugleich müssen wir aber auch zugestehen, daß wir zu jedem denkbaren Zeitpunkt immer das Beste verkörpern sollten, was wir gerade sein können. Ich sage dazu: Sie dürfen perfekt sein!

Leider hat die Idee, das unbegrenzte menschliche Potential zu erforschen, kaum Bedeutung in der heutigen Gesellschaft, und so liegen die Wurzeln dieses Buches den Gedanken einiger ungewöhnlicher und atypischer Denker sehr viel näher als denen, die heute als Philosophen und Psychologen angesehen werden.

Einer der wichtigsten Denker, die meine eigene Entwicklung beeinflußt haben, war Dr. Abraham Maslow. Er widmete sich der Erforschung der Selbstverwirklichung: den höchsten Ebenen des Seins oder der Entwicklung, die der Mensch je erreichen könnte. Maslow beschrieb die Eigenschaften, die den selbstverwirklichten Menschen auszeichnen, und machte den Versuch, eine «Psychologie des Seins» zu entwickeln. Für meine Idee der uneingeschränkten Persönlichkeit habe ich von Maslow einige Eigenschaften seines Begriffes der Selbstverwirklichung übernommen; ihm widme ich in großer Bewunderung für seinen Pioniergeist dieses Buch.

Maslow wollte die Menschen aus einer neuen Perspektive sehen. Er glaubte, man sollte jene studieren, die viel erreicht hätten, aus ihren Beispielen lernen und die Psychologie nicht auf das Studium der Krankheiten beschränken. Sonst würde man dahin kommen, die Menschen ausschließlich aus dem Blickwinkel dessen zu betrachten, was in der Psyche schieflaufen kann. Maslow glaubte an die Größe der Menschen. Das tue ich auch.

Meine Anstrengungen konzentrieren sich darauf, das Werk von Maslow und anderen verwandten Geistern der humanistischen Wissenschaften für jedermann verfügbar und verständlich zu machen. Ich glaube, daß jeder Mann und jede Frau eine hohe Stufe der menschlichen Entwicklung erreichen kann, daß er oder sie sich tatsächlich selbst verwirklichen und zu einer uneingeschränkten Persönlichkeit werden kann, wenn sie darauf hinarbeiten. Es geht dabei im wesentlichen darum, welche Entscheidungen sie zu treffen bereit sind. Niemand ist naturgemäß irgend jemand anderem überlegen; jeder, der möchte, kann «großartige Entscheidungen» treffen und als Mensch tatsächlich «großartig» werden.

Beim Schreiben dieses Buches habe ich sowohl das «Wie» als auch das «Warum» erörtert, das dazugehört, um eine uneingeschränkte Persönlichkeit zu werden. Nur allzuoft gelingt es Psychologen nicht, den Menschen genau zu sagen, was sie tun können, um die höchsten Stufen ihrer eigenen Entwicklung zu erreichen. Wenig wurde bisher darüber geforscht, wie wir bestimmen können, wohin wir gehen wollen und wie man dorthin kommt. Ich habe versucht, diese «Erkundungslücke» mit diesem Buch zu füllen. Aus der Lektüre von Maslow und anderen habe ich eine Menge gelernt und versucht, einiges, was andere schon gelehrt haben, in eine für jeden verständliche Sprache zu übersetzen. Im wesentlichen schreibe ich jedoch über das, was ich für wahr halte – nicht weil ich es gelesen habe, sondern weil ich es selbst jeden Tag lebe. Ich habe gesehen, wie man vollkommen in der Gegenwart lebt, und ich weiß, daß es geht.

In vielerlei Hinsicht durchbricht dieses Buch die traditionellen Grenzen der Psychologie und wagt sich in Bereiche der Philosophie vor. Lassen Sie sich davon nicht abschrecken, denn dabei denke ich nicht an die Theorien der Akademiker, die sich heute Philosophen nennen. Aufgrund der einfachen Tatsache, daß Sie kaum jemals etwas von einem zeitgenössischen Philosophen hörten, können Sie schließen, daß akademische Philosophie eine ziemlich tote Disziplin ist – tot für die Welt zumindest. Es ist eine traurige Tatsache, daß sich die akademische Philosophie während der letzten dreißig oder vierzig Jahre in der Analyse von Grammatik und in der Konstruktion von logischen Systemen verloren hat, daß sie mit technologischen und wissenschaftlichen Themen befaßt war. Die humanistische Suche nach Weisheit, die die Philosophie zunächst ins Leben gerufen hat, war davon ausgeschlossen. Wenn «Philosophen» einen Autor wie mich dafür kritisieren sollten, daß ich in ihre Bereiche eingreife, dann müssen sie sich zunächst selbst fragen, inwiefern sie die Bereiche dessen, was ich darzustellen versuche, vernachlässigt haben.

Für mich behält «Philosophie» ihre ursprüngliche Bedeutung: Sie ist die Suche nach der letzten menschlichen Weisheit. Ich betrachte mich selbst zunächst als einen praktischen Philosophen und erst in zweiter Linie als einen Psychologen. Seit den Zeiten der großen Existentialisten – Kierkegaard, Sartre, Heidegger – hat niemand mehr erörtert, was es bedeutet, ein Mensch zu sein. Sogar die Existentialisten haben selten auf die höchsten Höhen geblickt, die ein Mensch erreichen kann, sondern statt dessen ihre Aufmerksamkeit auf die Absurdität der Existenz gerichtet. Heutige «Philosophen» sind so sehr damit beschäftigt, logische Haarspaltereien zu betreiben oder zu beweisen, daß ein Baum existiert (oder auch nicht existiert), selbst wenn ihn niemand beachtet, daß sie dem Menschen, der sich mit den Bäumen und Wäldern seines eigenen Lebens befassen muß, keine Hilfe anbieten.

Dieses Buch soll ein praktischer Philosophiekurs sein, um zu einem vollkommenen Menschen zu werden. Im Kern meiner Anschauungen steht der Glaube, daß Sie sich selbst motivieren und sich für Ihre Größe entscheiden können – auch dann, wenn Sie das niemals zuvor getan haben. Wenn ich philosophische Fachsprache vermeide und sie durch allgemeinverständliche Begriffe ersetze, dann können wir unsere einzigartigen Chancen, intensiv zu leben und täglich Gefühle von Glück zu empfinden, besser verstehen.

Viele von uns sind zu der Überzeugung gekommen, daß ein solches uneingeschränktes Leben außerhalb unserer Reichweite liegt. Wenn Sie *Der wunde Punkt* und *Führen Sie in Ihrem Leben selbst Regie* gelesen haben, dann werden Sie erkennen, daß dieses Buch die logische Fortführung ist. Sie sind zum Verständnis des vorliegenden jedoch nicht notwendig.

In meinen Büchern habe ich all das niedergeschrieben, was ich bis zu diesem Zeitpunkt über das Ausschöpfen des größten menschlichen Potentials und das Erleben innerer Befriedigung sowie höchster Ekstase gelernt habe. Hand in Hand damit geht ein Gefühl von Sinn, das Ihrem Leben vielleicht eine Bedeutung gibt, die es niemals vorher gehabt hat.

Wir alle schätzen besonders die Menschen, die dem Leben mehr Fülle geben. Ich möchte dazu beitragen, daß Ihr Leben, ebenso wie mein eigenes, jeden Tag vollkommen lebendig ist. Ich möchte, daß jeder, der meine Bücher liest, seinem eigenen menschlichen Potential einen Schritt näher kommt. Ich möchte, daß Sie innere psychologische Barrieren beiseite werfen und deutlich sehen, daß Sie genau das werden können, wofür Sie sich selbst entscheiden.

Genießen Sie es, dieses Buch zu lesen. Ich habe jede Minute genossen, die ich damit verbrachte, darüber nachzudenken, Erkenntnisse und Material zu sammeln, Interviews zu machen und es zu schreiben. Es wird Sie mit demselben Enthusiasmus für das Leben anstekken, den ich während dieser letzten Monate gefühlt habe, und sicher werden wir beide zusammen unsere Grenzen überschreiten.

Wayne Dyer

1. Sie dürfen vollkommen sein!

Als ich vor einigen Jahren in einer Talkshow auftrat, fragte mich eine Frau leicht verächtlich: «Sagen Sie, wie fühlt man sich, wenn man vollkommen ist?» Offensichtlich wollte sie mich provozieren.

Wie die meisten Menschen schien auch diese Frau zu glauben, daß es nahezu eine Sünde sei, sich selbst für vollkommen zu halten. Es ist viel angesehener, mit sich selbst unzufrieden zu sein und immer danach zu streben, die Erwartungen anderer an die eigene Perfektion zu erfüllen – was sich natürlich immer als unmöglich erweist. Sie schien auch im Glauben zu leben, daß alles, was bereits vollendet und damit perfekt ist, für immer so bleiben müsse – daß ein «vollkommener» Mensch sich niemals ändern und niemals wachsen würde. In Wirklichkeit glaubte sie doch, daß nur Gott vollkommen sei. Sie betrachtete es deshalb als eine ungeheure Anmaßung, sich selbst für perfekt zu halten.

Ich erinnere mich, daß ich dieser Frau sagte: «Es ist absolut richtig, sich selbst für vollkommen zu halten. Das hat nichts mit Arroganz oder Einzigartigkeit zu tun, und auch die Motivation zu innerem Wachstum geht dadurch nicht verloren.»

Sie wissen, daß das Meer vollkommen ist. Ebenso die Blumen, der Himmel, Ihre Lieblingskatze und alles andere in der Natur. Sie sind so perfekt, wie sie überhaupt nur sein können, sogar wenn sie sich dauernd verändern. Der Himmel ist anders, als er vor einer Stunde war, aber er ist noch immer perfekt. Ihre Katze verändert sich von Tag zu Tag, und trotzdem ist sie nicht weniger perfekt. Auch Sie können wachsen und sich in mannigfacher Weise verändern – und trotzdem bleiben Sie ein vollkommenes Geschöpf. Der Grund dafür liegt in Ihrer Fähigkeit, sich selbst gegenübertreten zu können, sich zu jeder Zeit anzunehmen und dann in Richtung auf etwas Neues zu wachsen. Es ist geradezu widersinnig, daß wir Tieren Vollkommenheit zugestehen, nicht aber uns selbst.

Sie sind das vollkommenste Wesen, das je auf dieser Erde erschaffen wurde, daran gibt es keinen Zweifel. Sie sind das Ergebnis von Millionen von Evolutionsjahren. Ihr Körper und Ihr Geist – wenn Sie überhaupt zwischen den beiden eine Trennung machen wollen – sind in der Natur die perfektesten Einheiten, um das Leben und die Vollkommenheit einer bestimmten Gattung auf Erden zu sichern.

Vollkommen zu sein bedeutet, sich selbst mit neuen Augen zu sehen, sich ungehinderten Zugang zum Leben zu gestatten und sich nicht in irgendwelchen Randgebieten aufzuhalten. Glauben Sie nicht länger, Sie wären immer noch nicht weit genug, um sich auf das große Karussell des Lebens einzulassen. Geben Sie sich selbst die Erlaubnis, zu wachsen und die höchsten Ebenen zu erreichen, die man sich überhaupt vorstellen kann. In diesem Sinne sind Sie zur Vollkommenheit befähigt. Sie können sich selbst als ein vollkommen gelungenes Werk der Schöpfung ansehen – ohne deshalb anderen gegenüber prahlen oder ihnen irgend etwas beweisen zu müssen –, wenn Sie Ihre innere Stabilität, das Vertrauen und Ihr Gefühl von Stolz und Wert fördern und zugleich auf ein erfülltes Leben hinarbeiten.

Der Weg zur Selbstverwirklichung

Am Ende dieses Buches befindet sich eine Aufstellung mit folgender Einteilung. Sie bezeichnet die verschiedenen Stufen auf dem Weg zur vollkommen selbstverwirklichten Persönlichkeit.

Panik	Apathie	Streben	Probleme	das Leben
	Passivität	Kämpfen	bewältigen	meistern
	Untätigkeit			

Es gibt viele Möglichkeiten, seine gegenwärtige Entwicklungsstufe einzuschätzen. Zum Beispiel könnte man abwägen, inwieweit man in der Lage ist, Situationen, die einem im täglichen Leben begegnen, in den Griff zu bekommen – beginnend mit dem Alltäglichen über das Angenehme oder Vergnügliche und weiter bis zum Schwierigen. Im wesentlichen sind es fünf Stufen, nach denen man die Reaktionsweise auf die vielen Situationen des eigenen Lebens einteilen kann.

Panik

Menschen werden von Panik ergriffen, wenn sie mit Problemen konfrontiert werden und das Gefühl haben, sie nicht lösen zu können. Panik bedeutet, ziellos umherzuirren, kein Vertrauen in sich selbst zu haben, sich in unvorhersehbarer Weise zu verhalten, ohne sich auf sich selbst verlassen zu können.

Sie haben mitten in der Nacht eine Reifenpanne; niemals zuvor haben Sie einen Reifen gewechselt. Zunächst einmal könnten Sie mit Panik reagieren. Vielleicht weinen Sie, oder Sie verlassen das Auto und laufen «kopflos» umher. Vielleicht reagieren Sie hysterisch, fluchen in die Nacht hinaus, auf ihren Reifen oder auf den schuldigen Nagel. Sie verschwenden eine Menge Energie, aber nur auf Ärger, Frustration, Verwirrung und Konflikt, nicht auf die Lösung Ihres Problems.

Jeder von uns hat irgendwann einmal in seinem Leben Panik empfunden, besonders in einer fremden Umgebung, wenn man sich mit Problemen konfrontiert sah, die man noch nie vorher gelöst hatte. Ob wir deshalb vollkommen handlungsunfähig werden, hängt davon ab, wie lange und wie oft uns solche Panik im Griff hat.

Nicht wenige Menschen verbringen ihr Leben mit solchen Panik-gefühlen, sei es nun beruflich, privat oder in anderer Hinsicht. Sie taumeln von einem Problem zum anderen und wissen dabei niemals, was sie wirklich machen oder wie sie reagieren sollen; ihr Inneres gleicht einem Wirbelsturm. Wenn Sie sich in diesem Bild wiedererkennen, dann sollten Sie wissen: Sie können sich nur noch in einer Richtung weiterbewegen, nämlich aufwärts!

Teilnahmslosigkeit und Passivität

Teilnahmslosigkeit beschreibt einen Zustand, in dem Sie unfähig sind, rational zu denken und zu handeln. In diesem Zustand sind Sie entweder gänzlich «gelähmt», oder Sie reagieren so, wie andere es von Ihnen erwarten.

Teilnahmslosigkeit folgt häufig auf einen Panikanfall; Gefühle von Depression oder Langeweile kommen auf. Chronische tiefe Depression oder Langeweile, die existenzbedrohende Ausmaße annimmt – gemeint ist nicht die Langeweile aufgrund dieser oder jener Situation, sondern ein Gelangweiltsein vom ganzen Leben –, kann bis zum Selbstmord führen. Søren Kierkegaard hat das Wesen der existentiellen Langeweile in «Entweder/Oder» beschrieben:

> Es ist mir alles gleichgültig. Es liegt mir nichts daran zu reiten, denn die Bewegungen sind mir zu wild. Es liegt mir nichts daran, zu Fuß zu gehen, denn das ist zu anstrengend. Es liegt mir nichts daran, mich hinzulegen, denn dann müßte ich entweder liegenbleiben, und daran liegt mir nichts, oder ich müßte wieder aufstehen, und daran liegt mir auch nichts. Summa summarum: Es liegt mir an gar nichts.

Depression und Langeweile führen dazu, daß man jede Aktivität einstellt, passiv ist und zum Beispiel im Bett liegenbleibt, nur noch zu Hause hockt und sich selbst anklagt.

Passivität ist für uns sehr viel gefährlicher und schmerzhafter als

Panik. Sie ist die deprimierendste Lebensweise, die man sich überhaupt vorstellen kann. Vielleicht verhält es sich sogar so, daß diese Lähmung weniger durch einen Arbeitsplatzwechsel, Scheidung oder einen Todesfall ausgelöst wird, sondern dadurch, daß man Tag für Tag in unklaren Beziehungen lebt und unter Bedingungen, die keine Orientierung, kein Ziel zulassen: Man empfindet nichts als chronische Depression.

Untätigkeit verursacht inneres Chaos. Sie wirft über die ganze Welt einen grauen Schleier.

Im Zustand der Passivität kann jeder Schritt, jede Aktion, zu der Sie sich aufraffen, helfen, das innere Chaos abzubauen. Nehmen wir noch einmal das Beispiel der Reifenpanne, irgendwo draußen, wo niemand erreichbar ist: Nachdem Sie geschrien und dem Auto einen Fußtritt versetzt haben, den Nagel auf der Straße verflucht und Ihrem Ärger Luft gemacht haben, sind Sie eine Weile untätig. Vielleicht sitzen Sie nur auf der Erde und reden irgend etwas vor sich hin. Vielleicht setzen Sie sich wieder in Ihr Auto und grübeln über Ihr Pech nach. Wenn die Untätigkeit jedoch zu lange anhält, dann wird der Reifen niemals geflickt werden. Aber Sie wissen ganz genau, daß es nichts hilft, passiv zu bleiben, und so erklimmen Sie die nächsthöhere Stufe.

Streben und kämpfen

Streben heißt, entweder gegen jemanden oder etwas anzukämpfen oder sich ernsthaft anzustrengen und Energie in etwas zu investieren. Man versucht, etwas zu tun, sei es nun, die eigenen Fehler zu bereinigen oder z. B. finanzielle Sicherheit zu erlangen. Streben bedeutet noch nicht Erfolg, aber zumindest wird etwas unternommen – ein Zustand, der bei weitem besser ist als Panik oder Untätigkeit.

Dem ist entgegenzuhalten, daß für viele Menschen Kampf der wesentliche Lebensinhalt ist. Ihr ganzes Leben besteht darin, zu kämpfen und zu streben, ohne jemals an ein Ziel zu kommen. Chronisches und zwanghaftes Streben bedeutet, daß man immer irgend etwas hinterherjagt und sein ganzes Leben nur auf die Zukunft ausrichtet. Man hastet stets von einer Aufgabe zur anderen und hat niemals Muße, die Gegenwart zu genießen, weil man bereits das nächste Ziel vor Augen hat. Man hat sich daran gewöhnt, einen großen Teil seines Lebens ohne innere Erfüllung zu verbringen. Es ist bedenklich, wie viele Menschen unter zwanghaftem Streben oder selbstverursachter Hetze leiden. Sie können nicht einmal ihren Urlaub genießen; zu sehr sind sie damit beschäftigt, was ihnen zu Hause entgeht oder was sie erledigen müssen, sobald sie zurückkommen. Möglicherweise belasten sie sich bereits mit der Urlaubsplanung für das nächste Jahr. Oder im Beispiel der Reifenpanne: Sie bemühen sich um eine Lösung, finden im Kofferraum Ersatzreifen und Wagenheber, verstehen aber die schriftlichen Reparaturanleitungen nicht. Sie suchen nach einem Telefon. Sie bemühen sich, finden aber keine Lösung.

Trotz allem ist Streben und Kämpfen ein guter Ansatz, auch wenn das sicherlich nicht ausreichend ist. Ihr Bemühen kann erfolgreich sein, so daß Sie mit einer Sache fertigwerden, sie meistern – oder Sie können in Passivität und Panik zurückverfallen. Bemühen allein kann zu einer Lebensform werden. Sie haben die Wahl.

Probleme bewältigen

Wer Schwierigkeiten bewältigen kann, läßt es nicht zu, daß ihn Probleme überwältigen. Er kann sich den Umständen erfolgreich anpassen. Dies scheint übrigens das Erziehungsziel der meisten Eltern und Lehrer zu sein. In der Psychologie hat der Versuch, mit etwas fertig zu werden, immer schon die Bedeutung, sich dem Status quo anzupassen, sich daran zu orientieren, was man sein sollte und was die «durchschnittliche» oder «normale» Gesellschaft einem vorschreibt. Das kann bedeuten, daß Sie einige Ihrer Hoffnungen, Träume und Sehnsüchte aufgeben müssen. Nach landläufigem Verständnis ist das der Preis für den «Erfolg».

Diese Einstellung können wir immer wieder an den Zeugnissen unserer Kinder ablesen. «Sally ist ein artiges Mädchen. Sie hat sich gut in die Gruppe eingefügt. Sie wird mit den ihr gestellten Aufgaben fertig und paßt sich den anderen Kindern gut an.»

Mit anderen Worten: Sie lernt, genauso zu sein wie jeder andere auch und dasselbe zu tun, so daß sie niemals Schwierigkeiten machen wird.

Kehren wir noch einmal zur Situation des platten Reifens zurück: Was auch immer Sie tun – wenn Sie mit der Situation «eben gerade fertig werden», dann wird Ihre Handlungsweise wahrscheinlich dem entsprechen, was man von Ihnen in einer solchen Situation erwartet.

Möglicherweise bewältigen Sie alles so gut, daß es sich erübrigt, von Schwierigkeiten oder Fehlverhalten zu sprechen. Wenn jemand konstruktiv Hilfe anbietet, dann werden Sie sie freundlich und dankbar annehmen; andernfalls werden Sie vielleicht aufmerksam die Anleitung lesen und versuchen, den Reifenwechsel selbst zu bewerkstelligen.

Ich habe nichts dagegen einzuwenden, daß man lernt, wie man mit einer Situation fertig wird, aber ich betrachte diese Art der Problemlösung, im Gegensatz zur häufig vorherrschenden Meinung, nicht als die höchste Stufe im Bereich der menschlichen Fähigkeiten. Allein das Fertigwerden mit Schwierigkeiten ist noch weit davon entfernt, wirkliche Kontrolle über sich selbst und sein Leben zu haben. Innere Erfüllung entsteht aus der Bereitschaft und Fähigkeit zur Veränderung.

Selbst wenn Sie das Leben spielend bewältigen, weitaus besser als jemand, der sich durch Panik, Untätigkeit oder rastloses Dahinarbeiten erschöpft, so wird es am Horizont stets einen noch schöneren Fleck geben.

Tag für Tag können Sie ihn neu finden, wenn Sie ihn suchen und daran glauben, daß Sie ihn erreichen können.

Das Leben meistern

Dieses Buch beschreibt, wie Sie Ihre inneren und äußeren Zwänge erkennen und Schritt für Schritt überwinden können. Sie werden lernen, Ihr eigenes Schicksal in der Hand zu haben, genau die Person zu sein, die die Entscheidungen fällt. So verstehen Sie, wie man in jeder Situation, mit der uns das Leben konfrontiert, reagieren und empfinden soll.

Wenn Sie dieses Buch gelesen haben und seine Gedanken auf Ihr eigenes Leben anwenden, werden Sie den Weg zum Glück erkennen und wahre Erfüllung erreichen.

Ich will damit nicht sagen, daß jemand sich immer in diesem Gefühl der Erfüllung befindet. Im Laufe unseres Lebens werden wir uns unzählige Male im Zustand der Panik befinden. Der beste Schreiner und der beste Bildhauer der Welt sind möglicherweise schlechte Väter, während der großartigste Vater der Welt sich vielleicht beruflich oder in bezug auf seine Ehe im Zustand der völligen Verzweiflung befindet.

Wem es gelänge, sich zur vollkommen freien, selbstbestimmten und innerlich erfüllten Persönlichkeit zu entwickeln, der wäre wohl auch Herr seiner eigenen Gefühle. Nach Maslow gibt es wenige solcher Menschen. Maslow war der Meinung, daß die absolut selbstverwirklichte Persönlichkeit – in meinem Gedankensystem der grenzenlos freie Mensch – nur selten anzutreffen sei. Er glaubte, daß nur eine ganz bestimmte Art von Mensch den Zustand erreichen könne, den ich in diesem Buch beschrieben habe.

Aber ich bin nicht Maslows Meinung. Ich glaube, das *jeder* sich weigern kann, auf bestimmte Situationen oder Probleme mit einem Gefühl von Lähmung zu reagieren; daß man selbst und nicht irgendeine geheimnisvolle Kraft oder ein astrologisches Sonnenzeichen oder die persönliche psychische Struktur dafür verantwortlich ist, wie man denkt und fühlt.

Ein letzter Blick zurück auf die Reifenpanne. Wenn Sie diese Situation «meistern», sind Sie voller Zuversicht, denn Sie haben einen starken Glauben an sich selbst. Sie haben keine Zeit für Selbstmitleid. Sie wissen, daß im Handschuhfach eine Arbeitsanleitung liegt, mit Zeichnungen und schrittweisen Instruktionen. Das Leben besteht aus Herausforderungen. Wir sollten sie mit offenen Armen willkommen heißen.

Diese «Meisterschaft» ist eine Seinsebene, auf der Sie selbst kreativ werden, indem Sie aus sich selbst Lösungen schöpfen und Ihrem Leben eine eigene Qualität geben. «Meisterschaft» ist eine Ebene, auf der wir unsere Lebenszeit mehr genießen können, als wir dies jemals für möglich gehalten hätten. Dieses Buch fordert Sie auf, nach dem zu greifen, was Sie wirklich möchten, weil Sie es tief in sich fühlen, anstatt immer wieder in Ihre nur allzu vertrauten Routinen zu verfallen und auf den unteren Stufen der Lebenserfüllung zu verharren. Es handelt davon, daß man sich selbst vertraut und Risiken eingeht, daß man erfolgreich wird, indem man nach dem strebt, was für die eigene Persönlichkeit wichtig ist.

Henry David Thoreau hat es so formuliert: «Wenn man voller Zuversicht seinen eigenen Träumen und Bestrebungen entgegenschreitet, um das Leben zu führen, das man sich vorgestellt hat, dann wird man Erfolge erringen, die man in der alltäglichen Lebensroutine nicht erwartet hätte.»

Das Ziel der Selbstverwirklichung

Viele Denker, die sich mit dem menschlichen Verhalten auseinandersetzten, haben ihre eigene Terminologie entwickelt, um die höchste Stufe der emotionalen Entwicklungsmöglichkeiten zu beschreiben. Maslow benutzte den Begriff der Selbstverwirklichung; Carl Rogers sprach von «vollkommen funktionierenden» Menschen und Erich Fromm von der «autonomen Person». David Riesmann redete vom «innenorientierten Menschen» und Carl Jung über die «Person mit Mut zum Individuum». Es gibt sehr viele Überschneidungen dieser Charakterisierungen mit meiner Beschreibung der grenzenlos freien Persönlichkeit; aber zugleich herrschen ganz unterschiedliche Auffassungen darüber, wie ein Individuum die Höhen der absoluten Selbstverwirklichung erreichen kann.

Maslows Konzept impliziert, wie schon gesagt, daß nur eine ganz bestimmte Kategorie von «Elite»-Menschen dazu bestimmt sei. Doch nach meiner Erfahrung ist jeder Mensch fähig, diese höchste Ebene zu erreichen. Sie können dieses Ziel systematisch angehen, vorausgesetzt, Sie wollen es wirklich. Es gibt keinen Grund, warum Sie nicht erfolgreich sein sollten. Jeder kann sich von selbstzerstörerischem Denken und Verhalten befreien und zu einem menschlichen Wesen werden, das jeden Tag in seiner ganzen Fülle erlebt. Kurz gesagt: Ein hohes Niveau geistiger und körperlicher Gesundheit ist für jeden erreichbar, der sich darum bemüht.

Die Kunst, in der Gegenwart zu leben

Irgendwie sind wir doch alle ein wenig verrückt! Überall sieht man Menschen, die drängen, kämpfen, sich Sorgen machen, für die das Leben eine ewige Jagd nach Besitztümern und sozialem Status ist und die dabei nicht nach innerer Befriedigung streben. Unsere Gesellschaft scheint den einzigen Lebensinhalt darin zu sehen, sich zukunftsorientierte Ziele zu setzen, die von außen festgelegt wurden: um seinen Eltern zu gefallen, gute Noten zu bekommen oder auch das Diplom renommierter Universitäten, berufliche Qualifikationen und Beförderungen, Auszeichnungen, Geld, drei Autos, zwei Fernsehgeräte, elektrische Dosenöffner und schließlich eine hohe Pension. Aber es scheint, daß wir so sehr damit beschäftigt sind, hinter all dem herzujagen, daß wir keine Zeit mehr haben, unser Leben zu genießen.

Warum leben wir überhaupt? Dies ist die erste Frage, die Sie sich selbst stellen müssen, wenn sich Ihre Lebensweise tatsächlich ändern soll.

Sie wissen, daß Sie nicht unbedingt hier zu sein brauchen! Jeder Selbstmord beweist: Wenn Sie Schluß machen wollen, dann kann keine Autorität, kein Gesetz gegen den Selbstmord, kein Pfarrer, der sich über die «Heiligkeit des Lebens» ausläßt, Sie daran hindern.

Doch es gibt nur ganz wenige Menschen, die bewußt und vorsätzlich Selbstmord begehen. Meist sind es Menschen, die sich aufgrund einer Krankheit oder anderer gewichtiger Gründen gefragt haben: «Warum überhaupt auf der Erde sein?» und zu dem Schluß gekommen sind: «Für mich gibt es keinen Sinn mehr.» Die Antwort auf die Frage nach dem Lebenssinn hätte genausogut gegenteilig ausfallen können. Wir können tausend Gründe dafür finden, das Leben zu wählen.

Aber wenn Sie sich selbst langsam umbringen oder tief in Ihrem Inneren wissen, daß Sie nicht wirklich leben, dann ist es vielleicht so, daß Sie den Tod nicht wählen, aber sich zugleich auch nicht wirklich für das Leben entscheiden. Sie hängen fest wie ein Schiff an einem Riff, irgendwo zwischen Panik und der unausgereiften Fähigkeit, mit den Dingen fertig zu werden, und wissen nicht, ob Sie das nächste Mal, wenn die Flut kommt, schwimmen oder untergehen werden.

Warum also gibt es uns? Beginnen wir doch einmal mit einem ganz einfachen Gedanken. Nehmen wir einmal an, daß der eigentliche Zweck unseres Daseins eine Reise durch das Leben ist, auf der wir soviel Vergnügen wie möglich haben sollten, ohne dabei jemandem zur Last zu fallen. Wir sollten zudem auf dieser Reise Aufgaben übernehmen, die diesen Planeten für alle, die jetzt und später darauf leben, zu einem lebenswerteren Stück Erde machen.

Das klingt vielleicht wie ein sehr hoch angesetztes Ziel, aber ich glaube, daß es als Lebensphilosophie für keinen Menschen zu «ehrgeizig» ist. Nevitt Sanford formuliert es so: «Wägt man die für den Menschen wichtigen Werte gegeneinander ab, so würde ich dem Lebensgenuß die höchste Priorität einräumen. Ich wüßte es auch zu rechtfertigen, denn wer es nicht versteht, sein Leben zu genießen, wird für andere Menschen eine Belastung werden.»

Verlieren Sie sich nicht in
Zukunftsphantasien

Für den Fall, daß Sie Ihre inneren Zwänge, Ihre selbstauferlegten oder anerzogenen Denkweisen erkannt haben und sich weiterentwickeln wollen zur vollkommen selbstverwirklichten Persönlichkeit, sollten Sie sich überlegen, wie Sie den Rest Ihres Lebens verbringen wollen. Wenn Sie unentwegt nach Statussymbolen, Markenzeichen und Aushängeschildern schielen, die gewöhnlich gleichgesetzt werden mit Erfolg (den ersten Rang nimmt das Geld ein), und dabei die Belohnung, die das Leben Ihnen jetzt bietet, auf ewig verschieben; wenn Sie darauf warten, irgendwann in der Zukunft wirklich zu leben, dann wird es die Gegenwart, in der Sie zu leben beabsichtigen, niemals geben.

Dieses «In-der-Zukunft-Leben» kann zu einer sehr destruktiven Angewohnheit werden. Stets wird die Gegenwart geopfert, um die Zukunft zu planen, ohne daß diese Zukunft jemals Wirklichkeit wird. Wenn Sie Reichtümer anhäufen, um damit glücklich zu leben bis in alle Ewigkeit, dann werden Sie niemals wirklich glücklich werden. Die Suche nach Reichtum und Geld wird zum Ziel Ihres Lebens werden. Wenn es die Jagd nach Geld ist, die Sie wirklich motiviert, dann werden Sie immer hinter Ihren Erwartungen zurückbleiben und immer das Gefühl haben, noch mehr Geld haben zu wollen.

Wenn Sie nach Prestige, Auszeichnungen, Ehre und Anerkennung oder nach anderen «äußerlichen» Belohnungen streben, die die Gesellschaft Ihnen geben kann, dann stecken Sie fest in der Mühle der ewigen Suche nach Erfolg, einschließlich aller für unsere Zeit typischen «neurotischen» Leiden wie Angst, Streß, Bluthochdruck, Magengeschwüre, Depressionen, Sorgen, Kopfschmerzen, Herzkrankheiten, Ziellosigkeit, Mangel an Liebe und Zuneigung oder unbefriedigende Familienbeziehungen. Nur noch in der Zukunft zu leben gehört zu den größten Fehlern unserer Gesellschaft.

Es gibt verschiedene Möglichkeiten, die Grenzen dieses Denkens zu überschreiten und den Einstieg in ein gegenwartsorientiertes Leben vorzubereiten. Der erste Schritt ist, ganz deutlich zu erkennen, daß das Jetzt die einzige Zeit ist, die es zu nutzen gilt. Dieses kleine Stückchen Wahrheit erscheint so einfach, und doch wissen nur sehr wenige Leute in der Gegenwart zu leben. Erst wenn die aus den Zukunftsromanen bekannte Zeitmaschine entwickelt sein wird, wird es möglich sein, der Gegenwart auszuweichen und sein Leben in eine andere Zeit zu verlegen. Wenn Sie es sich erlauben, stets über die «Landkarte der Zeit» zu wandern, so daß Sie einmal Bedauern und Schuldgefühle über die Vergangenheit empfinden, ein andermal wieder die Angst vor der Zukunft, dann werden Sie Ihr Leben ganz im Sinne des Wortes «in absentia», im Zustand der Geistesabwesenheit, leben – abgeschieden und fernab von der einzigen Zeit, in der Sie wirklich leben könnten.

Henry David Thoreau sagte: «Die meisten Menschen leben ihr Leben in einem Zustand stummer Verzweiflung.» Dies trifft möglicherweise sogar noch stärker auf das späte 20. als auf das 19. Jahrhundert zu. Demnach gewinnt der auslösende Teufelskreis, auf den diese Entwicklung zurückzuführen ist, immer mehr Einfluß. Ebenso steigt aber unser Bedürfnis, die Auswirkungen dieser Krankheit zu durchschauen und die Gegenmaßnahmen kennenzulernen.

Am Punkt 1 dieses Kreises (siehe S. 30) steht unsere Neigung, die Zukunft zu idealisieren. «Wenn ich erst einmal am nächsten Freitag beim Tanzen gewesen bin, dann wird die Welt ganz anders aussehen.» Oder: «Wenn ich meine Abschlußprüfung geschafft habe, wenn ich verheiratet, wenn ich erst einmal befördert bin, wenn ich diese oder jene finanzielle Unterstützung bekomme, wenn ich endlich Ferien habe, wenn unsere Freunde uns von weither besuchen, wenn sie wieder abfahren, wenn ich meine Prüfungen bestanden habe, wenn die Scheidung schließlich vorbei ist ...»

In Gedanken nehmen wir stets vorweg, was sich in der Zukunft ereignen wird, während der gegenwärtige Augenblick mit Plänen, Phantasien, Hoffnungen, Wünschen und den Träumen von einer zukünftigen «goldenen Zeit» vertan wird.

Das vorhersagbare Resultat, auf dem Kreis durch die Ziffer 2 gekennzeichnet, ist Frustration. Die Zukunft kann niemals ganz Ihren

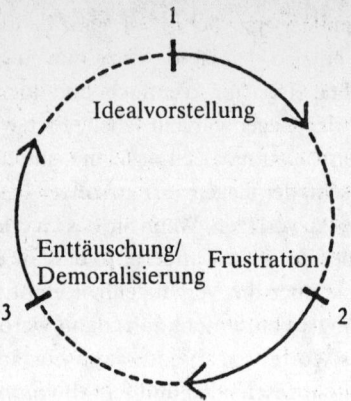

1

Idealvorstellung

Enttäuschung/ Frustration
Demoralisierung

3   2

Idealisierungen entsprechen. Deshalb erscheint sie schäbig, sobald sie zur Gegenwart wird. «Die Tanzveranstaltung war gar nicht so toll.» «Die Abschlußfeier war schrecklich langweilig, die Flitterwochen waren schon mit der Hochzeitsfeier vorbei, ich hatte die besondere finanzielle Zuwendung bereits verbraucht, noch bevor ich sie bekam, die Ferien waren ermüdend, und ich konnte es nicht erwarten, daß sie schließlich zu Ende waren.»

Der dritte Punkt auf dem Kreis ist die Demoralisierung, die Sie jedesmal dann empfinden, wenn die Zukunft zur Gegenwart wird und Sie enttäuscht. Diese Enttäuschung kann eine lange und ernste Depression nach sich ziehen. Falls Sie genügend Übung darin haben, mit Enttäuschungen umzugehen, dann sagen Sie sich vielleicht, daß Sie sich am besten «damit abfinden» sollten. Sie reden sich allmählich ein, daß Sie in Zukunft vom Leben nicht mehr so viel erwarten sollten. Ihr nächster Schritt aber wird sein, allmählich wieder Zukunftsillusionen aufzubauen. Das ganze Spiel beginnt von vorn. Schließlich sind Sie nichts als ein Rädchen in der Maschinerie stummer Verzweiflung. Der einzige Ausweg aus dieser Falle, die Millionen von Menschen lähmt, besteht darin, den Kreis in eine gerade Linie zu verwandeln und sich heute noch auf das Leben in der Gegenwart zu konzentrieren.

Überwinden Sie die Vergangenheit

Die Vergangenheit ist vorbei. So banal dies klingen mag, so wenig sind sich viele Menschen dieser Tatsache bewußt. Immer dann, wenn sie sich aufgrund längst vergangener Ereignisse in ihrem gegenwärtigen Denken und Handeln blockiert fühlen, machen sie sich selbst unnötig zum Opfer. Machen Sie einen ersten Schritt zur Überwindung der Vergangenheit, indem Sie alle Gedanken über Ihre Vergangenheit, die Sie heute lähmen, fallenlassen. Das hat zur Konsequenz, daß Sie Ihre Haltung zur Gegenwart verändern müssen.

Wenn Sie sich dafür entschieden haben, die Gegenwart damit zu verbringen, wehmütig im Gewesenen herumzustochern, Ihre verpaßten Möglichkeiten zu beklagen, in den «guten alten Zeiten» zu schwelgen, zu jammern, daß «die Zeiten immer schlechter werden», oder wenn Sie sich wünschen, Ihre früheren Lebensjahre noch einmal zu durchleben, dann lassen Sie Ihre Gegenwart gar nicht erst zu. Aber wenn Sie sich dazu entschließen, die Vergangenheit loszulassen, sobald sie Sie daran hindert, gegenwartsorientiert zu denken, zu fühlen oder zu handeln, dann wird es Ihnen leichter fallen, an Ihrer Selbstverwirklichung zu arbeiten. Loslassen bedeutet nicht, daß man seine Erinnerungen aufgibt, sie aus dem Gedächtnis streicht; sie sind uns im Gegenteil oft eine Stütze, um heute glücklich und stark sein zu können.

Erinnerungen sind ein Bestandteil des Lebens: Zum Beispiel sind Gefühle von Trauer, wenn jemand gestorben ist, den Sie sehr geliebt haben, nur natürlich.

Die Welt wird Sie immer wieder an die tiefe Kluft zwischen Leben und Tod erinnern, eine Botschaft, die Sie nicht ignorieren können. Für den Augenblick bleibt Ihnen nichts anderes übrig, als den Schmerz auszuhalten. Ihn nicht zu empfinden wäre unmenschlich, ihn nicht auszudrücken hätte katastrophale Wirkungen.

Aber wenn Sie dieser Trauer unendlich lange nachhängen würden, wenn Sie sich niemals zugestehen würden, sie loszulassen und sich den täglichen Dingen des Lebens wieder zuzuwenden, dann würden Sie sich dazu verdammen, auf ewig in der Vergangenheit zu leben – eine zwanghaft selbstzerstörende Reaktion. Ihr Schmerz kann Ihnen den geliebten Menschen nicht zurückbringen, er kann Sie nur von Ihrer Trauer über den Verlust dieser Person befreien, und im besten Fall kann er Sie dazu führen, daß Sie sich dem Leben noch tiefer und intensiver zuwenden.

Auch wenn Sie erkennen, daß Sie sich in einer bestimmten Situation nicht rücksichtsvoll verhalten haben, daß Sie aus Unachtsamkeit jemand anderen unnötig verletzt haben, dann ist es natürlich gut, wenn Sie sich entschuldigen, wenn Sie Ihre Gefühle von Reue zum Ausdruck bringen. Aber wenn Sie es zulassen, daß anhaltende Gefühle von Bedauern, von Reue, von Selbstbestrafung Sie daran hindern, jetzt Ihren Mann oder Ihre Frau zu stehen, wenn Sie ewig darauf bestehen wollen, daß Sie sich wegen längst Vergessenem schuldig und traurig fühlen, dann verhalten Sie sich unproduktiv. Unnötige Schuldgefühle verbessern Ihr Leben keineswegs. Sie können aus Ihren Fehlern lernen, um sie nicht zu wiederholen; den Fortgang Ihres Lebens beeinträchtigen Sie dadurch nicht.

Machen Sie sich auf den Weg

Ihre eigene Lebensgeschichte kann eine starke Kraft zum Guten sein, sie kann sich Ihnen aber auch in den Weg stellen und Sie daran hindern, in der Gegenwart zu leben: Es hängt ganz und gar davon ab, wie Sie sich entschließen, sie jetzt zu nutzen.

Es ist schade, daß die Psychologie seit Freud die Lebensgeschichte eines Menschen unter dem Aspekt von zerstörerischen Einflüssen betrachtet. Ein Therapeut verbringt vielleicht Tage oder Jahre damit, bei einem Patienten vergessene traumatische Erlebnisse ins Bewußtsein zu heben, herauszufinden, was seine Eltern ihm während seiner Kindheit angetan haben. Sicherlich liegt Wertvolles in diesem Ansatz, obwohl es wünschenswert wäre, daß Psychologen ebensogut Wege zur Überwindung negativer Einflüsse der Vergangenheit aufzeigten.

Aber wie so oft enthüllt dieser Ansatz nur die Hälfte der Wahrheit. Nehmen wir einmal an, Sie finden heraus, daß Ihr Vater ṛ. dominant und außerordentlich streng war und daß Sie einige Ihɪ. Probleme auf seinen Einfluß zurückführen können. Werden Sie Ihren Vater deshalb ablehnen, weil er Ihnen das «angetan» hat, werden Sie ihn anklagen, weil er nicht «fehlerlos» war? Machen Sie ihn dafür verantwortlich, weil Sie sich ändern müssen? Eine so begründete Feindseligkeit gegen ihn kann zu einem neuen Irrtum Ihrerseits werden, durch den Sie und er erneut zum Opfer gemacht werden.

Zugleich sollten Sie sich einmal fragen: Was haben Sie wirklich Wertvolles von Ihrem Vater erhalten? Vielleicht hat er Sie häufig mit zum Angeln genommen, und Angeln ist heute eines Ihrer Hobbys. Gelingt es Ihnen auch, Gefühle der Liebe und Anerkennung zu empfinden, wenn Sie sich daran erinnern, wie glücklich Sie mit ihm durch die Wälder gestreift sind?

Vielleicht hat seine Strenge bei Ihnen ein vollkommen kompromißloses Eintreten für persönliche Ehrlichkeit bewirkt – das war es nämlich, was er Ihnen «eingebleut» hat. Vielleicht sind einige Ihrer Jugendfreunde heute im Gefängnis, weil sie der Versuchung erlegen waren, das Gesetz ein wenig zu umgehen, Sie aber wissen, daß Ihnen das niemals passieren wird, weil Ihnen solche Versuchungen nie in den Sinn kämen. Ihre grundlegende Ehrlichkeit würden Sie um jeden Preis verteidigen, um sie sich zu erhalten. Alle, die an dieser Ehrlichkeit zweifeln, werden bei Ihnen auf Granit beißen. Aber wer hat diesen Granit denn eigentlich zu einem Teil Ihrer Persönlichkeit gemacht? Wenn Selbstverwirklichung und Selbstbestimmung, inneres Freisein und Lebenserfüllung Ihr Ziel sind, dann brauchen Sie die Weisheit, Wahrheit und Schönheit, die Inspirationen Ihrer eigenen Lebensgeschichte. Worauf sonst wollen Sie Ihre Lebensphilosophie bauen, wenn nicht auf Erfahrungen im Laufe Ihres eigenen Lebens? Suchen Sie deshalb aus Ihrer Vergangenheit all das zusammen, von dem Sie wirklich fühlen, daß Sie es mitnehmen sollten auf Ihrem Weg in die Zukunft. Treffen Sie eine Auswahl, alles andere belastet Sie. Nun ist es nur noch ein kleiner Schritt bis in die Gegenwart.

lturkreis wird die Kunst, vollkommen dem gegen-
enblick zu leben, kaum gepflegt. Tatsächlich haben
nal einen allgemeinen Begriff, der diese Haltung beschreibt. Die Existenzphilosophie benutzt Kierkegaards Konzept
der Unmittelbarkeit, um einen Zustand zu beschreiben, in dem wir
mit unseren gegenwärtigen Empfindungen in direktem Kontakt
sind – ein kindlicher Zustand, in dem die Wertschätzung des mo-
mentanen Augenblicks durch nichts gestört wird, sei es nun durch
Bedauern über die Vergangenheit oder idealistische Zukunftser-
wartungen.

Aber nur allzu häufig wird diese Unmittelbarkeit mit der Vorstellung des Kindischen, Naiven in Zusammenhang gebracht: Man ist
sich scheinbar nicht der größeren Dimensionen der Welt um sich
herum bewußt. Schließlich gehen viele davon aus, daß sie als Erwachsene den Zustand der «kindlichen Unschuld» ebenso wie die
kindliche Freude an der Unmittelbarkeit längst abgelegt haben und
sie niemals zurückbekommen können.

Wenn wir aber glauben, daß wir alle die Fähigkeit haben, im Jetzt
zu leben, und uns entschließen, nach Beispielen und Vorbildern zu
suchen, um diese Kunst zu pflegen, müssen wir uns anderen Kultur-
kreisen zuwenden, die solche Fragen intensiver als wir studiert haben. Wer bereit ist, im Jetzt zu leben, für den kann ein kurzer Aus-
flug in die Philosophie des Zen eine Brücke werden.

Zen soll beim einzelnen Menschen einen Zustand vollkommener
geistiger Ruhe hervorrufen. Während die Kunst des Zen abhängig
ist von einer bestimmten Lehre, die der sogenannte Meister seinem
Schüler weitergibt, um das Satori, das Erwachen, oder die Gegen-
wartsbewußtheit zu erlernen, wird sich die nach Selbstbestimmtheit
und Selbstverwirklichung strebende Persönlichkeit allein auf diesen
Weg machen.

Unter dem Thema «Die japanische Kunst des Augenblicks» beschrieb die Zeitschrift *Newsweek*, wie in diesem Kulturkreis die
Kunst, vollkommen den Augenblick zu leben, gepflegt wird: Als

Beispiel wurde die Beschreibung der Teezeremonie, genannt «Chanoyu», herangezogen:

> Einen Moment lang gibt es im Leben nichts als das Gefühl der Teeschale und des Tees. Was der Teetrinker tatsächlich fühlt, wird von dem zeitlosen japanischen Wort ‹mu› beschrieben. Im wörtlichen Sinn bedeutet ‹mu› ‹nichts› oder ‹null›, aber es beinhaltet weitaus mehr, nämlich die starke und intensive Konzentration auf die unmittelbare Aufgabe oder das Vergnügen. Alle Zerstreuungen werden ausgeschaltet. In diesem Nullzustand richtet sich die geistige Aufmerksamkeit nur auf das, was unmittelbar, was da ist. Genau diese Fähigkeit der geistigen Aufmerksamkeit bewirkt, daß jede Sekunde, jeder Zentimeter, jeder Strich mit dem Pinsel oder der Feder zählt. – Dies ist das Kennzeichen des Japanischen in allen Künsten Japans.

Abraham Maslow meinte, die japanische Kultur sei weitaus höher entwickelt in der Kunst, sich auf die Gegenwart zu konzentrieren. Er gebrauchte das japanische Wort «Muga», um den Zustand des bewußten Hierseins, die Fähigkeit des Verweilens im Augenblick zu beschreiben, und hat «Muga» auf folgende Weise definiert:

> «Muga» ist der Zustand, in dem Sie alles mit vollkommener Hingabe tun, ohne dabei an etwas anderes zu denken, ohne Zögern, Kritik, Zweifel oder Hemmung. Es ist ein reines, perfektes und vollkommen spontanes Handeln ohne irgendwelche Blockierungen. Dies ist nur möglich, wenn das Selbst überschritten oder gänzlich vergessen wird.[*]

Im «Muga»-Zustand werden Sie innere Ruhe und persönliche Befriedigung erfahren, die Sie vielleicht niemals vorher gespürt haben.

---

[*] Maslow, The Farther Reaches of Human Nature, 1971, S. 243.

Sie können diesen Zustand erleben, wenn Sie lernen, alle Ihre augenblicklichen Gedanken zu konzentrieren: auf ein Tennisspiel, einen Langstreckenlauf, eine sexuelle Begegnung, ein Konzert, eine kreative Beschäftigung oder auch auf Ihr Lebenswerk. Sie werden Freude, vielleicht Ekstase empfinden und das Gefühl haben, über sich selbst hinauszuwachsen.

«Muga» verlangt nicht, daß Sie sich selbst überlisten, es erfordert kein Training in Zen oder einer anderen Disziplin. Es bedeutet nur, daß Sie alle Einstellungen aufgeben, die Sie daran hindern, Ihre Gegenwart bewußt wahrzunehmen. Voraussetzung ist, daß Sie die Vergangenheit und Zukunft um des Jetzt willen loslassen, und zwar in so vielen Momenten und Situationen wie möglich.

Die Gegenwart ist das Hier und Jetzt

Zaubermomente

Wenn Sie sich vor Augen führen möchten, was es heißt, in der Gegenwart zu leben, vollkommen der Besonderheit des Augenblicks hingegeben, dann beobachten Sie einmal kleine Kinder. Ein kleines Kind kann zehn Minuten lang einen Käfer verfolgen und dabei alles andere vergessen: Es ist fasziniert von der Form, der Farbe und den Bewegungen jenes Käfers. Sobald der Käfer seine Attraktivität verloren hat und langweilig wird, beginnt es vielleicht, seine Spielkameraden zu necken oder Steine auf einen Baum zu werfen. Was immer es auch tut, es geht ganz in der Gegenwart auf. Diese Faszination des In-der-Gegenwart-Lebens ist uns allen möglich, weil tief in jedem von uns das Kind, das wir waren, steckt.

Wir alle haben auch in unserem Erwachsenenleben etwas erfahren, was ich hier einmal «Zaubermomente» nennen möchte. Momente, die wir als ekstatisch, voller Glück, hinreißend, strahlend und perfekt erlebt haben. Zustände, in denen wir der Gegenwart vollkommen hingegeben waren.

Einige Menschen erleben «Zaubermomente» in ihren erotischen Begegnungen, andere finden sie in Konzerten, in der Kirche, bei Vorträgen oder beim Sport. Wieder andere machen solche Erfahrungen, wenn sie durch Wälder wandern oder sich mit Menschen unterhalten, die sie besonders ansprechen. Einige Frauen haben mir erzählt, daß sie ihre intensivsten Erfahrungen bei der Geburt ihres Kindes hatten oder in dem Augenblick, als sie ihr Neugeborenes das erste Mal im Arm hielten. Künstler haben mir berichtet, daß sie stundenlang malten und dabei ganz in ihrer Arbeit aufgingen. Andere, bei der Wahl ihrer Beschäftigung genauso kreativ, haben mir erzählt, daß sie bei der Arbeit an einem neuen Kleidungsstück zwölf Stunden an der Nähmaschine verbringen können, und vielen macht es überhaupt nichts aus, sich stundenlang darauf zu konzentrieren, ein Gedicht oder ein Buch zu schreiben. Jeder von uns hat erfahren: Man kann von seiner augenblicklichen Beschäftigung so fasziniert sein, daß man das Gefühl für Zeit und Raum verliert. Wir überschreiten dann vorübergehend die Grenze, die uns die Zeit auferlegt. Eine typische Reaktion auf derartige Erfahrungen ist unsere überraschte Feststellung, das Gefühl für Zeit völlig verloren zu haben – besonders, wenn wir den Vergleich zur wirklich vergangenen Zeitspanne anstellen.

Wir alle kennen die Erfahrung, uns vollkommen der Gegenwart hinzugeben und uns wirklich einzulassen. Leider machen die meisten diese Erfahrung allzu selten. Die Entwicklung zu einer Persönlichkeit, die sich selbst keinen Zwängen unterwirft, bringt es mit sich, daß wir lernen, uns in das Erleben der Gegenwart zu versenken, damit wir diesen Zustand immer häufiger und für immer längere Zeiträume erreichen.

Ich möchte betonen, daß wir uns nicht weigern sollten, für die Zukunft zu planen. Vorstellbar aber wäre, daß ein gegenwartsorientiertes Leben genau jenem Denken ein Ende setzt, das nichts anderes ist als müßiges Vorwegnehmen und Grübeln.

Sie können jetzt eine einmalige Erfahrung haben, wenn Sie Ihren Urlaub planen, ein Arbeitsprojekt oder einfach alles, worauf Sie sich wirklich freuen. Solange Sie sich nicht darauf «versteifen», daß Ihnen die Zukunft festgelegte oder idealisierte Erwartungen erfüllen soll, und solange Sie statt dessen Ihr spielerisches Planen genießen (das Durchsehen von Reiseprospekten, das Kennenlernen neuer Gegenden, das Herausfinden, was zur eigenen Persönlichkeit am besten paßt), solange ist das Planen eine Erfahrung, die Sie jetzt machen und genießen.

Planen darf nicht zu einer Wette werden, deren Ergebnis man ängstlich entgegensieht. Wer sich so verhält, setzt die soeben gewinnbringend verbrachte Zeit herab. Die meisten Menschen werden ihre Gegenwart nur durch ein «Selbsttraining» intensiver erleben – indem sie ihr Denken und ihre Einstellung ändern.

Engagement

Die höchste Form, völlig in der Gegenwart zu leben, erreichen wir, wenn wir tätig werden und uns für etwas einsetzen. Die französischen Existentialisten haben dafür das Wort *engagé* geprägt. Es bedeutet, daß Sie sich einer Sache hingeben, die für Sie selbst eine solch tiefe Bedeutung hat, daß Sie, je mehr Sie sich dieser Sache widmen, immer mehr Kreativität entwickeln, daß Sie innere Kraftquellen erfahren und intensiver in der Gegenwart leben.

Ich selbst habe die Erfahrung gemacht, daß meine Arbeit – meine Beratungstätigkeit, meine Bücher, meine Vorträge, mein persönliches Eintreten für das, woran ich glaube – die beständigste und ausschlaggebende Kraft in meinem persönlichen Streben danach war, meine inneren und äußeren Zwänge zu überwinden.

Später werde ich noch genauer auf die Wichtigkeit, die Vorteile und den Nutzen eines Lebens eingehen, das keine Grenzen kennt. Hier möchte ich schon vorab betonen: Nur im Jetzt zu leben, völlig in Ihrer Arbeit, Ihrem Beruf, Ihrem Lebenswerk aufzugehen bedeutet noch lange nicht, daß Sie sich zum uneingeschränkten Menschen entwickeln. Vielmehr werden Sie, wenn Sie keine Möglichkeit gefunden haben, in Ihrem Beruf Befriedigung zu erreichen, Gefühle von Langeweile, Frustration und Depression empfinden. Nicht jeder hat das Glück, genau den Job zu bekommen, den er sich wünscht. Vielleicht lieben Sie Tiere und möchten gerne Assistent bei einem Tierarzt werden. Unglücklicherweise aber haben alle Tierärzte im Umkreis von fünfzig Kilometern bereits genügend Helfer. Es könnte deshalb sein, daß Sie sich zumindest vorübergehend mit etwas anderem zufriedengeben müssen. Wenn Sie sich dafür entscheiden, sollten Sie sich fragen, ob Sie es sich leisten wollen, in der wenngleich nur für kurze Zeit akzeptierten Arbeit die Zeit totzuschlagen und dabei geistesabwesend von der Arbeit zu träumen, die Sie wirklich anstreben. – Natürlich nicht! Aber wenn Sie die Kunst, im Jetzt zu leben, ausreichend trainiert haben, dann sind Sie in der Lage, in jeder Arbeit, die sie tun, Sinn, Erfüllung und Faszination zu finden.

Warum ist ein bestimmter Müllwerker mißmutig, warum tritt er wütend die Mülltonnen und hinterläßt Abfallspuren im Rinnstein, während ein anderer immer gutgelaunt ist und Ihnen bei seiner Arbeit erzählt: «Wissen Sie schon, einige Straßen weiter wird ein neues Recycling-Zentrum für Dosen und Flaschen eingerichtet.» Der Müll, die Lastwagen, der Chef und die Bezahlung sind für beide gleich – und es ist nun an Ihnen herauszufinden, warum einer der beiden froh und konstruktiv ist, während der andere sich elend fühlt und destruktiv handelt.

Für die meisten von uns ist es sehr wichtig, sich im Beruf zu engagieren. Diese Art von «Engagement» hat vielen ermöglicht, ihre größten Kunstwerke zu schaffen, wissenschaftliche Entdeckungen zu machen oder in Führungspositionen aufzusteigen. Zugleich aber ist die unbegrenzt selbstverwirklichte Persönlichkeit in der Lage, sich intensiv für nahezu alles zu engagieren, was sie gerade tut – und das kann genauso eine Schuhreparatur sein wie die Landung auf dem Mond. Das ist eine Frage der Einstellung.

Auch einen wichtigen Moment in der letzten Phase der Schwangerschaft kann man als «Einstellung» bezeichnen: den Moment, in dem das Baby aufhört, in der Gebärmutter zu schwimmen und in dem sich sein Kopf in die Geburtsstellung in Richtung auf das Bekken der Mutter hin dreht. Die Hebamme weiß, daß sich das Leben jetzt auf seinem Wege hinaus in die Welt befindet.

Genau das ist es, was ich mir unter den Begriffen «Engagement» und «Einstellung» plastisch vorstelle: Sie hören auf, im «Uterus» zu schwimmen, und bewegen Ihren Kopf in Richtung einer ganz neuen Welt, die dabei ist, sich überall um Sie herum zu öffnen. Sie begegnen dieser Welt mit den offenen, staunenden Augen eines Kindes und zugleich mit der ganzen Weisheit, die Sie in Ihrem Erwachsenenleben angesammelt haben. Engagement bedeutet, daß Sie, noch bevor Sie sich dessen eigentlich bewußt sind, im Jetzt leben.

Lassen Sie mich die praktische Macht des Engagements an Alltagsbeispielen beschreiben. Haben Sie jemals eine Erkältung mit Husten, Niesen, einer laufenden Nase gehabt, während Sie etwas sehr Wichtiges zu erledigen hatten? Was geschah?

Ihr Körper hat die Erkältung zunächst einmal «aufgeschoben», während Sie Ihre Aufgabe erfüllten. Vielleicht mußten Sie eine wichtige Rede halten. Vielleicht sind Sie das erste Mal zum Tauchen gegangen, oder Sie mußten eine Prüfung ablegen, die ganz einfach nicht verschoben werden konnte. Nachdem Sie Ihre Aufgabe erfüllt hatten, stellte sich die Erkältung wieder ein. Die Nase lief, die Augen tränten, obwohl Sie während der Zeit äußerster Konzentration keine Erkältungssymptome verspürten. Warum?

Haben Sie jemals bemerkt, wie müde Sie werden, wenn Sie etwas Unangenehmes zu tun haben – während Sie sich Ihrer Müdigkeit überhaupt nicht bewußt sind, solange Sie Ihre Wohnung renovieren, lernen, ein Flugzeug zu steuern, oder zu einem neuen, für Sie aufregenden Ort reisen? Und doch fühlen Sie sich erschöpft, wenn Sie sich einer Aufgabe gegenübersehen, die Ihnen langweilig erscheint. Warum?

Ich glaube, hierfür gibt es eine ganz grundsätzliche Antwort: Wenn Sie sich in ihrem Leben kreativ engagieren, dann haben Sie keine Zeit für Krankheit oder Müdigkeit. Wenn Sie gezielt einer

Beschäftigung nachgehen und aktiv sind, Ihr Leben im Jetzt leben, haben Sie einfach keine Zeit für Depressionen oder Ängste. Sie fühlen sich frei von Sorgen, obwohl auch Ihr Leben voller Probleme ist. Wenn jemand zu mir in die Therapie kommt, der unter einer Depression leidet, halte ich als erstes Ausschau nach einer für ihn erfüllenden Tätigkeit. Das Ziel der Therapie liegt nicht darin, die Kindheit dieses Menschen noch einmal aufzuarbeiten und seine Eltern oder sonst jemanden für seine Probleme anzuklagen, sondern darin, ihm den Weg zu einem größeren Engagement im Leben zu zeigen. Menschen, die sehr beschäftigt sind, haben keine Zeit, sich mit Gefühlen zu beschäftigen, die jedes Handeln blockieren. Natürlich kann hektischer Aktionismus auch eine Krankheit sein, wesentlich ist aber, daß Aktivität das wirksamste Mittel gegen inneren Druck oder Depressionen ist. Die Fähigkeit, in der Gegenwart zu leben, ist Ausdruck einer bestimmten inneren Einstellung, die im täglichen Leben geübt werden kann.

Wenn Sie zum Beispiel an der Tankstelle in einer Schlange warten, vor lauter Wut über den Benzinmangel nahezu kochen; wenn Sie rotsehen wegen der Verschwörungen der großen Ölkonzerne und des riesigen, unfähigen Verwaltungsapparates des Staates, dann haben Sie sich dafür entschieden, einen wertvollen Augenblick Ihrer Gegenwart nutzlos und sich selbst bekämpfend zu vertun. Sie werden trotzdem in der Schlange warten müssen. Ihnen sollte aber klar sein, daß es vollkommen an Ihnen liegt, ob Sie diese Zeit angenehm verbringen oder nicht. Könnten Sie die Zeit nicht produktiv nutzen, indem Sie Briefe schreiben, einen Roman lesen, sich mit anderen in der Schlange unterhalten? Können Sie sich nicht darum bemühen, daß die Situation für Sie arbeitet und nicht gegen Sie?

Bei meinen Bemühungen, immer stärker im Jetzt zu leben, zeigte sich, daß die Häufigkeit meiner Muga-Erlebnisse in den letzten Jahren weitgehend davon abhing, inwieweit ich traditionelle Wege aufgegeben habe, die andere für geeignet hielten. Meine Muga-Perioden hielten um so länger an, je mehr ich mich darum kümmerte, was für mich selbst wichtig war.

Beim Sport kann ich mich sehr viel besser und stärker konzentrieren, wenn ich alle anderen Gedanken vollkommen von mir wegschiebe – das Büro, das Buch, den Klienten, der kommt. Um einen warmen Sommernachmittag bei einem spannenden Tennismatch verbringen zu können, ohne mich um die «Gluthitze», um die Luftfeuchtigkeit, um mein Schwitzen, meine Müdigkeit oder um sonst irgend etwas zu kümmern, muß ich mir erst einmal gesagt haben: «Es ist mir gleichgültig, wer der Meinung ist, daß ich am Donnerstag dem dritten August, um zwei Uhr in meinem Büro sein sollte, nur weil es ein ‹Arbeitstag› ist.» Je mehr ich mir selbst die Freiheit gebe, intensiv zu spielen und vollkommen in dem Spiel aufzugehen, je mehr ich Zeit und Raum überschreite und vollkommen in der Gegenwart lebe, desto mehr wird mir bewußt, daß ich im Jetzt zu leben lerne.

Und dasselbe gilt, wenn dann der nächste Klient in meine Sprechstunde kommt. Ich werde dann besser in der Lage sein, nicht mehr an das Tennismatch zu denken und mich vollkommen in seine oder ihre Situation einzufühlen, ohne daß ich mich in Gedanken damit beschäftige, daß ich den zweiten Satz hätte gewinnen können, wäre mir der Ball nicht durchgegangen.

Wenn es dann an der Zeit ist, an meinem Buch weiterzuschreiben, kann ich mich in ähnlicher Weise auf meine Fähigkeiten verlassen, mich einen ganzen Tag lang an meine Schreibmaschine setzen, ohne mir der Zeit bewußt zu werden. Je mehr ich mir selbst zugestehe, im gegenwärtigen Moment zu leben und ihn zu genießen, ohne mich schuldig zu fühlen, desto besser fühle ich mich, was die Qualität meiner Arbeit betrifft. Ich befasse mich nicht damit, wie meine Arbeit von Kritikern aufgenommen werden könnte. Zunächst einmal schreibe ich zu meinem eigenen Vergnügen; erst danach kommt die Möglichkeit, einigen meiner Leser eine Freude zu bereiten, und so bin ich zufrieden. Ich weiß zum Beispiel, daß selbst dann, wenn das, was ich schreibe, nie gelesen wird, das Formulieren und Aufbewahren für mich selbst wichtig ist.

Die Freude, die es mir bereitet, viele Stunden nacheinander an meinen Büchern zu schreiben, ist schon Belohnung genug. Daß ich für das Schreiben meiner Bücher bezahlt werde; daß einige meiner Leser, weil sie beherzigt haben, was ich schrieb, ihre Lebensqualität verbessern konnten; oder auch, daß meine Bücher auf den Bestsellerlisten erschienen sind, waren nur Nebenprodukte.

Ich hoffe, Sie sind nun bereit, im Jetzt zu leben, bereit, die Tatsache zu akzeptieren, daß Ihr Leben schon immer in Ihren Händen lag – und daß es auch in Zukunft so sein wird.

2. Falsche Herren

Es mag Ihnen merkwürdig vorkommen, daß jetzt zunächst nicht vom wirklich befreiten Menschen, sondern von der unfreien, autoritären Persönlichkeit die Rede ist. Doch aus eigener Erfahrung weiß ich, daß nichts der Selbstverwirklichung hartnäckiger im Weg steht als der Autoritätsglaube, der in unserer Gesellschaft so verbreitet ist.

Die meisten Menschen meinen, sie wüßten, was ein autoritärer Mensch ist. Man stellt sich darunter gewöhnlich einen dominanten Mann vor, der herumkommandiert und blinden Gehorsam erwartet; aggressiv, ungeduldig und arrogant, voller Vorurteile, engstirnig und unvernünftig.

Schlägt man im Lexikon nach, findet man für die Begriffe «autoritär/autoritätsgläubig» Erklärungen wie: Neigung zu blinder Unterwürfigkeit gegenüber einer Autorität oder das Bevorzugen einer Machtkonzentration in einer Führerpersönlichkeit oder einer Elite, die nicht aufgrund einer Verfassung dem Volk verantwortlich ist.

Daraus wird deutlich, daß der «autoritäre Vater-Typus», den wir oben beschrieben haben, seine eigenen Wertsysteme, Meinungen und Anweisungen wiederum von einer Autorität bekommt, die er seinerseits als über sich stehend ansieht und der er blinde Gefolgschaft leistet – seien dies nun der Präsident, der General, die Kirche, der Chef oder eben die in der Gesellschaft verbreiteten Normen. Der autoritäre Vater-Typus hat das eigentliche Zentrum seiner Identität ausgelagert. Es befindet sich außerhalb seines Selbst und stellt für ihn eine große, unangreifbare Autorität dar, der er Gefolgschaft geschworen hat.

Solch eine Form von scheinbarer Herrschaft kann relativ unauffällig sein, sie kann sich aber auch außerordentlich gefährlich auswirken. Im Hitlerdeutschland war es nicht Hitler, der die autoritäre Persönlichkeit beispielhaft verkörperte – die autoritär fixierten Persönlichkeiten waren vielmehr diejenigen Deutschen, die ihm folgten und den totalitären Staat überhaupt erst möglich machten. So ist der autoritäre Vater-Typus genau das Gegenteil von dem, was er zu sein scheint: Er ist eine Person ohne wirkliches Selbstvertrauen, mit einem schwachen Ego und vielleicht mit einem leichten Anflug von Verfolgungswahn, die wiederum ihrem eigenen autoritären Vorbild so anhängt wie ein hilfloses Kind seiner Mutter.

Der autoritäre Vater-Typus oder der aktive autoritäre Typus aber sind offensichtlich nur die Hälfte – oder weniger als die Hälfte – des Bildes. Der Autoritäre ist nichts ohne die, die ihm blinde Gefolgschaft leisten – ohne das passive, unterwürfige und (zumindest bis in die letzte Zeit) meist weibliche Gegenstück. Er ist nichts ohne diejenigen, die alle seine Anordnungen entgegennehmen und niemals in Frage stellen, was er denkt.

Die «autoritäre Mutter», die «traditionelle» Ehefrau, die, die in den meisten autoritären Gesellschaften vielleicht sogar als das Eigentum ihres Ehemannes angesehen wird, mag vielleicht in ihrer Unterwürfigkeit ihrerseits als das direkte Gegenstück zum autoritären Vater-Typus erscheinen; aber das macht sie selbst nicht weniger autoritär im Sinne von autoritätsgläubig. Zum Tangotanzen sind immer zwei nötig, und es bedarf vieler Glieder, um eine autoritäre Kette zu bilden.

Es müßte jetzt deutlich geworden sein, daß eine autoritäre Persönlichkeit nicht notwendigerweise Autorität hat. Tatsächlich kann es sein, daß jemand autoritär ist, weil er keine Autorität über sich elbst hat – weil er künstliche Grenzen akzeptiert, die ihm die Gesellschaft auferlegt, und seine Frustration an anderen ausläßt. Man ist sich gewöhnlich einig, daß autoritäres Verhalten etwas Negatives ist, weil es bedeutet, daß man andere einschränkt, tyrannisiert. Es wird weniger häufig wahrgenommen, daß das autoritäre Element eine Wirkung auf die «autoritäre Persönlichkeit» selbst hat und daß alle, die an dieser Einschränkung oder Tyrannei teilhaben, ebenfalls autoritäre Persönlichkeiten sind.

Ich habe bereits ausgeführt, daß ich eine autoritäre Einstellung für eine der stärksten Schranken zu einem selbstverwirklichten Leben halte. Jeder, der sich mit wachen Augen in unserer Gesellschaft umsieht, kann sehen, wie wenig Menschen wirklich selbständig denken. Sozialwissenschaftler haben geschätzt, daß bis zu 77 Prozent der Menschen in unserem Kulturkreis (im Bereich der westlichen Welt) täglich mehr autoritäre als nicht autoritäre Charakterzüge ausleben.

In diesem Zusammenhang ist es nicht überraschend, daß eine Reihe von Statistiken zeigt, wie schlecht es um den «geistigen Zustand» unserer Gesellschaft bestellt ist. Ich glaube, daß die enorm angestiegene Zahl von chronischen Depressionen, «Nervenzusammenbrüchen», auseinandergebrochenen Familien, Selbstmordfällen, Alkoholismus, Medikamenten-Abhängigkeit, Magengeschwüren, Bluthochdruck, Streß und anderen psychosomatischen Erkrankungen im wesentlichen auf innere Frustration und Langeweile zurückzuführen ist, die eine autoritäre Einstellung hervorruft. Als menschliches Wesen sind Sie darauf ausgerichtet, für sich selbst zu denken. Ihr Geist wird voller Angst rebellieren, Ihre Gefühle werden von dem Gewicht geistiger Ketten beherrscht werden, wenn Sie sich nicht selbst die Freiheit des Denkens zugestehen. Sie werden schließlich andere dafür verantwortlich machen, wenn die Dinge schieflaufen. Es ist eine Ironie des Schicksals, daß es unsere eigenen Fehler sind, die wir zuerst in anderen wiedererkennen. Sie werden sehr schnell die autoritäre Einstellung von anderen (die Treue, die sie den verschiedenen unangefochtenen Autoritären halten) für das ganze Unglück der Welt verantwortlich machen, und zugleich werden Sie nicht wissen, wie Sie mit einer wirklich frei denkenden Persönlichkeit umgehen sollen, wenn Sie auf eine treffen.

Möglicherweise verurteilen Sie sogar einen sehr selbständigen und ernsthaften Denker als «autoritär», nur weil er genügend Mut hat, seinen Platz im Leben im wesentlichen aufgrund seines eigenen Urteils zu definieren.

Wenn wir uns zu einer Gesellschaft entwickeln wollen, in der sich der einzelne weitgehend selbst verwirklicht, dann werden wir das autoritäre Denken überwinden müssen. Aber wie immer muß jeder selbst den entscheidenden Schritt tun.

Damit Sie Ihr eigenes Maß an Autoritätsgläubigkeit und autoritärer Einstellung einschätzen können, ist es sinnvoll, die psychische Struktur autoritärer Persönlichkeiten genauer zu studieren.

Um das Jahr 1940 herum wurde von einer Gruppe von Sozialwissenschaftlern, angeführt von Theodor, ein immenses Forschungswerk über die Psychologie der Autoritätsgläubigkeit erarbeitet. Die Resultate dieser Forschungsarbeit wurden im Jahr 1950 in zwei Bänden mit dem Titel «Die Autoritäre Persönlichkeit» veröffentlicht. Einige Punkte aus Adornos Werk möchte ich hier zusammenfassen und interpretieren.

Wenn Sie sich mit der autoritären Persönlichkeit beschäftigen, dann ist es wichtig zu erkennen, wie häufig Sie selbst autoritäre Charakterzüge an den Tag legen und inwieweit autoritäre Charakterzüge ein wesentliches Element Ihrer Persönlichkeit sind. Es mag hilfreich für Sie sein, die folgenden Beschreibungen der autoritären Persönlichkeit zu nutzen, damit Sie besser definieren können, was Sie an sich selbst gerne verändern möchten und was Sie verändern müssen, wenn Sie sich selbst verwirklichen wollen.

Die autoritäre Persönlichkeit

Ich fasse im folgenden mehr als tausend Seiten gründlicher Forschungsarbeit über autoritäre Persönlichkeiten zusammen. Beim Vergleich mit eigenen Erkenntnissen und Beobachtungen habe ich folgende Charakteristika der autoritären Persönlichkeit herausgestellt:

47

Die Unfähigkeit, Ungewißheit zu ertragen

Für den autoritären Menschen müssen die Dinge eindeutig geklärt und ausgesprochen werden, bevor er sich wohl fühlen kann. Anderenfalls hat er Angst. Dementsprechend ist er intolerant gegenüber Menschen, die in schwierigen und gedanklich komplizierten Bereichen arbeiten – Philosophen, Künstler, soziale oder politische Intellektuelle.

Autoritäre Menschen fühlen sich bedroht vom Geheimnisvollen, Unbekannten und Unvorhersehbaren. Häufig klammern sie sich an die Sicherheit von alten Gewohnheiten. Sie scheuen sich, ihre Arbeit zu kündigen oder eine Beziehung zu beenden – allein aus Angst vor dem Risiko.

Die Unfähigkeit, Ungewißheiten zu ertragen, bedeutet zugleich ein übergroßes Bedürfnis nach Sicherheit. So beginnen Menschen, ihr Leben in allen Einzelheiten durchzuorganisieren und von anderen das gleiche zu verlangen.

Autoritäre Persönlichkeiten sind leicht bestürzt und tatsächlich oft ganz blockiert, wenn die Dinge nicht genau in ihrem Sinne ablaufen. Ihre Einstellung könnte so definiert werden: «Ein Platz für alles und alles an seinem Platz.» Sie können sich nicht an die Idee gewöhnen, daß nur weniges für lange Zeit so bleiben wird, wie sie es möchten.

Die Unfähigkeit, eine gewisse Unsicherheit und Unklarheit zu ertragen, wird im familiären Bereich beispielsweise dann deutlich, wenn die aktive autoritäre Persönlichkeit, gewöhnlich der Vater, darauf besteht, daß ihre Regeln allzeit befolgt werden. Wenn die Familie «nur so, aus Spaß» ein Spiel spielt, dann ist es typisch für die autoritäre Persönlichkeit, andauernd zu unterbrechen, um die winzigsten Regelverletzungen aufzuzeigen, und der größte Teil der «Spielzeit» wird damit verbracht, Einzelheiten in der Spielanleitung nachzulesen.

In den Beziehungen zwischen Eltern und Kindern erzwingen Eltern, die Unsicherheiten und Unklarheiten nicht ertragen können, häufig von ihren Kindern unrealistische Aussagen, etwa indem sie fragen: «Was wirst du tun, wenn du erwachsen bist?» – wenn die Kinder gerade eben erst fünf Jahre alt geworden sind. Zahllose Auseinandersetzungen entstehen daraus, daß das Haus sauber und ordentlich sein muß, denn alles, was nicht an seinem Platz ist, ist sozusagen Symbol für eine allgemeine Unordnung im Leben und deshalb unerträglich.

Eltern mit diesen autoritären Neigungen verlangen häufig von ihren Kindern Perfektion in der Schule, und diese lernen, das auch von sich selbst zu verlangen. Perfektion aber bedeutet häufig nichts anderes, als den Lehrern aufs Wort zu gehorchen und Einsen in allen Arbeiten zu schreiben – und nicht, den Lehrern interessante Fragen zu stellen; unter dem Tisch einen Roman zu lesen, wenn der Unterricht zu monoton wird; oder auch überhaupt einmal zu fragen, warum die Schule eigentlich so langweilig sein muß. So lernen Kinder, gleichermaßen unvernünftige Ansprüche an sich selbst, an ihre Eltern und andere und schließlich an ihre eigenen Kinder zu stellen.

Wer Unklarheit nicht ertragen kann, muß alles bis ins Detail planen, einschließlich der Ferien und des Budgets bis hin zum letzten Pfennig. Ferien ohne vorherige Reservierung oder ohne eine ausgearbeitete Route erzeugen ein inneres Chaos, das Magengeschwüre hervorrufen kann, wenn es nicht gelöst wird. Autoritäre Persönlichkeiten müssen schon vorher wissen, was sie machen werden, und dies muß um jeden Preis bestätigt werden. Darüber hinaus zwingen sie auch jedem um sich herum dieses Bedürfnis auf, und denjenigen, die Unsicherheiten besser ertragen können, halten sie beständig vor: «Warum planen Sie Ihr Leben nicht besser?» Oder: «Wenn du alles dahin legst, wo es hingehört, dann weißt du genau, wo du es finden kannst, wenn du es brauchst. Wenn du deine Angelegenheiten nicht besser organisierst, dann wirst du es noch bereuen.»

Es beginnt damit, daß man sich in «perfektionistischem» Stil kleidet, geht weiter mit einer Wohnung, in der alles bis zur letzten Nadel organisiert ist, bis hin zu Ordnungsvorstellungen, die jedem aufgezwungen werden, und dem Bedürfnis, immer einen Plan zu haben. – Fast alle autoritären Persönlichkeiten haben die Mentalität eines Buchhalters, die sie dann auf das tägliche Leben anwenden.

Sex ist ein gutes Beispiel: Autoritäre Persönlichkeiten sehen ihn als einen vorprogrammierten Akt an, der nach genauen Vorschriften abzulaufen hat – und nicht so sehr als eine Möglichkeit, um Liebe auszudrücken.

Sie sind nur selten am «Vorspiel» interessiert oder auch an liebevollen Umarmungen, nachdem der «Akt» vorbei ist. Sie sind typischerweise auf den Orgasmus hin orientiert (vor allem Männer), und sie neigen auch dazu, es mit der «Sauberkeit» sehr genau zu nehmen – das geht manchmal so weit, daß sie sich vorher und nachher duschen. Sie sehen möglicherweise keinen Grund, Sex unter einem anderen Aspekt als dem der Arterhaltung oder vielleicht als ein Ventil für «unnötige» sexuelle Energien zu betrachten.

Im beruflichen Bereich wollen autoritäre Menschen ganz genau wissen, was ihre Kollegen tun, was deren Ziele sind und wie sie sie erreichen wollen. Sie können sich als unerträgliche Aktionisten erweisen, und sie können mit ihren Ratschlägen anderen schrecklich auf die Nerven fallen. Noch stärker autoritär strukturierte Persönlichkeiten haben vielleicht Fünf- oder Zehnjahrespläne für ihre persönliche Karriere ausgearbeitet. Sie versuchen sicherzugehen, wo sie im Alter von 25, von 35, von 45 und so weiter stehen werden. Wenn solche Menschen ihren eigenen Zeitplan nicht einhalten können, dann sind sie ratlos, was sie tun sollen. Die Vorstellung, daß es ihnen einfach egal sein könnte, wo sie in soundsoviel Jahren stehen werden, ist für sie unerträglich.

Eines Nachmittags ging ich am Strand entlang, und ein Mann, der vorbeikam, erkannte mich aus einer Fernsehsendung. Er sagte «hallo» und fragte mich, wohin ich ginge. Ich sage: «Nirgendwohin, ich gehe nur am Strand spazieren.» – «Aber wie weit werden Sie gehen?» fragte er. «Ich weiß nicht, ich werde gehen, bis ich keine Lust mehr habe.» – «Aber Sie müssen doch eine Vorstellung haben, daß Sie hinuntergehen bis zur Schiffsanlegestelle oder sonstwohin», beharrte er. «Überhaupt keine Vorstellung», sagte ich. Er war völlig verdutzt, als wäre ein planloser Spaziergang am Strand gänzlich sinnlos. Wie konnte man einen Spaziergang machen, ohne eine Vorstellung davon zu haben, wohin man gehen würde, wie lange das dauern könnte oder was der Wander-Kilometermesser für diesen Tag anzeigen würde? Er dachte, ich wollte ihn anschwindeln und auf die Probe stellen. Er weigerte sich zu verstehen, daß es manchmal ganz in Ordnung ist, überhaupt keine Ziele zu haben; daß es gelegentlich weitaus gesünder ist, etwas nur zum Vergnügen zu tun, als alles bis ins letzte Detail zu planen und andauernd das, was man «erreicht» hat, mit dem, was man in vergangenen Zeiten erreichte – sei es bei Strandwanderungen, beim Lesen, beim Schwimmen oder beim Sex –, zu vergleichen.

Das Denken in Gegensätzen

Wer in Gegensätzen denkt, trennt im Grunde eine Gruppe von Dingen in zwei sich gegenseitig ausschließende Untergruppen: eine Schulklasse in Jungen und Mädchen, eine Herde Tiere in Schafe und Ziegen, Zahlen nach geraden und ungeraden und so weiter. Der sinnvolle Gebrauch von Gegensätzen ist für unser Denken und unsere Sprache von wesentlicher Bedeutung: Ohne sie wäre vernünftiges Denken gänzlich unmöglich. Weniger offensichtlich ist, daß der Mißbrauch oder die unangemessene Anwendung von solchen Dichotomien, die für autoritäre Persönlichkeiten charakteristisch sind, eine der größten Gefahren darstellt – für die Kommunikation ebenso wie für das gegenseitige Verstehen.

Die systematische Form dieses Mißbrauchs, den inneren Zwang, alles und jedes in zwei einander ausschließende Gruppen einzuteilen – gut/schlecht, richtig/falsch, Freund/Feind – und es dann dabei zu belassen, ohne die Feinheiten, die Besonderheiten oder sogar offensichtlichen Widersprüchlichkeiten in Betracht zu ziehen, nenne ich «Denken in Dichotomien».

Gerade das Denken der autoritären Persönlichkeit steht unter dem Zwang, um jeden Preis Gegensätze zu bilden. Es ist Ausdruck der Unfähigkeit, Unklarheit und Unsicherheit zu ertragen. Wo es um Menschen und komplexe Fragen geht, wird durch dieses Denken in Gegensätzen ein grobes, vorschnelles Urteil gefällt. Dadurch beraubt sich die autoritäre Persönlichkeit sofort ihrer eigenen Erkenntnis- und Wachstumschancen. Außerdem entfremdet sie sich von den Menschen, denen sie einen Platz in Opposition zu sich selbst zugewiesen und die sie zu Gegnern erklärt hat.

Hier ein Beispiel für das Denken in sich ausschließenden Gegensätzen: Wenn Sie der Meinung sind, daß Homosexualität eine vollkommen legitime Lebensform ist, dann würde der autoritäre Mensch daraus sofort die Schlußfolgerung ziehen, daß Sie versuchen, Homosexualität für alle durchzusetzen. Sie sind entweder dafür oder dagegen: Die autoritäre Persönlichkeit wird es nicht zulassen, daß Sie differenzieren oder sich in Ihrem Urteil in irgendeinem Bereich «dazwischen» bewegen. Sie pocht darauf, Ihnen in deutlichen Worten zu sagen, was Sie «wirklich denken», und nichts, was Sie selbst darauf erwidern, wird etwas an ihrem Entschluß ändern, Sie entweder dem einen oder dem anderen Lager zuzuordnen.

Die härtesten Urteile fällen autoritäre Persönlichkeiten häufig über die, die ihnen am nächsten stehen. Wenn jemand in der Familie die Frage stellt, ob es vielleicht irgendwelche Argumente dafür gäbe, die Abtreibungsgesetze oder beispielsweise einige der Drogengesetze zu liberalisieren, dann reagiert die autoritäre Persönlichkeit vielleicht damit, daß sie sagt: «Entweder du bist für oder gegen Abtreibung – wie nun also?» Oder: «Wenn du willst, daß Marihuana legal wird, dann mußt du auch die Legalisierung von Heroin und allen harten Drogen unterstützen.»

Autoritäre Persönlichkeiten lassen in ihren Gedanken keinen Raum für vermittelnde Positionen, für Überlegungen in den Graubereichen, in denen fast alle menschlichen Aktivitäten stattfinden.

Sie vertreten zum Beispiel folgende Auffassungen: Alle Juden sind gute Geschäftsleute, alle Schwarzen haben Musik und Rhythmus im Blut, alle Asiaten sind listig, alle Teenager sind frech, diese Generation geht vor die Hunde, alle Frauen sind hinterhältig, alle Männer wollen nichts als Sex.

Es ist tatsächlich absurd, alle Mitglieder einer Menschengruppe in der einen oder anderen Weise abzustempeln. Wenn es für Sie typisch ist, in Dichotomien zu denken, und wenn Sie diese Art zu denken auch anderen aufzwingen wollen, dann sollten Sie sich fragen, inwieweit Sie selbst autoritären Zwängen unterliegen.

Engstirnigkeit und Rechthaberei

Autoritätsgläubige Persönlichkeiten sind nicht nur unfähig, Unklarheiten und Unsicherheit zu ertragen, sie haben auch Scheuklappen und sind eingeschränkt in der Wahrnehmung dessen, was in der Welt vorgeht. Außerdem haben sie bestimmte rigide Erwartungen an sich selbst und andere. Insofern zeigen autoritäre Persönlichkeiten einen sehr starken inneren Widerstand gegenüber Veränderungen und fühlen sich von Störungen und möglichen Risiken außerordentlich stark bedroht.

Engstirnigkeit zeigt sich bei vielen autoritätsgläubigen Persönlichkeiten daran, daß sie nicht gewillt sind, irgend etwas zu glauben, was mit ihren vorgefaßten Meinungen nicht übereinstimmt. Widerspricht man dem autoritären Menschen, vor allem dem männlichen Vater-Typus, dann wird dieser wahrscheinlich lautstark, indigniert, ungläubig und wütend reagieren. Vielleicht beginnt er zu schreien, um sein Gegenüber einzuschüchtern. Er käme allerdings nicht auf die Idee, die Sache noch einmal zu überprüfen und seine Einstellung zu ändern, wenn dies erforderlich sein sollte. Er kann nicht zugeben, daß er auch einmal unrecht hat oder von anderen lernen könnte. Dies würde in seinen Augen bedeuten, daß er schwach ist und daß es ihm an Selbstvertrauen mangelt. Sie werden von dem autoritären Vater-Typus niemals die Worte hören: «Vielleicht haben Sie in diesem Punkt recht.» Er wird sofort in die Defensive gehen, etwa mit den Worten: «Ich kann wirklich nicht glauben, daß Sie so denken. Jemand, der angeblich intelligent sein soll…»

Engstirnigkeit kann dahin führen, daß der Autoritätsgläubige persönlich beleidigend wird, daß er andere lächerlich macht oder sogar Gewalt anwendet. Mit solchen Persönlichkeiten ist eine vernünftige und konstruktive Diskussion praktisch unmöglich. Ein

Dialog ist für sie niemals eine angenehme und stimulierende Chance, etwas neu zu lernen oder eine andere Betrachtungsweise auszuprobieren. Gespräche sind für sie niemals eine gemeinsame Anstrengung, zu einer Einigung zu kommen, die auf dem Gefühl gegenseitigen Respekts aufbaut.

Wenn Menschen auf dem Weg der Selbstverwirklichung mit autoritären Persönlichkeiten zusammentreffen, dann ist der frustrierendste Aspekt einer solchen Begegnung die Erfahrung, daß der autoritäre Mensch unnahbar ist: Die meiste Zeit gibt es praktisch keine Möglichkeit, ihn zu erreichen. Ich kenne zahllose Familien, in denen die Kinder sagen: «Mein Vater ist auf seine Art ein toller Typ, aber ich kann mit ihm einfach nicht über Politik diskutieren», oder: «Meine Mutter ist eine Superfrau, aber zu versuchen, mit ihr über sexuelle Dinge zu reden – das kann man vergessen.» Wenn man es mit einer autoritären Persönlichkeit zu tun hat, dann werden weite Bereiche zu einem Tabu.

Vor einiger Zeit kam ein junges Mädchen vollkommen aufgelöst zu mir, weil ihr Vater sie als «Hure» bezeichnet hatte. Ich bat ihren Vater, zu mir zu kommen, um die Angelegenheit mit mir und seiner Tochter durchzusprechen. Er kam voller Widerwillen gegen die Vorstellung, daß es überhaupt irgend etwas zu besprechen gäbe. Es stellte sich heraus, daß es unmöglich war, mit ihm zu diskutieren, während seine Tochter anwesend war. Es kam heraus, daß ein junger Mann sie angerufen hatte, den ihr Vater als «Chaoten» einstufte. Er bestand darauf, daß seine Tochter sich nicht mit solchen «Typen» zusammentun sollte, obwohl er den jungen Mann selbst nicht ein einziges Mal getroffen hatte und so eigentlich kein Urteil fällen konnte. Ob er sich nun auf Gerüchte über den Jungen verließ, aus einem Gefühl des Verfolgungswahns bezüglich der «Unschuld» seiner Tochter handelte oder ob er aus irgendeinem anderen Grunde so übertrieben reagierte, konnte ich zu diesem Zeitpunkt noch nicht sagen, weil er überhaupt nicht mit sich reden ließ.

Seine Tochter war weit davon entfernt, eine Hure zu sein. Ich hatte festgestellt, daß die Vorstellungen ihres Vaters, mit wem sie ausgehen sollte, so engstirnig waren, daß es ihm keine Gewissensbisse bereitete, sie eine Hure zu nennen und zum Weinen zu bringen, nur weil der junge Mann nicht vollkommen mit seinen Vorstellungen übereinstimmte. Schließlich bat ich das Mädchen, den Raum zu verlassen. Der Vater beruhigte sich etwas, aber sein Denken war so starr, daß ich es für unmöglich hielt, mit ihm zusammen irgendwelche Fortschritte zu machen. Ich erkannte, daß er nicht fähig war, die Meinung seiner Tochter oder irgendeines anderen Menschen anzuhören, weil er «selektiv taub» war: ein erzautoritärer Mensch. Der Tochter konnte man nur helfen, indem man ihr beibrachte, sich nicht um die Typisierungen und Charakterisierungen anderer Leute zu kümmern – selbst dann, wenn diese Leute für sie so wichtig waren wie ihr eigener Vater.

Drei Jahre später verließ das Mädchen im Alter von 19 Jahren ihr Elternhaus und heiratete den «Chaoten», der zu diesem Zeitpunkt seine Schule mit einem ausgezeichneten Zeugnis abgeschlossen hatte und auf die Universität ging. Es wurde deutlich, daß die anfängliche Verurteilung durch den Vater allein auf religiösen und ethnischen Vorurteilen basierte. Die Familie des Mädchens ist christlich, der Junge ist Jude. Bis heute weigert sich der Vater, mit seinem Schwiegersohn oder mit seiner eigenen Tochter zu sprechen.

Die Starrheit der meisten autoritären Persönlichkeiten erstreckt sich vom Denken bis hin zu Gewohnheiten und Verhaltensweisen. Sie lesen nur die Zeitungen, die ihre Meinung widerspiegeln. Deshalb haben sie Jahr für Jahr dieselben Zeitschriften abonniert und kommen niemals auf die Idee, ein Blatt zu lesen, in dem andere als ihre eigenen Standpunkte vertreten werden. Häufig gehen sie immer wieder in dasselbe Restaurant und bestellen Abend für Abend dieselbe Mahlzeit an demselben Tisch. Vielleicht haben sie noch niemals griechisches, orientalisches, mexikanisches oder irgendein anderes fremdländisches Essen gegessen – eben weil es «ausländisch» ist und sie deshalb von vornherein zu wissen glauben, daß sie es nicht gern essen.

Diese starren Sitten und Denkweisen werden durch jede Veränderung bedroht. Autoritäre Persönlichkeiten stimmen fast immer für Menschen, die Macht haben. Sie zögern, in einen anderen Teil des

Landes umzuziehen, weil sie dann «nicht wissen, was sie erwartet». Häufig bleiben sie immer in derselben beruflichen Position, obwohl ihre Arbeit für sie fast nur noch eine tägliche Pflichtübung bedeutet. Aber sie haben Angst vor der Veränderung, die eine Beförderung mit sich bringen würde, vor einem Umzug oder gar vor einer vollkommen neuen beruflichen Perspektive. Häufig hassen sie ihre Arbeit, doch anstatt in sich zu gehen und ihre eigene Einstellung zu überprüfen, beschuldigen sie ihren Chef, ihre Kollegen, die Firma, die junge Generation oder finden andere Prügelknaben. Sie langweilen sich ebenso schnell wie andere Menschen auch, aber sie verharren dort, wo sie nun einmal sind – und hoffen, daß sie bei ihrer Pensionierung ein großes Abschiedsgeschenk bekommen und sich danach dann wohler fühlen werden.

Vielleicht sind autoritätsgläubige Pensionäre noch schwerer zu ertragen als solche, die noch im Arbeitsprozeß stehen: Sie werden noch mißmutiger, als sie es vorher schon waren und machen jeden anderen für ihre Langeweile und ihre schlechte Laune verantwortlich. Anscheinend erkennen sie niemals, daß nichts als ihr eigenes rigides Denken die Quelle ihres Unglücks ist. Vielleicht ist es sogar ihr einziger Lebensinhalt, sich ihren eigenen Frustgefühlen hinzugeben, oder sie suchen nur nach Dingen, über die sie sich beklagen können. Vielleicht sind sie «glücklich», wenn Unglück oder eine Krise über sie hereinbricht, weil sie dann noch mehr Gründe haben, pessimistisch und mißmutig zu sein.

Der autoritäre Mensch verbreitet Gefühle von Langeweile, Angst und Depression. Er braucht ein festes Routineschema, und doch haßt er die Monotonie, die damit verbunden ist. Er geht keine Risiken ein, um die Langeweile zu durchbrechen, weil er Veränderung fürchtet, und doch klagt er die Welt an, weil sie sich nicht seinen althergebrachten Vorstellungen anpassen will.

Die antiintellektuelle Einstellung

Ganz in Übereinstimmung mit ihrer Intoleranz gegenüber Unklarheiten und ihrem rigiden Schwarzweiß-Denken empfinden autoritäre Persönlichkeiten gegenüber «Intellektuellen» häufig ein Gefühl von Mißtrauen. Sie sind skeptisch bei Dingen, die sie nicht «mit eigenen Augen» gesehen haben, und sie fühlen sich von Philosophen, Psychologen, Künstlern, Professoren und anderen, die sich ihren Lebensunterhalt im wesentlichen mit Geistesarbeit verdienen, eingeschüchtert. Es ist typisch, daß autoritäre Persönlichkeiten andere Menschen, die ihnen irgendwie überlegen sein könnten, herabsetzen, wie zum Beispiel jene, die am aktuellen Zeitgeschehen bewußt teilnehmen. Offen zeigen sie sich nur, wenn sie sich nicht bedroht fühlen. Dann geben sie häufig zu, daß sie Intellektuelle insgeheim bewundern.

Autoritäre Eltern wollen fast immer, daß ihre Kinder eine höhere Schule besuchen, aber kaum jemals können sie es zulassen, daß ihre Kinder mehr wissen als sie selbst. Es ist üblich, daß sie mit den Leistungen ihrer Kinder prahlen – natürlich unter der Voraussetzung, daß sie ihrer Wertehierarchie entsprechen («Meine Tochter hatte die beste Examensarbeit in Jura»).

Da künstlerische Berufe und Tätigkeiten aus praktischen, karriereorientierten Erwägungen als «riskant» gelten und eine gewisse Unsicherheit mit sich bringen, werden Sie nur selten einen autoritären Vater oder eine autoritäre Mutter sagen hören: «Ich bin so glücklich, daß meine Tochter sich entschieden hat, Kunstmalerin (Schriftstellerin, Bildhauerin, Schauspielerin) zu werden.»

Die Unfähigkeit autoritär orientierter Menschen, Ungewißheit, Flexibilität und eine Auswahl unter verschiedenen Möglichkeiten zu ertragen, bringt es mit sich, daß sie zwanghaft Eindeutigkeit fordern, daß jede sprachliche Äußerung, die sie hören oder lesen, nur eine einzige Bedeutung haben kann und darf. Die Sprache der Gedichte und die Wahrheit, die sie auszudrücken vermag, kann jedoch auf vielfältigste Weise interpretiert werden: Bei jedem Lesen kann sie uns etwas anderes sagen, immer neue Sichtweisen vermitteln.

Auf dieser Vieldeutigkeit beruht nicht nur der kunstvolle Gebrauch der Sprache; jede Kunst, jedes Kunstwerk wird erst durch vielfältige Interpretationsmöglichkeiten lebendig. Das gilt für Bilder, Photographien, Musik oder auch philosophische Werke.

Wenn nun Kunst und Denken auf der Fruchtbarkeit von Vieldeutigkeiten aufbauen, die autoritäre Persönlichkeit dagegen Vieldeutigkeit gerade vermeiden will, dann ist es kein Wunder, daß diese keine eigene Einstellung zu Kunst und Philosophie findet. Die autoritäre Persönlichkeit, die sogar ihrem eigenen Urteil mißtraut, neigt dazu, ebenso jedem zu mißtrauen, der sich auf künstlerischem oder intellektuellem Gebiet bewegt. Die typische Reaktion auf geistig äußerst fähige oder sehr gebildete Menschen ist, ihnen aus dem Weg zu gehen. Indem sich aber der autoritätsgläubige Mensch Auseinandersetzungen mit Neuem oder Ungewohntem entzieht, blockiert er sich den Weg zur Selbstverwirklichung.

Selbstverwirklichte Menschen wie Ralph Waldo Emerson, Henry David Thoreau, Albert Einstein und George Bernard Shaw sind über alle, die vor ihnen waren, hinausgewachsen, indem sie in die Welt hinausgingen und ihre eigenen Ideen in die Tat umsetzten. Sie waren Denker ebenso wie Menschen der Arbeit; sie waren brillant, weil sie das Denken in sich ausschließenden Gegensätzen, etwa, daß ein Mensch entweder ein Arbeitsmensch oder ein Intellektueller sein muß, überwunden hatten. Was immer Ihre persönliche Arbeit auch sein mag – wirklich brillant können Sie darin nur sein, wenn Sie sich aus ganzem Herzen damit beschäftigen.

Die Angst vor der eigenen Persönlichkeit

Autoritär denkende Menschen weigern sich geradezu, sich selbst kennenzulernen. Sie stellen sich blind gegenüber den innersten Motiven für ihr Verhalten. Sie glauben nicht daran, daß man sich selbst prüfen sollte, warum man sich so und nicht anders verhält.

Wege, die sie dahin bringen könnten, mehr über sich selbst zu lernen, ignorieren sie. Gern tun sie Psychotherapie, Meditation,

Yoga und andere Möglichkeiten, sich selbst näherzukommen, nicht nur als Zeitverschwendung ab, sondern betrachten sie vielleicht sogar als einen «Kult». Sie selbst aber sind so unsicher, daß sie es nicht wagen, sich einem Psychologen oder einem Entspannungstherapeuten anzuvertrauen: In Wirklichkeit fürchten sie sich davor, daß sie ihre Meinung ändern könnten oder zugeben müßten, daß sie – oder die Autorität, an der sie sich orientieren – nicht immer recht haben. Sie wissen insgeheim, daß ein einziger Zweifel den Anfang vom Ende ihrer künstlichen, nach außen zur Schau getragenen Selbstsicherheit bedeuten könnte.

Autoritäre Persönlichkeiten weigern sich, Einblick in ihr Inneres zu gewinnen, weil sie sich auf äußerlich stützende Systeme verlassen, die ihnen ihren Wert als Mensch vermitteln und zugestehen. Sie sind überzeugt davon, daß sich der Wert ihrer Persönlichkeit aus dem ableitet, was sie erreicht haben, und daß es nur eine einzige Möglichkeit gibt, diesen Wert zu steigern: noch mehr zu erreichen. Vielleicht behaupten sie immer wieder, daß sie unbedingt der Tretmühle, zu der ihr Leben geworden ist, entrinnen möchten, aber sie weigern sich zu erkennen, daß sie das innere Chaos und die Furcht vor dem Risiko in sich selbst erst einmal deutlich wahrnehmen müssen. Sie wissen, daß sie nicht glücklich sind bei dem, was sie tun, aber sie unternehmen nichts dagegen. Hoffnungen, Schuld und Gefühle innerer Leere sind und bleiben für sie das Ergebnis äußerer Faktoren. Bis zu dem Moment, wo die autoritäre Persönlichkeit sich selbst und ihre Denkweise in Frage stellt, gibt es für sie keine Chance, sich zu ändern oder gar innerlich zu wachsen.

Konformität und Unterwürfigkeit

Menschen, die «klassisches» autoritäres Verhalten an den Tag legen, neigen in besonderem Maße zu Unterwürfigkeit und Konformität. Nach Adorno ist «Konformität eine der wesentlichen Ausdrucksformen für das Fehlen eines inneren Wesenskerns». Autoritäre Persönlichkeiten sind demzufolge fremdbestimmt und lassen sich von

Meinungen und Kräften leiten, die von außen auf sie einwirken. Sie sind schwach, wenn es darum geht, sich auf ihr eigenes Wertesystem, auf ihre eigenen Ansichten und Instinkte zu verlassen. Ihnen fällt es leichter, sich fremden Maßstäben anzupassen, als selbst ihr Leben in die Hand zu nehmen. Folglich erscheint es solchen Menschen nur natürlich, sich der herrschenden Autorität und den konventionellen Verhaltensweisen zu unterwerfen. Zwar können sie sicherlich zu vielen Themen lautstark ihre Meinung kundtun, selten aber weichen sie von den vorgeformten Denkschemata ab. Sie akzeptieren traditionelle Werte und die Tatsache, «daß es schon immer so gemacht wurde», als logische Begründung für ihre Konformität. Wenn sie andere dazu bewegen wollen, sich der Tradition anzupassen, dann versuchen sie, ihnen deutlich zu machen, daß es zu mühselig sei, gegen den Strom zu schwimmen. Es ist nicht schwierig, ihnen etwas einzureden und sie zu überzeugen, vor allem mit Hilfe von Propaganda und Täuschungsmanövern – ganz im Gegensatz zur autonomen Persönlichkeit, die die Autorität herausfordert und nur nach ihrer inneren Stimme handelt.

Konformität und Unterwürfigkeit beobachtet man auch in der Haltung gegenüber den Eltern. Autoritäre Persönlichkeiten betrachten ihre Eltern als absolute Autorität. Es fällt ihnen schwer, jenen gegenüber Kritik oder Vorbehalte zu äußern, auch wenn dadurch eine gesunde Neugestaltung der Eltern-Kind-Beziehung möglich würde. Die Eltern verhalten sich gleichermaßen intolerant, wenn sie eine solche Rückmeldung von ihren eigenen Kindern bekommen. Die Autorität der Eltern wird als Einbahnstraße angesehen, in der der Vater oder die Mutter nur deshalb Respekt verdienen, weil er oder sie Autorität repräsentieren.

Autoritätsfiguren dürfen nicht herausgefordert werden, denn jede Herausforderung, gleichgültig welcher Autorität, wird als Angriff auf die bestehenden Verhältnisse betrachtet. Die autoritäre Beziehung zwischen Eltern und Kind erreicht niemals den Status reifer Freundschaft, gegenseitiger Achtung und Toleranz, sondern sie bleibt ein permanenter Kampf wie zwischen Diktator und Untergebenem.

Selbst wenn sie längst erwachsen sind, haben autoritätsgläubige Männer und Frauen offensichtlich Schwierigkeiten, ihre Gefühle ihren Eltern gegenüber ehrlich auszudrücken.

Autoritäre Persönlichkeiten neigen dazu, sich in Diskussionen oder Erklärungen darüber, warum sie so denken, wie sie denken, sehr häufig auf Autoritätsfiguren zu berufen, und verhalten sich im Umgang mit diesen Personen unterwürfig.

Ich hatte viele Klienten, für die das Festhalten am Bestehenden sowie Unterordnung ein dominanter Aspekt ihres Lebens waren. Viele Frauen hatten von ihren Eltern gelernt, daß es für sie nur eine einzige Verhaltensnorm gibt: sich dem zu fügen, was Männer, vor allem ihre Ehemänner und ihr Vater, ihnen sagen. Solange eine Frau sich damit zufriedengibt, «mitzulaufen» und unterwürfig zu sein, wird sie mit den autoritären männlichen Persönlichkeiten zurechtkommen. In meiner therapeutischen Praxis möchte ich jedoch den Menschen dabei helfen, Konformität und Traditionen auch in Frage stellen zu können.

Für unterdrückte Kinder, Ehefrauen, Ehemänner, Angestellte und alle anderen gilt: Wer nicht für sich selbst denken kann, wer unfähig ist, sich anders als angepaßt und duckmäuserisch zu verhalten, wird immer leicht manipulierbar sein, ein Sklave der Autorität.

Ich habe einmal mit einem Polizeioffizier in Neu-Mexiko diskutiert, dessen Aufgabe es war, Autofahrern, die mitten in der Wüste die Geschwindigkeit nur um einige Stundenkilometer überschritten, Strafmandate zu verpassen. Er gab zu, daß niemand in dieser Gegend aufgrund der geringen Geschwindigkeitsüberschreitungen gefährdet war, daß es geradezu ein idiotisches Gesetz war, daß er in der Tat nur Menschen schikanierte und nicht im mindesten ein sichereres Fahren bewirkte. Er stimmte mir zu, daß dies ein schäbiges Verfahren war: Der Staat hatte ihn nur angestellt, um eine Geschwindigkeitsfalle zu betreuen, in der man aus «Besuchern», die nicht in diesem Bundesstaat lebten, einen Profit ziehen konnte. Dennoch ging er jeden Tag «zur Arbeit» und wartete am Fuße des Hügels an einer Stelle, wo die meisten Fahrer sich nicht die

Mühe machten, auf die Bremse zu treten, um dem kleinen Schild «50 km/h» zu gehorchen.

Als ich ihm vorschlug, er solle sich weigern, solch eine Aufgabe zu übernehmen, sich beschweren oder versuchen, eine Gesetzesänderung herbeizuführen, da lächelte er und meinte, daß er nur seine Pflicht erfülle und es nicht seine Aufgabe sei, Gesetze zu erlassen und ihre Anwendung zu regeln. Damit akzeptierte er indirekt ein ungeschriebenes Gesetz, dessen war er sich durchaus bewußt. Dies jedoch in Frage zu stellen war für ihn undenkbar.

Ob Sie nun ein Mann sind oder eine Frau, ein Kind oder ein Erwachsener, schwarz oder weiß, reich oder arm – es ist sehr leicht, dem Konformitäts- und Unterwürfigkeitsdenken zu verfallen. Tatsächlich treffen wir alle irgendwann in unserem Leben Entscheidungen, die durch Unterwerfung und Konformität charakterisiert sind. Für Sie ist es wichtig, dies zu erkennen, sich zu fragen, was Sie wirklich möchten und sich einige neue Strategien anzueignen, um sich von der Macht der Gewohnheit zu befreien.

Christian Bovee, ein amerikanischer Autor des 19. Jahrhunderts, schrieb einmal: «Es gibt keinen schlimmeren Tyrannen als die Gewohnheit und keine Freiheit in einem System, dessen Verordnungen man keinen Widerstand entgegensetzen kann.» Wenn Sie sich auf Konformität und Unterwürfigkeit als wesentliche Quelle innerer Stabilität verlassen müssen, dann sind Sie in der Tat der Sklave des Tyrannen, der in Ihnen selbst sein Regiment führt. Sie werden die Freiheit all derer beschränken, die Sie lieben, und Sie werden jede Chance für Ihre eigene Unabhängigkeit zerstören.

Ethnozentrismus

Dieser soziologische Terminus bedeutet, daß man positive Vorurteile gegenüber der eigenen ethnischen Gruppe oder dem eigenen Kulturkreis hat sowie eine starke Tendenz, andere ethnische Gruppen herabzusetzen. Man gesteht ihnen dabei nicht das Recht auf eigene ethnische oder kulturelle Werte zu. Ethnozentrismus ist ein wesentliches Charakteristikum der autoritären Persönlichkeit. In vielerlei Hinsicht ist dies auch die gefährlichste aller autoritären Eigenschaften, weil dadurch am leichtesten Gewalt zwischen Menschen hervorgerufen wird – sei dies nun innerhalb ethnischer oder kultureller Gruppen oder zwischen ganzen Nationen.

Im täglichen Leben werden Sie immer wieder hören, daß Menschen leichtfertig herabgesetzt werden, ganz einfach deshalb, weil sie «nicht so sind wie wir». Es gibt ebenso viele entwürdigende Schmutzworte, wie es Gruppen gibt: Rote, Chaoten, Nutten, Schwulis, Weiber, Spaghettifresser, Emanzen – die Liste ist endlos. Menschen, die eine unterschiedliche Hautfarbe, einen anderen Glauben, einen anderen Geschmack, andere Kleidersitten oder sonst irgend etwas anderes haben, werden nicht danach beurteilt, wie vorteilhaft sich ihr Verhalten und ihre Sitten auf ihre jeweiligen Lebensumstände auswirken, sondern sie werden rücksichtslos als verrückt, unmoralisch, faul, gierig oder minderwertig abgeschrieben. Wer dagegen der eigenen Gruppe angehört, ist automatisch okay; er muß akzeptiert und um jeden Preis verteidigt werden: Er wird als erster eingestellt, als letzter gefeuert und so weiter, gleichgültig, was seine eigenen persönlichen Verdienste und Qualitäten sein mögen. Wenn wir andere Kulturen beurteilen, indem wir sie mit unserer eigenen vergleichen und messen, wenn wir uns selbst als die Fahnenträger jeglicher Zivilisation ansehen, dann neigen wir dazu, «Missionare» auszusenden, um die Ungläubigen zu bekehren – oder um ihre «Minderwertigkeit» als einen Vorwand zu benutzen, um sie zu beherrschen, sie auszubeuten, ja sogar zu besiegen. Ein Beispiel hierfür wären die amerikanischen Indianer. Autoritär denkende Menschen würden niemals erkennen, daß die Nicht-Industrialisierung von Entwicklungsländern gewisse Vorteile hat. Sie würden niemals in Erwägung ziehen, daß diese Menschen es vielleicht genießen, der Erde nahe zu sein. Sie sehen nicht die Tatsache, daß Schizophrenie, Angst, Umweltverschmutzung, Krebs, Massenunfälle auf der Autobahn und viele andere destruktive Aspekte unserer «großen industrialisierten Kultur» das Leben dieser Menschen noch nicht einmal am Rande berührt haben.

Es schadet sicherlich nicht, wenn man ein wenig stolz ist auf seinen ethnischen Hintergrund, wenn man das eigene Erbe faszinierend findet, mehr darüber lernen und bewahren will, was man daran gut findet.

Man muß allerdings auch sehen, daß Kinder und junge Menschen außerordentlich stark dazu neigen können, andern ihre Vorstellungen aufzwingen zu wollen. Wenn ein Mädchen im Teenageralter beispielsweise von ihren Eltern erwartet, «modern» zu sein, und damit meint, daß sie sich mehr wie die Jugendlichen in ihrer Clique verhalten sollen – Rockmusik hören, in Diskotheken gehen, Jeans tragen –, und ihre Eltern für deren eigene Lebensweise vielleicht nur verachtet, dann kann dies ebenfalls zu Chaos und Entfremdung führen. Junge Leute können, unabhängig von ihren Eltern, unglaublich autoritär sein. Dies ist kaum überraschend, denn der Glaube an Autorität ist in unserer Gesellschaft weit verbreitet! Jugendliche können aus dieser Phase «herauswachsen» – obwohl die Chancen dafür nicht allzu gut stehen, solange nicht mehr Erwachsene ihren eigenen Autoritätsglauben, vor allem ihren Ethnozentrismus, überwinden und Beispiele für Toleranz vorleben.

Autoritätsgläubige Menschen werden sich niemals einer Minorität anschließen, es sei denn, viele andere vor ihnen haben damit gute Erfahrungen gemacht. Ende der sechziger, Anfang der siebziger Jahre war eine immer größere Opposition gegen den Vietnamkrieg entstanden. Heute ist es schwer, jemanden zu finden, der nicht für sich in Anspruch nimmt, daß er von Anfang an gegen den Krieg war. Ebensoschwer ist es, in Frankreich jemanden zu treffen, der nicht angeblich während der deutschen Besatzung im Zweiten Weltkrieg ein Mitglied der Résistance war, obwohl sehr viele Franzosen mit den Besatzern kollaborierten.

Ein weiteres Merkmal autoritär orientierter Menschen: Sie neigen dazu, ein sehr anpassungsfähiges Gedächtnis zu entwickeln. Sie können nicht zugeben, daß sie einmal unrecht hatten, und versuchen zwanghaft zu kaschieren, daß sie nicht fehlerlos sind.

Es ist leicht, für etwas zu sein, wenn jeder außer einer winzigen Randgruppe oder Minorität dafür ist. Selbst wenn es sich um unwichtige Dinge handelt, scheint der leichteste Ausweg immer der beste. Als beispielsweise in den sechziger Jahren junge Männer begannen, ihr Haar lang wachsen zu lassen, versuchten Autoritäten einstimmig, dieses «weibische Aussehen» lächerlich zu machen. Zehn Jahre später, als langes Haar allmählich anerkannt war, ließen dieselben autoritären Kritiker ihr Haar ebenfalls länger wachsen.

Die Neigung, sich immer der Mehrheit anzupassen, drückt eine geringe Selbstachtung aus. Jeder, dem es an Selbstvertrauen fehlt, wird sich im Hintergrund halten und zunächst einmal abwarten, in welche Richtung der größere Teil der Herde rennt. Er selbst wird alles versuchen, um in der Mitte zu bleiben. Zwar ist die Sicht dort nicht besonders gut, aber dafür ist man dort sicher. Wenn allerdings die ganze Herde unter schlechtem Einfluß steht, dann haben häufig nur jene eine Überlebenschance, die sich nicht mitten im Gedränge befinden. Für sie ergibt sich die Möglichkeit, die Führung der nachfolgenden Generation zu übernehmen.

Nehmen wir einmal die großen Ereignisse der jüngsten amerikanischen Geschichte: die Bürgerrechtsbewegung, die Antikriegsbewegung, die Frauenrechtsbewegung oder jeder andere Kampf, in dem zunächst die Meinung einer Minderheit von der Mehrheit lächerlich gemacht wurde. Autoritär denkende Menschen sind gegen die Abtreibung, um mit der Meinung «der Gesellschaft» konform zu gehen; sie unterstützen keine politische Neuerung, wenn ihre Nachbarn es nicht auch tun; sie möchten den Standpunkt eines jeden kennen, bevor sie eine eigene Meinung haben – zur Steuerreform, zum Thema Atomkraft oder zur gesetzlichen Gleichberechtigung von Mann und Frau.

Wenn Sie wollen, können Sie sich zurücklehnen und vielleicht sogar bequem mit der Meinung der anderen mitlaufen, während Sie die Ansichten derer, die eine unpopuläre Minderheitsmeinung vertreten, scharf verurteilen. Aber: Die Welt wird nur dann besser werden, wenn es Menschen gibt, die gewillt sind, ihrem eigenen Gewissen zu folgen – sogar, wenn das nicht populär sein sollte.

Machen Sie sich bewußt, daß Hexenverbrennungen, Sklaverei, Gladiatorenkämpfe, die Tötung von Geisteskranken, Menschenopfer und viele andere Praktiken, die wir heute aufgegeben haben, zunächst von der Mehrheit befürwortet wurden. Heutzutage gibt es sie nicht mehr.

Doch es waren nicht die autoritätsbesessenen Persönlichkeiten, die uns von jenen dunklen Pfaden abbrachten; vielmehr wurden wir auf humanere Wege geführt, weil einige wenige Menschen dazu bereit waren, unbequeme Standpunkte einzunehmen, und begannen, sich für die Interessen und den Schutz von Minderheiten einzusetzen, und so letztlich für uns alle eine bessere Welt geschaffen haben.

Verfolgungswahn

Autoritätsorientierte Menschen fühlen sich leicht in die Enge getrieben. Es fällt ihnen schwer, anderen zu vertrauen, und sie glauben, bevor man selbst übers Ohr gehauen wird, sollte man dies in jedem Fall bei anderen probieren.

Das grundsätzliche Mißtrauen, das autoritär orientierte Menschen sich selbst und anderen gegenüber empfinden, ist ein wesentliches Element bei jeder ihrer Begegnungen. Sie fürchten jeden, von dem sie annehmen, daß er sie zu beeinflussen sucht. Ihre erste Frage ist stets: «Welchen Profit versucht diese Person daraus zu ziehen?» Aber ihr Verfolgungswahn kann ihnen offensichtlich nicht dabei helfen, ihre eigenen Interessen effektiver zu schützen. Möglicherweise sind sie in einigen Situationen noch leichter als andere zu täuschen und hinters Licht zu führen. Denn Menschen, die sie wirklich betrügen wollen und ihre geringe Selbstachtung durchschauen, finden häufig Wege, dies auszunutzen und sie zu Opfern zu machen – vor allem, indem sie ihnen schmeicheln. Wenn sie erkennen, daß sie wieder einmal «angeschmiert» worden sind – aber zugleich nicht durchschauen, warum –, haben sie immer stärker das Gefühl, von allen Seiten bedroht und angegriffen zu werden. Daraus entsteht ein

Teufelskreis, der in extremen Fällen in Panik, Halluzinationen oder gar in einer Psychose enden kann.

Häufig mündet diese psychische Struktur auch deshalb in eine Psychose, weil die autoritäre Persönlichkeit nicht zugeben kann, für ein Mißgeschick verantwortlich zu sein, und anderen die Schuld dafür geben muß.

Wenn wir uns einbilden, von jedermann in die Enge getrieben zu werden, dann werden wir kaum Fortschritte machen, diese Erde lebenswerter zu gestalten. Natürlich können wir alle noch bessere Schlösser an unseren Türen anbringen, wir können allen Freunden gegenüber verschwiegen sein, und vielleicht können wir uns tatsächlich bis zu einem gewissen Grad vor einem schlimmen Reinfall schützen. Ergebnis dieser Verhaltensweise wird unumstößlich ein immer größeres Mißtrauen untereinander sein.

Wenn Sie das Gefühl haben, daß jeder Ihr potentieller Feind ist, dann werden Sie sich von vielen Menschen abschotten, die aufrichtig, vertrauenswürdig und interessant sind. Doch wenn Sie lernen, die wirklich hinterhältigen Menschen zu erkennen und effektiv mit ihnen umzugehen, dann werden Sie auch genug Vertrauen in Ihre eigene Urteilskraft entwickeln, um gegenüber neuen Menschen und neuen Ideen offen zu sein. Weil Sie selbst Würde ausstrahlen und es ganz einfach ablehnen, sich von den wenigen Schwätzern und Betrügern einwickeln zu lassen, werden solche Menschen Sie in Zukunft kaum mehr behelligen.

Die Verachtung von Schwäche

Autoritär denkende Menschen übernehmen nur selten Verantwortung für ihre eigenen Fehler, aber sind stets die ersten, die andere für alles Negative, was ihnen widerfährt, verantwortlich machen.

> Jesus antwortete: Ein Mann ging hinunter von Jerusalem nach Jericho, und er fiel unter die Räuber, die ihn beraubten und verprügelten und ihn halb tot auf der Straße zurückließen. Zufällig kam

67

ein Priester jene Straße hinunter, und als er ihn sah, ging er vorüber. Ebenso auch ein Levit; als er vorbeikam und ihn sah, ging er vorüber. Aber ein Samariter, der vorbeikam, trat zu ihm, und als er ihn sah, empfand er Mitleid und verband seine Wunden und pflegte sie mit Öl und Wein.*

Autoritär denkende Menschen finden eine Unmenge selbstsüchtiger Entschuldigungen dafür einfach vorüberzugehen. Letztendlich haben sie die Einstellung: «Jeder ist sich selbst der Nächste.»

Sie unterstützen selten Hilfsangebote für Schwache oder Benachteiligte und bestehen darauf, daß jeder selbst für sein Schicksal verantwortlich ist. Diese Verachtung der Schwäche und auch der Schwachen setzt sich bis in die eigene Familie hinein durch. Der «schwache» Sohn, der nicht sportlich ist, der zuviel lernt, Gedichte schreibt oder ähnlich «weibische» Interessen hat, wird vom autoritären Vater mit Verachtung und Zorn verfolgt. Söhne müssen für ihr Image kämpfen, sich auf dem Schlachtfeld des Lebens als Mann beweisen. Natürlich wird auch von Mädchen verlangt, daß sie auf ihre Weise «stark» sind, aber da autoritäre Persönlichkeiten dazu neigen, sich krampfhaft an die traditionellen sexuellen Stereotype zu klammern, fällt das größte Gewicht des Drucks, stark sein zu müssen, auf die Jungen.

Kinder scheinen bei Spiel und Sport instinktiv zu wissen, daß es vollkommen in Ordnung ist, in der einen oder anderen Weise «schwach» zu sein, und daß jeder Neue, der ein Spiel ausprobiert, erst nach und nach an Selbstvertrauen gewinnt. Kinder wissen genau, daß keiner beim Sport immer nur zuschauen sollte und daß man nicht unbedingt eine Menge Training, Ausbildung, irgendwelche tollen Uniformen oder eine Ausrüstung braucht, um ein wenig Spaß zu haben.

Dementsprechend könnte man sagen, daß ein wirklicher Maß-

* Lukas 10,30–34

stab für den Entwicklungsstand eines Landes die Bereitschaft ist, die Menschen zu unterstützen, die unfähig sind, ohne ein wenig spezielle Hilfe «im Team mitzuspielen». Wie wird für jene gesorgt, die weniger Glück haben als die Mehrheit? Wenn sich die autoritäre Schwäche-Feindschaft durchsetzt, dann wird es mit den politischen Idealen unseres Landes bald bergab gehen.

Es ist sicherlich sehr viel sinnvoller und ratsamer, Menschen dabei zu unterstützen, daß sie sich selbst helfen können, als Programme zu entwickeln, die eine ewige Abhängigkeit von Geld schaffen, das man sich nicht selbst verdient hat. Ich halte das Verrichten einer sinnvollen Arbeit sowie das Gefühl, einen Beitrag zur Kultur zu leisten, für ein grundlegendes menschliches Bedürfnis. Kein Mensch ist wirklich glücklich, wenn er nicht irgendein Gruppenzugehörigkeitsgefühl hat, und es ist leicht, die innere Stabilität eines Menschen ins Wanken zu bringen, wenn er von der Gruppe ausgestoßen wird.

Die Verehrung von Macht

Das Gegenteil von Schwäche ist Macht. Ihr räumen Obrigkeitsgläubige typischerweise die wichtigste Stellung im Leben ein. Dabei erscheint ihnen Geld als das ausschlaggebende Maß für Macht und Einfluß in unserer Gesellschaft.

Die Aufmerksamkeit, die autoritäre Persönlichkeiten dem Geld als Ausdruck von Macht widmen, ist nicht überraschend, wenn man bedenkt, daß sie, wie ich es nenne, «von außen motiviert» sind. Sie halten zwanghaft nach etwas Ausschau, um ihren eigenen Wert zu bestätigen – und was wäre dafür wohl besser geeignet als Geld?

Häufig werden Männer verehrt, die sich im Laufe der Geschichte als «stark» erwiesen haben, beispielsweise Alexander der Große oder Napoleon Bonaparte. Autoritär denkende Menschen haben hohe Achtung vor historischen Persönlichkeiten wie John D. Rokkefeller, der lediglich deshalb berühmt wurde, weil er sehr viel Reichtum und Macht anhäufte und fähig war, seinen Willen so vielen anderen aufzuzwingen. Dagegen sind sie selbst nur selten bereit, jene Risiken einzugehen, die notwendig sind, um selbst einmal großen Einfluß und große Macht ausüben zu können. Statt dessen schwelgen sie in Phantasien über das Leben der Mächtigen und Reichen.

Kein Mensch sollte als etwas Besseres angesehen werden, nur weil er Reichtum und Autorität besitzt. Der Lauf der Geschichte hat immer wieder bewiesen, daß es für eine Gesellschaft gefährlich ist, wenn einzelne zuviel Macht haben. Wir sollten uns immer wieder daran erinnern, wie sehr unser aller Freiheit davon abhängt, daß wir den Grundsatz der Gewalterteilung, der in unserer Verfassung verankert ist, aufrechterhalten. Wenn, wie ich glaube, autoritäre Einstellungen und zunehmend blinde Machtverehrung in unserer Gesellschaft an Boden gewinnen, dann resultiert die größte gegenwärtige Bedrohung unserer Freiheit nicht aus fremden Mächten, sondern aus unserer eigenen Autoritätsgläubigkeit.

Während der letzten Jahre, in denen ich in zahlreichen Fernseh- und Radiosendungen auftrat, habe ich Hunderte der sogenannten Superstars getroffen. Ich war zwar schon vorher der Meinung, daß alle Menschen gleich wertvoll sind, doch durch meine direkten Kontakte hat sich dies sehr eindrucksvoll bestätigt.

Jeder dieser Superstars leidet, ebenso wie alle anderen Menschen, unter Frustrationen, Ticks, Gefühlen von Unsicherheit, Ängsten, Sorgen und Problemen. Dieser Tatsache sollten Sie sich immer bewußt sein. Dann fällt es Ihnen leicht, sich von jeder heimlichen Machtverehrung zu lösen, durch die Sie sich in Ihrer persönlichen Entwicklung möglicherweise selbst beeinträchtigen.

Hoffentlich haben Sie sich beim Lesen dieses Kapitels selbst einmal die Frage gestellt, wieviel autoritäres Denken und Verhalten in ihrer eigenen Persönlichkeit zu finden ist. Vielleicht haben Sie versucht, sich in bezug auf jeden dieser von mir beschriebenen Charakterzüge einzuschätzen. Wahrscheinlich haben Sie erkannt, daß Sie einige dieser autoritären Züge in starkem Maße entwickelt haben, andere nur zum Teil und einige gar nicht.

Wahrscheinlich haben Sie auch die Charakterzüge von bestimmten Leuten in Ihrer Umgebung wiedererkannt. Sollten Sie nun der Meinung sein, daß es Ihre wesentliche Aufgabe ist, autoritäre Charakterzüge in sich selbst zu überwinden, dann haben Sie mein Anliegen richtig verstanden. Wenn Sie sich mit der Aussage zufriedengeben: «Ja, die anderen sind so, aber ich doch nicht», dann haben Sie mich falsch verstanden – oder nicht richtig verstehen wollen –, und dies bedeutet, daß Sie sich wahrscheinlich nicht ernsthaft selbst verwirklichen wollen.

Ich möchte Ihnen jedoch zum Abschluß einige ermutigende Worte sagen: Ich glaube nicht, daß irgend jemand seiner eigenen autoritären Einstellung einfach ausgeliefert ist. Ich glaube vielmehr, daß jeder, der eine solche Lebensphilosophie entwickelt hat, dies aufgrund seiner eigenen Entscheidung tat. Zwar verehre ich Abraham Maslow sehr, aber ich bin nicht seiner Meinung, wenn er sagt, daß es für autoritäre Persönlichkeiten nur wenig Hoffnung oder Wahlmöglichkeiten gibt und daß sie weitgehend dazu verdammt sind, so zu bleiben, wie sie sind. In *The Farther Reaches of Human Nature* schreibt Maslow:

> Solche Menschen (die autoritär sind und zugleich inneren Zwängen unterworfen) müssen sich in dieser Weise verhalten. Sie haben keine Wahl. Dies ist die einzige Art und Weise, durch die solch ein Mensch ein Gefühl von Sicherheit, Ordnung und Geborgenheit erzeugen kann – nämlich auf dem Wege von Ordnung, Vorhersagbarkeit, Kontrollierbarkeit und Beherrschung der Dinge … Für solch einen Menschen bedeutet das Neue eine Bedrohung, aber es kann ihm nichts wirklich Neues geschehen, wenn er dies seinen vergangenen Erfahrungen zuordnen kann, wenn er die Welt, die im Fluß ist, einfrieren kann, das heißt, wenn er uns und sich glauben machen kann, daß sich nichts verändert.

Ich bin vielmehr überzeugt, daß jeder sich verändern kann, wenn er bereit ist, die Geister der Vergangenheit loszulassen und ein Risiko einzugehen. Ich habe Menschen gesehen, die vollkommen von einer autoritären Einstellung durchdrungen waren und sich dann gänzlich geändert haben, weil sie zum richtigen Zeitpunkt ihres Lebens mit den richtigen Ideen in Berührung kamen – nämlich genau in dem Moment, in dem sie selbst ihrer alten Rolle überdrüssig geworden waren.

3. Autoritäre Denkweisen überwinden

Denken ist untrennbar mit meiner Natur verbunden.

René Descartes
Meditationen über die erste Philosophie
(1641)

Überall wo ich hinsehe, bleiben Menschen auf einem Niveau stehen, das dem einer selbstverwirklichten Persönlichkeit bei weitem nicht entspricht. Schwer nur kann ich mich damit abfinden. Für mich ist es eine Frage der Entscheidung: Die Lebenseinstellung und die Erwartungen an das Leben gehen beim selbstverwirklichten Individuum weit über das bloße Akzeptieren der Lebensumstände hinaus. Der selbstverwirklichte Mensch ist davon überzeugt, daß ihm Möglichkeiten offenstehen, die ihn weit über das Gewohnte hinausheben. Er ist sich sicher, sein Leben selbst in die Hand nehmen zu können. Er hat es gelernt, Entscheidungen zu treffen, die andere gar nicht erst zu treffen wagen, und lebt deshalb im Einklang mit sich selbst, auf einer höheren Ebene von Glück und Erfüllung. Er betrachtet sich nicht als das von anderen vorprogrammierte «Produkt», sondern als flexibel und in alle Richtungen entwicklungsfähig.

Auch Sie sollten Entscheidungen für sich treffen, sich Ihre eigenen Denkgewohnheiten anschauen und daran arbeiten, Ihre autoritäre Denkweise zu überwinden. Alle Charakteristika der autoritätsgläubigen Persönlichkeit, die ich im vorigen Kapitel beschrieben habe, laufen auf eines hinaus: auf die Weigerung, selbständig zu denken. Sie ist das größte Hindernis auf dem Weg zur Selbstverwirklichung.

Vor einigen Jahrhunderten sagte René Descartes, der häufig als der Begründer der modernen Philosophie betrachtet wird: «Ich denke, also bin ich.» Damit beschrieb er ein wesentliches Element des Menschseins: Nachdenken heißt, etwas zu hinterfragen und verschiedene mögliche Antworten zu suchen; etwas in Zweifel zu ziehen, es neu zu formulieren oder es auch abzulehnen. Aus diesem Gedankengebäude entwickelt sich allmählich die individuelle Lebensphilosophie, auf die letztendlich jede Denkweise, jede Handlung, jedes Gefühl zurückzuführen ist.

Die zentrale Behauptung dieses Buches lautet, daß Sie selbst in jedem Moment für Ihre Gedanken verantwortlich sind. Sie haben die Fähigkeit, Ihre Gedanken zu wählen und zu bestimmen. Praktisch alle Ihre selbstzerstörerischen Haltungen und Verhaltensweisen haben ihren Ursprung darin, daß Sie sich entschieden haben, negativ zu denken. Ihre Gedanken sind Ihre ganz persönliche Schöpfung und liegen in Ihrer eigenen Verantwortung. Sobald Sie sie als den wesentlichen Schlüssel zu Ihrem gesamten Menschsein akzeptieren, sind Sie auf dem Weg, alles zu verändern, was Sie bisher davon abgehalten hat, Ihr Leben zu meistern. Dann werden Sie zugleich auch verstehen, daß die Lösung persönlicher und psychischer Probleme darin liegt, jene Gedanken zu attackieren, die Ihre negativen Gefühle und Ihre selbstzerstörerischen Verhaltensweisen unterstützen.

Das Denken in Gegensätzen

Obrigkeitsdenken resultiert aus der Angst vor Selbständigkeit und Unabhängigkeit und dem Drang, die Welt in deutlich abgegrenzte Kategorien zu unterteilen, wie zum Beispiel: konservativ oder liberal, jung oder alt, gut oder schlecht, verräterisch oder loyal, religiös oder atheistisch, selbstsüchtig oder selbstlos. Diese Etiketten sind häufig ausschlaggebend, wenn es darum geht, jemanden zu akzeptieren, zu mögen oder zu meiden. Ihre Entscheidung treffen Sie spontan, intuitiv. Hier stellt sich die Frage, ob Sie die Gründe für Ihre Entscheidung hinterfragen und kennenlernen oder sie ignorieren wollen. Solange Sie in Gegensätzen denken, wird die Formulierung «Ich weiß nicht genügend darüber Bescheid, um mir ein Urteil bilden zu können» für Sie völlig undenkbar sein, weil Sie nur Ihre eigene Seite sehen wollen.

Das Denken in Gegensätzen erfordert im Vergleich zum wirklich kreativen Denken weniger Überlegen, wenn es darum geht, tragbare Lösungen zu finden. Außerdem ist es eine Barriere im Gespräch mit anderen Menschen, denn man hat diese längst einer Schublade in seinem Denkraster zugeordnet, so daß eine echte Kommunikation nicht mehr entstehen kann. Das Denken in Gegensätzen ist die Hauptursache für das mangelnde Verständnis der Menschen untereinander, für Streit und Krieg, stereotype Urteile und soziales Unrecht. Durch autoritätsorientiertes Denken fügen Sie sich selbst den größten Schaden zu: Sie werden sich nie zu einer vollkommen freien Persönlichkeit entwickeln können. Festgefahrene Denkweisen lassen neuen Gedanken keinen Raum, es gibt kein Forschen und Erkunden – und je mehr Schranken Sie in sich selbst errichten, desto mehr beschränken Sie Ihre eigene, individuelle Fähigkeit, auf der für Sie persönlich höchsten Ebene zu leben. Alle die Dichotomien, die Sie benutzen, um Menschen und Gedanken sofort in rigide Kategorien einzuordnen, werden Ihrem Wachstum und Ihrer Entwicklung im Wege stehen. Wenn Sie andere in bestimmte Schubladen einordnen, dann verfahren Sie mit sich selbst genauso. Jedesmal, wenn Sie die Welt in ein Entweder-Oder einteilen, unterwerfen Sie sich diesen Kategorien und begrenzen damit von vornherein Ihre Fähigkeit, an innerer Größe zu gewinnen.

Wenn Sie die Menschen oder Ideen in dieser Welt strikt nach diesem Muster einteilen, dann sehen Sie die Welt nicht, wie sie ist, sondern nur durch Ihre eigene Brille. Sie blockieren sich selbst für die Wunder, die die Welt zu bieten hat. Bald werden Sie Ihre natürliche Neugierde und Offenheit der Welt gegenüber aufgeben: Sie werden aufhören zu denken, nichts mehr in Frage stellen, nichts mehr suchen und erforschen, sondern immer mehr dem Zwang nachgeben, entsprechend vorgegebener Muster in Gegensätzen denken, und Ihr geistiges und gefühlsmäßiges Wachstum wird stagnieren.

Wenn Sie aufhören, originell zu denken, dann ist dies fast ebenso schlimm, wie wenn Sie aufhören würden, sich zu bewegen – oder sogar noch schlimmer. Das Denken in Gegensätzen ist nichts als eine bequeme Art und Weise, dem wirklichen Durchdenken eines Problems auszuweichen. Es führt Sie dahin, daß Sie sofort nach einer schnellen, vereinfachenden Antwort suchen und die Verantwortung von sich selbst abwälzen. Zum Beispiel haben bei der Energiekrise in den siebziger Jahren viele Leute das Problem ausschließlich «außen» gesucht; die Benzinfirmen oder auch die Verwaltung hätten Fehler gemacht, die OPEC-Länder seien dafür verantwortlich gewesen, und der Präsident hätte sich zögernd und unentschlossen verhalten. Es herrschte zunächst einmal die allgemeine Tendenz, sich nach passenden Sündenböcken umzusehen, und nicht die Absicht, der Sache wirklich nachzugehen; keiner machte den Versuch, eine sinnvolle Energiepolitik zu entwickeln. Diese Art von Denken in sich ausschließenden Gegensätzen führt in keiner Weise dazu, daß die Energiekrise, mit der unsere Welt auch in Zukunft konfrontiert sein wird, überwunden würde; dieses Denken ordnet die Menschen ganz einfach bestimmten Kategorien zu und überläßt die Lösung aller unserer Probleme jemand anderem. Aber wem? Die so denken, sind vielleicht unter den ersten, die auf den Ruf ihres Landes reagieren, den Persischen Golf zu besetzen, um unsere Ölversorgung sicherzustellen, aber sie sind unter den letzten, die reagieren, wenn es erforderlich ist, konstruktiv und kreativ darüber nachzudenken, wie man weniger Öl verbraucht oder alternative Energiequellen erschließen könnte.

Und umgekehrt: Eine Welt, die von Anfang an das Denken in sich ausschließenden Gegensätzen ablehnt und in der mehr Menschen die verschiedenen Schattierungen von Grau zwischen den Schwarzweiß-Einteilungen erkennen, eine Welt, die das Recht des Individuums auf Anhörung (anstatt auf Befehle) anerkennt, wird sich so entwickeln, daß wir stolz auf sie sein können. In dieser Welt werden wir erkennen, daß in jeder Antwort ein wenig «Recht» und ein wenig «Unrecht» liegt und daß die Lösung in einem «Geben und Nehmen» liegen muß. Um aber dem Denken in Gegensätzen nicht länger eine Chance zu geben, um es zugunsten der uns förderlichen Denkweise im Geiste der Selbstverwirklichung zu überwinden, wird jeder einzelne zunächst bei sich selbst ansetzen und sein Denken und Handeln prüfen und korrigieren müssen.

Das zwanghafte Denken in Gegensätzen kann sehr schnell Ihren Geist vergiften, besonders wenn Sie unendlich viele Gelegenheiten finden, sich traurig und gelähmt zu fühlen. Es bringt sie sogar dahin, daß Sie sich durch die Art und Weise anderer Menschen derart bedroht fühlen, daß Sie sich selbst als Opfer wahrnehmen. Wenn Sie zum Beispiel kein Verständnis für Kinder haben, die Ihnen alle hoffnungslos unverschämt erscheinen, und deshalb versuchen, Kindern aus dem Wege zu gehen, dann werden Sie, wenn Sie darüber nachdenken, erkennen müssen, daß genau die Kinder, die Sie so sehr verachten, tatsächlich Ihr Gefühlsleben kontrollieren. Wann immer Sie ein Kind sehen, das sich, wie Sie meinen, frech und unverschämt verhält, werden Sie wütend, traurig, unfähig, klar zu denken und «gut zu funktionieren». Allein die Tatsache, daß Sie alle Kinder in die Kategorie «frech» einordnen, gibt ihnen Macht über Sie und hindert Sie daran, so glücklich zu sein wie Sie gern sein möchten. Auf ähnliche Weise verhält es sich, wenn Sie sich entschließen, alle Leute in irgendeiner Gruppe zu hassen: Sie räumen diesen Menschen dann eine ganze Menge emotionaler Macht über sich ein. Anstatt jedoch eine Gruppe insgesamt als «hassenswert» abzustempeln, sollten Sie sich einmal den Individuen zuwenden und ihnen zuhören. Männer, Amerikaner, Weiße, Juden, Schwarze, Asiaten, Handwerker, Rechtsanwälte, Kinder, Alkoholiker, Kommunisten – jede dieser Gruppen besteht aus Individuen, von denen sich alle so sehr voneinander unterscheiden, wie Sie sich von ihnen unterscheiden. Sobald Sie sie auf eine stereotypen Weise abstempeln, nehmen Sie sich selbst die Chance, mehr über Menschen zu lernen, die tatsächlich ganz anders denken als Sie. Je mehr Barrieren Sie errichten, die Sie davon abhalten, um wirkliche, konstruktive Gespräche mit anderen Menschen zu führen, desto stärker berauben Sie sich selbst der Möglichkeit zu Wachstum und Entwicklung.

Ich hoffe, Sie können jetzt verstehen, warum derjenige, der in Gegensätzen denkt, nur sehr geringe Chancen hat, einen Zustand von innerem Frieden zu erreichen. Er ist einfach zu sehr damit beschäftigt, alle Menschen dieser Welt in diese oder jene Kategorie einzuordnen, und so fehlt es ihm an Zeit und Motivation für seine eigene Entwicklung. Schwarzweiß-Denken ist eine Aktivität, die von außen gesteuert wird, nämlich von gesellschaftlichen Vorurteilen, die Ihnen beispielsweise sagen, wie man die Patrioten von den subversiven Elementen unterscheidet. Offensichtlich können Sie keinen inneren Frieden erlangen, solange die Kontrolle über Ihr Leben irgendwo außerhalb Ihrer Persönlichkeit liegt. In dem Fall bleibt Ihre eigene Lebensaufgabe, nämlich glücklich und auf kreative Weise lebendig zu sein, unerfüllt. Aber wenn Sie lernen, das Denken in Gegensätzen zu überwinden, die Schwarzweiß-Stereotype zu überschreiten, die Ihr eigenes Leben ebenso wie unser gesamtes gesellschaftliches Gefüge krank machen, dann können Sie helfen, eine Gesellschaft zu schaffen, die tatsächlich ihr gesamtes Potential auszuschöpfen vermag. Aber zuerst und vor allem müssen Sie die Verantwortung übernehmen, bei sich selbst anzufangen und dann anderen dabei zu helfen, ebenso zu handeln. Es ist möglich, daß es bald immer mehr Menschen gibt, die offen und flexibel denken, den Fragen und Antworten von anderen wirklich zuhören und versuchen, eine Welt zu erschaffen, die für uns alle humaner ist. Aber wir müssen bei uns selbst anfangen.

Holistisches Denken

Der grenzenlos selbstverwirklichte Mensch ist sich bewußt, daß Gegensätze nur in den Köpfen von Individuen existieren. Sie sind Denkinstrumente, «Vehikel», die wir erfunden haben, um unsere Welt besser zu verstehen und bestimmte Bereiche zu kontrollieren. In Wirklichkeit werden sich ausschließende Gegensätze immer dazu benutzt, um etwas zu teilen, was einmal eine Einheit war. Wir alle sind Kombinationen gänzlich gegensätzlicher Elemente. Wir sind «ganze Menschen», die unendlich viele verschiedene Eigenschaften haben und die sich fortwährend ändern – entsprechend der Ebbe und Flut unserer Gedanken und Gefühle. Um das Denken in Gegensätzen zugunsten einer wirklich menschenwürdigen Denkweise zu überwinden, müssen wir hinter den Schleier blicken, den wir zwischen uns selbst und die Wirklichkeit gezogen haben. Wir müssen uns an die ganze Welt erinnern, die existierte, lange bevor wir begonnen haben, sie in Kategorien einzuteilen.

Das bedeutet: Wir müssen uns auf das holistische Denken zurückbesinnen. Wir müssen uns daran erinnern, daß das Leben zuerst da war – bevor es Schafe oder Ziegen, Jungen oder Mädchen gab, bevor sich jemand die Einteilung in gerade und ungerade Zahlen ausdachte, bevor jemand seiner sozialen Umgebung den Namen «Zivilisation» gab. Wir müssen es würdigen, daß alle Menschen, die vor uns auf dieser Erde lebten, von derselben Sonne beschienen wurden, daß sie in denselben Himmel blickten, in denselben Meeren ihre Fische fingen. Vielleicht geben diese Gedanken uns das Bedürfnis, einmal innezuhalten und einen Moment lang deutlich zu sehen, daß wir und alle anderen Menschen das menschliche Leben, so wie es jetzt ist, verkörpern. Wir erkennen vielleicht, daß jeder von uns ein wenig Fisch, ein wenig Affe, ein wenig Genie, ein wenig Dummkopf, ein wenig Stärke, ein wenig Schwäche, ein wenig Reichtum und ein wenig Armut als Teil seiner Existenz in sich trägt. Jeder ist zugleich ein ganzer Mensch, eine organische Verkörperung des Lebens und nur ein winziger Teil allen Lebens insgesamt.

Diejenigen Menschen, die gelernt haben, holistisch zu denken, betrachten sich selbst als einen Teil der Menschheit und nicht als Angehörigen irgendeiner speziellen Untergruppe – sei dies nun eine Nation, eine ethnische Gemeinschaft oder eine durch ein gemeinsames kulturelles Umfeld definierte Gruppe. Sie wollen sich nicht durch irgendwelche künstlich gezogenen Grenzen definieren lassen, sondern haben vielmehr das Gefühl, daß solche Grenzen Schaden anrichten können.

Der holistisch denkende Mensch sieht die Welt unter einem allumfassenden, globalen Aspekt; er meint, daß sie der ganzen Menschheit gehört und daß es bestimmte Problembereiche gibt, die in Angriff genommen und gelöst werden müssen.

Die Tatsache, daß jemand in Indien arbeitslos ist oder in Biafra verhungert, ist ein Problem für die gesamte Menschheit und nicht eines, das von bestimmten individuellen Regierungen gelöst werden müßte. Wir alle müssen uns zusammenschließen und Menschen gemäß ihrer menschlichen Würde behandeln. Allen Versuchen, Menschen in bezug auf ihre Klasse, ihre Nation, ihre Religion oder hinsichtlich anderer Kriterien in Gruppen zu unterteilen, wird von denen, die holistisch denken, starker Widerstand entgegengesetzt. Holistisches Denken muß mit der Erkenntnis beginnen, daß wir alle gemeinsam am Leben teilhaben.

Wir müssen lernen, etwas in der Schwebe zu lassen, einen Moment lang all die Kategorien beiseite zu schieben, durch die wir so viele Menschen, Ideen, Dinge und mögliche Erfahrungen «zu den Akten legen», noch bevor wir sie überhaupt wirklich geprüft haben.

Es ist notwendig, uns selbst und unsere Welt in ihrer ursprünglichen, nicht zu reduzierenden Gesamtheit zu betrachten. Dann können wir erkennen, daß wir es tragischerweise versäumt haben, all das Gemeinsame in unserer Natur, unseren Hoffnungen, in unserer Zeit, an dem Ort und in der Situation, in der wir leben, zu sehen. Wir waren nur allzu beschäftigt damit, die Menschheit mit dem Seziermesser zu unterteilen, als daß wir uns hätten vorstellen können, welch eine Freude es sein könnte, gemeinsam zu handeln.

Holistisches Denken heißt, daß man sich manchmal zurücklehnt, nur um sich daran zu freuen, daß die Bäume «zufällig» Sauerstoff produzieren, den wir Menschen einatmen; daß man die Wunder der Natur betrachtet oder die Komplexität des menschlichen Lebens. Der Wald ist nicht nur die bloße Summe seiner Bäume; es kommt immer wieder auf die letztendlich mysteriöse Natur «des Ganzen» an – sei dies nun das Universum insgesamt oder das Ganze der Menschheit oder das Ganze in jedem einzelnen.

Auf dem Weg zur grenzenlosen Selbstverwirklichung

Ein Denken im Geist der Selbstverwirklichung ist vielleicht die höchste Kunst, deren ein menschliches Wesen fähig ist. Auf dem Weg dorthin wollen wir zunächst die Denkqualitäten beschreiben, die selbstverwirklichte Menschen von anderen unterscheiden – ohne daß wir damit den Eindruck erwecken wollen, daß jeder, der nicht so denkt, irgendwie minderwertig oder neurotisch sei.

Es scheint so, als ob der selbstverwirklichte Mensch bestimmte Fähigkeiten entwickelt, die Welt mit anderen Augen zu sehen. Er betrachtet alles, was ihm begegnet, als eine Möglichkeit oder Chance und nicht als etwas, was man fürchten oder vermeiden müßte. Jede Erfahrung ist für ihn ein Potential von lebendiger Erregung und Wachstum, und er ist sehr interessiert an Veränderungen, an Neuem und Geheimnisvollem. Für selbstverwirklichte Menschen ist die Welt ein Wunder, und sie leben in einem Gefühl der Ehrfurcht für das Universum. Sie lassen sich leicht von Dingen berühren, die viele als Routine übersehen, und können einen ganzen Tag am Strand entlanggehen, verloren im Anblick des Ozeans, des Sandes, der Vögel, der Muscheln – ohne dabei müde zu werden.

Für selbstverwirklichte Menschen scheint jeder Tag neue, wunderbare Möglichkeiten zu bieten; sie können sich an der Schönheit von etwas berauschen, das sie schon viele Male vorher erlebt haben, ohne es als langweilige Wiederholung zu empfinden.

Menschen, die sich entschlossen haben, im Sinne der Selbstverwirklichung zu denken, sind im Grunde ihrer Existenz voller Zufriedenheit und Freude. Sie fühlen sich geliebt und sind fähig, Liebe zu geben – ohne Angst und Einschränkung. In ihren Beziehungen sind sie in der Gegenwart verwurzelt, ohne sich andauernd zu fragen, wie die Dinge sich später entwickeln werden. Sie können andere Menschen vollkommen akzeptieren und weigern sich, sie zu beurteilen oder gar zu verdammen – seien es nun Fremde oder enge, intime Freunde. Ihr starkes Gefühl, sicher in sich selbst zu ruhen, führt sie zu Haltungen, die ganz anders sind als die der meisten Menschen. Da sie selbst mit der Welt in Frieden leben, sind sie nicht daran interessiert, andere zu ändern. Statt dessen fällt es ihnen leicht zu akzeptieren, daß andere anders sind als sie.

Aus alldem wird deutlich, daß der selbstverwirklichte Mensch nicht von Ängsten belastet ist. Er hat sich dazu entschlossen, sich selbst zu respektieren, und niemand anders kann ihn jemals davon überzeugen, daß er minderwertig sei. Dieser Selbstrespekt erlaubt ihm, sein Leben tüchtig und aktiv zu meistern. Da sein eigenes Selbstwertgefühl intakt ist und die Quelle dafür in seinem Inneren liegt, braucht er sich nicht um die Meinung anderer Leute zu kümmern. Solche Menschen haben gelernt, in sich selbst hineinzuhorchen, mit sich selbst zu Rate zu gehen, um herauszufinden, was sie tun sollen, und dieses Gefühl von Selbstvertrauen macht es ihnen möglich, sich ganz unabhängig von den Meinungen anderer Leute zu verhalten.

Grenzenlos selbstverwirklichte Menschen haben das Gefühl, daß sie ihr eigenes Schicksal in der Hand halten – und sich nicht nur beständig den Gegebenheiten des Lebens anpassen. Sie sind fähig, in den meisten Situationen des Lebens natürlich zu denken und sich spontan zu verhalten, weil sie keine Angst davor haben, wie man sie beurteilt. Diese Haltung fällt ihnen deshalb leicht, weil sie selber nicht als Richter denken.

Solche Menschen können das, was sie im Sinn haben, ganz deutlich ausdrücken und verfolgen ihre Ziele sogar dann, wenn sie bei anderen Mißfallen erregen. Sie versuchen nicht vorsätzlich, andere vor den Kopf zu stoßen, sondern machen sich einfach keine Sorgen darüber, was andere sagen werden. Denn sie wissen, daß sie tausend verschiedene Meinungen hören werden, wenn sie mit tausend verschiedenen Menschen zusammenkommen. Selbstverwirklichte Menschen haben häufig eine Vorstellung von ihrem eigenen Schicksal, und sie haben in ihrem Leben das Gefühl, einen Auftrag zu erfüllen. Dieses Gefühl wird mit einer Entschlossenheit und Begeisterung ausgelebt, die die meisten Leute niemals verstehen. Sie möchten die Dinge in dem Bereich, den sie sich selbst gewählt haben, besonders gut machen – und die Bereiche für Arbeit und das Lernen von Neuem sind unbegrenzt. Das wesentliche Persönlichkeitsmerkmal für selbstverwirklichte Menschen ist, daß sie sich mit ihrem ganzen Sein für Pläne und Unternehmungen engagieren und von ihrem Engagement über ihre eigene persönliche Welt hinausgetragen werden. Sie haben einen gewissen Abstand zu ihrem eigenen Verhalten, und es berührt sie nicht, wenn andere Menschen ihr Engagement und ihren Enthusiasmus für das, was sie als ihren persönlichen Lebensauftrag ansehen, nicht verstehen. Wenn andere sich von ihrer Arbeit befremdet fühlen, dann verschwenden sie nicht besonders viel Energie darauf, die Richtigkeit ihrer eigenen Position diesen Kritikern gegenüber zu rechtfertigen. Statt dessen schreiten sie voran, weil sie tief in sich die Notwendigkeit dazu verspüren.

Während autoritäre Persönlichkeiten sich fast ausschließlich auf äußere Signale verlassen, vertrauen Menschen, die für sich selbst keine Grenzen akzeptieren wollen, auf ihr inneres Selbst. Im Gegensatz zu autoritären Menschen, die ungewisse und ungeklarte Verhältnisse nicht ertragen können, begrüßen selbstverwirklichte Menschen solche Situationen sogar. Die Vorstellung, jemand aus einem anderen Kulturkreis zu treffen, in eine neue Stadt zu fahren oder ein neues Nationalitätenrestaurant zu probieren, ist für sie eine Quelle freudiger Erregung. Anstatt neue Erfahrungen zu vermeiden, heißen solche Menschen sie ausdrücklich willkommen.

Sie leben ihr Leben auf einer höheren Ebene, weil sie gelernt haben, in Kategorien des Wohlwollens und der Anerkennung und nicht in solchen der Kritik zu denken. Kritik ist für sie weitgehend eine Zeitverschwendung. Sie sind aktiv Handelnde und so engagiert, daß sie keine Zeit oder Energie dafür übrig haben, sich selbst über die Schulter zu schauen, um ihr eigenes Glücklichsein einzuschätzen.

Diese Menschen lieben es, aktiv zu sein und Dinge auszuprobieren. Sie nehmen sich nicht die Zeit, sich zu fragen, ob sie Spaß haben; sie haben ganz einfach Spaß und überlassen das Fragen anderen.

Grenzenlos selbstverwirklichte Menschen haben nur wenig Zeit und Geduld für die, die ihr Leben damit verbringen möchten, ihre verschiedenen Gebrechen zu diskutieren. Sie denken nicht in Kategorien von «Krankheit», sondern sind dem Leben so sehr zugewandt, daß sie ihren Körper gut behandeln. Sie respektieren die Gesetze, nach denen ihr Körper funktioniert. Sicherlich können auch sie krank werden, aber sie haben sich innerlich darauf eingestellt, nicht «krank» zu denken und sich nicht auf Krankheit zu konzentrieren. Da sie kein Interesse daran haben, sich ewig mit ihren Krankheiten zu befassen, und stark an ihre Selbstheilungskräfte glauben, sind sie ganz einfach nicht so «krankheitsorientiert» wie andere. Sie leben gesund, sie bleiben in Form und haben ein sehr gutes Körperempfinden.

Ich möchte betonen, daß Menschen auf dem Wege zur Selbstverwirklichung nicht aufgrund biologischer Eigenschaften anders sind, sondern deshalb, weil sie sich entschieden haben, in einer Weise zu denken, durch die sie mehr Wachstum und Erfüllung erreichen können. Während es dem Forscher oder auch dem flüchtigen Beobachter so scheinen mag, als ob diese Menschen ganz einfach stärkere und unabhängigere Persönlichkeiten seien, haben sie doch in Wirklichkeit nur eine bestimmte Entscheidung getroffen: Sie wollen nicht schwach sein und sich nicht von anderen manipulieren lassen. Darüber hinaus sind sie sich ihres eigenen unbegrenzten Potentials bewußt und haben eine nüchterne und vernünftige Einstellung, die sie davon abhält, destruktiv zu handeln. Diese Menschen wissen, daß sie nicht jeden dazu bringen können, mit ihnen einer Meinung zu sein – und sie wollen es auch nicht. Ihnen ist klar, daß es eine Verschwendung von Zeit, Gefühlen und Energie ist, sich um Beifall und Zustimmung Sorgen zu machen und Angst vor Mißbilligung zu haben.

Sie haben sich für eine Haltung entschieden, bei der Probleme in der richtigen Proportion und Perspektive gesehen werden, so daß sie ihnen nützen und nicht etwa ihr Leben elend und unglücklich machen.

Gegensätze werden eins

Ein abstraktes Konzept wie das Denken im Geiste der Selbstverwirklichung läßt sich am besten begreifen, wenn man überprüft, wie man es konkret in seinem eigenen Leben zur Anwendung bringen kann. Zur Erläuterung folgen nun einige der am meisten verbreiteten Dichotomien, die gewöhnlich destruktiv und falsch gedeutet werden. Zugleich werde ich einige Überlegungen über die dahintersteckenden Zusammenhänge anstellen und Vorschläge machen, wie Sie den Mißbrauch dieser Dichotomien in Richtung auf eine ganzheitliche Perspektive des Lebens überwinden können. Wenn Sie die folgenden Seiten lesen, dann sollten Sie sich fragen: «Wie habe ich mich selbst oder andere eingeschränkt und das Wachstum meiner eigenen Lebensphilosophie behindert, indem ich in dieser Weise in Gegensätzen gedacht habe?»

Anstatt Gedanken in getrennte Schubladen und Kategorien einzuordnen, ist es sehr viel hilfreicher, in Vorstellungen von Zusammenhängen oder einer Vereinigung des Aufgespaltenen zu denken. Wenn Sie lernen, die am meisten verbreiteten Dichotomien unter dem Aspekt eines holistischen Zusammenfügens zu sehen, dann werden Sie bald eine große innere Freiheit spüren.

Sie werden frei sein, weil Sie die Menschen dieser Welt so sehen, wie sie sind, und nicht so, wie Sie einer abstrakten Einordnung entsprechen.

Männlich – weiblich

Keine Frage: Es wird entweder ein Mädchen oder ein Junge. Sobald aber das Kind aus dem Entbindungsraum kommt, beginnen schon die Probleme. Das Mädchen soll «feminin» sein, der Junge «maskulin». Das Mädchen bekommt ein rosa Jäckchen, der Junge ein blaues.

Zunächst einmal verstehen Kinder es nicht, wenn man ihnen sagt: «Mädchen dürfen weinen, Jungen aber nicht; Jungen kämpfen, Mädchen aber nicht; Mädchen kochen und nähen, aber Jungen nicht.» Nachdem man ihnen häufig genug gesagt hat, daß Jungen «maskulin» sein müssen und Mädchen «feminin», und nachdem man ihnen eingehämmert hat, was sie tun oder auch lassen sollten, beugen sie sich und versuchen, den Klischees zu entsprechen. Sie beginnen sogar selbst, in diesen stereotypen Vorstellungen zu denken: «Sarah, du siehst in den Kleidern wie ein Junge aus!» «Jimmy, du läufst wie ein Mädchen!» Diese Art zu denken hat allmählich so tiefe Wurzeln geschlagen, daß viele Menschen glauben, daß es tatsächlich männliche und weibliche Aktivitäten gibt.

Es sollte offensichtlich sein, daß Sie immer dann, wenn Sie diesen Vorstellungen Glauben schenken, ihr Potential für menschliche Erfahrungen stark reduzieren. Wenn Sie etwa die Entscheidung getroffen haben, daß Sie nur «supermaskuline» Männer und «superfeminine» Frauen mögen, dann berauben Sie sich selbst vieler, möglicherweise fruchtbarer Kontaktmöglichkeiten.

Wenn Sie sich selbst objektiv betrachten, sehen Sie, daß Sie, wie wir alle, zunächst einmal eine Mischung aus männlich und weiblich sind. Als ein Mann haben Sie weibliche Hormone, zwei Brustwarzen, eine weiche Haut und praktisch alles, was eine Frau auch hat – mit Ausnahme der weiblichen Geschlechtsorgane. Als Frau haben Sie männliche Hormone und dasselbe Aussehen wie ein Mann, mit Ausnahme der männlichen Geschlechtsorgane. Wo aber liegt der Sinn? Wie sind wir denn überhaupt dahin gekommen, menschliche Aktivitäten in «männliche» und «weibliche» zu unterteilen?

Einige würden sagen, daß der männliche Chauvinismus daran schuld ist. Andere würden sagen, daß es für Menschen im allgemeinen leichter ist, in Gegensätzen zu denken und zur Verhaltensorientierung strenge soziale Regeln zu akzeptieren. Dies ist zumindest leichter, als die Realität zu erkennen und zuzugeben, daß wir alle das sein können, wozu wir uns entscheiden. Den Gegensatz männlich/weiblich zu überwinden bedeutet aber, daß Sie sich selbst die Erlaubnis geben, das zu sein, was Sie für sich persönlich gewählt haben, ohne einen Gedanken darauf zu verschwenden, in welches sexuelle Rollenstereotyp Sie passen.

Eine Frau, die darauf wartet, daß ein Mann eine sexuelle Begegnung herbeiführt, wenn sie dies in Wirklichkeit selbst gern tun würde, die sich aber deshalb zurückhält, weil «eine Frau das nicht tut», trifft damit zugleich die Entscheidung, weiterhin unter der Herrschaft einer Vorstellung zu leben, die ihr von einer chauvinistischen Kultur aufgezwungen worden ist. Das gleiche gilt für einen Mann, der eine bestimmte Aktivität vermeidet, weil er fürchtet, als «zu weiblich» zu erscheinen.

Wir brauchen uns in unseren Interessen und Unternehmungen keinen Beschränkungen zu unterwerfen. Jeder von uns kann ganz neue Bereiche menschlicher Erfahrung erkunden, die uns vorher verboten und für das andere Geschlecht reserviert waren. Männer können zugeben, daß sie Sanftheit wirklich genießen, daß sie Blumen mögen, eine zärtliche Umarmung, das Kochen einer Mahlzeit, auf ein Baby aufzupassen – und die vielen anderen Erfahrungen, die autoritär denkende Menschen als «feminin» etikettiert haben. Gleichzeitig können sie an allen ihren «maskulinen» Erfahrungen Freude haben. In ähnlicher Weise können Frauen ihre Weiblichkeit genießen und zugleich Freude dabei empfinden, Holz zu hacken, auf die Jagd zu gehen, Rennwagen zu fahren oder sonst irgend etwas zu tun, was als «maskulin» eingestuft wird.

Wenn Sie beginnen, sich selbst im holistischen Sinne vor allem als Mensch zu betrachten, um erst dann Ihre «männlichen» oder «weiblichen» Bedürfnisse unter die Lupe zu nehmen, dann können Sie das Denken in Gegensätzen, das Ihnen große Einschränkungen auferlegt, überwinden und sich selbst als ein Ganzes sehen.

Stark – schwach

Sie werden wahrscheinlich schon aus meiner Beschreibung der autoritären Vorurteile gegen die Schwäche geschlossen haben, daß ich nicht glaube, daß irgend jemand einfach nur «stark» oder «schwach» ist. Wenn Sie dazu neigen, Menschen unter diesem Aspekt in Kategorien einzuordnen, dann tun Sie das auf der Basis von Kriterien, die nichts mit der Realität zu tun haben.

Was ist wirkliche Stärke, was ist wirkliche Schwäche? – Das ist in der Tat eine Frage, die Philosophen beschäftigen kann.

Wer war stärker – Martin Luther King oder der Mann, der ihn getötet hat? Adolf Hitler oder Albert Schweitzer? Der Weltmeister im Gewichtheben oder die Frau, die ein Auto über ihrem Sohn hochhob (und sich dabei selbst das Rückgrat brach)?

Wenn Sie durchdenken, was Sie für wirkliche menschliche Stärke halten, und sich nach Ihren eigenen Kriterien selbst einschätzen, stellen Sie vielleicht fest, daß Sie im Umgang mit Ihrer Familie stark sind, aber andererseits zu einem Feigling werden, wenn Sie Ihrem Chef oder Ihren Mitarbeitern gegenüberstehen. Sie fühlen sich vielleicht am Montag kraftlos, aber am Dienstag wie eine Superfrau. Tatsächlich sind Sie ein komplexes Gebilde aus allen Arten von Stärken und Schwächen. Wenn Sie im Geiste der Selbstverwirklichung denken, können Sie alle diese Dichotomien verschmelzen, jeden Aspekt Ihres Verhaltens als Teil eines Ganzen sehen – und sich auf dieser Basis als jemanden anerkennen, der Stärken und Schwächen hat.

Sehen Sie sich einmal Ihre Vergangenheit an. Bei Handlungen, die Sie heute als wirkliche Stärke ansehen, haben Sie damals vielleicht gezittert und sich innerlich sehr schwach gefühlt. Und manchmal, wenn Sie richtig frech waren, wenn Sie sich am stärksten fühlten, wie das stärkste Kind vom ganzen Häuserblock, dann haben Sie sich vielleicht wie ein Tyrann und Despot verhalten, und zwar auf eine Weise, die auf Furcht und Zittern ganz tief in Ihrem Inneren schließen ließ.

Jedesmal, wenn Sie jemanden als stark oder schwach einstufen, sollten Sie sich dessen bewußt sein, daß es hinter der Schwäche immer auch Stärke gibt und hinter der Stärke einiges an Schwäche. Die holistische Betrachtungsweise des Lebens wird Sie dazu befähigen, sich selbst als ein menschliches Wesen zu akzeptieren – und zwar mit allen Stärken und Schwächen, die es anzunehmen und nicht zu beurteilen gilt.

Wenn Sie Ihre eigenen Gedanken in positiver Weise steuern, dann überwinden Sie Ihre Schwäche und nehmen Ihr Leben auf die beste Weise, die Ihnen möglich ist, selbst in die Hand. Sie werden der Kapitän Ihres eigenen Lebensschiffes und nicht ein Passagier, dem andere Anweisungen geben können. Aber dies wird nur dann geschehen, wenn Sie sich selbst und andere als menschliche Wesen akzeptieren, die gleichzeitig stark *und* schwach sind.

Kindlich – erwachsen

Man hört es immer wieder: «Hör auf, so unreif zu handeln! Du bist wie ein Kind. Warum benimmst du dich so?»

Der Gegensatz «kindlich – erwachsen» zielt fast ausschließlich darauf ab, andere herabzusetzen. Menschen, die wirklich selbstbewußt und unabhängig sind, machen davon kaum Gebrauch.

Tatsächlich haben viele Menschen ziemlich unreife Vorstellungen über das Erwachsensein selbst – vor allen Dingen dann, wenn sie niemals über wirkliche Reife und Größe nachgedacht haben.

Meiner Meinung nach ist es ein Zeichen dieser wirklichen Reife, zu erkennen, daß niemand jemals ganz erwachsen oder ganz kindlich ist. Der Mensch, der manchmal launisch ist, ein wenig dumm und «unreif» handelt, ist fähig, unter den entsprechenden Umständen auch sehr ernst und «verantwortlich» zu handeln. Der Erwachsene, der gut organisiert ist und alles im Griff hat, sollte auch fähig sein, die Dinge einfach laufenzulassen, einmal den Clown zu spielen und sich in der entsprechenden Situation wie ein kleines Kind zu verhalten. Einige Menschen wollen andere dazu anhalten, die ganze Zeit auf eine bestimmte rigide Weise zu agieren, die willkürlich als erwachsen eingeordnet wird, und sie verlangen dasselbe auch von sich selbst.

Wenn Sie sich aber in eine Verhaltensweise hineinzwängen, die Sie für erwachsen halten, dann erlegen Sie sich sehr starke Beschränkungen auf. Das wird Sie daran hindern, neue und aufregende Dinge auszuprobieren, und, was noch wichtiger ist, sich weiterhin zu fragen, was menschliche Größe wirklich bedeutet, um so zu erkennen, daß sie grenzenlos ist. Sie werden aufhören, Ihre eigene Lebensphilosophie zu überprüfen und weiterzuentwickeln. Sie werden sich nicht mehr fragen, was für eine Person Sie sein möchten, und dies wird Sie letztendlich an jedem Wachstum hindern.

Zivilisiert – unzivilisiert

Es ist ein Zeichen für nationalistisches Denken, wenn wir Menschen, die uns ähnlich, für zivilisiert halten und andere, die uns weniger ähnlich, für unzivilisiert. Jeder Kulturkreis auf der Erde hat seine eigenen Vorstellungen darüber, was «zivilisiert» eigentlich bedeutet. Aber niemand hat die Weisheit gepachtet, und wir können von anderen Kulturen, vergangenen und gegenwärtigen, eine Menge lernen.

Je mehr wir unseren Geist für andere Kulturen öffnen, desto deutlicher sehen wir, daß diejenigen, die wir immer als äußerst zivilisiert angesehen haben, zugleich auch barbarisch sind. Es ist richtig: Das alte Griechenland hat uns Demokratie, Philosophie, zeitlose Kunst wie das Parthenon und die Schauspiele von Aischylos, Sophokles, Euripides und Aristophanes überliefert. Die alten Griechen brachten uns die Mathematik und die Physik, die Ilias, die Odyssee und die Olympischen Spiele – Schätze, die fast zu reich sind, als daß wir sie jemals voll würdigen könnten. Aber zugleich gab es in der griechischen Kultur Sklaverei und Männerherrschaft, unerwünschte und «schwache» Kinder wurden draußen auf den Hügeln zum Sterben ausgesetzt; und Sokrates wurde hingerichtet, weil er zu viele Fragen stellte.

Wie messen wir tatsächlich den Entwicklungsstand der Zivilisation in dem Land, in dem wir leben? Denken wir überhaupt darüber nach? Oder sagen wir nur: «Unser Land ist die Krönung der Zivilisation, und alles andere ist ganz einfach weniger zivilisiert»? Wenn wir das tun, dann ersticken wir alle Hoffnung auf eine Verbesserung unserer Zivilisation – ebenso gewiß wie ein Individuum, das sich selbst als vollkommen entwickelt ansieht, sein eigenes Potential für persönliches Wachstum verschenkt.

Wenn Sie dieses Verhalten überwinden wollen, dann müssen Sie sich selbst einige Fragen stellen. Würden Sie sagen, daß das Abwerfen von Atombomben auf die Bevölkerung anderer Länder zivilisiert ist? Wie ist es mit dem Gebrauch von Napalm oder von chemischen Mitteln, um Bäume zu entlauben? Wie erklären wir, daß so viele Kinder die Schule verlassen, ohne lesen gelernt zu haben, wie erklären wir das hohe Maß an Hunger, Armut und Angst in unserer «zivilisierten» Kultur? Sollte der Entwicklungsstand unserer Zivilisation danach beurteilt werden, wie viele Tonbandgeräte wir haben und wie viele unserer Häuser mit sanitären Anlagen ausgestattet sind?

Wenn Sie unvoreingenommen genug sind, um diese Fragen für sich selbst, aber auch für Ihr kulturelles Umfeld zu beantworten, dann werden Sie sich der holistischen Betrachtungsweise der «Zivilisation» öffnen können. Sie werden fähig, das gesamte Spektrum der menschlichen Erfahrung aus Vergangenheit und Gegenwart in Ihr Blickfeld zu rücken und sich zu fragen, wie «Zivilisation» im besten Sinne wohl aussehen mag. Wenn Ihnen dazu einige vorsichtige Antworten einfallen, mit deren Hilfe Sie zu einer gerechten Beurteilung aller Kulturkreise – einschließlich Ihres eigenen – kommen, werden Sie sehen, wie «unzivilisiert», engstirnig und ethnozentrisch die Urteile der meisten von uns geworden sind und um wieviel zivilisierter die ganze Welt werden könnte, wenn wir alle damit aufhörten, uns als «unzivilisiert» zu beschimpfen.

Körper – Geist

Sie sind ein vollständiges menschliches Wesen. Ihr Körper und Ihr Geist wurden zusammen geboren – lange bevor man Ihnen beigebracht hat, zwischen ihnen zu unterscheiden. Wenn Sie glauben, Ihr Körper und Ihr Geist seien wirklich zwei getrennte und unabhängige Einheiten, dann sind Sie inzwischen Opfer einer selbstentfremdenden, konstruierten Denkweise geworden – und das kann zu einem dauernden Machtkampf zwischen Ihren geistigen und körperlichen Bedürfnissen führen.

Haben Sie jemals insgeheim gedacht: «Ich bin vielleicht nicht besonders harmonisch in meinen Bewegungen, aber ich bin klug» und dabei die Freude an Ihrem Körper vernachlässigt? Haben Sie Ihren Körper vielleicht sogar mißbraucht, um ausschließlich intellektuellen Fähigkeiten nachzugehen? Betrachten Sie Ihren Körper als Ihre «schlechte Karte», und mißachten Sie ihn um der einen guten Karte – Ihres Geistes – willen?

Oder betrachten Sie umgekehrt Ihren Körper als Ihr «As»? Sind Sie sehr stolz auf Ihre körperliche Erscheinung, Ihre Fähigkeit, schwerere Dinge zu heben oder einen Golfball weiter zu schlagen als sonst irgend jemand – aber sehen sich zugleich als «nicht besonders intelligent» und mißachten Ihren Geist?

Die holistische Sichtweise wird Ihnen helfen, diese Dichotomie zu überwinden und als menschliches Wesen vollkommener zu werden. Wenn Sie einen Baseball mit Ihrem Schläger treffen wollen, dann müssen Sie sowohl Ihren Körper als auch Ihren Geist trainieren, um wirklich perfekt zu werden. Während Sie üben, ein guter Baseballspieler zu werden, fragen Sie sich vielleicht einmal: «Ist jetzt mein Körper aktiv oder mein Geist?» Und dasselbe können Sie sich auch fragen, wenn Sie einen Brief schreiben, ein Sofa rücken oder mit dem Auto zur Arbeit fahren.

Es gibt keine wirkliche Trennung zwischen Körper und Geist. Es gibt nur die Trennung, die Menschen erfunden haben, um zwischen geistigen und körperlichen Aktivitäten zu unterscheiden.

Sie können diese scheinbare Widersprüchlichkeit verstehen,

wenn Sie erkennen, daß Körper und Geist an jeder einzelnen menschlichen Aktivität beteiligt sind. Körper und Geist – das eine kann nicht ohne das andere bestehen! Wenn Ihr Körper Sie im Stich läßt, wenn Sie sterben, dann ist das Ende gekommen, selbst wenn Ihr Gehirn und Ihr Geist das nicht möchten.

Ein von inneren Zwängen befreites Leben zu führen bedeutet, daß Sie Ihr ganzes Selbst, Körper und Geist zusammen, üben und trainieren müssen. Ihr Geist muß, ebenso wie Ihr Körper, regelmäßig herausgefordert werden. Wenn Sie diese fundamentale Einheit begreifen, dann sind Sie auf dem besten Weg zur ganzheitlichen und von inneren Zwängen befreiten Lebenseinstellung.

Bewußt – unbewußt

Um den Gegensatz zwischen «bewußt» und «unbewußt» zu überwinden, müssen wir aufhören, unsere Psyche zu unterteilen – wie Freud und andere das zu Forschungszwecken taten –, und uns selbst als ein vollkommenes Ganzes betrachten. Maslow sagte:

> Erst jetzt gewinnen wir die Gewißheit, daß der integrierte, voll entwickelte Mensch, die ausgereifte Person, für sich selbst auf diesen beiden Ebenen gleichzeitig verfügbar sein muß.
>
> Es ist sicherlich ein veralteter Ansatz, diese unbewußte Seite der menschlichen Natur eher für krank als gesund zu halten. So dachte Freud darüber, aber wir haben inzwischen andere Erfahrungen gemacht.*

Wenn Sie sich ganzheitlich betrachten, wird es nicht länger nötig sein, Ihre «bewußte» von Ihrer «unbewußten» Hälfte zu trennen. Sie werden statt dessen denken, daß Sie tief in sich eine wirklich wichtige Persönlichkeit beherbergen und daß es zu Ihrer eigent-

---

* Maslow, The Farther Reaches of Human Nature, 1971, S. 88.

lichen Natur gehört, sich Glück und Erfüllung zu wünschen. Warum sollte man sich nicht in dieser Weise betrachten, anstatt aus einer einschränkenden Krank/gesund-, Bewußt/unbewußt-Perspektive? Warum sollte man theoretische Gedankenbarrieren errichten zwischen sich und dem selbstverwirklichten Leben?

Sicher – unsicher

Dieser «populärpsychologische» Gegensatz wurde in den allgemeinen Gebrauch übernommen als ein bequemer Weg, andere oder sogar sich selbst abzustempeln.

Wie häufig haben Sie schon gesagt: «Er ist eben so, wie er ist, weil er unsicher ist», und haben sich in Ihrer eigenen Überlegenheit sehr sicher gefühlt? Wie tief ist Ihr Glaube, daß jemand (Sie selbst eingeschlossen) entweder ein unsicherer oder ein sicherer Mensch ist?

Bei praktisch allem, was Sie tun, fühlen Sie sich sicher und unsicher zugleich. Wenn Sie sich einem unverschämten Büroangestellten gegenüber stark machen, dann sind Sie vielleicht äußerlich voller Selbstvertrauen, aber innerlich zittern Sie. Wenn Sie von einem Polizisten aus einem, wie Sie meinen, nichtigen Grund angehalten werden, dann sind Sie vielleicht äußerlich ein Häufchen Elend, aber Sie wissen, daß Sie nichts falsch gemacht haben.

Wir alle haben Momente relativer Sicherheit und Unsicherheit. Jedes Denken in Gegensätzen, das uns entweder als das eine oder als das andere kategorisiert, ist reine Zeitverschwendung.

Darüber hinaus wird Sie eine Einstufung Ihrer selbst als «sicher» oder «unsicher» davon abhalten, etwas an sich zu verändern. Wenn Sie sich selbst als unsicher bezeichnen, dann werden Sie vielleicht entdecken, daß Sie sich dauernd auf andere verlassen, damit diese Dinge für Sie tun, die Sie sich selbst nicht zutrauen: «George, bringst du bitte mein Auto in die Werkstatt? Du weißt, wie unsicher ich bin, was Technik angeht.» Auf diese Weise werden Sie niemals Ihre Probleme mit der Technik überwinden – allein aus dem Grund, weil Sie sich selbst als «unsicher» eingestuft haben.

Unsicher zu sein ist ganz sicher nichts Gutes, wenn das bedeutet, daß Sie jemandem ähneln, der sich an einen wackeligen Felsvorsprung anklammert, der jeden Moment abbrechen und Sie abstürzen lassen kann. Aber allzu sicher zu sein ist ebenfalls keine gute Sache. Eine zu starke Betonung von «Sicherheit» kann sehr schnell zu Lähmung, Langeweile und Depression führen.

Um den Gegensatz «sicher – unsicher» zu überschreiten, müssen Sie akzeptieren, daß Sie ein gewisses Maß von Unsicherheitsgefühlen riskieren müssen, wenn Sie etwas erreichen wollen, wie beispielsweise ein neues Geschäft zu eröffnen, Wasserski zu fahren, ein neues Rezept auszuprobieren oder irgend etwas anderes, wozu Lernen erforderlich ist. Sie müssen damit rechnen, daß ein völlig freies Leben Sie in Situationen führt, die einige Leute als ziemlich unsicher bezeichnen würden, und daß andere von Ihnen sagen werden: «Er handelt nur deshalb so, weil er unsicher ist.»

Was wirklich zählt, ist jedoch, wie Sie sich selbst sehen. Wenn Sie Gefühle von Unsicherheit spüren, dann müssen Sie sich fragen, ob Sie sich wirklich innerlich unsicher fühlen (als sei Ihr Geist dabei, in Panik zu versinken) oder ob Sie sich aus irgendeinem Grunde in bestimmten Situationen nur so sehen. Sie werden erstaunt sein, wie häufig diese Gefühle allein aus Ihren eigenen stereotypen Vorstellungen von sich selbst oder auch denen, die andere von Ihnen haben, entspringen. Oft kann ein wenig ruhige Überlegung Sie aus Ihrer Panik herausholen – einzig deshalb, weil Sie aufgehört haben, sich Sorgen darüber zu machen, wie «unsicher» Sie sind.

Ebenso müssen Sie erkennen, daß es an Ihnen ist zu entscheiden, welche Art von Sicherheit Sie für sich wollen und welche Art Leben Ihnen am meisten innere Ruhe und am meisten Mut geben wird, mit neuen «Unsicherheiten» umzugehen und Ihr Schicksal selbst zu gestalten.

Die Fragen, die Sie sich immer wieder stellen müssen, sind nicht: «Bin ich jetzt sicher oder unsicher? Was kann ich tun, um mich selbst sicherer zu machen?», sondern: «Dient das Verhalten, das ich jetzt an den Tag lege, dazu, mich glücklich zu machen – egal wie es von anderen eingestuft wird oder wie ich selbst es vielleicht noch gestern eingestuft habe?» Wenn Sie in dem Moment glücklich sind, dann haben Sie alle Sicherheit, die Sie brauchen!

Unter welchem Aspekt Sie es auch immer betrachten: Es gibt tatsächlich niemanden, der vollkommen sicher oder unsicher ist. Wenn Sie lernen, den Gegensatz «sicher – unsicher» verschmelzen zu lassen, und begreifen, daß in Ihnen und in anderen Menschen unzählige Sicherheiten und Unsicherheiten vereint sind, dann wird diese Einstellung Sie zu einem wirklich unbeschränkten, selbstverwirklichten Leben führen.

Lehrer – Schüler

Diese Dichotomie beschreibt die Tatsache, daß Menschen, die aus irgendeinem Grunde eine dominierende Rolle einnehmen, dafür sorgen, daß Kinder oder andere, die noch «in der Lehre» sind, in einer Position der Unterlegenheit verbleiben. Der Gegensatz «Lehrer – Schüler» ist ähnlich denjenigen von Chef – Untergebener, Meister – Lehrling und zahllosen, die über viele Jahrhunderte hinweg erfunden worden sind und implizieren, daß ein Mensch von einem anderen unterwiesen oder ausgebildet wird. Dem liegt eine einfache Tatsache zugrunde – etwa, daß Ihr Geschichtslehrer mehr Wissen hat als Sie, zumindest was das Studium der Geschichte anbetrifft, und daß er deshalb fähig sein müßte, Ihnen zu helfen, mehr über Geschichte zu lernen. Schwierig wird es jedoch, wenn man davon ausgeht, daß der Lehrer in dieser Beziehung der «aktive» Teil ist und der Schüler der «passive» Teil, daß der Lehrer auf den Schüler «einwirkt», daß dieser Lehrer Wissen «eintrichtert» oder in den Kopf des Schülers «einpflanzt» – so wie ein Chirurg, der einem Patienten einen Herzschrittmacher oder eine Niere einpflanzt. Von dem Schüler wird erwartet, daß er während dieser Operation «stillsitzt» und dem Lehrer überläßt, wie sie vonstatten geht. Wenn die Operation erfolgreich ist, so meint man, wird der Lehrer unter großem Beifall für seine Unterrichtskünste aus dem Operationszimmer schreiten, während man dem Schüler dafür, daß er so schön stillgesessen hat, auf den Rücken klopft und ihm eine Beförderung in das nächste Operationszimmer vergönnt. Und ruck, zuck! entsteht ein neues Verhältnis zwischen Autorität und Untergebenem.

Vom holistischen Standpunkt aus betrachtet sollte jeder Lehrer auf dieser Welt auch Schüler sein, sei es ein Fünfjähriger, der einem Dreijährigen beibringt, wie man mit einem Bleistift malt, oder sei er fünfundsechzig und Universitätsprofessor für Geschichte. Darüber hinaus kann niemand einem passiven Schüler wirklich Wissen oder eine bestimmte Fertigkeit beibringen. Der Lernende muß sich entschließen, einer Sache nachzugehen, darüber nachzudenken oder selbst etwas zu üben; keine noch so intensive Unterweisung kann irgendwelches Wissen «eintrichtern». Um zu lernen, muß der Lernende sich zunächst einmal entschließen, sein eigener Lehrer zu werden, bevor ihm ein anderer Lehrer helfen kann.

Sie wissen, daß kein Kind etwas lernen wird, womit es sich nicht befassen will, egal wie sehr Sie versuchen, es ihm beizubringen. Sie können das Kind darauf konditionieren, die Straße nicht allein zu überqueren – etwa indem Sie ihm den Hintern versohlen –, aber Konditionieren bedeutet nicht, daß wirklich etwas Entscheidendes gelehrt oder gelernt worden ist.

Wenn Sie jemals versucht haben, jemandem etwas beizubringen, dann wissen Sie auch, daß dieses Unterrichten sich aus zwei Faktoren zusammensetzte: Sie waren dabei sowohl Lehrer als auch Schüler – Schüler im Unterrichten und Lehrer beim Demonstrieren dessen, was andere mit Ihrer Hilfe lernen sollten.

Nehmen wir an, Sie möchten einem Kind beibringen, Fahrrad zu fahren. Vielleicht ist das Kind schon seit Jahren auf einem Dreirad gefahren, aber jetzt hat es sein erstes Zweirad. Vielleicht schrauben Sie zunächst Stützräder daran, damit das Kind das richtige Gefühl für das größere Fahrrad bekommt. Aber wenn die Zeit gekommen ist, um die Stützräder abzuschrauben und das Kind erproben zu lassen, ob es sich auf zwei Rädern aufrecht halten kann, dann wird es ihm nicht helfen, wenn Sie andauernd hinter ihm herlaufen und versuchen, das Fahrrad gerade zu halten, oder ihm Anweisungen hinterherrufen, wie es am besten das Gleichgewicht hält.

Je mehr das Element der Eigenständigkeit beim Lernprozeß gefördert wird, desto effektiver ist der Unterricht. Doch je weniger der Lernende ein Gefühl für die eigenen Fähigkeiten und das eigene Können bekommt, desto mehr degeneriert das «Lehren» zu einem bloßen «Konditionieren». Es gibt also gar keinen Gegensatz zwischen Lehren und Lernen. Der Sinn und das Ziel des Lehrens und der Bildung sollte es sein, den Schülern zu helfen, selbst ihre besten Lehrer zu werden, ihr eigenes Lernen vollkommen zu kontrollieren und die volle Verantwortung dafür zu übernehmen. Der Lehrer, der lernt, wie man den Schülern hilft, die Dinge selber in die Hand zu nehmen, lernt mit jedem dieser Versuche auch mehr über das Lehren, und er lernt von seinen Schülern.

Jedesmal, wenn ich an einer Hochschule einen Kurs gegeben habe, habe ich über das, was ich lehrte, selbst sehr viel Neues gelernt. Ich habe von meinen Schülern gelernt – ebenso wie sie von mir –, wie Menschen denken und sich verhalten, und ich werde mir mehr und mehr darüber bewußt, wie unsinnig die Lehrer-Schüler-Dichotomie doch eigentlich ist.

Vielleicht ist das Wichtigste, was ein Lehrer tun kann, zu zeigen, wie man sein eigener Lehrer sein kann. Das Wichtigste, was ein Vater oder eine Mutter tun können, ist, den Kindern zu zeigen, wie sie sich selbst Eltern sein können.

Das Beste, was ein Chef tun kann, ist, seinen Angestellten zu zeigen, wie sie ihre eigenen Chefs sein können – und dies gilt in gleicher Weise für Lehrherren, Lehrlinge und für jeden anderen. Das Überwinden der autoritären Denkweise, daß alle diese Beziehungen Einbahnstraßen sind, in denen ein Verhältnis von Überlegenheit und Unterlegenheit herrscht, erfordert, daß Sie einmal alle Etiketten vertauschen und beobachten, in welcher Weise Ihre Schüler zugleich auch Ihre Lehrer sind (oder auch Ihre Lehrer Ihre Schüler), in welcher Weise Ihre Kinder Ihre Eltern sind – und so weiter. Während Sie dies tun, werden Sie fühlen, wie sich Ihr Denken verändert, wie Ihr ganzes «Gedankengebäude» ins Wanken gerät, wie Ihre Haltung milder wird, und zwar in dem Maße, wie die innere Spannung nachläßt. Diese Spannung war dadurch entstanden, daß Sie früher so viele künstliche Rollen der Dominanz und Untergebenheit spielen mußten. Jetzt wird sich Ihr Verhalten Ihrem neuen Denken anpassen. Angst wird einem Sinn für Humor weichen, Konkurrenzkampf und Konflikte werden der Bereitschaft zur Kooperation Platz machen, und Verhältnisse von Autorität und Untergebenheit werden durch ein Netz von Beziehungen im Geist der Selbstverwirklichung ersetzt. Seien Sie sich immer bewußt, daß Sie sich bei allem, was Sie jetzt wissen, vorher entschieden haben, es zu lernen, und daß kein Lehrer, wie talentiert er auch gewesen sein mag, Sie dazu zwingen konnte, etwas zu lernen, was Sie nicht lernen wollten. Wir sind alle in jeder Begegnung, die uns das Leben anbietet, zugleich Lehrer und Lernende.

Arbeit – Spiel

Diese Dichotomie ist in unserem Kulturkreis außerordentlich weit verbreitet und zugleich außerordentlich destruktiv. Sie zu überwinden ist vielleicht der größte Schritt, den Sie in Richtung auf ein unbeschränktes Leben machen können.

Wie viele Male und in wie vielen Variationen haben Sie folgende Sätze gehört oder gesagt: «Alles, was ich tue, ist arbeiten, arbeiten, arbeiten!» Oder: «Erst die Arbeit, dann das Spiel.» Oder: «Gut, der Spaß ist nun vorbei, laß uns wieder an die Arbeit gehen.» Oder: «Jetzt ist alles noch einfach, aber warte erst einmal, bis du erwachsen bist und arbeiten mußt!»

Wie streng teilen Sie Ihre Zeit ein in vergnügliche Dinge, die Sie als Spiel ansehen, und die traurige Fron, als die Sie Arbeit nennen? In welchem Ausmaß betrachten Sie Ihre Arbeit – sei dies nun als Klempner, Hausfrau, Werbefachmann, Student oder sonst irgendwas – als etwas, was Sie zu tun gezwungen sind, weil Sie Ihren Lebensunterhalt verdienen müssen, oder auch als etwas, worin Sie um jeden Preis Erfolg haben müssen, damit Sie reich werden und sich früh aufs Altenteil zurückziehen können und nicht mehr zu arbeiten brauchen?

In welchem Ausmaß betrachten Sie sich selber als Sklaven, sei es nun beim Abwaschen, beim Rasenmähen, beim Bauen einer Brücke oder beim Schreiben einer Geschichte für die Zeitung? Wie tief steckt der Gedanke in Ihnen, daß Spiel eine Belohnung dafür ist, daß Sie Ihre Arbeit beendet haben – sei es nun, daß Sie ein Schüler sind, dem man angedroht hat, zu Hause bleiben zu müssen, weil er seine Hausarbeit nicht zu Ende gemacht hat, oder aber ein Geschäfts-mann, der fünfzig Wochen des Jahres hart gearbeitet hat, um zwei Wochen Urlaub im Jahr zu bekommen? Und schließlich: Wie tief steckt in Ihnen der Glaube, daß das, was Arbeit ist, kein Spiel sein kann und daß das, was Spiel ist, keine Arbeit sein kann?

Wenn Sie Ihre Einstellung in bezug auf Arbeit und Spiel verän-dern wollen, dann reicht es nicht, das, was Ihnen Vergnügen macht, Spiel zu nennen, und das, was Sie nicht gerne tun, Arbeit. Aber die Überlegung, ob man eine Aktivität Arbeit nennen kann, wenn sie nicht zugleich auch Spiel ist, könnte Sie zu dem Punkt führen, wo Sie diese sinnlose Dichotomie überwinden können.

Überlegen Sie einmal, was es bedeuten könnte, wenn Sie eine sehr gute Arbeit leisten. Vielleicht denken Sie jetzt gleich: «Eine sehr gute Arbeit zu leisten bedeutet, daß ich den besten Bericht schreibe, den ich jemals geschrieben habe, einen, bei dem mein Chef und meine Kunden gleichermaßen der Meinung sind, daß er genau das ist, was sie brauchten», oder etwas Ähnliches. Vielleicht denken Sie auch: «Das hat nichts damit zu tun, ob ich Spaß daran hatte oder ob ich höllisch gelitten habe, während ich ihn schrieb.»

Die Bedeutung von «meine beste Arbeit» sollte aber unbedingt einschließen, daß Sie bei der Arbeit Spaß hatten und daß Ihre Arbeit in gewisser Weise auch Spiel war. Dies ist es, was sie meinen, wenn Sie sagen: «Der beste Job, den ich jemals hatte, war (welcher auch immer), weil mir die Arbeit Spaß gemacht hat, weil ich die Leute dort nett fand, weil ich darin wirklich gut wurde und meine Arbeit als Herausforderung empfand.»

Sie können natürlich jede Art von Schufterei oder jede Aktivität, der Sie sich mit einem Gefühl von resigniertem Haß hingeben, «Ar-beit» nennen, wenn Sie das wollen – so lange, bis Sie sich entschlossen haben, entweder Freude an dieser Arbeit zu empfinden oder sie aufzugeben. Es ist von entscheidender Bedeutung, daß Sie diese Arbeit nicht nur deshalb als «Schufterei» und «Fron» ansehen, weil Sie oder andere sie als Arbeit im Gegensatz zu Spiel eingestuft haben. Wenn Sie wirklich ein Leben im Geiste der grenzenlosen Selbstverwirklichung wollen, dann müssen Sie akzeptieren, daß nur die Arbeit, an der Sie interessiert sind, Arbeit im besten Sinne ist und daß Ihre Fähigkeit, alle Ihre Arbeitsaktivitäten zu einem Spiel werden zu lassen, die Grundlage bildet.

Aus welchem Grunde ist diese absurde Dichotomie denn überhaupt entstanden? Wie kam es, daß die Menschen die Idee verinnerlichten, daß es auf der einen Seite Arbeit, auf der anderen Seite Spiel gäbe?

Ich stelle mir vor, daß dieser Irrtum für die meisten von uns auf die Schulzeit zurückgeht und auf Eltern, die darauf bestanden, daß ihre Kinder früh damit beginnen sollten, im Haus zu «arbeiten», die ihnen zahllose «Aufgaben» aufhalsten und dabei gleichzeitig vermittelten, wie entsetzlich es sei, abzuwaschen oder den Rasen zu mähen. Vielleicht haben sie den Kindern erzählt, daß sie als Teil der Familie auch einen Teil der Arbeit machen müßten – und haben dieses Vorgehen damit gerechtfertigt, daß sie ihre Kinder eigentlich nur darauf vorbereiten wollten, wie die Schule oder das Leben «wirklich ist». Vielleicht entstand dieser Irrtum auch durch einige unserer Lehrer, die bestimmte Zeiten «Freizeit» oder «Sport und Spiel» nannten und uns die Vorstellung vermittelten, daß Arbeit und Spiel sehr, sehr unterschiedliche Dinge seien.

Sie können diesen Gegensatz überwinden, wenn Sie sich folgendes deutlich machen: Ihre Fähigkeit, bei allem, was Sie tun, Arbeit und Spiel verschmelzen zu lassen, kann Ihnen niemand nehmen – wenn Sie sie nicht gedankenlos selbst aus der Hand geben.

Jedoch bedarf es einer Menge an kreativem Denken, und es bedarf mutiger Entscheidungen im Leben, um diese Spaltung des Denkens zu überwinden. Wichtig ist, daß Sie alles, was Sie bisher als «Arbeit» und alles, was Sie als «Spiel» bezeichnet haben, in ein Ganzes von Arbeit-und-Spiel zusammenfügen. Sie brauchen nichts an Ihren Spielen zu ändern, um sie zu Arbeit zu machen – Arbeit in dem Sinne, wie ich es meine. Das einzige, was Sie tun müssen, ist erkennen, daß Sie immer arbeiten, auch wenn Sie in Wirklichkeit spielen.

Wenn Sie sich zum Beispiel vollkommen dem Tennisspiel hingeben, worin besteht dann die Arbeit? Sie laufen hin und her, Ihr Körper und Ihr Schläger bearbeiten den Ball; in Ihrem Spiel lernen Sie jeden Moment etwas Neues hinzu und werden besser und stärker (solange Sie mitdenken und sich nicht sinnlose Sorgen über das Spiel machen).

Und umgekehrt: Wenn Sie einen Weg gefunden haben, um Ihre alltägliche Arbeit, Ihren Beruf zu einem Spiel zu machen (ob diese Arbeit nun eine Menge körperlicher Aktivität erfordert oder nicht), dann haben Sie gemerkt, daß alles, was Sie tun, sowohl etwas von Arbeit als auch von Spiel an sich hat.

Was auch immer Sie jetzt «im negativen Sinne» als Arbeit ansehen – sei es das Mähen des Rasens, das Abwaschen, das rechtzeitige Abgeben eines Berichts, das achtstündige Sitzen hinter einem Filmvorführgerät (und nichts zu tun zu haben, als alle halbe Stunde die Spule zu wechseln) –, Sie können bei allen diesen Tätigkeiten einen Weg finden, um sich vollkommen dafür zu engagieren und während der ganzen Zeit, die Sie damit beschäftigt sind, fasziniert davon zu sein.

Es ist wahr: Das Abwaschen, das Hinaustragen des Mülls, das Jeden-Tag-zur-Arbeit-Gehen sind Notwendigkeiten in Ihrem Leben. Na und? Bedeutet dies automatisch, daß diese Tätigkeiten Arbeit sein müssen und kein Vergnügen? Niemals! Wenn Sie Ihre eigene Einstellung zu diesen Tätigkeiten wählen ohne die künstliche Dichotomie Arbeit und Spiel, dann werden Sie wissen, daß das Abwaschen sehr leicht zu einer Zeit des Vergnügens werden kann – zu einer Zeit, in der Sie sich erinnern, wie sehr Sie das Essen von jenen Tellern genossen haben, einer Zeit, um Gedanken nachzuhängen, während Sie beobachten, wie das Wasser fließt und wie die Hände und das Spültuch diese schönen alten Teller für das morgige Essen säubern, einer Zeit, um Lieblingsmusik zu hören, um mit der Familie zu plaudern, einfach zu meditieren oder sonst irgend etwas zu tun, was zur Erholung beiträgt.

Ein besonders schöner Effekt einer neuen, holistischen Einstellung zu Arbeit und Spiel wird darin liegen: Je mehr Sie lernen, wie man während der Arbeit spielt (vor allem während Ihrer Berufsarbeit), desto besser werden die Ergebnisse Ihrer Arbeit sein. Ihre Buchbesprechung wird in den Augen anderer unter keinen Umständen schlechter ausfallen, wenn Sie sich selbst zugestehen, damit zu spielen, zu genießen, sie zu schreiben – sie wird unweigerlich besser. Ihre zwei Wochen Urlaub werden schöner sein, wenn Sie nicht das Gefühl haben, dafür ein ganzes Jahr harter, mühevoller Arbeit geopfert zu haben und nun Spiel für ein ganzes Jahr hineinstopfen zu müssen.

Liebe – Haß

Autoritäre Menschen haben eine sehr starke Neigung, die Welt einzuteilen in Dinge und Menschen, die sie lieben, und solche, die sie hassen, verachten oder verurteilen. «Ich liebe mein Vaterland; ich hasse diese Typen, die alles, was der Staat ihnen gibt, einstecken und dann nicht einmal Wehrdienst leisten wollen.» – «Ich liebe meine Familie. Ich hasse diesen komischen Müller am anderen Ende der Straße.» – «Ich liebe die alten Häuser in der Altstadt, aber ich hasse die neuen, die sie jetzt bauen.» – «Ich liebe es, im Garten zu arbeiten, aber ich hasse es, das Erdgeschoß zu putzen.» Diese Neigung ist Ausdruck der Unfähigkeit des autoritären Menschen, unsichere und ungewisse Situationen und Zustände zu ertragen. Das Resultat dieser simplen Zweiteilung ist wahrscheinlich oberflächliche Liebe und blinder Haß.

Nehmen wir einmal an, Sie sagen: «Ich liebe meine Familie, aber ich hasse jene pubertären Jünglinge, die alles ausnutzen, was der Staat ihnen bietet, und es dann ablehnen, diesen Staat zu verteidigen.» Was geschieht, wenn Ihr heranwachsender Sohn, auf den Sie sehr stolz sind und der auf eine sehr gute Schule geht, es ablehnt,

Militärdienst zu leisten? Sie haben bereits so häufig behauptet, «diese Typen» zu hassen, daß Sie nun nicht anders können, als Ihren eigenen Sohn auch zu hassen und ihm alle Liebe zu entziehen, es sei denn, sie bringen ihn dazu, seine Meinung zu ändern. Sie versuchen vielleicht, ihn gewaltsam von seiner Einstellung abzubringen. Sie drohen ihm, seine Ausbildung nicht mehr zu bezahlen, wenn er nicht vernünftig wird – aber Sie haben damit keine besonders gute Chance auf Erfolg.

Ihr kategorischer Haß greift ihn auf sehr persönliche und emotionale Weise an, und wenn Sie nicht auf seine Gründe hören wollen – warum sollte er Ihren Predigten Aufmerksamkeit schenken? Außerdem: Wenn er seine Meinung nur aufgrund Ihrer Drohungen aufgibt – haben Sie dann einen Grund, stolz auf ihn zu sein?

Durch Ihren kategorischen Haß haben Sie sich selbst in einen Kerker begeben. Sie können nicht sagen: «Ich hasse alle diese Schwächlinge außer meinem eigenen Sohn.» Der einzige gangbare und holistische Weg für Sie ist, sich von Ihrem kategorischen Haß zu befreien. Sie müssen mit Ihrem Sohn über die Berechtigung oder Nichtberechtigung des Wehrdienstes diskutieren und letztlich versuchen, zu einer Einigung zu kommen.

Aber wenn Sie sich von Anfang erzautoritär geben, dann werden Sie mehr Angst davor haben, Ihre augenblickliche Haltung zu ändern, als davor, die Familie, von der Sie behauptet haben, sie zu lieben, auseinanderbrechen zu lassen. Sie werden Ihren Sohn enterben, ihn zwingen, die Hochschule zu verlassen – obwohl Sie so stolz waren, daß er sie besuchte –, und Sie werden wahrscheinlich Ihrer Frau und anderen Mitgliedern der Familie schweren Kummer bereiten. Ihre Familie wird wahrscheinlich das Gefühl bekommen, daß Ihre Liebe ziemlich oberflächlich ist und daß sie sich leicht in automatischen Haß verwandeln kann.

Um diese Liebe-Haß-Falle zu umgehen, machen kluge Eltern ihren Kindern klar: «Ich werde dich immer lieben, sogar wenn ich einige der Dinge, die du tust, hasse.» Indem Sie Ihre Liebe bedingungslos machen, lassen Sie sich selber genügend Freiraum, um ihre Mißbilligung für ein bestimmtes Verhalten Ihrer Kinder ausdrükken zu können. («Du hast mich angelogen, als du mir sagtest, warum du auf dem Heimweg von der Schule zu spät gekommen bist. Ich verabscheue solch ein Verhalten.» Das heißt nicht: «Ich verabscheue dich.»)

Nach meiner Erfahrung halten nur jene Familien zusammen, denen es gelingt, eine solche Haltung einzunehmen – nämlich die Liebe-Haß-Dichotomie zu verschmelzen. Die Familien, die glauben, daß der Haß auf das Verhalten eines Mitgliedes zugleich bedeutet, daß man die Person haßt, sind bald in alle Winde zerstreut.

Wenn man ein wenig mehr über die Natur des Hasses nachdenkt, dann sollte offensichtlich werden, daß es nutzlos ist, irgend jemand zu hassen, und sogar nutzlos, irgend jemandes Handlungen zu hassen. Dies ist deshalb so, weil Haß ein reaktives Gefühl ist (und keine Inspiration zu konstruktivem Handeln). Es stürzt den Hasser in ein gefühlsmäßiges Chaos, in Gefühle von Ärger und Wut, in stilles Vor-sich-hin-Kochen, das mit Tatenlosigkeit einhergeht, oder in vollkommen nutzloses Zaudern, begleitet von Panikgefühlen.

Das Prinzip, daß man seine Familienmitglieder bedingungslos lieben sollte, wurde auch von einigen großen religiösen Denkern vertreten. Es handelt sich um den Gedanken, daß man alle Menschen bedingungslos lieben sollte, so als gehörten sie zur eigenen Familie, ob man nun ein strikter Gegner dessen ist, was sie zu einem bestimmten Zeitpunkt tun, oder nicht. Dies ist der Kern des holistischen Denkens.

Die Logik ist einfach: Wenn Sie Hoffnung für sich selbst haben, eine Vorstellung davon, wie großartig das Leben wirklich sein kann – warum dann nicht auch Hoffnung für jeden anderen?

Wie kann die Menschheit jemals ihr ganzes Potential zum Glücklichsein ausschöpfen, wenn die Menschen nicht nur die Hoffnung füreinander, sondern gleichzeitig auch die Hoffnung für sich selbst aufgeben? Wie können Sie jemals jemandem – auch sich selbst – helfen, wenn Sie die Menschen einteilen in die, die Sie hassen, und die, die Sie lieben?

Wird nicht jeder, von dem Sie sagen, daß Sie ihn lieben, zwangsläufig früher oder später etwas tun, was Sie «hassen»? Werden Sie selbst nicht auch irgendwann zwangsläufig etwas tun, was diejenigen ablehnen, die Sie lieben? Würden Sie sich wünschen, daß Sie für Ihre Taten gehaßt werden? Wenn Sie in dieser Weise denken, dann würde bald jeder auf dieser Welt jeden anderen hassen; nicht nur würden alle Ihre persönlichen Beziehungen (und also Ihr Leben) dadurch vergiftet, sondern Diktatoren und Tyrannen hätten ein leichtes Spiel, den blinden Haß der Menschen für ihre Ziele zu nutzen, und die gesamte menschliche Freiheit würde verschüttet unter endlosen Haßkonflikten. Wenn wir die Liebe-Haß-Dichotomie im autoritären Sinne zum Extrem treiben, dann könnte dies zur völligen Auslöschung der gesamten Menschheit führen.

Das ist der Grund, warum es beispielsweise in der Bibel heißt:

> Die Liebe ist langmütig, die Liebe ist gütig. Sie ereifert sich nicht, sie prahlt nicht, sie bläht sich nicht auf. Sie handelt nicht ungehörig, sucht nicht ihren Vorteil, läßt sich nicht zum Zorn reizen, trägt das Böse nicht nach. Sie freut sich nicht über das Unrecht, sondern freut sich an der Weisheit. Sie erträgt alles, glaubt alles, hofft alles, hält allem stand. Die Liebe hört niemals auf. Prophetisches Reden hat ein Ende, Zungenrede verstummt, Erkenntnis vergeht. Denn Stückwerk ist unser Erkennen, Stückwerk unser prophetisches Reden; wenn aber das Vollendete kommt, vergeht alles Stückwerk. *

Wenn Sie sich selbst in der Weise, die ich im ersten Kapitel beschrieben habe, so, wie Sie sind, vollkommen fühlen, dann werden Sie «dem Vollkommenen in Ihrem Leben» Raum geben, und Sie werden den lähmenden Haß auf sich und den Haß auf andere vergessen. Sie werden das «Unvollkommene» und die Liebe-Haß-Kategorien, in die Sie so viele Dinge und Menschen eingeordnet haben, überwinden, ganz einfach dadurch, daß Sie eine Beziehung aufbauen zwischen dem, was Sie lieben, was Sie hegen und sich

* 1. Korinther 13, 4–10.

entwickeln lassen möchten, und dem, was Sie vielleicht hassen, was Sie in dieser Welt auslöschen möchten.

Für mich sieht diese Beziehung etwa so aus: «Ich hasse manchmal, was andere Menschen tun, aber ich brauche niemals einen anderen Menschen zu hassen; deshalb stehen Liebe und Haß niemals in einem Konflikt zueinander, soweit es um andere Menschen geht. Ich akzeptiere, daß jeder, ich selbst eingeschlossen, irgendwann einmal Dinge tut, die ich nicht billige, und daß ich mich manchmal dagegen wehren muß. Aber das wird mich nicht davon abhalten, im Grund jeden – einschließlich meiner selbst – zu lieben oder Hoffnung für ihn zu haben, und zwar jederzeit.»

Wenn es etwas gibt, was praktisch allen religiösen Denkern am Herzen lag, dann ist es die Überwindung der Liebe-Haß-Dichotomie. «Liebe deinen Nächsten wie dich selbst.» Dieser Satz kann immer wieder ein neues Licht auf die Bedeutung von Liebe werfen. Im Augenblick interpretiere ich ihn so: «Wenn du deinen Nächsten nicht bedingungslos lieben kannst (gleichgültig wie sehr dir das, was er tut, widerstrebt), dann kannst du dich selbst auch nicht bedingungslos lieben.»

Wenn Sie Ihren Nächsten hassen und sich in einer Weise verhalten, die eine zerstörerische Wirkung auf sein Leben hat, dann ist das der vollkommene Ausdruck dessen, wie sehr Sie sich selbst hassen und wie stark ihre selbstzerstörerische Haltung ist.

Das Fazit, das ich aus diesen Überlegungen ziehen möchte, ist folgendes: Sie können weiterhin eine Trennungslinie ziehen – zwischen den Menschen, Aktivitäten, Ereignissen, Ideen, die Sie hassen, und denjenigen, die Sie lieben. Sie können aber auch die Grenzen überschreiten, die diese Zweiteilung mit sich bringt, und einen holistischen Denkansatz wählen, indem Sie sich einfach dazu entschließen, sich selbst und andere Menschen, sosehr es Ihnen möglich ist, zu lieben, statt sich von Haß auf sie und ihr Verhalten lähmen oder in Wut bringen zu lassen.

Gut – schlecht

Sie können es immer wieder hören: «Er ist ein böser Junge.» – «Du bist böse.» – «Das ist ein gutes Mädchen.» Hinter solchen Aussagen steht die Ansicht, daß Menschen sauber in Kategorien von gut und schlecht eingeteilt werden können und daß man den Menschen, die schlecht sind, nichts Gutes zutrauen soll – während man denen, die gut sind, nur gratulieren kann. In Wirklichkeit gibt es jedoch so etwas wie einen schlechten Menschen nicht. «Schlecht» ist ein moralisches Werturteil. Die schlechten Taten des einen Menschen werden bei einem anderen Menschen als gut bewertet und umgekehrt. So entscheiden oft die Umstände darüber, was als gut oder schlecht beurteilt wird. In Kriegszeiten ist es schlecht, dem Feind auszuweichen, während es in Friedenszeiten gut ist, das Töten um jeden Preis zu vermeiden. Trotz der Tatsache, daß der Akt des Tötens immer gleich bleibt, ändert sich das Urteil darüber, ob es gut oder schlecht ist zu töten – und zwar entsprechend den Umständen, die gerade herrschen.

Viele Geschworene und «Richter» stimmen immer wieder nur deshalb für «schuldig», weil der Angeklagte das Gesetz gebrochen hat. Gleichgültig also, welche mildernden Umstände es geben mag, vertreten sie die Auffassung, daß die Gesetze um jeden Preis verteidigt werden müssen, ohne Rücksicht darauf, daß dadurch einigen Menschen schweres Unrecht angetan wird. Wenn Sie diese Auffassung teilen, sollten Sie sich daran erinnern, daß jeder gute und schlechte Seiten hat. Jedes Verhalten ist eine Kombination von dem, was wir «gut», und dem, was wir «schlecht» nennen – und wenn wir es lernen, die simplifizierende dichotomische Haltung zu überwinden und das Verhalten in seinem Zusammenhang zu betrachten, dann ist dies eine sehr viel großzügigere und umfassendere Sichtweise.

Zu einer solchen Sichtweise kommen Sie, wenn Sie gut und schlecht in vielerlei Hinsicht als dasselbe ansehen können. Jemand, der wegen Diebstahls verhaftet wurde, wird sehr wahrscheinlich den Stempel «ein schlechter Mensch» aufgedrückt bekommen.

Aber die Umstände, unter denen der Diebstahl stattfand, müssen unbedingt auch gesehen werden. Dies bedeutet nicht, daß die Handlung straffrei bleiben sollte, sondern nur, daß es von wesentlicher Bedeutung sein kann, den Dieb genauer zu kennen, bevor man das Verbrechen beurteilen kann.

Das Wesentliche beim Überwinden der Dichotomie «gut – böse» ist, daß Sie sich selbst einen offenen Blick bewahren, daß Sie es ablehnen, Menschen nach vorgefaßten Meinungen einzuordnen. Anstatt einfach Menschen und Dinge als «schlecht» zu beurteilen, bringt es sehr viel mehr, alle Seiten zu betrachten und dann konstruktiv zu handeln. Das Aufdrücken von Stempeln wie «gut» oder «schlecht» bewirkt nichts, sondern führt nur dazu, daß alles beim alten bleibt und daß man alles in zwei verschiedene Schubladen einsortieren kann. Es liegt in praktisch jedem menschlichen Verhalten eine Kombination von «gut» und «schlecht», und das Wirkungsvollste, was Sie tun können, ist, ein starres Urteil zu vermeiden und sich zu sagen: «Ich könnte immerhin Unrecht haben, und ich werde mir die Sache offenhalten.»

Beispiele für Gut-schlecht-Urteile, die vollkommen sinnlos sind, wären: «Das Wetter ist heute wirklich schlecht», oder: «Dies war ein großartiges Fußballspiel, aber das in der letzten Woche war total schlecht» oder ähnliche Beobachtungen, bei denen Sie Urteile über Dinge fällen, die an sich weder gut noch schlecht sind. Das Wetter ist einfach das Wetter, und keine gedankliche Klassifizierung wird daran etwas ändern. Wenn Sie also sagen, es sei schlecht, dann drücken Sie damit nichts anderes aus als Ihre persönliche Entscheidung, sich über das Wetter zu ärgern. Warum sollte man einen Sturm nicht schön finden und die Tatsache akzeptieren, daß die Erde austrocknen würde, wenn alle Tage die Sonne schiene? Dann könnte man sich am Wetter, wie auch immer es gerade sein mag, freuen. Und: Wenn Sie sagen, das Fußballspiel letzte Woche sei total schlecht gewesen, dann drücken Sie damit aus: «Ich habe mich entschieden, nicht zu genießen, woran ich mich am Spiel der letzten Woche hätte freuen können.» Wann auch immer Sie bei sich selbst entdecken, daß Sie diese Art von Gut-schlecht-Urteil fällen, dann sollten Sie sich fragen, was Sie nicht genießen wollen oder worüber Sie sich ärgern wollen – und auf welche Weise Sie vielleicht «den Spieß umdrehen» könnten und das Gute in dem sehen, was Sie soeben als schlecht eingestuft haben.

Häufig werden nicht nur einzelne Ereignisse, Handlungen und Verhaltensweisen als gut oder schlecht kategorisiert, sondern auch Menschen. Solche Einteilungen in «vollkommen gut» oder «vollkommen schlecht» sind niemals berechtigt. Nehmen wir beispielsweise an, Sie sagen, «Grit ist ein schlechtes Mädchen», weil sie sich in der Schule nicht unterkriegen läßt und gewohnheitsmäßig ihre Lehrer mit Disziplinproblemen konfrontiert. Wenn Sie einmal darüber nachdenken, dann wird Ihnen vielleicht klar, daß dieselben Eigenschaften der Dickköpfigkeit und des Eigensinns das Mädchen eines Tages zu einer großen Führungskraft oder zu einem kreativen «Genie» werden lassen könnten – wenn nur die Menschen aufhören würden, diese Eigenschaften zu zerstören, indem sie das Mädchen kategorisch als «schlecht» einstufen, statt ihr zu zeigen, wie man die Eigenschaften zum Guten verwenden kann. Wenn Sie noch einmal darüber nachdenken, dann wird Ihnen vielleicht deutlich, daß diese Eigenschaften Ihnen unter bestimmten Umständen auch schon viel Freude bereitet haben. Vielleicht haben Sie sich manchmal insgeheim gesagt: «Ganz schön mutig, Grit! Ich wünschte, ich hätte die Courage, so etwas zu machen.»

Wenn Sie alles, was Sie kategorisch in gut oder schlecht, richtig oder falsch einteilen, einmal genau betrachten, dann werden Sie in der Lage sein, einige dieser Kategorien als vollkommen sinnlos aufzugeben.

4. Das Tier in sich selbst spüren

Ruhen wir uns einen Augenblick lang aus von der hohen Kunst der grenzenlosen Selbstverwirklichung und laufen ein wenig herum. Vielleicht sollten wir auf einen Baum klettern oder ein wenig schwimmen gehen oder mit dem Baby spielen. Wenn Sie verstanden haben, was ich mit Selbstverwirklichung meine, dann sollte es ein leichter Schritt für Sie sein, einmal die Möglichkeiten von Freude und Vergnügen zu sehen, die sich Ihnen Tag für Tag eröffnen, einfach weil Sie in gewisser Weise auch ein Tier zwischen vielen anderen Tieren auf diesem Planeten sind. Allerdings blicken viele von uns verächtlich auf die animalische Seite unserer Natur herab. Doch um so menschlich zu werden, wie es Ihnen möglich ist, müssen Sie erst einmal Ihre Beziehung zu Ihrem Körper und zu dem biologischen Fundament Ihrer Persönlichkeit betrachten. Leben Sie mit Ihrem Körper in Eintracht? Empfinden Sie keine Scham angesichts Ihrer animalischen Natur? Trifft es zu, daß Sie den Teil Ihrer selbst, der der Natur am nächsten ist, gern akzeptieren? Oder plagen Sie im Hinblick auf Ihren Körper Scham- und Schuldgefühle, und beschäftigen Sie sich im wesentlichen damit, diesen Teil Ihres Menschlichseins zu verstecken? Glauben Sie, daß es eine grundsätzliche Spaltung gibt zwischen Ihrer intellektuellen und vernünftig denkenden Seite und Ihrer biologischen, animalischen Seite, eine Spaltung, die Sie daran hindert, sich als ein vollkommenes menschliches Wesen zu sehen und alle Aspekte Ihres Menschlichseins zu akzeptieren und zu genießen?

Die weitverbreitete Entfremdung der Menschen von ihrer eigenen animalischen Natur hat viele von uns dahin geführt, ihre Körper zu vernachlässigen oder zu mißbrauchen oder zumindest viele körperliche Vergnügen zu versäumen. Dies hat wohl damit begonnen, daß wir Spekulationen darüber angestellt haben, was «den Menschen über das Tier erhebt». Einige meinen, daß die Fähigkeit zu denken und die Vernunft den Menschen über alle anderen Geschöpfe erhebt. Andere meinen, daß unsere geistige Natur unseren einzigartigen Anspruch auf Überlegenheit über alle anderen Lebewesen begründet. Akademische Zeitschriften sind voll von Artikeln über die Fähigkeit des Menschen, sich über seine Instinkte zu erheben. Es wird die Größe unseres Gehirns angeführt, unsere Fähigkeit, etwas zu erfinden, die Fähigkeit, Werkzeuge zu gebrauchen oder gar komplexe Gesellschaftssysteme aufzubauen, die uns die Herrschaft über die Erde sichern.

Solche Spekulationen mögen unter bestimmten Bedingungen wichtig und interessant sein. Aber häufig versucht man damit zu beweisen, wieviel besser wir sind als Tiere – so als seien wir uns unseres Wertes so wenig sicher, daß wir alle Gründe aufschreiben müßten, warum wir Hunden, Fröschen oder Amöben «überlegen» seien.

Betrachten Sie die Sache einmal so: Wenn ein Pferd so gut schreiben oder denken könnte, wie Sie es von sich selbst annehmen, können Sie sich vorstellen, daß es dann einen Artikel schriebe mit der Überschrift: «Warum ich besser bin als ein Hund»? Sicherlich hat ein Pferd mehr Pferdeverstand, als sich damit zu beschäftigen.

Allein die Tatsache, daß wir offenbar so ängstlich darauf bedacht sind, unsere tierische Natur zu leugnen, gibt zu bedenken, ob wir nicht doch in vielerlei Hinsicht den Tieren unterlegen sind und vielleicht von unserem Hund mehr lernen können als dieser von uns.

Ich habe niemals beobachtet, daß ein Hund Schwierigkeiten hätte, sich selbst als Hund zu akzeptieren – und darüber hinaus sich als der Hund zu akzeptieren, der er nun einmal ist. Ich habe niemals gesehen, daß ein Schäferhund-Welpe jemals versucht hätte, das Aussehen eines drei Jahre alten Windhundes anzunehmen. Ich habe niemals beobachtet, daß ein Hund sich selbst eine schlechte Note für sein Bellen gegeben hätte oder daß er deprimiert gewesen wäre, weil der Hund am anderen Ende der Straße volltönender als er selbst gebellt hat. Ein Hund schreibt sich nicht in einer Bellschule ein und rauft sich dann die Haare, wenn er im Bellen nicht eine Eins bekommt.

Natürlich sind Hunde nicht die einzigen Tiere ohne Neurosen. Ich habe niemals eine Katze gesehen, die sich geschämt hätte, weil es ihr nicht gelang, eine bestimmte Maus zu fangen. Bei jedem Versuch lernt die Katze ein wenig dazu und macht dann einen neuen Ansatz, ohne über verpaßte Mäuse zu weinen. Antilopen, Bären, Ameisen und Wale scheinen in bezug auf sich selbst auch kaum Konflikte zu erleben. Papageien und Schlangen leiden nicht unter Identitätskrisen.

Tatsächlich sind Menschen wohl die einzigen «Tiere», die fähig sind, sich selbst neurotisch zu machen, indem sie die Tatsache verleugnen, daß sie zunächst einmal auch Tiere sind. Und anscheinend sind es immer die besonders «kultivierten» Menschen in unserer Gesellschaft, die die größten Anstrengungen machen, uns von unserer animalischen Natur abzuschneiden, indem sie uns nahelegen, daß wir uns unserer biologischen Natur schämen und niemals zugeben sollten, daß wir irgend etwas mit den Bestien im Zoo gemeinsam haben.

In meinen Augen ist all das Unsinn. Wir sind alle Tiere, und wenn wir dafür einen Beweis benötigen, dann brauchen wir uns nur dabei zu beobachten, wie wir jeden Tag animalische Dinge tun. Wir jagen, wir schlafen, wir paaren uns, wir riechen, wir kämpfen, wir pflegen unsere Haare, wir bauen Nester, wir scheiden Kot und Urin aus, wir rennen, wir lecken, wir saugen, wir suchen an sonnigen Tagen nach schattigen Plätzen. Tatsächlich handeln wir genauso wie Tiere. Natürlich gibt es Unterschiede, und wir bemühen uns vorzutäuschen, daß wir in Wirklichkeit sehr viel höher stehen als all die kriechenden Kreaturen, mit denen wir uns diese Erde teilen.

Was Ihre animalische Natur anbetrifft, so gibt es darin nichts, dessen Sie sich schämen müßten, aber vieles, worüber Sie sich freuen können. Alles, was man tut, um sich selbst am Leben und gesund zu erhalten, sind Selbstverständlichkeiten. Dies gilt für Tiere leider mehr als für uns Menschen, und wir können schwer abstreiten, daß Tiere mit ihrer Natur zurechtkommen, während wir Menschen weit seltener im Einklang mit dem Menschlich-Natürlichen stehen.

Je mehr Sie innehalten und von den Tieren lernen, desto gesünder wird wahrscheinlich Ihre Lebensphilosophie. Samuel Butler sagte es so: «Alle Tiere – außer dem Menschen – wissen, daß die Hauptsache im Leben ist, es zu genießen.» Wenn Sie dies fest in Ihr Bewußtsein eingravieren können, dann werden Sie für den Rest Ihres Lebens ein sehr viel glücklicherer Mensch sein. Wenn Sie mit den Sorgen, dem Ärger, der Furcht, der Angst, dem ewigen Planen und Vergleichen und all den anderen ausschließlich menschlichen Neurosen, mit denen diese Gesellschaft Sie belastet, Schluß machen könnten, dann würde es Ihnen in jeder Hinsicht bessergehen. Sie könnten sich stärker auf das Genießen konzentrieren und sich leichter entschließen, von den Tieren zu lernen.

Vielleicht diskutieren Sie manchmal gern über das Wesen des Menschseins und die Rolle von Vererbung und Umwelt, die das Individuum formen. Vielleicht vergleichen Sie die Kraft Ihres Verstandes mit der Kraft Ihres Instinkts. Aber zu anderen Zeiten werden Sie sehr viel besser damit fahren, wenn Sie alle jene akademischen Argumente einfach vergessen und sich selbst als das, was Sie sind, akzeptieren: ein Wesen auf dieser Erde, dessen Existenz in seinem Körper begründet liegt.

Wenn Sie einmal ganz ehrlich Ihre Lebenssituation einschätzen: Wo sonst könnten Sie auf dieser Erde sein als in Ihrem Körper? Sicherlich sind Sie ohne Ihren Körper gar nichts, und der Kern Ihrer Existenz liegt in Ihrem biologischen Wesen, in jenem Organismus, der Sie sind, wohin auch immer Sie hier und jetzt gehen. Sogar dann, wenn Ihr wirkliches Selbst Ihr Geist sein sollte, Ihre Gedanken und geistigen Vorstellungen, dann wäre Ihr wirkliches Selbst von Ihrem unwirklichen Selbst (von Ihrem Körper) äußerst abhängig. Denn wenn Ihr Körper krank ist, wenn er verfällt und stirbt, dann werden Sie tot sein, gleichgültig wie gesund der Rest von Ihrem wirklichen Selbst sein mag.

Wir brauchen diesen Gesichtspunkt nicht in einen religiösen oder metaphysischen Bereich auszudehnen. Wir erörtern hier nicht mehr als das, was uns der gesunde Menschenverstand sagt. Für den Zeitraum, den Sie auf diesem Planeten verbringen, sind Sie Ihr Körper.

Sicherlich befindet sich in Ihrem Körper auch jenes großartige, geheimnisvolle Organ: das Gehirn. Als menschliches Wesen haben Sie unerschöpfliche Fähigkeiten, Ihre Vernunft und Ihren Verstand einzusetzen, und Sie haben geistige Kräfte. Aber Ihr wirkliches Selbst ist tatsächlich jener perfekt entwickelte Organismus, den man den Körper nennt – und dazu gehören Ihr Gehirn, Ihr Herz, Ihre Füße, Ihre Finger und alles andere.

Wenn Sie lernen, für Ihren Körper gut zu sorgen und mit all seinen großartigen Fähigkeiten umzugehen, dann werden Sie, solange Sie auf dieser Erde leben, sehr viel produktiver und glücklicher sein. Wer vermag zu sagen, was geschieht, nachdem Ihr Körper gestorben ist? Ihr Geist könnte tatsächlich weiterbestehen (dies ist meine persönliche Ansicht). Sie könnten über Ihre tierische Natur hinauswachsen. Ihr ganzes Sein mag sich dann völlig anders gestalten als das, was wir aus dieser Welt kennen.

Aber während Sie mit all den anderen Menschen auf dieser Erde leben, ist Ihr eigentliches Selbst nichts anderes als das, was in Ihrem Körper begründet liegt, in Ihrer Konstitution, in Ihrer Zugehörigkeit zu einer bestimmten Gattung, in Ihrer ganzen Natur.

Den animalischen Instinkten vertrauen

Wenn Sie einmal über Ihre animalische Natur nachdenken, dann werden Sie erkennen, daß Ihre Instinkte Sie in jedem Moment eines jeden Tages in die eine oder die andere Richtung stoßen und zerren. Die Frage für einen Menschen auf dem Weg zur Selbstverwirklichung ist: Können Sie Ihr Leben mit Ihren Instinkten in Einklang bringen und mit ihnen in einem wirklichen Waffenstillstand leben? Können Sie Ihre Instinkte mit einem glücklichen Leben verbinden – das heißt, sind Sie wirklich auf dem Wege zur grenzenlosen Selbstverwirklichung?

Bevor wir auf diese Frage antworten können, müssen wir noch eine andere beantworten: Was sind unsere Instinkte? Und wie erkennen wir sie, wenn wir sie spüren?

Instinkte sind erblich, unveränderlich und vom Verstand unabhängig. Sie sind unmittelbare Reaktionen unseres Körpers zum Abbau körperlicher Spannung – Spannung, die in Lebenssituationen entsteht, in denen ursprünglich «tierische» Reaktionen notwendig waren.

Mit anderen Worten: Wenn jemand Sie boxt, dann reagieren Sie über Ihre Instinkte. Ihr Arm wird hochschnellen, um den Schlag abzuwehren, oder Sie werden sich automatisch bücken, ohne daß Sie vorher darüber nachdenken müßten. Wenn Sie jemanden sehen, den Sie sexuell sehr attraktiv finden, dann wird Ihr Körper ebenfalls sofort reagieren.

Sicherlich haben Menschen nicht alle animalischen Instinkte. Wir haben keinen Instinkt, der mit dem der Gänse vergleichbar wäre, die auch ohne vorheriges Training mit anderen Gänsen in einer perfekten Formation fliegen können; oder mit dem der Bienen, die ohne ein Diplom in Architektur perfekte Waben bauen können. Aber wir haben sehr starke biologische Neigungen und Bedürfnisse, die den Menschen schon zu eigen waren, bevor sie irgend etwas durch bestimmte Unterrichtsmethoden gelernt haben. Und wir sind sicherlich in der Lage, mit jenen starken Bedürfnissen und biologischen Besonderheiten wieder in Berührung zu kommen, wenn wir das wollen. Aber wir müssen uns daran erinnern, daß unsere Instinkte nicht nur schwächer sind als bei Tieren, sondern daß wir sie auch in einer Weise unterdrücken können, wie es Tieren unmöglich ist. (Wir können einfach stehenbleiben und den Faustschlag entgegennehmen, wenn wir uns dafür entschieden haben.) Darüber hinaus werden unsere Instinkte durch kulturelle Zwänge systematisch unterdrückt und letztendlich durch unsere eigene Abneigung gegen diese Instinkte.

Ihre verbliebenen animalischen Instinkte, wie schwach sie auch immer sein mögen, sind aber nichts Schlechtes, nichts, dessen Sie sich schämen müßten. Im Gegenteil – die Menschen, die sich sehr stark auf ihre Überlebensinstinkte verlassen, die die tiefsten Bedürfnisse des Menschen nicht als «den kranken Teil in uns» ansehen (wie so viele uns glauben machen wollen, die im Bereich der Neurologie, vor allem der Psychoanalyse, arbeiten!), sondern vielmehr als den vielversprechenden und grenzüberschreitenden Teil – solchen Menschen gelingt es in der Regel, ihr Leben zu meistern.

Wenn Sie ganz tief in sich hineinhorchen, werden Sie kein wildes, «unzivilisiertes» Tier ohne Kultur und Bildung entdecken. Es ist nicht so, daß Sie nur äußerlich ein menschliches Wesen wären, das sich – wenn man seine tiefsten Instinkte erforscht – als ein schwer gestörter Schizophrener, ein Vergewaltiger, Killer oder sonst irgendein unbeherrschbarer Unmensch erweist. Tatsächlich glaube ich, daß Sie genau das Gegenteil herausfinden werden. Tief in Ihnen lebt jemand, der die Kunst des Überlebens beherrscht, der in praktisch jeder Umgebung effektiv zu funktionieren vermag und der fähig ist, das Höchste und Beste zu erreichen. Tief in Ihnen sind natürliche Fähigkeiten und Potentiale verborgen, die Ihnen in jedem Bereich Ihres Lebens helfen werden. Aber um sie anzapfen zu können, müssen Sie dem Reservoir animalischer Instinkte, die Sie tief in sich tragen, vertrauen können. Sie müssen herausfinden, daß Sie sich in stärkerem Maße auf Ihre natürlichen Fähigkeiten verlassen können als auf all die kulturabhängigen Verhaltensregeln, die Sie gelernt haben.

Wenn ich das Wort Instinkt benutze, dann beziehe ich mich auf alle diejenigen Eigenschaften, die Ihnen ein bestimmtes Verhalten ermöglichen, ohne daß Sie vorher darüber nachzudenken brauchen. Wie auch immer man diese menschlichen Eigenschaften nennt, es gibt sie, und ich möchte Ihnen dabei helfen, wieder in Kontakt mit ihnen zu kommen.

Um mit Ihren Instinkten in Kontakt zu kommen, müssen Sie

keine neuen Fähigkeiten erlernen, sich neues Wissen aneignen oder in irgendeine neue Position aufsteigen. Alles, was Sie tun müssen, ist aufzuhören, sich geistig von ihnen zu isolieren, aufzuhören, mit ihnen zu hadern, sie schlechtzumachen.

Lernen, Ihren Instinkten zu vertrauen, bedeutet nicht, irgend etwas zu tun im Sinne von «sich sehr darum bemühen». Sie dürfen keinen sinnlosen Druck auf sich ausüben, um Dinge zu tun, von denen Ihr Körper bereits weiß, wie sie getan werden müssen – rennen, spielen, sich paaren, atmen, den Sonnenschein genießen.

Ihr Körper ist perfekt! Er weiß, auf welche Weise er Körper sein muß, wie er all die Dinge tun muß, die ein Körper tun kann. Er weiß, wie man geht, schwitzt, schläft, Samen ergießt, hungrig ist, weint. Er ist auch ein sehr guter Schüler. Sie können ihm beibringen, wie man schwimmt, ein Auto fährt, einen Brief schreibt, Gitarre spielt, einen Diamanten schleift oder einen Berg besteigt. Aber während Sie ihm eine neue Fertigkeit beibringen, müssen Sie ihm zugestehen, diese Dinge entsprechend seinen eigenen Instinkten zu tun – und Sie dürfen ihn nicht durch künstliche Programme antreiben. Sie dürfen ihn nicht zwingen und bestrafen, wenn er die Dinge nicht genau in derselben Weise tut, wie irgendein Buch es ihm vorschreiben will.

Zum Beispiel sind nahezu alle Skiunfälle, die mit gebrochenen Beinen oder Armen oder mit anderen ernsthaften Verletzungen enden, das Ergebnis davon, daß Menschen ihre Instinkte mißachtet haben. Denn sie haben versucht, von Pisten abzufahren, die für ihre Körper – ohne mehr Praxis und Training – zu steil sind.

Ein Mensch auf dem Wege zur Selbstverwirklichung läßt sich in solch einem Moment fallen, gleichgültig, wie tief er dann im Schnee liegt. Wenn seine Partner anhalten und fragen, was denn passiert sei, dann wird er sagen: «Ich habe gemerkt, daß dieser Abhang zu steil für mich ist, und ich habe mich deshalb einfach fallen lassen. Ich werde jetzt die Skier in die Hand nehmen, zu dem weniger steilen Abhang hinübergehen und euch unten wiedertreffen.»

Was er getan hat, um seinen Körper vor einer Verletzung zu bewahren, ist, daß er ganz genau auf seine Instinkte achtete, die ihm in dem entscheidenden Bruchteil einer Sekunde sagten: Laß dich auf die Erde fallen!

Dagegen würden Menschen, die ihre Instinkte unterdrücken, in jenem entscheidenden Moment sagen: «Nein, ich habe keine Lust, mit der Nase im Schnee zu liegen. Die Schande, sich vor allen diesen Könnern hinfallen zu lassen, die Mühsal, sich zu der anderen Piste zu schleppen...»

Wenn Skisportler auch nur einen Bruchteil einer Sekunde ihren Instinkten mißtrauen, dann riskieren sie einen Sturz bei einer höheren Geschwindigkeit, als ihr Körper es aushalten kann. Und damit riskieren sie, sich die Knochen zu brechen. Im besten Fall retten sie sich irgendwie die Piste hinunter. Dabei bleibt ihr Stolz zwar unverletzt, aber ihr Körper sagt ihnen: «Mein Gott, war das blöd von dir. Du hättest dich damit umbringen können!»

Seinen Instinkten zu vertrauen bedeutet ganz einfach, dem Körper zu erlauben, etwas zu tun, was er perfekt beherrscht. Es bedeutet, sich zu entspannen, sich zu lockern, jeden Druck und jede mögliche Beurteilung der sportlichen Leistungen durch andere zu vergessen. Es bedeutet, alles Weitere wirklich dem Körper zu überlassen und seinen wunderbaren Instinkt einzusetzen, ohne sich allzu sehr anstrengen zu müssen, ohne dem Leistungsdenken die Oberhand einzuräumen. Wenn Sie sich dabei ertappen, daß Sie Ihren Körper beschimpfen, weil er irgend etwas nicht so gut getan hat, wie Sie es von ihm verlangt haben, dann haben Sie eine Haltung eingenommen, die dem natürlichen Funktionieren des Körpers in praktisch jeder Lebenssituation entgegensteht.

Ralph Waldo Emerson hat über das Vertrauen in die eigenen Instinkte folgendes gesagt: «Alle Fortschritte, die Sie machen, sind ein Entfalten, so wie das Wachstum einer Frucht aus einer Knospe. Sie haben zunächst einen Instinkt, dann eine Meinung, dann ein Wissen, so wie die Pflanze eine Wurzel, eine Knospe und eine Frucht hat. Vertrauen Sie vollkommen Ihrem Instinkt, auch wenn Sie dafür keinen Grund angeben können.»

Wenn Sie im Zweifel sind, wann oder ob Sie Ihren Instinkten

trauen können, dann müssen Sie sich fragen: «Wann könnten meine Instinkte in bezug auf das, was für mich am besten ist, im Irrtum sein?»

Um diese Frage zu beantworten, suchen wir Beispiele in unserem eigenen Leben. Mein Lieblingsbeispiel für wirklich instinktives Verhalten wird jedem, der jemals Kinder gehabt hat, vertraut sein. Es ereignete sich im Jahre 1967, zwei Monate nachdem unsere Tochter Tracy geboren worden war. Ich saß im Bett und lernte für ein Examen, das ich am nächsten Tag absolvieren mußte. Meine Frau lag fest schlafend neben mir und ließ sich durch die raschelnden Seiten oder das helle Licht, das ihr in die Augen schien, nicht stören. Tracys Zimmer war ein Stockwerk tiefer, ziemlich weit von uns entfernt. Tracy hustete. Ich vermochte kaum, ihr Husten zu hören, obwohl ich hellwach war. Aber meine Frau wachte aufgrund dieses winzigen Geräusches sofort aus einem tiefen Schlaf auf. Sie war überrascht, daß ich noch immer wach war. «Könntest du mal nach Tracy sehen?» fragte sie. «Ich habe sie husten gehört.»

Meine Frau hat damit keine übermenschlichen Fähigkeiten an den Tag gelegt. Sie war einfach offen für ihre grundlegenden mütterlichen Instinkte. Ebenso wie Mütter zu ihren Kleinkindern bestimmte Bindungen haben, die auch durch Fluten von Argumenten nicht aus der Welt zu schaffen sind, wissen Sie auch von sich selbst, daß Sie unfehlbare tierische Instinkte in sich haben. Diese Instinkte sind nicht erlernt, und sie sind nicht durch die Umwelt determiniert. Sie sind Ihnen angeboren. Die Katzenmutter, die sofort weiß, wann eines ihrer Kinder Hilfe braucht, ist nicht anders als die Menschenmutter, die in der Nacht von einem weit entfernten Husten erwacht. Wann könnten Ihre Instinkte unrecht haben, wenn es darum geht, was für Sie und für diejenigen, die Sie lieben, am besten ist?

Wenn Sie Beispiele suchen für instinktives Verhalten und für andere Verhaltensweisen, die Sie aus Ihrer eigenen Erfahrung kennen, dann kommen Sie vielleicht zu derselben Schlußfolgerung wie ich, wenn Sie die Frage beantworten wollen, wann Ihre tierischen

Instinkte Fehler machen. Ich glaube, die Antwort lautet: Niemals – wenn Sie Ihre Instinkte respektieren, sie kultivieren und «wie ein gutes Tier» darauf achten.

Ihre Instinkte können nur dann «falsch» sein, sie können nur dann für Sie selbst oder für sonst jemanden eine Bedrohung darstellen, wenn Sie sie schlecht behandeln, wenn Sie sie frustrieren, indem Sie sie unterdrücken, sie herabsetzen oder mißachten. Dann, und nur dann werden sie sich wahrscheinlich an Ihnen rächen. Angst, Furcht und innerer Konflikt werden über Sie kommen als Resultat der körperlichen Spannung, die eben diese Instinkte auf die kreativste und konstruktivste Weise abbauen könnten. Dann, und nur dann werden die natürlichen Spannungen, die stärker und schwächer werden, deren Zusammenspiel Ihr Leben ausmacht, sich in Streß verwandeln, in jenen destruktiven Druck, den Sie auf sich selbst ausüben und der bezeichnend ist für körperliche und seelische Panik.

Es ist klar, wie man eine solche Situation vermeidet. Sie müssen Ihrem Körper vertrauen, selbst dann, wenn Sie bezweifeln, daß Ihnen das überhaupt möglich ist. Sie dürfen niemals vergessen, daß dieses Ding, genannt Ihr Körper, ein großartiges Wunder ist. Wenn Sie versuchen, seine Vollkommenheit zu leugnen und seine Instinkte zu mißachten, dann werden Sie nur krank werden.

Die wesentliche Voraussetzung, um «ein gutes Tier» zu werden, ist, zu lernen, seinem Körper und allen seinen angeborenen wunderbaren Instinkten zu vertrauen, daran zu glauben, daß er in der Lage ist, einen durch das Leben zu leiten – und zwar mit einem Maximum an Vergnügen und einem Minimum an Schmerz.

Lassen Sie uns einmal überlegen, wie weit wir uns von unseren grundlegenden tierischen Instinkten entfernt haben, beispielsweise im Hinblick auf Schmerz. Schmerz ist ein Warnzeichen, und alle Tiere, außer den Menschen, werden unweigerlich alles tun, um Schmerz zu vermeiden. Aber Sie werden gemäß Ihrer Erziehung vielleicht der Meinung sein, daß Sie nicht nur eine bestimmte Menge an unnötigen Schmerzen im Leben zu erwarten haben, sondern daß Sie diese Schmerzen auch noch willkommen heißen und anderen eine bestimmte Menge an Schmerzen zufügen müssen.

Eines der deutlichsten und schrecklichsten Beispiele für diese Einstellung ist die Entwicklung des professionellen Eishockeysports.

Es ist eigentlich kein Sport mehr, sondern eine Aneinanderreihung von Schlägereien. Wenn dabei nicht jemandem die Nase gebrochen oder der Kopf verletzt wird, betrachtet man es als «Scheißspiel».

Eine ähnliche Perversion findet häufig bei unserem eigentlich instinktiven Streben nach Vergnügen und Freude statt. Wie viele Vögel kennen Sie, die, wenn sie ein paar Stunden lang fleißig an ihrem Nest gebaut haben, zu sich sagen: «Ich kann jetzt nicht aufhören, ich muß noch drei weitere Nester bauen oder dieses wenigstens dreimal so groß bauen wie das des Nachbarspatzes, um mich selbst als erfolgreicher Spatz in diesem Block hervorzutun»?

Der Vogel betrachtet den Nestbau natürlich nicht als eine lästige Arbeit, durch die er sich hindurchquälen muß, um den Luxus eines Bades zu genießen oder ein Lied singen zu können oder um endlich einen langen, spielerischen Flug mit seinem Partner und mit seinen Freunden machen zu können. Kurz gesagt: Vögel leiden einfach nicht unter der Spiel-Arbeit-Denkspaltung, und sie haben nicht die Fähigkeit, ihr natürliches Bedürfnis nach Vergnügen zu beschneiden.

Nur Menschen sind fähig, sich selber und andere mit der seltsamen Idee zu quälen, daß die Suche nach Vergnügen um seiner selbst willen schlecht sei – und daß man so etwas nicht tun sollte. Natürlich steht diese Idee all dem entgegen, was Ihr Körper weiß. Aber hören Sie nur weiter auf bestimmte «Dummköpfe», und entdecken Sie dann, daß Sie dadurch unglücklich sind.

Sogar ein Rosenstrauch ist klug genug, um aufrecht dem Sonnenlicht entgegenzuwachsen. Unter allen verschiedenen Rosenarten hat es noch keine gegeben, die ihre Zweige in die dunkelste, modrigste Ecke gerichtet oder alle ihre Knospen in den Erdboden eingegraben hätte.

Die Instinkte der Pflanze sind nicht in der Weise pervertiert, daß sie sagen würde «Sonnenlicht ist schlecht, weil es mir angenehm ist. Du solltest dich schämen, daß du dich nach dem Sonnenlicht sehnst.

Ich weiß, daß es sich angenehm anfühlt und daß es dir hilft zu wachsen und gesund zu sein; aber es ist sehr selbstsüchtig von dir, jeden einzelnen Tag nach dem Sonnenlicht zu streben.»

Nur Menschen sind fähig, sich selbst zu sagen: «Warte, bis du alt wirst, spare für mehr Sonnenlicht in 20 Jahren, aber im Augenblick leide still vor dich hin und orientiere dich an der Dunkelheit, selbst wenn sie dich umbringen sollte.»

Dies ist offensichtlich absurd! Ihre Instinkte sagen Ihnen, wie Sie sich auf gesunde Weise verhalten müssen. Wenn Sie lernen, auf sie zu hören, dann kann Ihnen das nur helfen, bei allem, was Sie in Ihrem Leben tun, mehr Wirkung und Erfolg zu erzielen. Ich meine wirklich: bei allem!

Neun Wege, ein «gutes Tier» zu sein

Wie alle anderen Lebewesen haben auch wir Menschen elementare Bedürfnisse und Instinkte oder natürliche Triebe, die uns sagen, wie wir diese Bedürfnisse erfüllen sollen. Wenn wir nur auf unseren Körper hören, dann sind wir in perfekter Weise in der Lage, genau das zu essen, was unser Organismus benötigt, ohne einen Ernährungsfachmann zu konsultieren. Wir wissen instinktiv, wie wir schlafen müssen, ohne eine Schlafschule zu besuchen. Wir wissen, wie wir eine Unterkunft finden und bauen oder wie wir durch Atmen unserem Körper Sauerstoff zuführen, wie wir unseren Darm entleeren, urinieren, menstruieren, Orgasmen haben und uns fortpflanzen. Unsere grundlegendsten Bedürfnisse und die Instinkte, mit denen wir diese Bedürfnisse erfüllen, können wir nicht beeinflussen oder ändern, selbst wenn wir dies wollten. Sie sind uns, wie allen tierischen Lebewesen, von der Natur mitgegeben, um das Überleben unserer Art zu sichern. Unsere Beziehung zu ihnen ist ganz einfach: Wenn wir unsere tierischen Bedürfnisse respektieren und auf unsere tierischen Instinkte achten, dann leben wir. Wenn wir dies nicht tun, dann sterben wir auf die eine oder andere Weise.

Nun wird von neun Ihrer grundlegendsten menschlichen Bedürfnisse die Rede sein, und ich werde einige Vorschläge anführen, wie Sie «ein gutes Tier» sein können, wenn Ihre Instinkte Ihnen sagen, wie Sie jeden von ihnen am besten befriedigen können.

Die Körperfunktionen

Urinieren, Stuhlgang haben, Menstruieren, Schwitzen und andere elementare Körperfunktionen gehören offensichtlich zu den natürlichsten und wichtigsten Vorgängen des menschlichen Lebens. Wenn Sie eines Morgens aufwachen und feststellen, daß Sie bereits seit sechs Wochen keinen Stuhlgang mehr hatten, dann dürften Sie sich eigentlich schon längst nicht mehr unter den Lebenden befinden. Sie müssen gestorben sein und halten sich wohl nicht mehr auf diesem Planeten auf. Vielleicht tut es Ihnen leid, das zu erfahren, weil Sie Ihr Leben als Tier geliebt haben. Oder sind Sie erleichtert, weil Sie nicht länger «jene schmutzigen tierischen Dinge» tun müssen? Haben Sie, als Sie noch in Ihrem Körper zu Hause waren, die Körperfunktionen als menschenunwürdig angesehen, als Aspekte Ihres Lebens, deren Sie sich schämen mußten, die man sowenig wie möglich beachten und sogar verachten sollte? Oder haben Sie sie als das angesehen, was sie sind, nämlich als ein Zeichen, daß Sie noch immer lebendig und auf der Welt waren, daß Ihr Körper glücklicherweise immer noch den Zyklen von Verdauung und Ausscheidung unterworfen war, daß er immer noch die Fähigkeit besaß, sich fortzupflanzen oder auf Hitze und Kälte zu reagieren?

Wenn Sie einmal genau darüber nachdenken, dann wird es Ihnen in der Tat absurd erscheinen, daß den meisten von uns das Gefühl vermittelt wurde, den Stuhlgang nicht als einen natürlichen Ausscheidungsprozeß zu begreifen, sondern vielmehr als etwas Unangenehmes und als Zeichen dafür, wie «schmutzig» wir sind!

Manche Menschen haben gerade in bezug auf ihren eigenen Stuhlgang unangenehme Gefühle. Sie betrachten den Ausscheidungsprozeß als einen so «schmutzigen» Teil ihrer eigenen menschlichen Existenz, daß sie sogar Scham und Angst davor empfinden und daß deshalb schließlich die Funktion ihrer Organe durcheinandergerät. Die Folge sind Verdauungsschwierigkeiten. Die Menschen sind auf Abführmittel und andere Medikamente angewiesen, um den natürlichen Zyklus wiederherzustellen, der durch ihre Schamgefühle gestört worden ist.

Auch in bezug auf Schwitzen und Körpergerüche sind viele Menschen so überängstlich, daß sie sich deswegen andauernd Sorgen machen. Sie versuchen ständig, alle Aktivitäten zu vermeiden, die sie zum Schwitzen bringen könnten, und besprühen sich andauernd mit Deodorants, welche die natürliche Transpiration hemmen und ihnen den Duft von Gewürzen, Blumen oder Fichten geben sollen.

Natürlich werden solche Gewohnheiten sehr stark von der Werbung gefördert. Man redet Ihnen auf alle möglichen Weisen Scham- und Schuldgefühle ein, damit man Ihnen ein Produkt verkaufen kann, mit dessen Hilfe Sie sich angeblich von jenen Gefühlen befreien können.

Da der Begriff «natürlich» heute zu einem großen Verkaufsschlager geworden ist, wird er häufig als Trick benutzt, um die Leute davon zu überzeugen, daß sie mindestens hundert Chemikalien benötigen, um zum Beispiel «ein natürliches Aussehen» oder «einen natürlichen Geruch» zu haben und so vielleicht gar «ihr natürliches Selbst» zu erlangen. Und das Lächerliche daran ist: Der Trick funktioniert! Die Leute akzeptieren es, daß man ein besonders parfümiertes Desinfektionsmittel benutzen muß, durch das das Wasser in der Toilette eine blaue Färbung annimmt, daß man unbedingt einen kraftvollen Luftabzugsventilator besitzen muß, der sich automatisch einschaltet, wenn wir die Klospülung betätigen, daß man Anti-Geruch-Sprühdosen haben sollte sowie geruchshemmende Einlagen in den Schuhen, atemerfrischendes Pfefferminz im Mund, Intimspray... Die Reihe der Beispiele ließe sich endlos fortsetzen.

Sie sind sich sicher darüber im klaren, daß alle Ihre Aversionen gegen die Art, wie Ihr Körper funktioniert, sich schließlich gegen Sie selbst wenden! Es ist wichtig, daß Sie Ihren von Natur aus vollkommenen Körper und alles, was er braucht und wünscht, ganz akzeptieren. Wenn Sie sich wegen Ihrer elementarsten Körperfunktionen schämen, dann wird dies Ihrem körperlichen Wohlbefinden im Wege stehen. Schuldgefühle üben eine hemmende Wirkung auf Sie aus. Sie hindern Sie daran, glücklich zu sein!

Um sich von inneren Konflikten zu befreien, die auf einem negativen Verhältnis zu den eigenen Körperfunktionen beruhen, müssen Sie zunächst einmal erkennen, daß Ihre ablehnende Haltung nur darauf beruht, wie Sie erzogen wurden und wie Ihre Umwelt eingestellt ist.

Es ist widernatürlich, irgendeinen Teil des eigenen Organismus zu verachten! Sie müssen sich bewußtmachen, daß Sie nicht alles akzeptieren müssen, was Ihre Mitmenschen oder die Gesellschaft Ihnen vorschreiben will!

Anstatt anderer Leute Aussagen über die Widernatürlichkeit der Körperfunktionen zu glauben, können Sie sich dafür entscheiden, von der Tierwelt zu lernen. Die Katze weiß vielleicht nicht, daß ihre Vagina der sauberste Teil ihres Körpers ist, daß deren natürlichen Sekrete Stoffe enthalten, die einen sterilen Zustand herstellen, der den meisten Operationssälen in Krankenhäusern Ehre machen würde. Die Natur hat auch die Vagina der Frauen mit einer Selbstreinigungskraft ausgestattet, und doch sind viele Frauen soweit gekommen, daß sie diesen Teil ihres Körpers als etwas Schmutziges betrachten. Dies kann wiederum zu sexuellen Problemen führen: Solche Frauen empfinden möglicherweise den Sexualakt als etwas Abstoßendes, weil sie dabei «derart ekelhafte» Teile ihres Körpers entblößen müssen. Um das Gefühl des Ekels zu verringern, «pflegen» sie den Intimbereich mit künstlichen Chemikalien, von denen einige das natürliche chemische Gleichgewicht stören können und die Frauen für Infektionen anfällig machen.

Nehmen Sie sich ein Beispiel an der Katze, die sich niemals über irgendeinen Teil ihres Körpers oder dessen Funktionen Sorgen machen muß, und führen Sie die folgende Übung durch:

1. Machen Sie sich alle Ekelgefühle gegenüber Ihren grundlegenden Körperfunktionen bewußt. Versuchen Sie, diese Gefühle umzuwandeln und Ihren Körper in allen Aspekten zu akzeptieren. Weigern Sie sich, irgend etwas an Ihrem Körper negativ zu bewerten. Das bedeutet nicht, daß Sie jedesmal begeistert sein müssen, wenn Sie Blähungen haben. Aber das wäre immer noch weit besser, als sich vor sich selbst zu ekeln.

2. Nehmen Sie sich jeden Tag ein paar Minuten Zeit, zum Beispiel während Sie duschen oder wenn im Fernsehen Werbung läuft. Machen Sie sich in dieser Zeit bewußt, welche Funktionen Ihr Körper erfüllen muß, um zu existieren und Ihnen Freude zu bereiten.

   Wie oft haben Sie sich selbst heute schon mit Kritik an Ihrem Körper und seinen grundlegenden Funktionen bedacht? Wieviel Zeit haben Sie damit zugebracht, Ihren Körper und alles das, was er tut, zu lieben? Haben Sie jemals daran gedacht zu üben, wie man engeren Kontakt zum eigenen Körper herstellt, zum Beispiel durch Yoga oder Meditation?

3. Erinnern Sie sich daran, daß jede negative Einstellung gegenüber Ihren natürlichen Körperfunktionen einen Angriff gegen Ihre grundlegenden tierischen Instinkte darstellt. Jedesmal, wenn Sie sich selbst dabei ertappen, daß Sie sagen: «Pfui Teufel, ich fange an zu schwitzen!», halten Sie inne! Greifen Sie nicht sofort zur Dusche oder zum Deodorant. Nehmen Sie sich drei Sekunden Zeit, um sich zu erinnern: «Einige Leute würden mir gerne einreden, daß Schwitzen widerwärtig ist. Aber was passiert denn wirklich? Die Korperzellen öffnen sich, um Wasser freizugeben, welches die Haut abkühlt, wenn es verdunstet. Dieses natürliche System zur Senkung der Körpertemperatur arbeitet jedesmal so, wie es ursprünglich angelegt wurde.»

   Wenn Sie sich dessen bewußt sind, kann es natürlich trotzdem vorkommen, daß Sie sich nach Erfrischung, Säuberung und Kühlung durch eine Dusche sehnen; aber Sie werden nun nicht mehr ängstlich nach der Dusche Ausschau halten, einen Bogen um andere Leute machen und denken: «Ich muß unbedingt diesen schrecklichen Schweiß loswerden, bevor irgend jemand mich sieht oder riecht!»

4. Die Natürlichkeit des eigenen Körpers können Sie sich auch dann bewußtmachen, wenn Sie auf der Toilette sitzen, wenn Sie eine Monatsbinde wechseln, wenn Sie sich die Nase schneuzen, husten, niesen oder sich übergeben müssen, wenn Sie Ihre Laken wechseln, weil Sie einen «feuchten Traum» hatten, oder wenn Sie irgend etwas anderes tun müssen, das mit Körperfunktionen im Zusammenhang steht.

Einzelne Menschen mögen sich selbst und anderen vielleicht schreckliche Dinge antun, aber Ihre grundlegenden Körperfunktionen gehören niemals zu diesen Widerwärtigkeiten. Im Gegenteil. Wenn Sie die «tierische» Komponente der menschlichen Natur akzeptieren und die lebenserhaltenden Fähigkeiten Ihres Körpers jeden Augenblick Ihres Lebens zu schätzen wissen, dann können Sie das «Tier» werden, das auf dem besten Wege ist, seine Grenzen zu überwinden und sich als Mensch selbst zu verwirklichen.

Essen

Vergleichen sie einmal Ihre Eßgewohnheiten mit denen von wilden Tieren. Tiere verlassen sich ganz allein auf ihre Instinkte, die ihnen sagen, was und wann sie essen müssen.

Es ist sehr wahrscheinlich, daß Ihre Eßgewohnheiten zum Beispiel denen eines Thunfisches bei weitem unterlegen sind.

Der Thunfisch scheint es irgendwie zu schaffen, seine perfekte Figur während seines ganzen Lebens beizubehalten. Er macht keine teuren Diäten oder absolviert Fitneßprogramme, um schlank und gesund zu bleiben und sein Leben zu verlängern. Er folgt ganz einfach seinen Instinkten, die ihm sagen, was und wann er essen soll oder wohin und wie schnell er zu schwimmen hat. Die Nahrungszufuhr wird ganz genau von seinen Instinkten geregelt, mit deren Hilfe der Thunfisch stets weiß, was sein Körper braucht oder möchte.

Soweit es sich um das Essen handelt, weiß Ihr Körper von Natur aus ebenso wie der des Thunfisches, welche Nahrung er braucht, um sein normales Gewicht zu halten und seine Ernährung ausgeglichen zu gestalten. Er haßt es, wenn man ihn überfüttert, und er macht Ihnen dies auf viele verschiedene Weisen deutlich.

Wenn Sie sich selbst zu sehr vollstopfen, dann wird Ihr Körper darauf mit Blähungen, Verstopfung, mit Atemnot und Muskelkrämpfen beim Treppensteigen, mit Gewichtszunahme und Fettablagerung reagieren.

Ihr Körper signalisiert Ihnen dauernd, ihm die für eine ausgewogene Ernährung und ein normales Gewicht erforderliche Nahrung zuzuführen. Aber wenn Sie diese Signale überhören, dann lassen Sie auch zu, daß Ihr Verstand die natürlichen Instinkte des Körpers ausschaltet.

Vielleicht haben Sie Ihrem Körper zuviel Zucker zugeführt, obwohl er darauf mit Zahnverfall, Pickeln, fettiger Haut oder mit der Bildung von Fettschichten reagiert hat. Vielleicht haben Sie Ihrem Körper auch die notwendigen Vitamine, Proteine, Mineral- oder andere Nährstoffe vorenthalten, indem Sie weniger klug als der Durchschnitt der Tiere gegessen haben. Vielleicht haben Sie Ihr ganzes Leben damit verbracht, Dinge zu essen, die Ihrem Körper eigentlich nicht gut bekommen, anstatt ihm zu erlauben, Ihnen zu sagen, was Sie gesund erhält.

Wenn Sie in bezug auf Ihre Eßgewohnheiten ein gutes und gesundes Tier werden wollen, dann sollten Sie die folgenden Grundsätze beachten.

Essen Sie nur, wenn Sie hungrig sind. Essen Sie niemals, nur weil es der Zeitplan anderer diktiert. Befreien Sie sich von Gedanken wie: «Es ist Abendbrotzeit; ich glaube, ich sollte mal etwas essen.» Fragen Sie Ihren Körper. Ist er hungrig? Möchte er vielleicht lieber eine Stunde warten oder erst einmal ein Bad nehmen? Wenn Sie nicht wirklich das Bedürfnis haben zu essen, dann lassen Sie es! Hören Sie auf Ihren Körper. Er wird Sie niemals verhungern lassen, wenn ausreichend Nahrungsmittel zur Verfügung stehen. Auch Übergewicht ist dann kein Problem mehr. Oder haben Sie in der Natur jemals ein übergewichtiges Tier gesehen?

Essen Sie nur so viel, bis Sie satt sind – und nicht mehr. Lassen Sie sich nicht von äußeren Umständen beeinflussen. Anstatt Ihren Teller von Anfang an mit Essen zu überladen, versuchen Sie einmal, etwas weniger Essen auf Ihren Teller zu füllen.

Essen Sie das, was auf dem Teller liegt, und horchen Sie dann für einige Sekunden in Ihren Körper hinein. Wenn er zufrieden ist, dann brauchen Sie nicht noch einmal aufzufüllen.

Vielleicht zieht es Ihr Körper vor, fünfzehnmal am Tag – immer wenn Sie hungrig sind – in kleinen Portionen zu essen, anstatt sich einige wenige Male am Tage übermäßig vollzustopfen.

Seien Sie großzügig hinsichtlich der Lebensmittel, die Sie Ihrem Körper geben. Bieten Sie ihm ein großes Spektrum gesunder Nahrungsmittel an, unter denen Sie ihn dann wählen lassen. Wenn er noch nie Brokkoli, Karotten oder andere stark eisenhaltige Gemüse probiert hat, dann wird er auch nicht wissen, wonach er verlangen muß, wenn er unter Eisenmangel leidet. Wenn Sie sich einbilden, daß sie Gemüse, Leber und andere hochwertige Nahrungsmittel «nicht mögen», dann sind Sie vermutlich einmal gezwungen worden, sie zu essen, als Ihr Körper sie gar nicht brauchte.

«Tommy, iß deine Karotten.»
«Aber ich krieg sie nicht runter!»
«Iß sie trotzdem. Dein Körper braucht das!»
«Ich hasse Karotten!»

Genau hier liegt der Grund, weshalb Kinder ihr Leben lang von Karotten und anderen Dingen, «die gut für sie sind», Alpträume bekommen. Man muß sich dann nicht wundern, daß sie sich lieber an minderwertige Nahrungsmittel halten.

Aber Sie als Erwachsener können Ihren Verstand gebrauchen, um solche Vorurteile zu überwinden. Sie wissen, daß die Karotten, die Sie heute vielleicht probieren wollen, obwohl Sie sie eigentlich noch nie mochten, vollkommen anders schmecken werden als jene, die Sie vor zwanzig Jahren vielleicht nicht runtergekriegt haben. Vermutlich bekommen Sie einen Riesenappetit darauf – oder sie schmecken Ihnen gar nicht. Aber sie werden Ihnen auch nicht schaden, und Sie überwinden auf diese Weise zumindest Ihre alte Abneigung gegen Karotten. Bestenfalls wird Ihr Körper – wenn er die besonderen Nährstoffe von Karotten gerade braucht – Sie fragen: «Warum machst du heute kein Karottengericht zum Abendessen?»

Behandeln Sie Ihre Kinder so, wie Sie sich selbst behandeln. Zwingen Sie sie nicht zu essen, wenn sie nicht wollen, oder irgend etwas zu essen, was sie zuvor probiert und abgelehnt haben. Bieten Sie ihnen einfach eine große Auswahl an gesunden Nahrungsmitteln, aus denen sie aussuchen können. Bestehen Sie nicht auf festen Essenszeiten, und lassen Sie Ihre Kinder das essen, was ihr Körper verlangt. Vergessen Sie den Nachtisch, die kleinen Belohnungen aus Zucker, die sie erst dann essen dürfen, wenn sie die schrecklichen Karotten hinuntergewürgt haben.

Hören Sie auf, Ihren Kühlschrank mit wertlosen Lebensmitteln zu füllen, dann werden Sie bald sehen, daß Ihre Kinder von selbst vollwertige Kost bevorzugen und regelmäßig essen. Wenn Sie dagegen nicht-instinktive ungesunde Gewohnheiten verstärken, dann dürfen Sie sich nicht wundern, wenn Ihre Kinder grundsätzlich keine gesunde Nahrung zu sich nehmen wollen. Sind sie hingegen an eine gesunde, appetitliche Kost gewöhnt, dann werden sie auch bald nicht mehr nach Junk-food verlangen.

Trinken

Erinnern Sie sich noch, wie Ihr Körper reagiert hat, als Sie ihm zum erstenmal zuviel Alkohol zugeführt haben? Wahrscheinlich war die Reaktion sehr unangenehm. Vielleicht wurde Ihnen schwindlig und übel, oder Sie haben sich übergeben. Aber Sie haben wohl trotzdem später wieder Alkohol getrunken und Flüssigkeiten konsumiert, die für Ihren Körper giftig waren. Möglicherweise wurden Sie durch andere Menschen beeinflußt, die behaupteten, dies sei «reifes» oder «erwachsenes» Verhalten, das Sie in irgendeiner Weise gegenüber denen auszeichnen würde, «die nicht einmal Spaß an einem guten Tropfen haben».

Ich meine damit nicht, daß Sie vollkommen abstinent leben sollten. Es gibt sogar medizinische Beweise dafür, daß Alkohol in Maßen dem Organismus nicht schadet. Sie sollten jedoch nicht «um der Geselligkeit willen» Alkohol trinken oder weil alle es tun. Hören Sie auf Ihren Körper.

Das nächste Mal, wenn Sie irgend etwas trinken, sollten Sie sich fragen: «Ist es wirklich das, was mein Körper möchte? Wird er dieses Getränk so wie Brunnenwasser an einem heißen Tag aufnehmen? Sehnt er sich nach den Vitaminen in diesem Getränk? Hätte er lieber irgend etwas anderes?»

Trinken Sie nur, wenn Ihr Körper durstig ist, und trinken Sie nur so lange, bis Ihr natürlicher Durst gestillt ist. Seien Sie großzügig mit dem, was Sie sich selbst zu trinken anbieten. Wenn Sie daran gewöhnt sind, jeden Tag drei Tassen Kaffee, zwei Sodawasser, einen Scotch und drei Bier zu trinken, dann nehmen Sie sich nun vor, jeden Tag wenigstens einmal etwas anderes zu trinken: Saft, ein Milchmixgetränk, Apfelwein – alles, wonach Ihr Körper möglicherweise als Abwechslung zur gegenwärtigen Routine verlangen könnte. Wenn Ihr Körper nach irgendeinem der Getränke verlangt, die Sie probiert haben, dann befriedigen Sie sein Bedürfnis! Vielleicht können Sie Ihren Körper von den gewohnten drei Martinis zum Mittagessen nicht durch «reine Willenskraft» abbringen; aber wenn Sie sich vornehmen, verschiedene andere Dinge auszuprobieren, dann werden die bisher üblichen drei Martinis sehr bald langweilig und in Vergessenheit geraten.

Atmen

Welche Erinnerungen haben Sie aus Ihrer Kindheit an das Atmen? Wahrscheinlich gab es eine Zeit, als Sie plötzlich feststellten, daß Ihre Lungen jede Minute des Tages und der Nacht arbeiten, und Sie waren erstaunt über dieses Wunder, das Sie am Leben erhält. Vielleicht erinnern Sie sich an irgendeinen hellen Frühlingstag, als Sie gerade auf dem Wege zur Schule waren und die Luft so rein, klar und angenehm war, daß es sie mit heller Freude erfüllte, einfach nur tief durchzuatmen. Oder erinnern Sie sich an Zeiten, wo Sie so lange rannten, bis Sie keine Luft mehr bekamen? Sie hielten inne und waren vom gleichmäßigen Rhythmus Ihrer Lungen fasziniert, die Ihr Sauerstoffreservoir schnell wieder auffüllten.

Vergleichen Sie nun diese einfachen körperlichen Freuden mit der äußerst heftigen Reaktion Ihres Körpers, als Sie zum erstenmal Tabak geraucht haben. Sie haben wahrscheinlich gehustet, Ihre Augen tränten, und Sie fühlten sich schwindlig. Vielleicht mußten Sie sich sogar übergeben. Haben Sie sich anschließend dazu gezwungen, diese Signale zu ignorieren, und Ihren Körper darauf trainiert, Tabak zu konsumieren? Sind Sie jetzt «süchtig» danach? Wenn dies der Fall ist, dann brauche ich Ihnen wohl nicht zu sagen, was Sie damit Ihrer Gesundheit und der Gesundheit Ihrer Mitmenschen antun und wie wichtig es für Sie ist, mit dem Rauchen aufzuhören. Ich möchte noch einmal den inneren Konflikt betonen, den Sie zwischen sich selbst und Ihrem Körper geschaffen haben. Ihr Körper traut Ihnen nicht mehr und wehrt sich.

Tiere sind klüger. Bewegen Sie einmal Ihre Zigarette unter der Nase einer Katze hin und her. Sie wird abrupt zurückweichen, eine Grimasse ziehen, ihre Augen schließen, den Kopf schütteln und wie ein Blitz davonspringen – und sie wird Ihnen dann einen Blick zuwerfen, als wären Sie der Teufel höchstpersönlich.

Ich werde an dieser Stelle keinen Intensivkurs zur Raucherentwöhnung anbieten. Es gibt überall solche Kurse, und wenn Sie einen brauchen, dann machen Sie einen mit. Ob Sie nun zu den Rauchern oder Nichtrauchern gehören – hier sind einige Techniken, die Ihnen helfen sollen, wieder ein natürliches Verhältnis zu Ihren Ateminstinkten zu bekommen.

Halten Sie jeden Tag ein- oder zweimal inne, nur um Luft zu holen. Wie ist ihr Geruch und ihr Geschmack? Können Sie die Fichten, die Blumen oder das frisch gemähte Gras riechen? Möchten Ihre Lungen tiefe, entspannende, «inspirierende» Atemzüge machen? Oder riechen Sie nur den Gestank von Autoabgasen oder Schadstoffen von einer nahe gelegenen Fabrik? Sagen Ihre Lungen: «Ich möchte hiervon so wenig wie möglich», und beginnen automatisch, sich zu verengen? Wenn Sie diese Übung nur einmal täglich durchführen, werden Sie wieder lernen, die lebenslangen Leistungen Ihrer Lungen zu schätzen und zu respektieren.

Ob Sie nun gerade dabei sind, Ihre erste oder Ihre zehntausendste Zigarette anzuzünden, erinnern Sie sich dabei an die Katze: Verdrängen Sie nicht die Tatsache, daß Ihr «tierisches» Ich zurückweicht, eine Grimasse zieht, aufspringt und quer durch den Raum entfliehen möchte. Fragen Sie sich, wann Sie diesem «tierischen» Ich erlauben werden zurückzukommen.

Ob Sie nun täglich Sport treiben oder nicht, tun Sie jeden Tag etwas, das Sie tief und kräftig atmen läßt. Ruhen Sie sich dann aus, und nehmen Sie wahr, wie Ihre Lungen die Sauerstoffaufnahme automatisch regulieren.

Yoga, Meditation oder andere östliche Entspannungstechniken bieten wunderbare Möglichkeiten, um wieder mit Ihrem Atmen in Berührung zu kommen. Versuchen Sie es doch einmal!

Zusammenfassend empfehle ich Ihnen folgendes:

Wenn Sie wissen, daß irgend etwas, was Sie essen, trinken oder einatmen, ungesund ist, dann schaffen Sie Abhilfe. Weigern Sie sich einfach, Ihrem Körper Alkohol, Tabletten, Drogen, Tabak, Zucker oder andere fragwürdige Substanzen zuzuführen: für diesen einen Tag, für diese Stunde, Minute oder Sekunde, so lange, wie Ihr Instinkt dies ablehnt – und vielleicht wird dies für immer sein. Wenn Sie Ihrem Instinkt folgen und sich angewöhnen, Ihren Körper gesund werden zu lassen, dann werden Sie bald alle schlechten Angewohnheiten ablegen: das überflüssige Essen, jene drei Martinis, die Zigaretten. Vergessen Sie nie, daß es natürlich ist, gesund zu sein. Es steht im Einklang mit Ihren Instinkten.

Schlafen

Sie wissen, wie man schläft. Ihr Körper weiß genau, wieviel Schlaf er braucht und wie er Sie ganz schnell ins Land der Träume befördert, wo Sie Sorgen und Probleme vollkommen hinter sich lassen, während der Körper sich selbst heilt und Ihren Geist erfrischt.

Es kann aber auch sein, daß Sie zuviel schlafen, weil Sie nicht wissen, wie Sie Ihre wachen Stunden sinnvoll ausfüllen sollen, oder weil Sie sich von dumpfer Routine, Langeweile oder Trägheit überwältigen lassen.

Tatsächlich verbringen die meisten Menschen sehr viel mehr Zeit mit Schlafen, als es nötig wäre. Die starre Acht-bis-zehn-Stunden-Schlaf-Routine ist häufig nur eine schlechte Angewohnheit, die Ihr Körper nicht einmal besonders gerne mag. Er reagiert darauf mit Rückenschmerzen, Steifheit oder Schwindelgefühlen.

Wenn Sie jede Nacht um elf ins Bett gehen und um acht Uhr morgens aufstehen (außer an den Wochenenden, wo Sie vielleicht sogar bis mittags schlafen), dann zwingen Sie Ihrem Körper eine künstliche Routine auf. Schlaflosigkeit wird nur dann zum Problem, wenn Sie Ihrem Körper nicht trauen. Wenn Sie ins Bett gehen, bevor Ihr Körper schlafen möchte, dann werden Sie nur grübelnd herumliegen und von Schlaflosigkeit geplagt werden. Wenn Ihr Körper dagegen zum Schlaf bereit ist, wird er sich entspannen. Er wird Ihren Geist beruhigen, und Sie werden das Einschlafen genießen, ohne auf sich selbst Druck auszuüben.

Aber es gibt auf der anderen Seite auch diejenigen, die sich ausreichenden Schlaf verweigern: der Student, der 48 Stunden lang aufbleibt, um für eine Prüfung zu lernen, der Fernfahrer, der bis zum nächsten Morgen unbedingt eine entfernt liegende Stadt erreichen muß, oder der Manager in der Werbeagentur, der Tag und Nacht arbeitet, um einen Werbespot rechtzeitig fertigzustellen. Natürlich müssen alle diese Leute auf Kaffee, Amphetamine oder andere Aufputschmittel zurückgreifen, um ihre Schlafinstinkte zu unterdrükken. Die Auswirkungen von anhaltendem Schlafmangel sind jedoch gefährlich: Nervosität, Reizbarkeit, Magen- und Darmkrämpfe und ein ganzes Spektrum von psychosomatischen Symptomen, die schließlich zum totalen körperlichen und seelischen Zusammenbruch führen können: Der Student dreht durch und kritzelt Blödsinn auf seine Examenspapiere, der Fernfahrer schläft ein und kommt von der Straße ab, der Werbemanager bekommt Magengeschwüre, einen Herzinfarkt und erleidet vielleicht einen «Nervenzusammenbruch».

Tatsächlich haben psychologische Forschungen erwiesen, daß man Tiere sehr schnell in den Wahnsinn treiben kann, wenn man ihnen dauernd den Schlaf entzieht – zum Beispiel durch Aufwecken oder durch künstliches Herbeiführen von Schlaflosigkeit.

Das Problem der Schlaflosigkeit hat also zwei Gesichter. Zum einen neigen wir dazu, zuviel Zeit mit Schlafen zu verbringen. Das ist Ausdruck von Lähmung und Passivität auch in anderen Bereichen unseres Lebens. Tatsächlich sind Menschen, die fleißig und aktiv sind und das Leben aufregend und lebenswert finden, nicht so schlafbedürftig und ewig müde wie jene, die ein langweiliges Leben führen. Zuviel zu schlafen ist eher eine Unart, da Ihr Körper für sehr viel mehr Stunden am Tage im Bett bleibt, als er das wirklich möchte. Vielleicht sollte er lieber einen Dauerlauf im Park machen, aber er liegt fest im Bett. Er rebelliert, und der Schlaf, den Sie tatsächlich bekommen, ist leicht und unruhig. Sie brauchen schließlich vielleicht doppelt soviel Schlaf, wie Sie eigentlich nötig hätten, um den gewünschten Erholungswert zu bekommen.

Die andere Seite der Schlaflosigkeit erleben wir, wenn sich unsere Lebensängste zur Panik steigern und wenn wir uns selbst die Zeit zum Schlafen rauben. Wir nehmen Aufputschmittel und peitschen uns damit weiter hoch. Wenn wir doch einmal schlafen, dann erwachen wir nach vier Stunden in kaltem Angstschweiß; der natürliche

Schlaf-Traum-Rhythmus wird unterbrochen, und schließlich brechen wir zusammen.

Unsere tierischen Instinkte werden uns den Weg zurück zum natürlichen Schlafrhythmus zeigen, der für uns zu jedem Zeitpunkt und in jeder Situation gut ist. Deshalb müssen wir versuchen, wieder den Kontakt zu unseren natürlichen Schlafinstinkten herzustellen.

Vertrauen Sie Ihrer inneren Uhr. Irgendwo in Ihrem Gehirn befindet sich ein Zeitmesser, der so akkurat arbeitet wie die beste Schweizer Uhr, und dieser Zeitmesser hat für Sie eine Garantie auf Lebenszeit. Er arbeitet wie folgt: Sie wissen, daß Sie zu einem bestimmten Zeitpunkt aufstehen müssen, um eine bestimmte Verabredung einzuhalten oder einen bestimmten Zug zu erreichen. Wenn Sie dann einschlafen, weiß Ihr Körper, wie wichtig es für Sie ist, nicht zu verschlafen, und er stellt für Sie die innere Weckklingel ein, damit Sie aufwachen, wenn es nötig ist. Fünf Minuten bevor Ihr Wecker dann anfängt zu klingeln, wachen Sie tatsächlich auf.

Das ist kein Zufall. Unsere innere Uhr funktioniert immer wieder. Warum stellen Sie dann trotzdem jeden Abend Ihren Wecker? Weil Sie Angst haben, daß Sie Ihrem Körper nicht genügend Schlaf zugestehen und daß er Sie deshalb mit einem «Verschlafen» überwältigen wird.

Der nächste Schritt besteht dann darin, daß Sie Ihre innere Uhr bald ganz und gar unbeachtet lassen und sich statt dessen vollkommen auf den Wecker verlassen, der Ihnen rigide Schlafgewohnheiten aufzwingt. Bald werden Sie sich dabei ertappen, daß Sie sagen: «Eigentlich habe ich mich schon vor zwei Stunden so gefühlt, daß ich hatte ins Bett gehen sollen. Ich werde den Wecker stellen müssen, damit ich auf keinen Fall den Zug verpasse.»

Das nächste Mal, bevor Sie Ihren Wecker stellen, überlegen Sie einen Moment. Fragen Sie Ihre innere Uhr. Wenn sie weiß, daß Sie um sechs Uhr morgens aufstehen müssen, dann wird sie Ihnen auch genau sagen können, wann Sie ins Bett gehen müssen, so daß Sie friedlich schlafen und genau um sechs Uhr morgens erfrischt aufwachen – nicht einen Moment zu früh oder einen Moment zu spät.

Wenn Sie die glänzende Präzision dieser inneren Uhr wirklich voll zu nutzen wissen, dann werden Sie genau zum richtigen Zeitpunkt ins Bett gehen, und Sie werden «wie ein Baby» schlafen.

Immer wenn Sie sich dabei ertappen, daß Sie bewußt versuchen einzuschlafen, denken Sie einen Augenblick nach! – Werfen Sie sich gerade im Bett herum und grübeln, wie müde Sie morgen sein werden, wenn Sie nicht gleich einschlafen, und wieviel Mühe Ihnen das Einschlafen doch macht? Entspannen Sie sich. Erst wenn Sie aufhören, krampfhaft den Schlaf zu suchen, wird auch die Schlaflosigkeit von Ihnen weichen.

Wenn Sie trotzdem nicht schlafen können, dann stehen Sie auf. Lesen Sie ein Buch, legen Sie Ihre Lieblingsplatte auf, räumen Sie die Küche auf. Vertrauen Sie Ihrem Körper. Sogar dann, wenn Sie für weitere zwei Stunden aufbleiben, können Sie immer noch am nächsten Tag ausgeschlafen und fit sein. Lassen Sie sich aber auch die Möglichkeit offen, daß Ihr Körper vielleicht innerhalb der nächsten fünfzehn Minuten schlafen möchte.

Das nächste Mal, wenn Sie sich müde fühlen, überlegen Sie einen Moment! Müdigkeit darf nicht mit dem natürlichen Schlafbedürfnis verwechselt werden. Sie bedeutet vielmehr, daß man am Ende seiner physischen Kraft oder seiner Geduld angelangt ist, oder auch daß man vollständig gelangweilt ist.

Haben Sie jemals bemerkt, wie müde Sie werden, wenn Sie etwas Unangenehmes erledigen müssen? Müdigkeit entsteht im Grunde aus Langeweile, aus Ungeduld und Angst und weniger aus körperlicher Erschöpfung.

Wenn Sie seelisch müde sind, dann ist wahrscheinlich Schlaflosigkeit sowohl eine Ursache als auch ein Symptom. Um sich von dieser Art von Müdigkeit zu befreien, müssen Sie möglicherweise Ihr Leben verändern in dem Sinne, wie es in diesem Buch für viele Bereiche vorgeschlagen wird.

Was den Schlaf betrifft, so müssen Sie lernen zu unterscheiden, wann Sie müde sind (weil Sie sich Sorgen machen – gewöhnlich darüber, was Sie morgen oder in nächster Zukunft machen müssen) und wann Sie wirklich schläfrig sind (wann Ihr Körper bereit ist für ein kleines Nickerchen oder für den Nachtschlaf).

Denken Sie immer daran: Wenn Sie erschöpft und müde, aber nicht schläfrig sind, dann liegt die Lösung nicht darin, ins Bett zu gehen und zu versuchen, im Schlaf Ihren Sorgen zu entrinnen. Ist der Grund für Ihre Müdigkeit vielleicht die Tatsache, daß Sie das Gefühl haben, die Erledigung unangenehmer Aufgaben vor sich hergeschoben zu haben? Nehmen Sie diese Aufgaben in Angriff, und erledigen Sie sie so bald wie möglich. Ihre Müdigkeit wird verschwinden, wenn Sie die Rechnungen bezahlen, den Abwasch erledigen, Briefe schreiben — wenn Sie alles, was Sie wach zu halten vermag, erledigt haben. Wenn Sie außerdem bereit sind, in der Mitte des Briefes mit dem Schreiben aufzuhören und ein Schläfchen zu halten, wann immer Sie schläfrig werden und die innere Uhr Ihres Körpers Ihnen das Signal dazu gibt — dann sind Sie auf dem richtigen Weg, um den Schlaf wieder in Ihre eigentliche Natur, die eines «guten Tieres», zu integrieren.

Gesunden

Ihr Körper besitzt eine natürliche Fähigkeit zur Selbstheilung, die kein Arzt wirklich verstehen und erklären kann. Wenn Sie sich einen Knochen brechen, dann wird er heilen. Der Arzt achtet lediglich darauf, daß der Bruch richtig zusammengefügt wird, so daß die Heilung ihren natürlichen Verlauf nehmen kann. Wenn Sie sich schneiden, dann bluten Sie; das Blut wird gerinnen und Schorf bilden, und unter diesem Schorf wird Ihre Wunde im Lauf der Zeit verschwinden.

Beobachten Sie einmal ein krankes oder verletztes Tier, wie es sich ausruht, wie es Wasser trinkt und allzuviel Bewegung und Unruhe meidet. Es weiß instinktiv, wie es für sich selbst zu sorgen hat. Aber vielleicht sind Sie nicht so klug wie jene «niederen» Wesen. Sie weigern sich vielleicht, sich angemessen auszuruhen und entsprechend zu ernähren, oder Sie gestehen Ihrem Körper nicht die nötige Zeit zu, die er braucht, um sich von einer größeren Krankheit oder Verletzung zu erholen.

Oder vielleicht ist es so, daß Sie sich von Anfang an in die Vorstellung, krank zu sein, nur hineingesteigert haben. Vielleicht sind Sie zu einem Hypochonder geworden, dessen Gedanken nur um seine eingebildeten Krankheiten kreisen. Vielleicht haben Sie sich auch um Ihre körperliche Gesundheit so sehr gesorgt, daß Sie sich schließlich selbst krank gemacht haben. Oder erzählen Sie ständig jedermann von diesem oder jenem medizinischen Problem, das Sie gerade haben? Warten Sie geradezu darauf, sich den neuesten Grippevirus einzufangen, der in der Luft liegt? Sorgen Sie sich stets um Ihre Gesundheit, weil Sie insgeheim wissen, daß Sie Ihren Körper seit langem mißbraucht haben und sich jetzt fragen müssen, wie lange er das noch aushalten kann?

Wenn Sie sich andauernd über Ihre Gesundheit Sorgen machen, dann denken Sie krank: Sie erwarten, daß Ihre Gesundheitsprobleme zunehmen, und Sie ignorieren die Signale Ihres Körpers, die Ihnen anzeigen, daß Sie wieder gesünder werden können, egal, welche Krankheiten oder Verletzungen Sie auch haben mögen. Wenn Sie auf Ihre Selbstheilungskräfte bauen möchten, dann sollten Sie sich nach folgenden Vorschlägen richten!

Das nächste Mal, wenn Sie krank oder verletzt sind, vertrauen Sie auf die Selbstheilungskraft Ihres Körpers. Verlassen Sie sich auf Ihre Instinkte. Verlassen Sie sich nicht ausschließlich auf Ärzte oder Medikamente. Vermeiden Sie, von irgendwelchen chemischen Mitteln abhängig zu werden, weil Sie während des Heilungsprozesses Ihre täglichen Aktivitäten nicht unterbrechen wollen. Wenn Sie krank oder verletzt sind, können Sie darauf vertrauen, daß Ihr Körper sich in der ihm angemessenen Zeit erholen wird, wenn er die angemessene Pflege von Ihnen bekommt – und das mag mit einschließen, daß Sie sich von einem Arzt behandeln lassen. Gehen Sie zu einem Arzt, der nicht ausschließlich an der medikamentösen Therapie orientiert ist, sondern der auch daran glaubt, daß man Ihrem Körper helfen muß, sich selbst zu heilen. Nehmen Sie auf jeden Fall ärztliche oder medizinische Hilfe in Anspruch, wenn Sie sie brauchen – aber klammern Sie sich nicht an Ihre Medikamente, und glauben Sie nicht, daß nur Tabletten Ihre Krankheiten heilen können. Die gesamte Medizin baut auf die Fähigkeit Ihres Körpers, sich selbst zu heilen. Jeder Arzt wird Ihnen bestätigen, daß es für Sie das beste ist, Ihre eigenen Heilungsinstinkte zu aktivieren.

Hören Sie auf zu denken, Sie seien krank! Hören Sie auf, sich vorzustellen, daß Ihre Gesundheit sich andauernd nur verschlechtern wird. Glauben Sie daran, daß Sie die meisten Krankheiten vermeiden können, wenn Sie nur Ihre Einstellung zum Leben ändern. Wenn Sie ausschließlich darüber nachdenken, daß sich Ihre Krankheit verschlimmern wird, wenn Sie andauernd über Ihre Krankheit reden, dann werden Sie allmählich zum Opfer Ihrer eigenen Katastrophenerwartungen.

Beschränken Sie Ihre Vorstellungen über die Heilungsfähigkeiten Ihres Körpers aber nicht darauf, daß Sie nach einer Verletzung oder Krankheit «normal» gesund werden können. Achten Sie auch darauf, wie das Heilen dazu beitragen kann, Ihre «Supergesundheit» zu fördern.

Betrachten Sie nicht nur die Art und Weise, wie die Wunde unter dem Schorf verschwindet, sondern auch, wie Sie jedem Mangel, den Sie in Ihrem Körper verursacht haben, entgegenwirken können: vom Vitaminmangel bis zu Übergewicht, schlaffen Muskeln, Spannungs-, Kopf- oder Magenschmerzen. Sie müssen nur Ihren eigenen tierischen Instinkten folgen.

Achten Sie darauf, wie Sie in bezug auf Ihre körperliche und geistige Gesundheit alle Grenzen überschreiten können, indem Sie Ihren Körper immer wieder fragen: Stehe ich im Moment mit dir in Konflikt? Widme ich dir die Zeit und die Aufmerksamkeit, die du brauchst, um zu heilen und dich in Richtung auf deine Vollkommenheit zu entwickeln?

Die wunderbare Fähigkeit Ihres Körpers, sich selbst zu heilen, ist der Zauberschlüssel dazu, ein «gutes Tier» zu werden. Wenn Sie

ihn richtig benutzen, wenn Sie Vertrauen in die natürliche Heilungs-
fähigkeit setzen, dann wird es Ihnen gelingen, allen Ihren tierischen
Bedürfnissen gerecht zu werden und ein so vitales und erfülltes Leben zu führen wie in Ihrer Kindheit.

Spielen und Sport treiben

Sie wissen nun bereits, daß Sie Ihren Instinkten mehr Aufmerksamkeit widmen müssen und daß sich Ihr Körper nach Aktivität sehnt.
Er möchte in großartiger Verfassung sein. Die Instinkte haben Sie
von Ihren «primitivsten» Vorfahren geerbt, von den Jägern, die laufen mußten, um Nahrung zu bekommen und nicht selbst gefressen
zu werden, deren Leben von ihrer Stärke, ihrer Ausdauer und dem
harmonischen Funktionieren ihrer Muskeln abhing. Unser Lebensstil und unser Umfeld haben sich in den letzten tausend Jahren radikal geändert, aber unsere «tierische» Natur ist die gleiche geblieben: Wir alle werden mit dem starken Instinkt geboren, unsere
Muskeln zu betätigen und aktiv zu sein. Kinder rennen, klettern und
ringen bis zu dem Moment, da sie erschöpft sind. Wenn sie wieder
Lust zur Bewegung haben, beginnt ihr Spiel aufs neue.

Aber was passiert dann? Das Kind «wird erwachsen», arbeitet
tagsüber, sitzt am Schreibtisch oder geht den ganzen Tag denselben
Tätigkeiten nach, und plötzlich ist der Mensch zu beschäftigt oder
zu müde, um sich zusätzlich körperlich zu betätigen oder zu spielen.
Die körperliche Konstitution verschlechtert sich, der träge Mensch
wird dick, und das Atmen fällt ihm schwer. Er hat die Vorstellung,
«Spiele» seien nur etwas für Kinder und Turn- und Gymnastik-
übungen langweilig. Seine Muskeln beginnen unerklärlicherweise
weh zu tun, und er bekommt Kopfschmerzen. All das wird zu einer
Entschuldigung, die ihn wiederum davon abhält, seinen natürlichen
Bewegungsinstinkten zu folgen.

Die Instinkte verlassen den Menschen jedoch nie. Der Körper
sitzt an der Bar oder vor dem Fernsehapparat und wird von Minute
zu Minute wütender über die Sklaverei, der er unterworfen ist.

Vielleicht sagt dann der Arzt: «Sie müssen sich unbedingt mehr bewegen», und stellt einen Gesundheitsplan auf. Vielleicht folgt der Patient den Empfehlungen – wenn auch mit Unlust. Vielleicht gibt er nach einer bestimmten Zeit wieder auf. Oder er erkennt, wieviel besser er sich nun fühlt, und öffnet sich innerlich vollkommen für seine «Aktivitätsinstinkte». Er erfüllt dann sein Bedürfnis nach mehr körperlicher Betätigung, bis er schließlich wieder in Form und auf dem Wege zur völligen Gesundheit ist.

Wenn Sie körperlich fit sind, dann läuft alles besser. Wenn Sie sich regelmäßig körperlich betätigen, dann werden Sie nicht so leicht zu übermäßigem Essen verleitet. Sie sind stets voller Energie – und nicht erschöpft und müde. Ihr Verdauungsapparat arbeitet wirksamer. Ihr Herz ist gesünder. Ihre Milz, Leber, Lungen, Arterien – alle Organe profitieren davon, und natürlich auch Ihr Geist: Ihr Gehirn erhält mehr Sauerstoff, und seine Durchblutung verbessert sich. Anstatt mit Ihren Instinkten in Konflikt zu leben, sind Sie in Harmonie mit ihnen. Körperliches Training verlängert Ihr Leben: Sie sind in der Lage, Krankheiten besser abzuwehren, Sie erwerben Durchhaltevermögen und sind weniger leicht erschöpft. Dies ist in der Tat ein wesentliches Lebenselement: Sie sollten dem Organismus helfen, in einer möglichst gesunden Art und Weise zu überleben.

Wenn Sie darauf vertrauen, daß Ihr Körper seine speziellen Aktivitäten auswählt, dann wird er in der Tat Wunder wirken. Wenn Sie Ihren Körper wandern, laufen oder schwimmen, Golf, Volleyball oder Tennis spielen lassen, wann immer er Lust dazu hat, dann wird er sich zu einem Muster an Stärke, Ausdauer, Bewegungsharmonie und physischer Attraktivität entwickeln, und zwar in dem ihm gemäßen Tempo. Wenn Sie Ihren Körper seinem eigenen Rhythmus folgen lassen, wenn Sie darauf vertrauen, daß er innehält, wenn er genug hat, und wenn Sie ihm jeden Tag ein wenig Bewegung zugestehen, dann werden Sie bald in einer hervorragenden körperlichen Verfassung sein. Ihr Körper wird sich selbst lenken und regulieren. Er wird etwa bald aus eigenem Antrieb kürzere oder längere Entfernungen laufen wollen, er wird allmählich seine Geschwindigkeit steigern, er wird bestimmte Muskeln aufbauen und ganz von allein überflüssiges Fett abbauen.

Wenn Sie jedoch ein vorgeplantes, leistungsorientiertes Übungsprogramm absolvieren, wenn Sie stets eine Stoppuhr in der Hand halten und von vornherein entscheiden, wie viele Liegestütze Sie machen wollen oder wie viele Kilometer Sie laufen müssen, wenn Sie sich zwingen, jeden Tag bessere Leistungen zu erbringen, dann werden Sie bald keine Lust mehr haben. Wahrscheinlich haben Sie Ihren Körper dann überfordert und sich selbst geschadet – was Sie natürlich eine Weile davon abhalten wird, überhaupt Sport zu treiben, und Ihnen vielleicht die Ausrede liefert: «Sport macht mir nur Schwierigkeiten, ich verletze mich bloß dabei.»

Wenn Sie wieder Kontakt mit der natürlichen, instinktiven Neigung Ihres Körpers aufnehmen möchten, gesund und fit zu sein, dann probieren Sie einmal das Folgende aus:

Halten Sie sich jeden Tag eine bestimmte Zeit frei, um Ihren Körper zu trainieren – aber entscheiden Sie nicht schon vorher, was Sie tun wollen, es sei denn, Sie müssen sich mit jemand anderem abstimmen. Lassen Sie es niemals soweit kommen, daß Sie lustlos werden und überhaupt keine körperlichen Übungen mehr machen wollen, bevor Sie auch nur annähernd fit geworden sind. Wenn Sie sich dazu entschließen, Ihre Fitneßübungen ohne Leistungsdruck zwei Wochen lang jeden Tag durchzuführen, dann sind Sie bereits auf dem richtigen Weg.

Während Sie zum Beispiel laufen, denken Sie daran, daß niemand Sie verfolgt! Vielleicht mußten Ihre primitiven Vorfahren laufen, um nicht gefressen zu werden – aber das ist bei Ihnen wohl nicht der Fall. Sie rennen nur, weil es Ihnen Vergnügen macht – im Spiel. Sie brauchen auch nicht immer mit gleichbleibender Geschwindigkeit geradeaus zu laufen.

Stellen Sie sich vor, Sie wären auf einem weiten offenen Feld. Sie beobachten Kinder, die einander jagen und vielleicht Fangen spielen. Sie rennen, weichen aus, stürmen irgendwo anders hin, hocken sich nieder und ruhen sich aus. Sie können auf dieselbe Weise laufen, wenn Sie Lust dazu haben.

Betrachten Sie Ihre körperlichen Übungen als ein Abenteuer, als ein Spiel und nicht als eine ermüdende, zweckgebundene Aufgabe. Denken Sie immer wieder daran, daß Laufen nicht langweilig ist. Sie würden doch auch nicht sagen, daß Spazierengehen oder Schwimmen langweilig ist. Sie benutzen sonst die Langeweile als eine Entschuldigung, um gar nicht erst laufen zu müssen, denn es ist mühsam, jahrelange Passivität zu überwinden.

Erkennen Sie, daß Ihre negativen Einstellungen zu körperlichen Übungen und zum Spiel aus dem Bedürfnis heraus entstanden sind, Ihr «normales» Erwachsenenleben zu verteidigen, und erkennen Sie, wie unnormal unsere Lebensführung oft im Hinblick auf die Bedürfnisse des Körpers ist. Erkennen Sie, daß Sie sich gut fühlen, wenn Sie in körperlich guter Verfassung sind, und daß Sie sehr viel mehr Kraft und Vitalität, mehr Energie und weniger Krankheiten haben werden, wenn Sie sich körperlich fit machen und fit halten. Vertrauen Sie Ihrem Körper, gehen Sie mit ihm und nicht gegen ihn vor, und gestehen Sie sich ausreichend Zeit zu, um die Phase der Schmerzen und der Erschöpfung zu überwinden, die ganz einfach darauf zurückzuführen ist, daß Sie Ihr Leben lang Ihre Instinkte vernachlässigt haben.

Wenn Sie sich körperlich fit halten, dann üben Sie dabei zugleich, die Einheit zwischen Geist und Körper herzustellen. Beobachten Sie, wie sich Ihre Beine Schritt für Schritt voranbewegen. Spüren Sie, wie großartig Ihre Atmung und Ihr Herzschlag funktionieren. Spüren Sie die Freude des Einsseins mit Ihrem Körper, und Sie werden bald glücklich sein über das Wunder, einen so phantastischen Organismus zu haben – so glücklich, daß Sie keine Zeit mehr haben, über Ihre alltäglichen Sorgen unglücklich zu sein oder sich gar zu langweilen.

Sie wissen, daß Sie die Kraft haben, so zu denken, wie Sie es sich wünschen. Zum Teil beruht die verjüngende Wirkung von Sport und Spiel darauf, daß Sie Ihre Gedanken für eine Weile von den Sorgen dieser Welt ablenken und sich auf die Grundlagen der menschlichen Existenz konzentrieren.

Wenn Sie zulassen, daß Ihre eigenen «tierischen» Instinkte wieder die Herrschaft übernehmen, dann werden Sie bald auf die Ebene einer Supergesundheit gelangen und alle Grenzen Ihres bisherigen Daseins überschreiten.

Sexualität

Sehen Sie sich einmal die Menschen um sich herum an, und denken Sie an all die Millionen, die auf diesem Planeten leben: Niemand von uns wäre hier, wenn die Natur das Geschlechtsleben nicht so vergnüglich gestaltet hätte.

Jeder Mensch ist ein sexuelles Wesen. Jeder weiß instinktiv, wie man's machen muß. Niemand muß eine Schule besuchen, um es zu lernen. Es ist natürlich, sensationell, aufregend, wunderschön – es sei denn, daß wir es unterdrücken, unserer Sexualität äußere Beschränkungen auferlegen oder in eine Denkfalle geraten und meinen, «über» dem Bedürfnis der Sexualität zu stehen.

Wir lieben es, uns gegenseitig zu küssen, zu fühlen, zu lecken und zu streicheln. Wir können unseren Körper aber in seinem natürlichen Sexualleben behindern, wenn wir beginnen, unser sexuelles Verhalten entsprechend sozialen «Normen» zu beurteilen, wenn wir uns Sorgen über unser Sexualleben machen und grundlose Konflikte mit unseren Instinkten erzeugen.

Zu Beginn verlaufen sexuelle Beziehungen oft sehr harmonisch. Wenn Sie sich ihnen vollkommen hingeben, dann reagiert Ihr Körper auf normale Weise, einfach weil Sie es zulassen. Wenn Sie und Ihr Partner Liebe und Leidenschaft füreinander empfinden, dann werden Ihre beiden Körper automatisch das tun, was Sie sie tun lassen. Sie werden automatisch feucht, ohne daß Sie sich ungeduldig dazu zwingen müßten. Körperreaktionen wie Gänsehaut, schweres Atmen, Erektionen, Orgasmen und Ejakulationen stellen sich ein – und alles ganz von selbst.

Ihr Körper ist vielleicht in der ersten Phase einer Beziehung ein perfektes sexuelles Instrument, weil Sie ihn in keiner Weise stören. Aber nachdem die Beziehung eine Zeitlang angedauert hat, werden

Sie vielleicht von Gedanken und Sorgen über andere Dinge belastet. Vielleicht macht Ihnen der Geschäftsabschluß angst, den Sie morgen tätigen müssen. Vielleicht machen Sie sich Sorgen, daß die Kinder mithören könnten. Sie denken an die Party am nächsten Freitag, an jemand anderen, mit dem Sie lieber im Bett sein würden, an die Tatsache, daß Sie möglicherweise bis jetzt keinen Orgasmus hatten – oder vielleicht an die Risse in der Decke.

Wenn sich also Ihre Gedanken von den sexuellen Aktivitäten entfernen, dann hört Ihr Körper auf, in sexuellen Situationen vollkommen zu funktionieren.

Im schlimmsten Falle schämen Sie sich Ihrer Sexualität und Ihrer Intimsphäre. Ebenso wie andere Körperfunktionen betrachten Sie vielleicht Sex als «schmutzig». Vielleicht werden Sie dann impotent und «sexuell inaktiv». Sie bekommen keine Gänsehaut mehr, Sie hören auf, schwer zu atmen, von Höhepunkten ganz zu schweigen. Statt dessen fühlen Sie sich frustriert. Sie werden sich allmählich daran gewöhnen, genau diejenigen Dinge zu vermeiden, die ein erfülltes Geschlechtsleben ermöglichen. Natürlich werden Sie für diese permanente Frustration Ihrer sexuellen Instinkte bezahlen müssen: Ihre innere Spannung wächst, Sie erleben Depressionen, vielleicht auch psychosomatische Krankheiten.

Wenn Sie merken, daß Ihr Sexualleben so von Panik oder Passivität geprägt ist, dann gibt es nur eines: Wachen Sie auf! Fangen Sie damit an, Ihre Sexualität wie ein «gutes Tier» zu akzeptieren.

Tiere leben für den Augenblick, sie genießen das Hier und Jetzt. Sie machen sich keine Sorgen darüber, daß der Hund am anderen Ende der Straße eifersüchtig sein könnte. Sie denken nicht an Inflation oder Hypothekenzinsen. Sie bekommen keine Migräne. Sie haben nie das Gefühl, eine Pflicht erfüllen zu müssen. Sie geben sich ganz dem hin, was sie tun. Es macht ihnen nicht einmal etwas aus, wenn Sie ihnen dabei zuschauen. Sie schämen sich nicht.

Wir können alle etwas von den Tieren lernen. Wir brauchen uns zwar nicht auf der Straße zu paaren; es gibt dafür sicherlich bequemere und romantischere Orte. Aber wenn wir in uns die gleichen Instinkte kultivieren, auf die sich auch die Tiere verlassen, dann können wir dadurch eine Menge Hindernisse überwinden, die die Gesellschaft uns auf dem Weg zu unseren natürlichen sexuellen Reaktionen in den Weg legt.

Sicherlich ist es so, daß Menschen sich ihrer Natur gemäß für sexuelle Erfahrungen mehr Zeit lassen als andere Lebewesen, daß sie den Liebesakt spielerischer und kunstvoller vollziehen. Wir Menschen neigen dazu, uns einen «Partner fürs Leben» zu wünschen – um unseren Kindern besser in den Jahren der Abhängigkeit und des Wachstums beistehen zu können und um das Alter Seite an Seite zu erleben. Neben der Fähigkeit, die Sexualität zu unterdrükken, besitzt der Mensch also die Fähigkeit, sich der romantischen und spielerischen Seite der Sexualität auf eine Weise hinzugeben, wie dies kein anderes Lebewesen vermag: den Sex jetzt, im gegenwärtigen Moment, in seinem einzigartigen Potential an Inspiration, Intimität und Bedeutung voll auszuschöpfen.

Vielleicht können wir uns vor allem deshalb der hohen Kunst der Liebe hingeben, weil wir dazu fähig sind, unseren Partner ein Leben lang zu lieben.

Vielleicht können aber auch Menschen, die nicht das Bedürfnis haben, ein Leben lang zusammenzubleiben, ebenso sinnvoll ihre sexuellen Instinkte befriedigen. Sie müssen ganz einfach auf diese Instinkte eingehen, wenn sie sich sexuell angesprochen fühlen und keine persönlichen, moralischen und ethischen Vorstellungen dem Prinzip des «Jetzt-leben-und-Lieben» im Wege stehen.

Ob Sie nun danach streben, mit Ihrem Lebenspartner die ursprüngliche erotische Beziehung wiederzubeleben, die Sie vor vierzig Jahren einmal hatten, oder ob Sie zwanzig Jahre alt sind und überall «ein bißchen herumprobieren», ob Sie hetero- oder homosexuell veranlagt sind, zur oberen, niederen oder mittleren Schicht gehören – Sie können mit ihrer Sexualität in Einklang leben, wenn Sie die folgenden grundsätzlichen Gedanken in Ihrem Bewußtsein behalten.

Befreien Sie sich von allen althergebrachten Vorstellungen darüber, wann, wo und wie erotische Kontakte stattfinden sollten. Hören Sie auf, sie zu planen. Erkennen Sie, daß Sex an jedem Ort, zu jedem Zeitpunkt, unter jeder Bedingung richtig ist, wenn Sie aufeinander Lust haben und beide Partner Zeit und Ort für angemessen halten. Wenn Sie Ihre sexuellen Begegnungen unbedingt zu einem Ritual machen, wenn Sie sichergehen, daß sie nur dann stattfinden, wenn die Kinder schlafen, ausschließlich in der Nacht oder in einem bestimmten Zimmer, dann legen Sie Ihren freien und spontanen Bedürfnissen nur Schranken auf.

Genießen Sie den Sex im Auto, in der Küche – überall, wo Sie Lust haben! Wenn es für Sie notwendig ist, absolut ungestört zu sein, dann vertrauen Sie auf die Instinkte Ihres Körpers, und warten Sie, bis die Situation Ihren Bedürfnissen entspricht! Beurteilen Sie nichts, was Sie tun möchten, als schlecht, solange Ihre Instinkte Ihnen sagen, daß es niemand anderem weh tut.

Jedesmal, wenn Sie sich dabei ertappen, daß Sie vor sich selbst oder anderen mit Ihren sexuellen Fähigkeiten oder Eroberungen prahlen – halten Sie inne! Wenn Sie andauernd über Sexualität reden oder damit prahlen, setzen Sie sich selbst unter Druck, diesem imaginären sexuellen Status entsprechend zu leben – und Sie hören auf, Ihren wirklichen Bedürfnissen gerecht zu werden.

Führen Sie nicht Buch über Ihre Eroberungen. Betrachten Sie statt dessen das Liebesleben Ihrer Vergangenheit wie eine Reihe von Gemälden, an deren Entstehung Sie mitgewirkt haben. Bewahren Sie die Werke, die Ihnen gefallen, in Ihrem Gedächtnis auf; schätzen und genießen Sie sie. Lernen Sie von ihnen. Und was jene anbetrifft, die nicht gelungen sind – vergessen Sie sie!

Überprüfen Sie die Tabus, die Sie in bezug auf Sexualität entwickelt haben. Zögern Sie vielleicht, andere intensiv und häufig zu berühren? Das Verlangen nach Berührung ist ein Instinkt und nichts, dessen man sich schämen müßte. Zögern Sie, zu Ihrem Partner zärtlich zu sein, während die Kinder anwesend sind? Fürchten Sie sich davor, daß sie beobachten, wie Sie ihn küssen, berühren, umarmen? Aber wie sonst sollten sie denn Zärtlichkeit lernen?

Wenn Sie es zulassen, daß Ihre Umwelt Ihnen sexuelle Tabus aufzwingt, dann werden Sie ganz schnell vergessen, daß es in Ihrer eigenen privaten sexuellen Welt nichts gibt, was allgemein als «akzeptabel» oder «richtig» gelten muß. Alles, was Ihnen gefühlsmäßig gut erscheint und was Sie und Ihr Partner in der Liebe genießen, ist perfekt.

Wenn sich eine sexuelle Begegnung für Sie ergibt, dann müssen Sie sichergehen, daß Sie aufhören, darüber nachzudenken und sich bewußt Mühe zu geben! Genießen Sie den Sex! Wenn Ihre Gedanken sich auf nichts anderes konzentrieren als auf Ihre reine sexuelle Liebe für diese Person in diesem Augenblick, dann werden Sie den sexuellen Höhepunkten, die Sie zusammen erlangen können, keine Beschränkungen auferlegen. Lassen Sie Ihren Körper gewähren.

Wandern, reisen, erkunden

Gibt es wirklich ein grundlegendes menschliches Bedürfnis zu wandern, zu reisen und zu erforschen? Sicherlich sind Ferien angenehm – aber ist Urlaub nicht vielleicht eher ein Luxus als eine Notwendigkeit, und sind es wirklich unsere Instinkte, die uns sagen, daß wir Ferien machen sollen?

Denken Sie noch einmal darüber nach. Betrachten Sie die gesamte Entwicklung des Lebens auf diesem Planeten. Es ist die lange, ununterbrochene Geschichte von Lebewesen, die sich bewegen und wandern – die sich in neue geographische Bereiche hinauswagen, sie erforschen, sich ihnen anpassen und schließlich weiterziehen. Der Bär durchquerte das Gebirge; der Löwenzahnsamen flog 500 Meilen weit, bevor er zur Erde sank und Wurzeln schlug; Columbus wagte seine Seereise, obwohl die Menschen damals glaubten, daß er vom Rand der Erdscheibe in den Abgrund stürzen würde.

Es hat wohl kaum eine lebendige Kultur gegeben, in der ganz einfach ein Kreis um das augenblicklich Existierende gezogen wurde und in der man sagte: «So weit, so gut; es ist uns gleichgültig, was sich jenseits dieses Kreises befindet, wir werden auf ewig hierbleiben.» Und es gibt wohl kaum ein Lebewesen auf dieser Erde, das neugieriger und wanderlustiger ist als der Mensch. Menschen lieben es zu reisen, über den ganzen Globus zu wandern, die Umgebung, den Erdball und sogar die weit entfernten Planeten zu erforschen. Es liegt uns im Blut zu forschen und zu erkunden, und dieser Drang ist natürlich und aufregend. Unser Leben wird dadurch vielseitiger und lebendiger.

Fast jeder träumt irgendwann einmal davon, «einfach auszusteigen», sich «auf den Weg zu machen», für unbegrenzte Zeit zu reisen, mit dem Rucksack durch die Berge zu ziehen, ohne ein bestimmtes Ziel aufzubrechen, neue Städte und Länder anzuschauen, neue Kulturen kennenzulernen, einfach ziellos zu wandern, um «zu sehen, was es dort zu sehen gibt».

Sprechen Sie mit Kindern über das Erforschen und Auskundschaften, und sie werden sofort fasziniert davon sein. Erzählen Sie ihnen, daß Sie sie gerne in die Wildnis mitnehmen würden, und ihre Augen werden vor Aufregung ganz groß werden. Beobachten Sie ein Kind beim Camping: Sie haben kaum das Zelt aufgeschlagen, und schon läuft es in irgendeiner Richtung davon, um die neue Gegend zu erkunden, um sich den Trampelpfad, den Strom, die Hügel anzuschauen, voller Erstaunen und ungeduldiger Aufregung.

Ich habe noch niemanden getroffen, der nicht wenigstens insgeheim eine prickelnde Aufregung verspürte bei der Vorstellung zu wandern, zu reisen, neue Gegenden und Menschen kennenzulernen. Aber leider unterdrücken oder leugnen viele ihren Wanderinstinkt. Schlimmstenfalls trifft man auf Erwachsene, die strikt der Routine ihres Alltags und ihres Arbeitslebens folgen, die immer wieder denselben Weg einschlagen und immer an dieselben Orte fahren, so daß sie praktisch niemals etwas Neues oder Ungewohntes sehen. Sie wählen Jahr für Jahr denselben Urlaubsort, wo es möglichst «ganz wie zu Hause» ist. Es ist überflüssig zu erwähnen, daß solche Menschen zu autoritär-konservativem Verhalten neigen, daß sie häufig zu den langweiligsten und intolerantesten Menschen gehören und zu denen, die am ehesten deprimiert und unglücklich sind.

Wenn Sie entdecken, daß Sie bisher Ihre Nomaden-Instinkte bekämpft haben, daß Sie sich auf irrationale Weise vor dem Unbekannten fürchten, vielleicht weil Sie das Ausbrechen aus dem Alltag in jedem Falle mit Verantwortungslosigkeit gleichsetzen, dann unterdrücken Sie den Instinkt, in die Welt hinauszugehen und sie in ihrer grenzenlosen Schönheit und mit all ihren Geheimnissen zu entdecken.

Sie können auf verschiedene Weise wandern, reisen, erforschen: zu Fuß oder in einer Taucherausrüstung, mit einem Mikroskop oder Teleskop, mit Hilfe eines Geschichtsbuchs oder eines naturkundlichen Heftes. Sie können es in Ihrer eigenen Stadt tun, im afrikanischen Dschungel oder auf dem Mond. Sie können das alte Knossos entdecken oder ein großartiges ungarisches Restaurant um die Ecke. Wie immer Sie es angehen – tun Sie's!

Nehmen Sie sich jeden Tag ein paar Minuten Zeit, um Phantasien nachzuhängen, wohin Sie gern wandern und reisen und was Sie alles erforschen würden, wenn Sie die entsprechenden Möglichkeiten hätten.

Denken Sie daran, wie wichtig solche Aktivitäten für Ihre eigene persönliche Zufriedenheit sind – von ebenso lebenswichtiger Bedeutung wie Essen oder Schlafen. Es ist notwendig, daß Sie immer wieder in einer neuen Umgebung herumschnuppern. Wenn andere Sie als «ausgeflippt» bezeichnen, weil es scheint, als würden Sie dauernd vom geraden Pfad abweichen, dann ist dies deren Problem. Der Weg, den Sie für sich finden müssen, besteht darin, Ihre eigenen Phantasien ernst zu nehmen. Fragen Sie sich: Welche dieser Phantasien lassen sich in die Wirklichkeit umsetzen? Wahrscheinlich können Sie nicht in einem Raumschiff die Sonne umkreisen, aber vielleicht einmal in ein ländliches Gebiet fahren, bis Sie zu einem Ausschank kommen, wo Apfelwein aus der letzten Ernte an der Straße verkauft wird. Sie können vielleicht zuschauen, wie die Äpfel ausgepreßt werden, sehen, wie der Apfelwein auf überlieferte Weise hergestellt wird, einmal den schweren Duft des Saftes einatmen, zwischendurch mit dem Bauern reden – über Äpfel oder Apfelwein oder andere Themen.

Sie könnten sich auch entschließen, sich für Ihren Heimweg einmal zehn Minuten länger Zeit zu lassen oder in diesem Jahr einmal einen anderen Ferienort kennenzulernen.

Nehmen Sie Ihre Phantasien ernst – wie sie auch beschaffen sein mögen. Wenn Sie Ihrer Vorstellungskraft keine Grenzen setzen, dann werden Sie feststellen, daß Sie unendlich viele Ideen haben und Ihre Phantasie nahezu unerschöpflich ist.

Erinnern Sie sich daran, daß Erkunden nicht einfach Reisen bedeutet: Es bedeutet, daß man offen ist für alle Möglichkeiten in allen Bereichen des eigenen Lebens. Niemand möchte Tag für Tag dasselbe tun! Neue Gerichte, neue Freunde, neue Hobbys, sportliche Betätigungen, Musik, Kunst oder was auch immer – in all diesen Bereichen können Sie Ihren ursprünglichen Instinkt des Wanderns, des Reisens und des Erforschens ausleben. Auch wenn das bisher Gewohnte sich laufend verändert, werden Sie dadurch nicht Ihren inneren Halt verlieren! Im Gegenteil: Dadurch, daß der Wandel Abwechslung und Aufregung bringt, wonach Sie sich aufgrund Ihrer natürlichen Instinkte sehnen, gewinnen Sie eine immer genauere Vorstellung davon, was das menschliche Leben eigentlich ausmacht – Sie lernen es in seiner ganzen Fülle kennen!

5. Zurück zum Kindsein

Ich bin immer wieder beeindruckt, wenn ich beobachte, wie Kinder leben. Ich glaube, Kinder führen insgesamt ein besseres und erfüllteres Leben als die meisten Erwachsenen. Ich blicke häufig voll Liebe und Bewunderung zurück auf die intensiven Erfahrungen eines vollkommen auf die Gegenwart ausgerichteten Lebens, die ich in meiner eigenen Kindheit hatte. Aber ich glaube – diese Erfahrung habe ich in meinem Leben immer wieder gemacht –, daß auch Erwachsene einen Bewußtseinsstand erreichen können, in welchem die Umwelt und jeder Augenblick des Alltags als Quelle der Kraft und Inspiration empfunden werden.

Es gibt nur wenige Menschen, die Kinder nicht irgendwie beneiden. Sie gehen zufällig an einem Schulhof vorbei, hören und sehen die Kinder spielen und haben das Gefühl, daß diese Kinder vollkommen aufgehen in dem, was sie tun. Sie zanken sich, rennen, lachen, springen hin und her und denken dabei nicht an Probleme in der Zukunft. Aber auch Kinder haben Probleme, etwa in der Schule. Sie müssen Klassenarbeiten schreiben, bekommen Noten, sie haben Freunde, um die sie sich Sorgen machen, Lehrer, die sie ärgern, und viele, viele andere Schwierigkeiten, mit denen sie sich in ihrem jungen Leben auseinandersetzen müssen.

Aber irgendwie haben sie jene magische Fähigkeit, ihre Sorgen vergessen zu können und sich einfach dem Augenblick hinzugeben, sich selbst zu gestatten, frei zu sein und sich im Spiel zu verlieren. Das künftige Ereignisse vorwegnehmende Denken der Erwachsenen ist ihnen noch nicht in Fleisch und Blut übergegangen. Vielleicht haben Sie – was Sie selbst anbetrifft – nun den Verdacht, daß

Sie diesen kindlichen, lustvollen Spaß am Leben verloren haben und daß Sie einfach deshalb, weil Sie jetzt erwachsen sind, diese Fähigkeit niemals zurückgewinnen können. So gehen Sie am Schulhof vorbei und sagen sich: «Als ich ein Kind war, redete ich wie ein Kind, dachte wie ein Kind und urteilte wie ein Kind. Als ich ein Mann wurde, legte ich ab, was Kind an mir war.»* Dadurch begründen Sie nur die Tatsache, daß Ihr Leben Ihnen eigentlich keinen Spaß mehr macht. Sie sind neidisch auf die Kinder oder ärgern sich sogar über sie.

Viele Jahre lang habe ich Kinder und ihre Eltern in Restaurants beobachtet. Es scheint unter Eltern eine stillschweigende Übereinkunft zu geben, daß Restaurants Orte sind, wo Kinder keine Kinder sein sollten, sondern sich vielmehr «erwachsen» benehmen müssen. Wahrscheinlich sind die Kinder vorher strikt gewarnt worden, sich bloß nicht «wie ein Kind» aufzuführen; ebenso könnte man einem Hund sagen, daß er sich beim Spaziergang im Park nicht wie ein Hund benehmen soll.

Die Eltern können ihre Mahlzeit nicht genießen, da sie das Gefühl haben, sie müßten dauernd das Verhalten ihrer Kinder überwachen: «Leg deine Serviette zurück auf den Schoß. Hör auf zu zappeln! Lach nicht so laut. Hör auf, diese Leute zu belästigen. Iß deinen Spinat auf, oder du bekommst keinen Nachtisch. Schneide nur ein oder zwei Stückchen Fleisch ab, und führe die Gabel mit der linken Hand zum Mund. Wie oft soll ich es dir noch sagen?» Durch andauernde Vorwürfe fordern die Eltern die Kinder häufig unabsichtlich dazu heraus, «aus der Reihe zu tanzen» und noch mehr Aufmerksamkeit zu erzwingen. Wenn die Eltern extrem streng sind und ihre Kinder veranlassen, sich wie Roboter zu verhalten, dann ist bald ein Zeitpunkt erreicht, an dem die Kinder den Zwang einfach nicht mehr aushalten können und wirklich über die Stränge schlagen. Die typische Reaktion der Eltern besteht dann meistens darin, ihre Servietten auf den Tisch zu werfen und die Kinder aus dem Restaurant

* 1. Korinther 13, 11.

zu scheuchen. Häufig drohen sie ihnen dann: «Dies ist das letzte Mal, daß wir dich in ein Restaurant mitgenommen haben!» So kommt als Antwort bestimmt: «Gott sei Dank. Ich hasse Restaurants!»

Andererseits gibt es auch Eltern, die beträchtlich weniger streng als zu Hause sind, wenn sie auswärts essen. Nachdem die Kinder genug gegessen haben und nicht mehr in Schach gehalten werden können, dürfen sie vielleicht ein wenig herumtollen, zur Toilette gehen oder das tun, wozu sie gerade Lust haben. Die Kinder können sich nun neue Freunde suchen oder das Restaurant erkunden, soweit man es ihnen erlaubt. Sie werden mit anderen, ihnen wohlgesonnenen Gästen sprechen, freundlichen Kellnern oder Kellnerinnen zuschauen, auch einmal in die Küche gucken und vielleicht sogar den Eindruck gewinnen, daß Restaurants sehr interessant sein können. In der Zwischenzeit sitzen die Eltern am Tisch, trinken etwas, rauchen, essen und unterhalten sich häufig in sehr oberflächlicher Weise, während sie ihre Kinder die ganze Zeit genau beobachten, um sicherzugehen, daß sie nicht wirklich jemanden stören. Sie betrachten das Verhalten ihrer Kinder als unreif und ihr eigenes als außerordentlich kultiviert und vornehm; sie haben resigniert angesichts der Tatsache, daß man Kinder nicht zu jeder Zeit dahin bringen kann, sich wie Erwachsene zu benehmen.

Wenn die Eltern aber insgesamt weniger streng und autoritär sind, dann reagieren die Kinder in der Öffentlichkeit gewöhnlich mit Ruhe auf die Anweisungen der Eltern – oder wenigstens so ruhig, wie sie dies auch zu Hause immer tun – und das ist das äußerste, was man von ihnen erwarten kann. Wenn sie zwischen den Tischen im Restaurant umhergehen, dann spüren sie ganz deutlich, bei welchen Erwachsenen es sich lohnt, einmal stehenzubleiben, und um welche man besser einen Bogen machen sollte. Sie nehmen von sich aus nur mit Erwachsenen Kontakt auf, die kinderlieb sind und sich gerne einmal für einen Augenblick vom Essen und Trinken abwenden, um zu sagen: «Hallo! Wer besucht uns denn da?» Diese Szenen sind ganz ähnlich jenen, die sich auch bei uns zu Hause abspielen: Gäste, die Kinder lieben, beschäftigen sich für eine Weile mit ihnen, und diejenigen, die ihnen gegenüber wenig tolerant sind, werden in Ruhe gelassen.

Eltern, die bereits die ersten Schritte auf dem langen Weg zur Selbstverwirklichung zurückgelegt haben, wissen, daß Kinder nicht in autoritärer Weise gezwungen werden können, sich in jeder Situation wie «Erwachsene» zu benehmen.

Der Mensch auf dem Wege zur Selbstverwirklichung erkennt vielmehr, daß er einige kindliche Einstellungen gegenüber dem Leben für sich selbst nutzen sollte – nämlich zu lernen, Neues zu erkunden, neue Leute kennenzulernen, langweilige Gespräche zu meiden und sich den Bauch nicht allzusehr vollzuschlagen mit Dingen, die häufig nur ungesund sind.

Der Mensch, der sich nicht dauernd Schranken auferlegt, folgt den Instinkten in sich selbst, wie er sie bei Kindern neu entdeckt und so sehr bewundert. In Restaurants sieht man gelegentlich auch Eltern, die sich ganz ihrer Mahlzeit und auch ihren Kindern widmen. Sie lassen sich durch nichts ablenken. Die Kinder bleiben am Tisch, essen, machen hier und dort ein paar Späße mit ihren Eltern oder mit anderen freundlichen Leuten, die in der Nähe sitzen – genauso wie sie es auch zu Hause machen würden. Wenn die Kinder sich satt gegessen und Lust haben, den Tisch zu verlassen, dann schlendern die Eltern vielleicht auch einmal hinter ihnen her und lernen die kinderfreundlichen Leute kennen, mit denen ihre Sprößlinge bereits Bekanntschaft gemacht haben. Vielleicht unterhalten Sie sich mit einer Kellnerin, die sie schließlich sogar einmal einen schnellen Blick in die Küche werfen läßt. Was immer sie auch tun, sie sind offensichtlich damit zufrieden, daß ihre Kinder nun einmal Kinder sind und daß sie selbst noch einmal für kurze Zeit an ihrem Glück teilhaben können.

Es ist gar nicht so schwer, mit dem Kind, das auch in Ihnen immer noch lebendig ist, wieder Kontakt aufzunehmen. Tatsächlich ist das, was Sie hemmt und hindert, allein der Mangel an Bereitschaft, dieses Kind in sich zu sehen und zu akzeptieren.

Achten Sie einmal darauf, wieviel Spaß es macht, mit Menschen zusammenzusein, die fähig sind, wie Kinder zu handeln. Dies sind gewöhnlich die glücklichsten und lebenstüchtigsten Menschen, die Sie überhaupt kennen. Sie haben nicht vergessen, daß es möglich ist, glücklich zu sein und zugleich ein Gefühl für Verantwortung zu haben. Sie wissen ein wenig mehr als die meisten Menschen darüber, wie man das Kind in sich lebendig werden läßt, und sie haben keine Angst vor dem Urteil der anderen. Solche Menschen können sich mitunter vollkommen ihren Phantasien hingeben – genau wie es der Fall war, als sie noch Kinder waren.

Sie wissen, daß das Leben durchaus nicht nur aus «Arbeit», sondern auch aus «Spiel» besteht – und daß es möglich ist, seelisch zu wachsen, indem man Arbeit und Spiel miteinander verbindet. Sie haben sich eine Art kindlicher Unschuld und Neugier bewahrt, und sie wissen daher, wie man sich als guter Erwachsener verhält, während man zu gleicher Zeit das Kind in sich bewahrt und gut behandelt. Dies sind nach meiner Meinung Menschen auf dem Wege zur vollkommenen Selbstverwirklichung.

Kindlich oder kindisch?

Häufig versucht man Kinder und Erwachsene, die das Kind in sich schätzen und akzeptieren, generell herabzusetzen, indem man sie als «kindisch» charakterisiert. Es besteht ein riesiger Unterschied zwischen dem Kindisch-Sein und dem Kindlich-Sein. Kindisch sein bedeutet ein Erwachsener zu sein und sich in bestimmter Hinsicht wie ein Kind zu verhalten, was jedoch anzeigt, daß das geistige Wachstum vor Jahren zum Stillstand gekommen ist.

Kindlich zu sein bedeutet dagegen, einem Kind ähnlich zu sein, all jene seltsamen autoritären Vorstellungen darüber, was Erwachsen-Sein ausmacht, nicht zu haben. Es bedeutet, Vertrauen zu haben in dem Sinne, daß man keinen autoritären Verfolgungswahn entwickelt, der dazu führt, daß man allen anderen ohne Grund mißtraut.

Es bedeutet auch, daß man erfindungsreich ist oder offen und unkompliziert in der Art und Weise, wie man mit anderen umgeht und die Welt betrachtet.

Man braucht nicht aufzuhören, ein Erwachsener zu sein, um kindlich zu werden. Man braucht nicht infantil zu werden oder verantwortungslos, um in dem Sinne, wie ich es meine, wieder ein Kind zu werden. Jeder voll entwickelte Mensch ist fähig, zu gleicher Zeit Kind und Erwachsener zu sein. Um dies zu erreichen, müssen Sie lernen, freiwillig auf eine positive Weise in Ihre eigene Kindheit zurückzufinden. Die Betonung liegt hier auf dem Wort freiwillig, denn Menschen, die in ihre Kindheit regredieren, ohne zu wissen, warum sie das tun, und ohne daß sie zuvor ihr Erwachsenenleben in den Griff bekommen hätten, füllen bereits in ausreichender Anzahl die psychiatrischen Kliniken.

Eine freiwillige, positive Regression in einen kindähnlichen Seinszustand ist gar nicht so schwierig, wie es zunächst scheinen mag. Es bedeutet lediglich, daß Sie sich selbst zugestehen, manchmal ein wenig lockerzulassen, ein wenig albern zu sein, zu lachen, Scherze zu machen, die Fähigkeit zu pflegen, auch einmal über sich selbst lachen zu können, ein bißchen verrückt zu sein und spielen zu können. Es bedeutet, daß Sie die Masken des Erwachsenseins um des Spaßes und des Vergnügens willen aufgeben, daß Sie nicht immer in getragener Stimmung zu sein brauchen, nicht immer ordentlich, ernst und würdig. Es bedeutet, daß Sie angesichts dieses wunderbaren Universums Ehrfurcht und Bewunderung empfinden, daß Sie Ihrer natürlichen, kindlichen Neugier einmal bis zur Grenze nachgeben und herausfinden, daß keine Schranken existieren. Der französische Philosoph Maurice Merleau-Ponty hat das Prinzip dieser kindhaften Einstellung einmal definiert: Er nannte sie «das große Erstaunen in Anbetracht der Welt». Er betrachtete dies als den ursprünglichen, primitiven Zustand einer geistigen Verfassung, auf deren Grundlage die größten, menschlichsten und reifsten Leistungen des menschlichen Verstandes wachsen. Ich stimme ihm zu, bin aber vor allem der Meinung, daß das kindliche «Erstaunen in Anbetracht der Welt» ganz einfach Freude macht.

Nun werden Sie sich vielleicht fragen: «Sicherlich würde ich gerne wieder ein Kind werden, so wie er es beschreibt, aber ist es nicht sehr viel leichter gesagt als getan?» Vielleicht ertappen Sie sich dabei, daß Sie Ihre augenblickliche Haltung als Erwachsener mit bestimmten Argumenten verteidigen: «Sicherlich würde ich liebend gerne wieder ein Kind sein und überhaupt keine Sorgen haben. Aber ich habe eine Familie, die ich ernähren, Hunderte von Verpflichtungen, denen ich nachkommen muß, finanzielle Sorgen und viele andere Probleme.» Ich meine dagegen: Zu den verantwortungsvollsten Dingen, die Sie als Erwachsener tun können, gehört auch das Zurückfinden zu einer kindlichen Lebenseinstellung. Wenn Sie das dichotomische Denken und die autoritären Bahnen aufgeben, die das Kind künstlich vom Erwachsenen trennen, und statt dessen ganzheitlich denken, dann tragen Sie sowohl dem Kind als auch dem Erwachsenen in Ihnen Rechnung und können die alltäglichen Aufgaben sehr viel intensiver genießen. Alle Probleme lassen sich direkter, mit weniger Verbissenheit und einer positiven Einstellung angehen, und schließlich werden Ihnen auch Ihre Pflichten mehr Vergnügen bereiten.

Ich bin darüber hinaus der Meinung, daß Sie zwei wesentliche innere Hemmschwellen überwinden müssen: die Neigung, Ihre eigene Belohnung aufzuschieben, und die oft destruktiven Einflüsse, die das rein formale Denken auf Ihren Charakter und Ihr Verhalten ausübt.

Achten Sie auf Ihre Bedürfnisse

Wenn Studenten in die Kinderpsychologie eingeführt werden, bringt man ihnen zunächst einmal bei, daß Kinder es noch nicht gelernt haben, die Befriedigung ihrer Bedürfnisse aufzuschieben, wohingegen Erwachsene Menschen sind, die diese unschätzbare Fähigkcit erlernt haben. Alle Professoren werden Ihnen sagen, daß Kinder, die man vor die Wahl stellt, jetzt einen oder morgen drei Lutscher zu bekommen, den einen sofort haben wollen.

Generationen von Studenten haben ihr Psychologieexamen gemacht mit dem Gefühl, daß sie Kindern außerordentlich überlegen seien, weil sie auf tüchtige, erwachsene Art die «Drei-Lollis-morgen-Lösung» wählen (und das bedeutet für viele Erwachsene, praktisch niemals auch nur einen Lutscher in der Hand zu halten). Diese kindische Vorstellung hat zahllose Menschen ihrem eigenen kindlichen Selbst entfremdet.

Während der Jahre, in denen ich praktizierender Therapeut war, habe ich zahllose, angeblich gestörte oder unangepaßte Kinder behandelt, die von Sozialarbeitern, Psychologen und Lehrern in meine Praxis geschickt wurden. Oft war in den schriftlichen Gutachten vom Verschieben der Bedürfnisbefriedigung die Rede. So hieß es zum Beispiel: «Klaus muß aufhören, oberflächlich und impulsiv zu agieren. Sein wesentliches Problem ist die Unfähigkeit, die Befriedigung seiner Bedürfnisse hinauszuschieben. Er scheint nicht verstehen zu können, daß er nicht alles, was er tun möchte, genau dann tun kann, wenn ihm der Sinn danach steht...»

Stellen Sie sich einmal vor, daß man ein kleines Kind zu einem Therapeuten schickt, damit ihm beigebracht wird, sich genau der Eigenschaft zu entledigen, die es als Kind von so vielen unglücklichen Erwachsenen unterscheidet!

Die Kinder, die zu mir überwiesen wurden, um eine «Befriedigungs Verschiebungs-Indoktrination» zu erhalten, wiesen anderen Kindern gegenüber Defizite auf, was die konventionellen Kriterien von Reife anbetraf: Sie waren springlebendig und verhielten sich in keinem Fall wie «kleine Erwachsene». Für mich waren dies häufig die aufgewecktesten Kinder ihrer Altersgruppe. Vielleicht haben sie nicht immer aufgepaßt, wenn der Lehrer sie aufrief. Vielleicht haben sie Papierflugzeuge gefaltet und durch den Raum geworfen, wenn die Lehrerin ihnen einmal den Rücken zukehrte, oder sie haben einander kleine Zettelchen geschrieben. Aber es waren häufig auch die besten Schüler, die «hellsten» ihrer Klasse, denn wenn sie wirklich aufpaßten, dann war die Arbeit in der Schule für sie keine mühselige Pflicht. Wenn sie etwas wirklich interessierte, dann bedeutete die schulische Arbeit eine Herausforderung für ihre «naive» Neugierde; sie konnten sich sehr viel besser konzentrieren als ihre angeblich «reiferen» Klassenkameraden.

Ich habe die Kinder, die von strengen, autoritären Erwachsenen in mein Sprechzimmer geschickt wurden, damit ich ihnen ihre Lebensgeister austreiben sollte, immer mit allergrößtem Respekt behandelt. Ich wollte von ihnen lernen, und ich wollte, daß sie in noch stärkerem Maße die Vorstellung gewinnen, daß man sein Leben jetzt genießen und nicht das Vergnügen für alle Zeiten aufschieben sollte. Manchmal habe ich ihnen gesagt, daß diese Haltung des dauernden Aufschiebens ganz einfach Blödsinn sei, ein Luftschloß, das Erwachsene aufgebaut hatten, die ihr ganzes Leben im voraus zu planen pflegten, nur um dann festzustellen, daß sie eigentlich bloß unfähig waren, die Verwirklichung ihrer Pläne überhaupt zu genießen. Ich versuchte, sie aus dem Teufelskreis des dauernden, zwanghaften Planens aller Lebensumstände herauszureißen, das für die Welt der Erwachsenen so typisch ist.

Weil viele von ihnen in einem tiefen Konflikt steckten, da sie nach dem Urteil ihrer Umwelt «nicht fähig waren, sich selbst zu beherrschen», und da sie zutiefst unter der Ablehnung durch Eltern, Kameraden, Lehrer und alle anderen Autoritätspersonen litten, versuchte ich ihnen zu helfen. Sie sollten lernen, Mittel und Wege zu finden, um «das System» zu umgehen, damit sie einerseits ihre kindlichen Eigenschaften behalten konnten und zugleich weniger kritisiert und verurteilt wurden.

Ein typisches Gespräch mit einem Kind, das etwa in die 5. bis 8. Klasse geht, verläuft so:

Ich: «Liest du gerne?»

Klaus: «Ja, vor allem Abenteuerromane und Zukunftsgeschichten. Es gibt einige Autoren, die ich wirklich mag ...»

Ich: «Wenn's dir also im Unterricht langweilig wird, warum schlägst du dann nicht einfach – statt Papierflugzeuge zu werfen – ein Buch auf und liest?»

Klaus: «Ich würde das wirklich gerne tun, aber die Lehrerin würde es mir niemals erlauben.»

Ich: «Weil es für die anderen Kinder ein schlechtes Beispiel wäre oder weil du nicht wüßtest, was sie gerade gesagt hat, wenn sie dich aufruft?»

Klaus: «Ich weiß es nicht. Sie würde es einfach nicht erlauben.»

Ein darauffolgendes Gespräch mit der Lehrerin:

Ich: «Klaus ist nicht gestört, er langweilt sich nur. Anstatt ihn dazu zu bringen, daß er seine Bedürfnisse aufschiebt, tun Sie ihm besser gleich etwas Gutes! Wenn der Unterricht ihn nicht interessiert, lassen Sie ihn einfach seinen Lieblingsroman lesen.»

Lehrerin: «Das kann ich nicht machen. Bald würden auch alle anderen Kinder lesen, anstatt aufzupassen. Ich wäre überhaupt nicht mehr in der Lage, ihnen irgend etwas beizubringen. Es würde bedeuten, daß ich Klaus seinen Mitschülern gegenüber bevorzuge.»

Ich: «Aber er wurde mir ja gerade geschickt, weil er ein besonderer Fall ist. In Ihrem Bericht heißt es, daß er dauernd die Arbeit der Klasse stört, daß er immer zu Streichen aufgelegt ist, daß er Antworten auf Fragen gibt, bevor Sie überhaupt Zeit haben, jemanden aufzurufen. Glauben Sie, daß er die Klasse mehr als jetzt stören würde, wenn er still vor sich hin läse?»

Lehrerin: «Möglicherweise. Sein Tisch ist in der vordersten Reihe der Klasse, weil ich ihn ständig im Auge behalten muß – und die Klasse würde es merken, wenn er während des Unterrichts liest.»

Ich: «Dann stellen Sie doch seinen Tisch ganz hinten in die Klasse, er kann dann lesen, wenn er sich langweilt; versprechen Sie, ihm keine Schwierigkeiten zu machen, wenn er Ihnen auch keinen Ärger macht.»

Lehrerin: «Aber wenn ich ihn aufrufe, dann wird er gar nicht wissen, worüber ich überhaupt rede. Er wird nie irgend etwas lernen! Meine pädagogische Aufgabe ...»

Ich: «Klaus hat aber, wie ich gesehen habe, in seinem letzten Zeugnis nur Einsen und Zweien. Und seine einzigen schlechten Noten gab es für Disziplin und seine Einstellung zur Schule.»

Lehrerin: «Ja, er ist ein sehr guter Schüler, wenn er sich konzentriert; aber er hat noch nicht gelernt, wie man sich zusammen-nimmt.»

Ich: «Tatsächlich besteht eines seiner Probleme darin, daß er alle Antworten weiß, bevor Sie überhaupt die Fragen stellen, und daß er nicht die Geduld hat, auf die anderen Kinder zu warten. So platzt er eben einfach mit der Antwort heraus.»

Lehrerin: «Das ist richtig. Er ist ein hoffnungsloser Angeber.»

Ich: «Da bin ich anderer Meinung. Geben Sie ihm einen Platz ganz hinten in der Klasse, lassen Sie ihn lesen, wenn er dies möchte, und rufen Sie ihn nicht auf, wenn Sie sehen, daß er gerade liest!»

Lehrerin: «Aber wenn seine Zeugnisse schlechter werden? Seine Eltern …»

Ich: «Vereinbaren Sie mit ihm, daß er nur dann während des Unterrichts Romane lesen darf, wenn seine Zeugnisse gut bleiben. Versuchen Sie's doch mal! Ich bin sicher, er wird keine Probleme damit haben. Wenn überhaupt, dann wird die Vorstellung, daß er während des Unterrichts das tun kann, was er will, für sein Lernen eine positive Verstärkung bedeuten. Und das Lesen wird sich nicht gerade negativ auf seine sprachlichen Fähigkeiten auswirken. Ich werde auch mit seinen Eltern darüber sprechen und ihnen vorschlagen, daß wir es mit dieser Methode für das nächste Unterrichtshalbjahr versuchen sollten. Sie wollen, daß Klaus weniger stört und gute Zeugnisse bekommt. Ich wette, daß Sie mir zustimmen werden, daß es einen Versuch wert ist.»

Wenn mehr Eltern, Lehrer und Sozialarbeiter gewillt wären, ein solches oder ähnliches Experiment einmal zu wagen, dann würden viele Schüler in der Schule mehr Bücher lesen als zu Hause, bessere Noten bekommen, den Unterricht weitaus weniger stören und, was am allerwichtigsten ist, sich in ihrem Leben sehr viel sicherer und glücklicher fühlen. Es stimmt zwar, daß auch viele wirklich schlechte Schüler dafür bestraft werden, daß sie die Befriedigung ihrer Bedürfnisse nicht aufschieben können, aber die logische Entwicklung ist dann dieselbe wie in unserem Beispiel: Wenn man ihnen erlaubt, die Schule «hier und jetzt» zu erfahren, dann werden in

den meisten Fällen ihre Noten und ihr Verhalten besser. Lassen Sie uns der Frage, woher Klaus' «Aufschub-Probleme» kommen, einmal genauer nachgehen. Die Tatsache, daß viele Erwachsene Kinder als unvollkommene menschliche Wesen ansehen, ist dabei von zentraler Bedeutung. Diese absurde Denkweise führt dazu, daß Kinder sich selbst als unvollkommen im Vergleich zu den Erwachsenen betrachten, – «auf dem Weg», noch nicht wirklich «angekommen». Eine solche Einstellung kann zur Gewohnheit werden …

Auf diese Weise wird das Kind oder der Jugendliche lernen, nur für die Zukunft zu leben und fortwährend starre Pläne zu machen – etwa bis zum dreißigsten Lebensjahr. Dann – so stellt es sich der Heranwachsende vor – wird er endlich das Leben genießen können. Wenn es dann soweit ist, wird ihm das Leben als Vierzigjähriger als der «Zustand der Vollkommenheit» erscheinen – und so weiter. Schließlich trifft man auf Leute im fortgeschrittenen Alter, die sich fragen, wo eigentlich ihr Leben geblieben ist und warum sie niemals das magische Gefühl der Vollkommenheit genossen haben, von dem sie von Kindheit an geträumt hatten.

Dies ist wieder einmal die Geschichte des ewigen Strebens, ohne anzukommen. Die einzige Lösung ist, daß wir uns eingestehen, daß wir immer vollkommen sind, egal, wie alt wir sind oder in welchem Zustand der Reife wir uns befinden; daß wir uns immer als «angekommen» betrachten und die Gegenwart als die Zeit ansehen sollten, die es bis zum Rande unserer Möglichkeiten auszukosten gilt. Nur wenn Sie das Kind in sich befreien, werden sie fähig sein, das «Aufschub-Spiel» aufzugeben.

Virginia Woolf hat einmal geschrieben: «Was könnte bezaubernder sein als ein junger Mensch, bevor er begonnen hat, seinen Verstand zu gebrauchen? Er ist schön anzusehen, er spielt keine falschen Rollen, er versteht instinktiv die Bedeutung von Kunst und Literatur, er genießt sein Leben, während er es lebt, und läßt andere Menschen das ihre genießen.» Es ist Ausdruck des Strebens nach Selbstverwirklichung, wenn Sie jetzt aus der Fülle heraus leben; das ewige Hinausschieben von Genuß und Vergnügen bedeutet hingegen eine dauerhafte Beschränkung.

Die Verbildung überwinden

Ihre Schulbildung war wohl kaum darauf ausgerichtet, Ihnen zur Selbstverwirklichung zu verhelfen. Denn bestimmt wurde Ihnen genau das Gegenteil beigebracht: nämlich eine autoritäre Persönlichkeit zu sein. Das Gewicht hätte aber vielmehr auf einer Entwicklung der intellektuellen Fähigkeiten liegen sollen, auf Ihrer Fähigkeit, schwierige Fragen zu stellen und darauf die besten Antworten zu finden. Aber die Methoden, denen man Sie unterworfen hat, waren häufig ungeeignet, Ihnen dabei zu helfen, wirklich irgend etwas zu lernen. Man hat sie darauf getrimmt, Listen von Fakten zu pauken, damit Sie diese dann in Prüfungen unter Leistungsdruck wieder abrufen können. Zudem mußten Sie wahrscheinlich während der meisten Zeit Ihrer schulischen Ausbildung lernen, den Lehrern zu gefallen und deren Erwartungen zu entsprechen.

Sie wurden dabei nur sehr selten ermutigt, selbständig zu denken, zu formulieren, sich nicht immer stur an Vorschriften und Denkmustern zu orientieren und Probleme aus Ihrer persönlichen, einzigartigen Sicht der Dinge anzugehen. Man hat Sie in ein Programm eingebunden und Ihnen beigebracht, die Regeln dieses Programms zu befolgen, weil Sie sonst als hoffnungsloser «Problemfall» von der Schule entfernt würden. Man hat Ihnen beigebracht, daß Konformität angeblich langfristig mehr Befriedigung bringt als Kreativität, daß es der sicherste Weg zum Erfolg in der Schule und in Ihrem Leben sei, sich Ihrem Lehrer gegenüber opportunistisch zu verhalten. Man hat Sie dafür getadelt, daß Sie eigenständig gedacht haben, daß Sie anders waren als die Masse oder daß Sie es sich gar irgendwann einmal erlaubt haben, eine Autoritätsperson zu provozieren. Sie haben gelernt, sich dem System anzupassen und nicht Ihr eigenes System zu schaffen oder einmal zu hinterfragen, warum das althergebrachte sich nicht ein wenig verändern könnte, damit es besser die Bedürfnisse des einzelnen erfüllt. Man hat Sie sorgfältig darauf getrimmt, ein braves Kind zu sein. Man hat Ihnen Ihr natürliches, spontanes «Erstaunen angesichts der Welt» abgewöhnt und

Ihnen schon in jungen Jahren beigebracht, sich darüber Sorgen zu machen, ob Sie vielleicht in zehn Jahren einen Studienplatz oder einen Arbeitsplatz bekommen. Man hat Ihnen eingetrichtert, daß gute Noten wichtiger sind als zu wissen, wie man lernt. Die treibende Kraft in Ihrem Schülerdasein war wahrscheinlich Ihre Suche nach Beifall und Anerkennung: durch Prüfungen, Noten, Anerkennung von bestimmten Lehrern und andere Äußerlichkeiten. Aber die Nichtigkeit dieser Art von Bildung hat das Kind, das in Ihnen lebt, dazu gebracht, die gesamte formale Bildung um so stärker abzulehnen. Irgendwo tief in Ihrem Inneren spürten Sie genau, daß viele Ihrer Lehrer ein falsches, aufgesetztes Verhalten an den Tag legten, daß Sie sie eigentlich nicht mochten oder nicht so nahmen, wie Sie nun einmal wirklich waren.

Das Kind in Ihnen wußte es damals besser – und das ist noch heute der Fall. Wenn Sie die destruktiven Einflüsse Ihrer Bildung und Erziehung überwinden wollen, so müssen Sie Ihre natürliche, kindliche Neugier wieder zum Leben erwecken. Folgen Sie dieser Neugier, wo auch immer sie Sie hinführen mag. Erkennen Sie, daß Sie nicht mehr mit anderen wegen bestimmter Noten in einen Konkurrenzkampf einzutreten brauchen. Seien Sie vollkommen frei darin, Ihre kindliche Neugier zu befriedigen; beschäftigen Sie sich mit der Geschichte der Amerikaner, der Russischen Revolution oder auch der Frage, wie man ein Auto repariert, ohne daß irgend jemand, vor allem nicht der autoritäre Erwachsene in Ihnen, dauernd über Ihre Schulter blickt und Ihr Lernen beobachtet und steuert.

Wenn Sie die Grenzen Ihrer schulischen Bildung überschreiten und alle Einschränkungen Ihrer Fähigkeit, zu lernen und zu erkennen, beseitigen wollen, dann tun Sie gut daran, sich an die wenigen, stark motivierten Lehrer Ihrer Schulzeit zu erinnern, die sich wirklich um Sie gekümmert haben, die Ihnen etwas für Ihr Leben mitgeben wollten und Ihre persönliche, kindliche Neugier zu befriedigen suchten. Vergessen Sie, daß jene Lehrer nur eine kleine Minderheit waren, die sich oft nicht durchsetzen konnten und sich und ihre Schüler heftigen Anfeindungen aussetzten, wenn sie versuchten, in ihrem Stoffangebot auf die individuellen Bedürfnisse der Schüler einzugehen. Erinnern Sie sich an die besondere Art und Weise, wie diese Lehrer Ihnen geholfen haben, und denken Sie daran, daß Sie jetzt vollkommen frei sind, deren Ideale weiterzuverfolgen.

Heute sind Sie nicht mehr von einer idealen oder realen Schule abhängig, sondern nur von Ihrem Verstand! Sie sind jetzt ein vollkommenes menschliches Wesen. Sie sind als vollkommener, ganzer Mensch auf diese Welt gekommen, gleichgültig, wer oder wie alt Sie sein mögen! Erinnern Sie sich daran, daß tief in Ihnen immer noch ein Kind lebendig ist, das alle Schwierigkeiten, Demütigungen und künstlichen Beschränkungen überlebt hat, die Ihnen vom System auferlegt wurden. Da dieses Kind, das in Ihnen weiterlebt, sich heute der Fehler ebenso wie der Vorzüge der Erziehung in Schule und Ausbildung bewußt ist, wird es jetzt stärker als je zuvor allen negativen Einflüssen widerstehen können. Und es kann dann darauf bestehen, daß es zwar lernen möchte, aber nur in den Bereichen, zu denen es von seiner eigenen Neugierde geführt wird, und in der für dieses Kind angemessenen Zeit. Das Kind weiß, daß Sie die Vergangenheit nicht ändern können, daß Sie sich nur dazu entschließen können, sich nicht wie früher intellektuell mißbrauchen zu lassen. Wenn Sie dieses Kind – diesmal aber aus einer Position der Stärke und nicht der Schwäche heraus – wieder richtig zum Leben anregen, dann wird es Ihnen zeigen, wie Sie mit Ihren Gefühlen umgehen müssen, wie Sie selbständig denken, Fragen stellen und auch beantworten können, die Sie selbst für wichtig oder faszinierend halten, so daß Sie in der Lage sind, jede Situation erfolgreich zu bewältigen. Bildung, Lernen und die neu erworbenen geistigen Fähigkeiten werden somit Ihr gesamtes Leben bereichern.

Sechs Wege, jung zu bleiben

In Sagen und Mythen ist immer wieder berichtet worden, daß es irgendwo auf der Erde einen geheimnisvollen Brunnen gibt, eine Quelle oder einen See, dessen Wasser Ihre Jugend wiederherstellen und Sie für immer jung erhalten kann. Es gibt auch den Spruch: «Man ist so jung, wie man sich fühlt», und wir wissen, daß die achtzigjährige Großmutter, die ihre kindlichen Eigenschaften nicht hat verkümmern lassen, sehr viel jünger, vitaler und lebendiger sein kann als mancher Fünfundzwanzigjährige, der sich ohne jeden Humor durch das Jurastudium hindurchbeißt, danach strebt, die besten Noten zu bekommen, und vielleicht mit einem Nervenzusammenbruch oder einem Magengeschwür nach zehn oder fünfzehn Jahren endlich Teilhaber einer größeren Firma und vielleicht ein echter Lebenshasser geworden ist.

Der wirkliche Sinn der Legenden vom Jungbrunnen liegt vielleicht darin, daß man nicht außerhalb seiner Persönlichkeit – etwa durch Kosmetik oder eine bestimmte Behandlung – nach der verlorenen Jugend suchen soll. Besinnen Sie sich lieber auf Ihren gesunden Menschenverstand. Er ist ein nie versiegender Jungbrunnen, den Sie immer nutzen können, wenn Sie sich selbst erlauben, wieder ein Kind zu sein.

Es gibt sehr viele Wege zur Quelle der Jugend. Hier sind sechs, die Sie zunächst einmal ausprobieren sollten.

Lachen Sie

So wie alle anderen Kinder möchte auch das Kind in Ihnen gern lachen und mit Menschen zusammensein, die ebenfalls über sich selbst und über das Leben lachen können. Kinder wissen instinktiv, daß unser Leben um so schöner ist, je mehr wir lachen. Suchen Sie die Gesellschaft von Menschen, die Sie zum Lachen bringen, die auch an Ihren Späßen Vergnügen finden. Sie werden dann wieder über Dinge lachen können, von denen der ernste, schwerfällige, stets grimmige Erwachsene sagt, daß sie «überhaupt nicht lustig» seien; etwa über die albernen, unreifen Klassenzimmer-Witze, ja sogar über Leute, die sich Lampenschirme auf den Kopf setzen. Manchmal werden Sie einfach «über gar nichts» lachen können, nur aus reiner Lebensfreude, oder weil Ihnen Ihre Instinkte gesagt haben: «Es ist jetzt Zeit zu lachen!»

Wenn Sie das Gefühl haben, daß das Lachen in Ihrem Leben zu kurz kommt, und wenn Sie gerne Ihren kindlichen Sinn für Humor wiederfinden möchten, dann könnten Sie die folgenden Strategien ausprobieren.

Bringen Sie jemand anderen dazu, heute, morgen, jeden Tag zu lachen. Sie werden feststellen, daß Sie nicht krampfhaft versuchen müssen, lustig zu sein – das wäre nur eine Spielart des ewigen Kämpfens und Sich-Bemühens –, sondern es bedeutet nur, daß Sie sich ein paar Sekunden lang entspannen und darauf besinnen, was Ihnen «komisch vorkommt» bei dem, was Sie gerade sprechen oder denken, oder daß Ihnen etwas einfällt, was Ihnen in letzter Zeit komisch vorkam. Teilen Sie Ihre Gedanken anschließend mit jemandem, der auch darüber lachen will. Wenn Sie immer ernst sind, dann versuchen Sie doch wenigstens einmal am Tag, diese nüchterne Einstellung aufzugeben. Erlauben Sie sich, während des ganzen Tages jede Stunde einmal zu lachen, wenn Sie allein oder auch mit anderen zusammen sind, und Sie werden bald entdecken, daß ein Mensch mit Humor einen wesentlichen Schritt auf dem Weg zur Selbstverwirklichung getan hat.

Suchen Sie sich ein Kind oder eine Gruppe von Kindern – je jünger, desto besser –, mit denen Sie wenigstens zweimal in der Woche zusammen sind – einfach nur, um sich an ihrer Gesellschaft zu erfreuen. Vergessen Sie die Vorstellung, daß Sie ihr Verhalten überwachen müßten, daß Sie sie korrigieren und zu Erwachsenen erziehen oder ihnen irgend etwas vorschreiben müßten. Seien Sie einfach mehrmals jede Woche mindestens eine halbe Stunde lang mit ihnen zusammen. Wenn Sie sich kleinen Kindern mit einer offenen, auf Selbstverwirklichung gerichteten Einstellung nähern, dann werden

Spaß und Lachen in Ihrem Leben auch bald ein alltägliches Ereignis – und keine seltene Ausnahme – sein. Sie werden feststellen, daß es sehr leicht ist, Kinder zum Lachen zu bringen, und daß diese Kinder auch Sie leicht zum Lachen bringen können. Fragen Sie sich anschließend einmal: «Was war der wirkliche Höhepunkt meines Tages: meine Arbeit zu erledigen oder mit den Kindern zusammen zu lachen?»

Rufen Sie sich immer wieder Erfahrungen aus Ihrer Kindheit ins Gedächtnis, welche Ihnen damals schlimm vorkamen, über die Sie heute aber lachen können. Lachen Sie jetzt gleich darüber, damit diese schlimmen Eindrücke für immer aus Ihrem Gedächtnis verschwinden!

Und versuchen Sie nun folgendes: Das nächste Mal, wenn Sie irgend etwas wütend macht oder denken läßt: «Das ist wirklich eine Katastrophe», dann halten Sie inne und fragen sich: «Ist dies etwas, worüber ich nach einer Weile werde lachen können?» Wenn ja – dann lachen Sie doch heute schon darüber!

Lassen Sie Ihrer Phantasie freien Lauf

Kinder lieben es zu träumen, Geschichten zu erfinden und ihre Vorstellungskraft einzusetzen – und Sie würden das sicherlich auch gerne tun, wenn Sie dazu nur wieder in der Lage wären. Erinnern Sie sich daran, wie Ihr Zimmer, als Sie klein waren, von Elfen oder von kleinen Schweinchen wimmelte, daß in den Wäldern Indianer oder Räuber lebten, daß ein Zweig zu einem Zauberstab, ein Besenstiel zu einem Pferd wurde?

Diese vielfältigen Kindheitsphantasien machten nicht nur großen Spaß, sondern sie beeinflußten auch den gesamten Prozeß des Heranwachsens und Reifens bis in Ihr späteres Erwachsenenalter. Mit ihrer Hilfe konnten Sie jederzeit der bedrohlichen Welt der Erwachsenen entfliehen; sie vertrieben mit sofortiger Wirkung jede Langeweile, und es ist sehr wahrscheinlich, daß Sie heute um so kreativer sind, je mehr Sie sich damals solchen Phantasien hingegeben haben, je mehr Sie dazu ermutigt worden sind.

Aber auch als Erwachsener können Sie sich heute denselben Luxus des Phantasierens und Träumens erlauben. Und noch etwas: Sie werden bald erfahren, wie einige von den Träumen, die als reine Phantasien begonnen haben, schließlich wahr werden.

Die schönsten Realitäten des Lebens beruhen auf kindlichen Phantasien. Alle schönen Ferienreisen beginnen mit einer Phantasie. Auch Ihr Traumhaus müssen Sie zunächst im Traum erschaffen, bevor Sie es dann wirklich bauen. Einen neuen Job zu bekommen, in eine neue Umgebung zu ziehen – alles was für Sie von Wert ist, beginnt zunächst einmal als Phantasie. Je öfter Sie Ihren Träumen nachhängen und sich Ihrer Phantasie hingeben, desto mehr werden Sie fähig sein, Ihr Leben im positiven Sinn zu beeinflussen. Natürlich muß es Ihnen immer zunächst einmal Spaß machen, Ihrer Phantasie freien Lauf zu lassen. Sie müssen das Träumen und Phantasieren einfach um seiner selbst willen tun, es darf nicht mit einem dauernden Planen und Vorausschauen verwechselt werden. Auf diese Weise zerstören Sie nämlich Ihre Phantasien, indem Sie sie auf das beschränken, was Sie in der Zukunft vorhaben oder eines Tages erreichen wollen. Dann werden Sie auch anfangen, sich Sorgen zu machen, ob Ihre Träume sich tatsächlich verwirklichen lassen. Aber wenn es Ihnen gelingt, diese Falle zu umgehen, so werden Sie feststellen, daß Ihre negativen und starren Einstellungen zu bestimmten Dingen aufweichen und daß Sie viele psychische Zwänge, die Ihr Leben beherrschen, ausschalten können. In Ihrem Leben werden sich auf diese Weise weite Bereiche neuer Möglichkeiten auftun.

Um mit Ihrer Phantasie wieder in Kontakt zu kommen, probieren Sie vielleicht einmal das Folgende aus:

Wenn Sie kleine Kinder kennen, mit denen Sie lachen und spielen können, dann ermutigen Sie sie und auch sich selbst, soviel wie möglich zu phantasieren, so kreativ und «absurd» zu sein, wie sie gerade möchten.

Wenn Sie spielen, dann entfernen Sie sich darin so weit wie möglich von der Realität. Bestehen Sie nicht darauf, «Erwachsenen-Regeln» durchzusetzen; versuchen Sie statt dessen zu experimentieren, zu forschen, sich neue Möglichkeiten vorzustellen. Vergessen

Sie das Vorurteil, daß Sie für jedes Spiel unbedingt bestimmte Regeln aufstellen müßten.

Wenn die Kinder herausfinden, daß gewisse Regeln notwendig sind, dann lassen Sie sie diese selbständig entdecken. Beobachten Sie sie dabei, und bewundern Sie die Art und Weise, wie sie spielerisch und phantasievoll zu einer Lösung kommen. Sie werden bald bemerken, daß Kinder – selbst dann, wenn sie Regeln aufstellen – erstaunlich spontan und kreativ sind.

Welche Phantasien die Kinder auch ausleben mögen – ob sie nun zum Mond fliegen oder vor der häßlichen Hexe fliehen –, beteiligen Sie sich daran, und lassen Sie sich von den Kindern lenken. Wenn die Kinder etwa behaupten, dieser Knopf sei der Zappo-Fritzer, der Ihnen die Sternenflunker aus dem Weg räumt, damit Sie auf dem Mond landen können, dann hindern Sie sie nicht daran und fragen nicht, was Sternenflunker sind oder wie der Zappo-Fritzer damit fertig wird. Tun Sie das, was die Kinder tun: Gehen Sie Ihren eigenen phantastischen Vorstellungen nach. Vielleicht werden die Kinder Ihnen ihre Ideen erklären oder einfach auf den Knopf drücken. Vielleicht funktioniert der Zappo-Fritzer überhaupt nicht, und dann sind Sie plötzlich in richtigen Sternenflunker-Schwierigkeiten!

Versuchen Sie, sich so häufig wie möglich klassische Kinderfilme anzusehen oder eine Marionettenvorführung oder einen Zirkus zu besuchen. Das nächste Mal, wenn Sie hören, daß einer der klassischen Kinderfilme läuft oder daß irgendwo gutes Kindertheater gespielt wird, dann gehen Sie hin – und nehmen Sie so viele Kinder mit wie möglich!

Wenn Sie zufällig an einem Spielplatz vorbeigehen sollten – bleiben Sie stehen! Stellen Sie sich vor, daß Sie wieder ein Kind sind. Gehen Sie nun auf diesen Spielplatz. Würden Sie gerne einmal schaukeln? Jeder in jedem Alter kann das tun. Wenn Sie achtzig Jahre alt sind, dann möchten Sie vielleicht nur ein kleines bißchen vor- und rückwärts schaukeln – aber schaukeln können Sie immer noch. Sie können immer noch so sehr Kind sein wie damals, als Ihre Mutter Sie das erste Mal auf die Schaukel gesetzt hat.

Wenn Sie selbst Kinder haben, die noch zu Hause sind, dann berufen Sie ab und zu ein Familientreffen ein und sprechen ganz offen mit ihnen darüber, was Sie auf dieser Welt am liebsten tun würden. Oder malen Sie sich mit den Kindern zusammen Ihre Lieblingsphantasien aus, so wie Sie Ihnen während der Woche durch den Kopf gegangen sind.

Bald werden Sie entdecken, daß Ihre Phantasien gar nicht so absurd und unmöglich sind. Sie sind die freien, kreativen Produkte Ihrer kindlichen Vorstellungskraft. Wenn Sie diese Phantasien ans Tageslicht holten, dann entdecken Sie vielleicht auch, daß sich viele von ihnen verwirklichen lassen. Und Sie werden vielleicht merken, daß es sich lohnt, einige Risiken einzugehen, egal, was andere Erwachsene dazu meinen.

Schließlich werden Sie und Ihre Familie in der Lage sein, so viele Phantasien wie möglich in die Realität umzusetzen.

Entschließen Sie sich dazu, einige Ihrer Phantasien zu verwirklichen. Wenn Sie schon immer auf einem Boot einen Fluß hinabfahren wollten, wenn Sie einen ganzen Tag lang allein durch die Wälder streifen, an einem Dauerlauf oder an einer Fahrradtour teilnehmen wollten, oder wenn Sie vorhatten, auf einen hohen Berg zu steigen, sich einen Bart wachsen zu lassen, fürs Parlament zu kandidieren oder gar im Fernsehen aufzutreten – tun Sie es!

Setzen Sie sich jetzt hin und machen Sie eine Liste mit zwanzig Vorhaben, die Sie schon immer verwirklichen wollten. Streichen Sie dann jene der Reihe nach aus, die Ihnen im Moment unrealisierbar erscheinen. Sie sollten am Ende wenigstens eine Sache haben, die Sie noch heute tun können! Unternehmen Sie jetzt Schritte, um dieses eine Vorhaben zu verwirklichen – und heben Sie die Liste gut auf, so daß Sie überlegen können, was Sie als nächstes realisieren möchten.

Seien Sie ein wenig verrückt

Alle Kinder, einschließlich des Kindes, das in Ihnen lebendig ist, sind ein wenig verrückt. Sie handeln und verhalten sich sehr häufig «dumm» oder «albern».

Alle Kinder wissen sehr gut, daß das, was Erwachsene als «verrückt» bezeichnen, oft nur der Ausdruck ihrer Lust am Leben ist!

Natürlich gibt es eine Art der Verrücktheit, die wirklich nicht erstrebenswert ist: der Zustand, in dem Ihnen Ihr Leben vollkommen aus den Händen gleitet, wenn Sie in Panik geraten und in eine Anstalt eingewiesen werden müssen. Aber das meine ich hier nicht.

«Verrückt» im positiven Sinne heißt, daß Sie einige der Kontrollen aufgeben, die Ihr Leben beschränken. Sie können sich ernsthaft um Ihren Job kümmern, sehr reif sein in Anbetracht Ihrer Verpflichtungen und die Probleme, die ernsthaft angegangen werden müssen, in der angemessenen Weise bewältigen. Dennoch können Sie gelegentlich die Zügel locker- und sich hier und dort einmal ein wenig gehenlassen. Sie werden nicht nur mehr Spaß am Leben gewinnen, auch Ihre ganze Umgebung wird gelöster sein und um so tüchtiger, wenn es gilt, wieder ernsthaft bei der Sache zu sein.

Entschließen Sie sich dazu, einmal eine Woche lang jeden Tag etwas «Verrücktes» zu tun.

Haben Sie Vertrauen zu sich selbst: Sie werden schon niemandem durch einen allzu groben Spaß zu nahe treten. Beobachten Sie anschließend, wie die anderen darauf reagieren. Wenn irgend jemand Sie verurteilt, nur weil er Ihr Verhalten als kindlich betrachtet, dann ist das sein Problem. Aber in neun von zehn Fällen werden Sie entdecken, daß die Leute in Wirklichkeit wohlwollend und positiv reagieren und daß alle Ihre Vorbehalte nur in Ihrem eigenen Kopf existierten.

Seien Sie spontan

Beobachten Sie einmal, wie Kinder plötzlich irgend etwas zu wagen bereit sind. Auch das Kind in Ihnen möchte impulsiv und abenteuerlustig sein, ohne daß es schon vorher immer alle Dinge planen muß. Spontaneität ist in vielerlei Hinsicht der Schlüssel zum kindlichen Verhalten.

Die Fähigkeit, plötzlich am Rande der Straße anzuhalten, wenn

Ihnen etwas Interessantes ins Auge fällt, und dasselbe großäugige Erstaunen zu empfinden, das Sie schon damals empfunden haben, als Sie viel jünger waren, führt direkt zu einem kindlich unmittelbaren Verhältnis zur Umwelt und zu «wunderbarem Erstaunen angesichts der Welt».

Es ist sehr leicht für unsensible Erwachsene, sich selbst und ihren Sprößlingen «eins aufs Dach zu geben», indem sie andauernd die Kinder daran erinnern, vorsichtig und auf alles immer gut vorbereitet zu sein. Man befiehlt den Kindern: «Kommt sofort hierher!», wenn sie einmal einen neuen Weg gehen wollen, anstatt immer den Plänen der Erwachsenen zu folgen; man benutzt alle möglichen Taktiken, um den Kindern Furcht vor dem Unbekannten einzuflößen und ihnen ihre natürliche Neugier auf das Leben zu rauben.

Natürlich verlieren einige Kinder niemals ihre innere Freiheit, und wie intensiv Sie es auch versuchen mögen, sie werden niemals ihre kreativen, spontanen Einfälle und Handlungen unterdrücken. Wenn sie irgendeinen neuen Pfad erkunden wollen, dann werden sie Ihnen in der einen oder anderen Weise doch davonlaufen (geistig, körperlich oder beides), sobald sie dazu in der Lage sind.

Diese Kinder sammeln vielleicht alles mögliche. Vielleicht kommen sie mit Fröschen nach Hause, mit Raupen, Eidechsen, Blumen, alten Schraubenschlüsseln, Nägeln, Münzen und allem, was ihre Neugier gereizt hat. Wenn Sie diese instinktive Sammelleidenschaft einschränken, die den Kindern so viel Freude bereitet, dann bringen Sie sie vielleicht letztendlich dazu, Ihnen und sich selbst etwas vorzumachen: daß es besser wäre, ein sauberes und ordentliches Haus zu haben «als all den Schmutz und Schund um sich herum». Aber die kindliche Neugier und das spontane Bedürfnis, seltsame Dinge zu sammeln, werden trotzdem immer in diesen Kindern lebendig bleiben. Und wenn sie dann vielleicht eines Tages erfolgreiche Archäologen, Museumsverwalter, Kunstsammler, Botaniker oder Antiquitäten- und Trödel-Händler geworden sind, dann werden sie fortwährend in sich jenen Erwachsenen besiegen müssen, der ihnen damals sagte: «Nein, das will ich in meinem Hause nicht haben!»

Die Spontaneität des Kindes, das auch in Ihnen lebt, ist so beschaffen, daß es Sie zu jeder Zeit mit allem möglichen zu amüsieren vermag. Es kann irgendwelche alten Spulen, Steine, Kreidestückchen oder Bälle sammeln und Sie stundenlang damit faszinieren. Vielleicht haben Sie gelernt, jene Bedürfnisse zu verdrängen, aber sie sind immer noch lebendig. Wenn Sie merken, daß Sie ein vollkommen verplantes Leben haben, in dem alle Ziele feststehen und Sie genau wissen, was als nächstes passiert, wenn Sie sich nur noch mit Fragen der Organisation, der Sauberkeit und Ordnung beschäftigen, halten Sie inne! Sie haben dann vergessen, ein Kind zu sein.

Um Ihre kindliche Spontaneität zu reaktivieren, probieren Sie vielleicht einmal das Folgende aus.

Sehen Sie sich Ihren Terminkalender für die nächsten Wochen an. Ist Ihre Zeit so verplant, daß Sie niemals zehn Minuten übrig haben, um von Ihrer Pflicht und Routine abzuweichen? Wenn dies der Fall sein sollte: Wie viele jener geplanten Aktivitäten können Sie streichen, um einmal ziellos auf der Landkarte herumzuwandern? Nehmen Sie sich einfach die Zeit, um in Ihr Auto zu steigen und nach Norden zu fahren, ohne Straßenkarte, von Moment zu Moment entscheidend, welche Straße Sie als nächste nehmen wollen! Oder versuchen Sie es mit dem alten Kinderspiel: Immer wenn Sie Zweifel haben, welchen Weg Sie eigentlich gerne nehmen würden – halten Sie an und werfen Sie eine Münze.

Hören Sie auf, sich selbst Zwänge aufzuerlegen, was die Organisation und Lebensplanung anderer Menschen betrifft. Ermutigen Sie statt dessen deren «Kind» zur Spontaneität. Seien Sie sich bewußt, daß das, was Sie ein ordentliches Zimmer oder Haus nennen, überhaupt nicht «besser» ist als das «Chaos» im Zimmer Ihres Kindes, das vollgestopft ist mit Dingen, die Sie vielleicht als «Müll» bezeichnen. Das nächste Mal, wenn Sie ein Freund anruft und vorschlägt, etwas spontan miteinander zu unternehmen, und Sie sich dabei ertappen, daß Sie sagen: «Oh, ich kann nicht...» – denken Sie noch einmal darüber nach! Fragen Sie sich, ob Sie es sich leisten können, zu sich selbst und zu anderen immer dann, wenn Sie spontanes Handeln unterdrücken wollen, «ich kann nicht» zu sagen. Vergessen Sie doch einmal das übliche Rasenmähen am Samstagmorgen! Gehen Sie mit Ihrem Freund spontan zum Flohmarkt! Wenn Sie einmal auf einen solchen spontanen Anruf eingegangen sind und anschließend feststellen, wieviel Spaß das machen kann, dann werden Sie bald mehr solche Angebote bekommen – und einige auch selbst machen.

Geben Sie sich eine Chance, sich spontan an den Dingen, die Sie machen, zu freuen. Nur weil Sie früher schon einmal Ballspiele gesehen haben, ertappen Sie sich vielleicht dabei zu denken, daß Sie sich langweilen werden, wenn Sie jetzt wieder ein solches Spiel besuchen. Befreien Sie sich von dieser Einstellung, indem Sie jedes neue Spiel als eine einzigartige Chance ansehen: Sie haben niemals vorher dieses Spiel an diesem Tag gesehen. Wenn Sie auf eine Party gehen oder an einem anderen gesellschaftlichen Ereignis teilnehmen müssen, nur um Ihren Ehepartner zu begleiten oder aus irgendeinem Pflichtgefühl heraus, dann werden Sie vielleicht zu Ihrem Partner sagen: «Ich weiß, daß dies eine langweilige Party werden wird. Ich möchte auf jeden Fall nach einer Stunde gehen.» Wenn Sie bereits so planen, daß Sie bestimmt keinen Spaß haben werden, wird diese Prophezeiung sich natürlich erfüllen. Nur wenn Sie sich entscheiden, nachdem Sie auf der Party angekommen sind, wie sehr Sie sie genießen wollen, geben Sie sich eine Chance, dann doch noch Spaß zu haben. Trauen Sie sich auch, die Party in dem Moment zu verlassen, indem Sie merken, daß Sie keinen Spaß mehr daran haben. Generell müssen Sie lernen, zwischen den Dingen zu unterscheiden, die Sie jetzt entscheiden müssen, und denen, die Sie ebensogut oder besser später entscheiden können. Nehmen wir zum Beispiel an, Sie möchten vielleicht am nächsten Samstag ein Fußballspiel besuchen, würden vielleicht aber auch gerne angeln oder in eine Ausstellung gehen. Sogar wenn keines von diesen Dingen eine vorherige Planung erfordert, dann möchte vielleicht die autoritäre Persönlichkeit in Ihnen jetzt entscheiden, wohin Sie gehen wollen – nur um jede Unsicherheit zu vermeiden. Das Kind in Ihnen wird dagegen sagen: «Ich brauche das jetzt nicht zu entscheiden. Ich werde schon sehen, wozu ich am Samstagmorgen Lust habe. Vielleicht wird sich bis dahin eine ganz neue Alternative eröffnen?»

Hören Sie so oft wie möglich auf das Kind in Ihnen, in ernsten wie in spielerischen Angelegenheiten. Wenn Sie wegen einer Entscheidung hin- und hergerissen sind – etwa ob Sie eine andere Arbeitsstelle annehmen sollten, ob Sie heiraten sollten oder was auch immer –, kommen Sie vielleicht deshalb nicht zu einem Entschluß, weil das Kind in Ihnen genau weiß, daß Sie dies wirklich jetzt noch nicht zu entscheiden brauchen, weil sonst die Gefahr besteht, diese Entscheidung zu hastig zu fällen und dabei die Tatsache außer acht zu lassen, daß Sie später mehr Informationen und/oder eindeutigere Gefühle haben werden. Eine später getroffene, spontane Entscheidung wird vielleicht besser sein als eine, die aus den Zwängen der Gegenwart heraus entsteht. Sie können sehr viel Zeit verschwenden und eine Menge grundloser Angst erzeugen, wenn Sie versuchen, Ihre Gefühle zu verdrängen, und Ihre Gedanken nur auf künftige Gefühlszustände richten. Wenn Sie sich jetzt nicht entscheiden müssen, dann tun Sie es auch nicht! Lassen Sie Ihrer kindlichen Spontaneität einen gewissen Spielraum.

Haben Sie keine Angst vor Fehlern

Als Sie ein kleines Kind waren, hat Sie die Tatsache, daß Sie Fehler gemacht haben, nicht eingeschüchtert. Sie waren bereit, alles zu versuchen. Und wenn es zuerst nicht richtig klappte, dann waren Sie wie das Kätzchen, das 50mal erfolglos Mäuse jagt: Sie sind eben bei jedem Versuch ein wenig besser geworden, bis Sie schließlich eislaufen konnten oder nähen oder eine Suppe kochen. Ein «Fehlschlag» war nichts, dessen man sich hätte schämen oder das man hätte vermeiden müssen. In der Tat haben Sie solche Mißerfolge nicht entmutigt, denn Sie wußten instinktiv, daß Sie nichts lernen konnten, wenn Sie nicht akzeptierten, daß es zunächst einmal nicht klappen würde. So waren Sie als Kind ständig dabei, Versuche zu machen, und haben die Tatsache akzeptiert, daß niemand weiß, wie man einen Ball wirft, wie man in tiefem Wasser schwimmt, wie man ein Fahrrad fährt oder sonst irgend etwas tut, bis er einmal einen Versuch gemacht, vielleicht einen Fehlschlag erlitten und es dann noch einmal probiert hat. Wenn es in der Natur der Kinder läge, daß sie aus Angst vor Fehlschlägen keine neuen Dinge ausprobierten, dann würden Sie nie aus ihrem Kinderwagen hinauskommen! Ebenso sind Erwachsene, die sich vor einem Fehler fürchten, innerlich nicht wirklich lebendig. Die Furcht vor einem Fehler wird für die, die niemals etwas Neues ausprobieren, schließlich zur Furcht vor dem Erfolg.

Kinder hören nur dann damit auf, durch Versuch und Irrtum zu lernen, wenn sie die neurotische Vorstellung hegen, daß sie in irgendeiner Weise minderwertig seien, sobald sie einen Fehlschlag erleiden; oder daß sie ihre Leistung mit der Leistung von anderen vergleichen müßten, die bereits mehr Erfahrung haben.

Wie kommt es, daß so viele Erwachsene, die als Kinder nie schwimmen gelernt haben, es auch als Erwachsene niemals lernen? Weil sie denken, daß es demütigend sein könnte, als «Anfänger» eingestuft zu werden und öffentlich zu zeigen, wie ungeschickt man sich in der ersten Lernphase anstellt. Nun kann der Erwachsene, wenn er dem Kind in sich erlaubt, die Herrschaft zu übernehmen, ebenso leicht oder sogar noch leichter schwimmen lernen als ein Kind, denn er weiß im Gegensatz zum Kind genau, wie er seine Muskeln koordinieren muß. Es ist nur das Lampenfieber, das Gefühl, daß er stets vor den anderen unglaublich geschickt wirken müßte, was ihn schließlich nur noch ungeschickter erscheinen läßt als die meisten Kinder.

Fragen Sie sich, ob Sie vielleicht mit zunehmendem Alter gelernt haben, mehr und mehr Dinge zu vermeiden, die vielleicht nur über «Fehlschläge» zu erreichen sind, oder ob Sie gelernt haben, sich selbst als einen «schlechten Menschen» einzuschätzen, nur weil Sie in manchen Bereichen schwache Leistungen erbringen. Sind Sie der Meinung, daß Sie nichts tun sollten, worin Sie nicht perfekt sind, und haben Sie so nicht schon längst Ihre natürlichen, kindlichen Impulse verdrängt, alles zu versuchen, wozu Sie Lust haben? Wenn dies der Fall sein sollte, wenn Sie sich immer noch davor fürchten, einen Fehler zu machen, dann können Sie diese Furcht überwinden, indem Sie erkennen, daß Sie die einzige Sache vermeiden, durch die Sie wirklich etwas lernen können: einen Fehlschlag! Wenn Sie die Fähigkeit zurückgewinnen wollen, Ihre eigenen Fehler in kindlicher Weise zu akzeptieren, dann versuchen Sie einmal folgendes:

Machen Sie eine Liste von Aktivitäten, die Sie vermieden haben, weil Sie vielleicht anfangs «ein schlechtes Bild» abgegeben hätten. Haben Sie niemals versucht, Bowling oder Golf zu spielen, zu singen, Gitarre zu spielen oder zu malen, nur weil Sie Angst hatten, daß Ihre Freunde, die wirklich gut in diesen Dingen sind, Sie von oben herab betrachten könnten? Versuchen Sie es trotzdem! Wenn einer Ihrer Freunde Ihre Anfängerversuche belächelt, dann ist er möglicherweise sowieso kein guter Freund.

Seien Sie sich bewußt, daß Sie überall in Ihrem Leben einen Fehlschlag erleiden können, ohne daß Sie deshalb als Mensch ein Versager wären! Verwechseln Sie nicht das, was Sie tun, oder wie sie es tun, mit Ihrem Wert als Mensch. Ihr Wert als Mensch beruht darauf, daß Sie ebensosehr eine Persönlichkeit sind wie jeder andere auch und daß Sie das haben, was ich «Selbstwertgefühl» nenne. Dies ist genauso ein Teil von Ihnen wie Ihr Herz oder Ihr Gehirn. Ihr «Selbstwertgefühl» ergibt sich nicht aus irgendeiner Kartei, in der über Ihre Aktivitäten Buch geführt wird.

Gleichzeitig sollten Sie keine Angst haben, anderen gegenüber zuzugeben, wenn Sie einen Fehler gemacht haben! Ob Sie nun Ihr Konto überzogen oder irgend jemanden falsch eingeschätzt haben: Versuchen Sie nicht, es zu vertuschen oder zu verleugnen. Dies wäre nur eine typisch autoritäre Reaktion. Sagen Sie einfach: «Da habe ich Mist gemacht», und bringen Sie die Sache wieder ins reine. Sie werden herausfinden, daß solche Leute, die das Kind in sich zur Geltung kommen lassen und ganz einfach ihre Fehler eingestehen, eine ganze Menge Respekt hervorrufen.

Hören Sie auf, soviel Wert darauf zu legen, in allem, was Sie oder Ihre Kinder tun, erfolgreich zu sein! Erlauben Sie dem Kind in sich, in bestimmten Dingen total zu versagen.

Nehmen wir einmal an, Sie versuchen, Ihr Auto zu reparieren, und Sie können es im Moment nicht alleine schaffen. Oder nehmen wir an, Ihr Kind fällt im Französischkurs der Oberstufe durch. Vielleicht haben Sie das Gefühl, daß die Autoreparatur eigentlich Zeitverschwendung ist und die schlechten Noten Ihres Kindes darauf zurückzuführen sind, daß der Lehrer pädagogisch versagt hat. Wenn Sie nun ein hoffnungsloser Perfektionist sind, dann werden Sie das Auto auch jetzt noch nicht in die Werkstatt bringen, und Sie werden das Kind nie selbst entscheiden lassen, ob es den Französischkurs einfach abwählen und lieber andere Kurse belegen möchte. Sie werden Ihr eigenes, spontanes Bedürfnis und das Ihres Kindes, diese Sache für den Augenblick lieber seinzulassen, bekämpfen.

Es ist gut, zu sagen «Übung macht den Meister» und «Was man beim erstenmal nicht schafft, soll man wieder und wieder versuchen» – wenn man dann immer noch das wirklich will, was man sich ursprünglich vorgenommen hat.

Wenn Sie es versucht, aber keinen Spaß daran gefunden haben – sei es nun die Kochkunst, das Verständnis für klassische Opern, Poker, eine Autoreparatur oder Französisch – warum sollten Sie dann darauf bestehen, unbedingt gut darin sein zu müssen?

Wenn Sie sich selbst unter Erfolgsdruck setzen, dann werden Sie in eine Falle geraten: Sie werden nämlich nur das versuchen, von dem Sie wissen, daß Sie darin erfolgreich sein können!

Nehmen Sie die Welt, wie sie ist

Wenn ein Kind geboren wird, dann würde es ihm nicht in den Sinn kommen, daß die Welt anders sein kann oder sein sollte, als sie wirklich ist. Das Kind öffnet seine Augen voller Erstaunen über das, was da ist, und es geht seinen Weg in die Welt, so gut es kann.

Während das Kind sich entwickelt, lernt es allmählich, bestimmte Fähigkeiten zu beherrschen: wie man aus einer Tasse trinkt, den Rasen mäht, Freunde gewinnt oder manche Leute beeinflußt. Das ist dann der Moment, in dem wahrscheinlich die ersten Schwierigkeiten auftauchen. Ein junger Mensch, der starre autoritäre Vorstellungen darüber entwickelt hat, wie die Dinge «eigentlich» sein sollten, wird vermutlich auf die Welt wütend werden, weil sie nicht seinen Erwartungen oder Anforderungen entspricht. Dies führt dann zum Syndrom des «zornigen jungen Mannes», des Menschen, der frustriert ist aufgrund seiner Unfähigkeit, Dinge zu steuern, die sich nicht steuern lassen.

Nehmen wir beispielsweise die Einstellung der meisten Leute zum Wetter. Das Wetter ist ein Naturereignis, das wir unter keinen Umständen kontrollieren können. Kinder akzeptieren die Tatsache, daß das Wetter eben auf rätselhafte Weise da ist und daß kein noch so großes Schimpfen darüber eine Veränderung bewirken könnte. Im Winter genießen die Kinder sogar den Schnee und die Schneestürme, während Erwachsene einander unbedingt sagen müssen: «Gräßliches Wetter!», und dann ärgerlich darüber werden, daß sie deshalb vielleicht ihre Pläne ändern müssen.

Aber gleichgültig, wie sehr Sie sich auch darüber ärgern, der Schnee wird deshalb doch nicht wieder tauen. Das Kind in Ihnen dagegen würde gerne hinausgehen und den Schnee genießen, aber der Erwachsene besteht vielleicht darauf, neurotische Gedanken daran zu knüpfen und den Himmel zu verfluchen.

Was Ihre unmittelbare Umgebung betrifft, können Sie auf jeden Fall Ihr Bestes tun, um die Dinge zu ändern, die Ihnen nicht gefallen. Sie können dabei helfen, in Ihrer Stadt, in Ihrem Staat oder in Ihrem Land den Rassismus zu bekämpfen; Sie können helfen, den Hungrigen zu essen zu geben, für die Verwaisten oder Behinderten zu sorgen, das schöne alte Gebäude an der Ecke zu retten – es gibt unzählige Gelegenheiten, die Welt positiv zu gestalten. Der Trick dabei ist, es so zu tun, daß Sie nicht auf die Welt wütend werden, weil es in ihr Probleme gibt.

Vielleicht kennen Sie das Wort: «Herr, gib mir die Stärke, die Dinge zu ändern, die geändert werden können, die Geduld, diejenigen zu akzeptieren, die nicht geändert werden können, und die Weisheit, den Unterschied zu erkennen.»

Das Kind in Ihnen weiß, wie man das akzeptiert, was nicht geändert werden kann, ohne deshalb die Welt als grundsätzlich schlecht einstufen zu müssen. Dies ist keine neue Weisheit, die man erst lernen muß, sondern eine vergessene Erkenntnis, die man nur neu gewinnen kann, wenn man das verlorene Kind in sich selbst wieder zum Leben erweckt.

Betrachten Sie einmal die Haltung von Kindern solchen Leuten gegenüber, die sie verletzt oder gekränkt haben. Kinder sind bereit, die Tatsache zu akzeptieren, daß sich Menschen ab und zu verletzen und kränken, da dies einfach in der menschlichen Natur liegt. Also sind sie gewillt, in ein paar Stunden zu vergeben und zu vergessen, während Erwachsene, die sich selbst im Wege stehen, vielleicht an einem ewigen, lebenslangen Groll festhalten. Das Kind in Ihnen weiß, ohne lange nachzudenken daß es schmerzhaft und selbstzerstörerisch ist, Groll zu hegen, und deshalb wird es automatisch vergeben und vergessen, wenn nicht der rational urteilende Erwachsene in Ihnen die Oberhand gewinnt! Denn dann werden Sie auf ewige Zeiten hassen, gleichgültig, wie schwer das für Sie sein mag.

Dieses akzeptierende Kind in Ihnen kann Ihnen dabei helfen, alle anderen menschlichen Erfahrungen durchzustehen. Es wird einfach die Dinge so nehmen, «wie sie kommen», und mit ihnen so umgehen, wie es ihm im Moment am sinnvollsten erscheint.

Stellen Sie eine Liste der Dinge auf, die Sie regelmäßig ärgern oder über die Sie in letzter Zeit geklagt haben. Beginnen Sie mit jenen, die Ihnen sofort in den Sinn kommen. Vielleicht ist gestern der Herd kaputtgegangen, ein Baum auf dem Hof geht ein und muß abgesägt werden, die Preise für Gas sind gestiegen, oder Ihr Dreijähriger hat wieder einmal das ganze Seifenpulver im Wohnzimmer verstreut, und er macht immer solche Sachen; oder vielleicht laufen Sie gern Ski, aber es gibt in diesem Jahr kaum Schnee, und darüber sind Sie so wütend, daß Sie mit den Zähnen knirschen. Was Sie auch ärgert, schreiben Sie es auf.

Was nun zum Beispiel den Schnee oder das Wetter allgemein betrifft, vergessen Sie es – finden Sie einfach Wege, um im Winter und in jeder anderen Jahreszeit Spaß zu haben.

Sehen Sie sich nun Ihre Liste an. Wie viele «Vergiß es!» haben Sie? Wie viele Punkte es auch sein mögen – vergessen Sie sie! Wenn

Sie sich das nächste Mal über diese oder ähnliche Dinge ärgern, hören Sie damit auf und lachen Sie darüber: So ist das Leben!

Was solche Dinge betrifft, bei denen Sie vielleicht etwas verändern könnten, suchen Sie sich diejenigen aus, die Ihnen persönlich am wichtigsten sind. Widmen Sie ihnen ein wenig Zeit und ein paar Gedanken – und tun Sie etwas gegen Ihren Frust, wenn Sie Gelegenheit und Lust dazu haben. Was die anderen anbetrifft, schreiben Sie sie – jedenfalls vorläufig – ebenfalls auf die «Vergiß es!»-Liste.

Diejenigen Probleme, gegen die Sie ganz sicher etwas unternehmen können, sollten Sie auf jeden Fall angehen!

Wenn Sie nun Ihre Aufstellung durchlesen und sich fragen, worüber Sie nun eigentlich deprimiert sein müßten, dann werden Sie herausfinden, daß die Antwort lautet: über gar nichts! Dies bedeutet nicht, daß Sie nicht irgendwann über irgend etwas ärgerlich und frustriert sein werden. Sie wären ja ein Roboter, wenn das nicht der Fall wäre. Aber die Frage ist, wie lange Sie in einem Zustand des permanenten Ärgers verharren wollen und wie häufig Sie sich selbst grundlos dort hinmanövrieren, nur weil Sie die Welt nicht so akzeptieren können, wie sie ist.

Versuchen Sie, alle negativen Urteile über sich selbst jeden Tag wenigstens für kurze Zeit zu vergessen, indem Sie einfach die Welt so akzeptieren, wie sie ist. Verbannen Sie alle Vorstellungen von dem, was andere von Ihnen erwarten, aus Ihrem Kopf. Wenn Sie alle Bereiche, in denen Sie sich selbst nicht akzeptieren, durchgehen, dann werden Sie feststellen, daß praktisch jede Selbstkritik äußeren, kulturbedingten Quellen entspringt! Fragen Sie sich einmal, wie viele Gefühle von Schuld und Unzulänglichkeit Sie hatten, als Sie zwei Jahre alt waren.

Bei der Beurteilung anderer Menschen sollten Sie so vorgehen, wie Kinder es tun. Kinder haben keine Vorurteile, weil sie jedermann vollkommen offen und freundlich gegenüberstehen. Es sei denn, diese Leute wären andauernd gemein und unfreundlich zu ihnen. Alles, was Kinder interessiert, ist: Wieviel Spaß kann man mit einer anderen Person jetzt haben, wie interessant, verständnisvoll und einfühlsam ist dieser Mensch jetzt? Sie machen sich keine

Sorgen darüber, ob jemand, der schwarz ist, nicht eigentlich weiß sein sollte oder ob Frauen sich nicht «wie Männer» verhalten sollten. Sie haben eben nicht solche Vorurteile wie viele Erwachsene. Vertrauen Sie auf Ihre kindlichen Impulse gegenüber jedem, der Ihnen begegnet, und Sie werden entdecken, daß Sie ein sehr viel offenerer, freundlicherer und glücklicherer Mensch werden.

6. Den inneren Signalen vertrauen

Es war bis hierher eines der wesentlichen Anliegen dieses Buches festzustellen, in welchem Ausmaß das natürliche menschliche Streben nach Glück, Wachstum und Kreativität – nach «Selbstverwirklichung» – häufig systematisch unterdrückt und pervertiert wird durch die autoritäre Einstellung, die in unserer Gesellschaft vorherrscht. Charakteristisch für diese autoritäre Einstellung ist die überall erkennbare Sucht nach Reichtum, Prestige, Beförderungen, Bewunderung durch andere, formalen Ehrungen und allen Arten von Statussymbolen. Damit Sie allen jenen Verlockungen «erfolgreich» nachlaufen können, gibt es zudem bestimmte Höflichkeitsregeln, Sitten, Traditionen und andere Zwänge. Sie werden andauernd von der Werbung und von Ihren Mitmenschen mit den unterschiedlichsten Empfehlungen manipuliert. Sie werden dazu angehalten, Äußerlichkeiten bis zur Erschöpfung nachzujagen. Die gefährliche Botschaft, die in solcher Propaganda verbreitet wird, lautet: Je mehr Sie von diesen Äußerlichkeiten anhäufen, desto erfüllter wird Ihr Leben sein.

Ein Teil der Anziehungskraft dieser Äußerlichkeiten besteht darin, daß sie es den Menschen leichter machen, ihren eigenen Wert und ihre relative Stellung in der sozialen Hackordnung einzuschätzen. Wenn Sie zum Beispiel bis in alle Einzelheiten entsprechend den Vorstellungen des Herrn Knigge leben, dann können Sie sicher sein, daß Sie «gute Manieren» haben und sich denen gegenüber, die die Verhaltensregeln des Herrn Knigge nicht so gut kennen, überlegen fühlen können. Und wenn Sie drei Autos haben, dann wird niemand über Sie sagen, daß Sie nicht erfolgreich wären.

Neben den von außen kommenden Signalen, die Sie andauernd dazu anregen, immer angestrengter und hastiger nach diesen Äußerlichkeiten zu streben, melden sich in Ihnen zahllose innere Signale, die mit den äußeren um die Kontrolle über Ihr Leben ringen. Diese inneren Signale sind Gedanken oder Gefühle. Ihr Ursprung sind Ihre Instinkte und die Stimme des Kindes, das in Ihnen lebt. Eine innere Orientierung vermittelt Ihnen auch eine Ahnung von den höheren Bedürfnissen als Mensch auf dem Weg zur grenzenlosen Selbstverwirklichung und ein Gefühl für den Sinn und die Bedeutung Ihres Lebens.

Es ist wichtig für Sie zu lernen, auf Ihre inneren Signale zu achten und nicht nur die äußeren Regeln und Vorschriften zu befolgen. Für die meisten Menschen ist dies der schwierigste Schritt in Richtung auf ein erfülltes und selbstverwirklichtes Leben. Wir alle sind darauf gedrillt worden, auf die äußeren Vorschriften zu achten, und die Sicherheit, die sie uns geben, nehmen wir so wichtig, daß wir fast darunter ersticken. Das Vertrauen auf die inneren Signale ist deshalb möglicherweise der bedeutendste Schritt, um vollkommen lebenstüchtig und so kreativ lebendig werden zu können, wie es nur möglich ist.

Einige Forscher haben den Begriff «fremdgesteuert» verwendet, um abhängige von eigenständigen Menschen zu unterscheiden. Psychologen haben geschätzt, daß 75 Prozent der Menschen in der westlichen Welt im wesentlichen «fremdgesteuert» sind. Es ist offensichtlich, daß viele von uns selbst daran arbeiten müssen, ihr Kontrollzentrum von außen nach innen zu verlegen. Denn jeder von uns ist völlig frei zu wählen, wieviel Kontrolle er über sein eigenes Schicksal ausüben möchte und in welchem Maße wir äußeren Signalen erlauben wollen, über unser Leben zu bestimmen. Wenn Sie sich zum Beispiel beim Kauf eines Kleidungsstückes – einem eigentlich recht unwesentlichen Vorgang – davon leiten lassen, was vielleicht ein anderer aussuchen würde, der einen «besseren Geschmack» oder ein «besseres Auge für modische Dinge» hat, und sich nicht auf Ihren eigenen Geschmack verlassen und davon ausgehen, ob das Kleidungsstück bequem ist, preislich angemessen und

ob Sie sich selbst darin gefallen, dann überlassen Sie anderen die willkürliche Entscheidung darüber, wie Sie sich anziehen.

Wenn darüber hinaus äußere Einflüsse noch wichtigere Entscheidungen in Ihrem Leben bestimmen – etwa die Frage, wie Sie Ihre Kinder erziehen oder auf welche Weise Sie Ihren Lebensunterhalt verdienen wollen, wo Sie wohnen wollen und, was am allerwichtigsten ist, auf welche Weise Sie Ihr eigenes Leben genießen – dann kann dies zu verhängnisvollen inneren Konflikten führen, weil Sie dauernd Ihre inneren Signale unterdrücken müssen. Sie machen sich praktisch zu einem Sklaven Ihrer Umwelt, der gewillt und bereit ist, sich jederzeit manipulieren zu lassen.

Dagegen kann das Lauschen und das Sich-Einstellen auf das Zusammenspiel aller inneren Signale Ihnen ein echtes Gefühl der Sicherheit, des Friedens und der Freude vermitteln. Je stärker Sie Ihren inneren Signalen vertrauen, desto mehr werden Sie lernen, die Kontrolle über Ihr Leben in Ihre eigenen Hände zu nehmen – wo sie auch hingehört.

Lassen Sie mich jedoch eines ganz deutlich betonen: Ich betrachte den selbstverwirklichten Menschen als jemanden, der instinktiv andere in derselben Weise liebt und akzeptiert wie sich selbst, der deshalb auch sehr stark auf andere achtet und auf sie eingeht, weil er sonst seine eigenen inneren Signale mißachten würde. Diese Signale führen ihn nämlich ganz von selbst immer wieder zu einem offenen, ehrlichen und gleichrangigen Kontakt mit anderen. Außerdem halte ich nichts von denen, die mir einzureden versuchen, es sei «selbstsüchtig», mein Leben nach eigenem Gutdünken zu gestalten. Ich glaube nicht, daß es selbstsüchtig ist, sich selbst zu lieben und sich als eine Person mit Wert und Würde und mit dem Recht auf ein glücklicheres Leben zu betrachten.

Unsere ganze Gesellschaft wird davon profitieren, wenn Führungspersönlichkeiten und «Durchschnittsbürger» starke, innengelenkte Menschen sind. Bürger, die selbständig denken, und ein Land, in dem jeder Mensch sich selbst vertraut, wären gegen skrupellose Führer praktisch immun. In Familien, deren Mitglieder auf ihre eigenen inneren Signale und die der anderen achten, ist gegenseitiger Respekt – und nicht eine autoritäre Hierarchie – das Band, das die Gemeinschaft zusammenhält. Und in der Beziehung zwischen zwei Menschen, in denen beide fähig sind, auf ihre eigene innere Stimme zu hören, besteht die bestmögliche Garantie, daß keiner versuchen wird, den anderen zu manipulieren. Nur so besteht die einmalige Chance für eine liebevolle und lang andauernde Beziehung.

Verantwortung für sich selbst übernehmen

Der erste Schritt, um Vertrauen auf Ihre inneren Signale zu gewinnen, besteht darin, Ihr Denken und Verhalten zu überprüfen und festzustellen, welches die Bereiche in Ihrem Leben sind, in denen Sie sich zu stark einer äußeren Kontrolle unterworfen haben. Die folgende Liste wird Ihnen dabei vielleicht eine Hilfe sein.

Jeder von uns wird Aussagen aus beiden Kategorien der Liste benutzen, um deutlich zu machen, warum er sich gerade so gut oder schlecht fühlt – und häufig gibt es zwischen beiden eine enge Verbindung. Wenn zum Beispiel Ihre Eltern nicht gut zu Ihnen sind, wenn Sie das Gefühl haben, daß sie Sie nicht wirklich lieben, sondern nur als jemanden benutzen, den man beherrschen und herumkommandieren kann, um die eigenen Illusionen von Macht zu nähren, dann werden Sie kaum sagen können, daß Sie Ihre Eltern respektieren – unabhängig davon, ob Sie sie nun lieben oder nicht.

Wenn Sie dann Ihre Gedanken im wesentlichen von außen bestimmen lassen, dann werden Sie zu sich selbst sagen: «Meine Eltern behandeln mich schlecht, sie machen mich einfach unglücklich», und Sie werden immer in diesem Zustand des Unglücklich-Seins bleiben. Es gibt keinen anderen Weg heraus aus diesem Gefängnis als den, den Sie von Ihrem eigenen Inneren her beschreiten.

Gefühlszustände – von innen oder von außen gelenkt

	Stimmungen und Gefühle werden auf äußere Faktoren zurückgeführt	*Stimmungen und Gefühle werden auf innere Signale zurückgeführt.*
Glücklich sein		
	1. Die Welt ist großartig.	1. Ich gestalte meine Welt selbst so großartig wie möglich.
	2. Meine Eltern sind gut zu mir.	2. Ich liebe und respektiere meine Eltern.
	3. Meine Freunde behandeln mich gut.	3. Ich habe Freude an meinen Freunden.
	4. Die Dinge entwickeln sich positiv.	4. Ich habe mir selbst ein gutes Leben eingerichtet.
Zurechtkommen	5. Niemand schubst mich herum.	5. Ich lasse es nicht zu, daß irgend jemand mich herumschubst.
Emotionale Neutralität		
Sich durchschlagen	1. Meine Eltern behandeln mich schlecht.	1. Ich lasse es zu, daß meine Eltern mich traurig machen.
	2. Meine Freunde behandeln mich schlecht.	2. Ich habe keine guten Freunde.
	3. Alles hat sich gegen mich verschworen.	3. Ich richte überall Chaos an.
Passivität	4. Alle sind hinter mir her.	4. Ich lasse es zu, daß andere mir schaden.
Panik	5. Die Welt ist ein schrecklicher Ort	5. Ich kann mit der Welt nicht fertig werden.
Unglücklich sein		

Wenn Sie Ihre Eltern, Ihre Freunde, die Welt oder sonst etwas für Ihr Unglück verantwortlich machen, wenn Sie darauf bestehen, daß äußere Faktoren allein dafür verantwortlich sind, wie Sie sich fühlen, dann werden Sie vergeblich darauf warten, daß die anderen ihre Haltung ändern.

Nur wenn Sie nach den inneren Ursachen für Ihre Gefühle suchen, wenn Sie außen orientierte Urteile in innen orientierte Aussagen «übersetzen», dann können Sie Möglichkeiten finden, um Ihre Situation zu verbessern.

Sicherlich haben auch innengelenkte Menschen negative Gefühle, aber sie werden von sich aus so viel Verantwortung wie möglich für diese Gefühle und für deren Veränderung übernehmen. Deshalb haben sie eine weitaus größere Chance, sich von negativen Gefühlen zu befreien, als Leute, die nur herumsitzen und hoffen, daß die Welt sich irgendwann von selbst ändern und sie glücklicher machen wird.

Wenn Sie sich dabei ertappen, daß Sie andauernd denken, Ihr Unglück sei lediglich von außen verursacht, dann müssen Sie diese Denkmuster ändern. Vielleicht beginnen Sie damit zu sagen: «Ich hasse meine Eltern, weil sie mich mißhandeln.» Jetzt haben Sie zumindest Ihre Aufmerksamkeit auf Ihren eigenen Haß gerichtet, der Sie unglücklich macht. Wenn natürlich Ihr Vater die ganze Zeit betrunken ist und Sie grün und blau schlägt, dann müssen Sie den äußeren Grund für Ihr Unglück verändern – indem Sie irgendeine Möglichkeit finden, um zu vermeiden, daß Sie geschlagen werden. Dies bedeutet vielleicht, daß Sie von zu Hause ausziehen oder jemanden finden, der Sie vor Ihrem Vater schützt. Sie werden vielleicht auf diese Weise niemals zu einem von innen verursachten Gefühl des Glücks kommen und sagen: «Ich liebe und respektiere meinen Vater, weil er gut zu mir ist», aber Sie können über einen Umweg etwas erreichen, indem Sie sagen: «Ich lasse mich von niemandem schlecht behandeln. Ich werde es nicht zulassen, daß ich aus Haß auf meinen Vater handlungsunfähig werde.» Und: «Ich tue mein Bestes, um meinem Vater dabei zu helfen, sein Problem zu überwinden, so daß ich ihn wieder lieben und respektieren kann.»

Wenn Sie feststellen, daß Sie gewöhnlich zwanzig Gründe dafür finden, warum Sie unglücklich sind, aber kaum auch nur ein paar Dinge, die Sie glücklich machen, dann wette ich, daß die meisten der Gründe, die Sie für Ihr Unglück aufgezählt haben, «von außen bestimmt» sind. Sie müssen dann Ihre Denkweise ändern und ein mehr innengelenkter Mensch werden – dies ist der einzige Weg, der dahin führt, daß Sie Ihr Leben wirklich erfolgreich meistern.

Wahre Selbstachtung gewinnen

> Vor allem eins: Dir selbst sei treu,
> Und dies muß folgen wie die Nacht dem Tag,
> Du kannst dann gegen niemand falsch mehr sein.
> *Polonius zu Laertes,*
> *Hamlet, 1. Akt, Szene III*

Wenn Sie Ihren inneren Signalen folgen wollten, müssen Sie auf Ihre Gefühle vertrauen und sich auf Ihr eigenes Gewissen und Ihr eigenes moralisches Urteil verlassen.

Sich selbst treu zu sein bedeutet vor allem, zu sich selbst vollkommen ehrlich zu sein. Es bedeutet, daß Sie wieder mit Ihrem elementaren menschlichen Gespür für Gerechtigkeit und Fairneß gegenüber sich selbst und anderen in Kontakt kommen. Es bedeutet, daß Sie sich von dem defensiven oder manchmal fast paranoiden Denken und dem ewigen Sich-Entschuldigen befreien müssen, auf das Sie sich so lange als Alibi für Ihr Unglücklich-Sein verlassen haben.

Nur Sie können Ihre eigene Identität erschaffen und verwirklichen. Nur Sie können Ihre eigene innere Symphonie dirigieren. Aber vergessen Sie nie: Wenn Sie die ganze Verantwortung für das Dirigieren dieser Symphonie aus Gedanken und Gefühlen übernehmen, dann müssen Sie das gesamte Orchester anhören. Sie können nicht einfach zur Trommel der von außen eindringenden Befehle marschieren. Sie müssen auch den leiseren Tönen Ihres Gewissens lauschen, auf die Stimme des Kindes in Ihnen und auf all die anderen Botschaften, die von innen kommen. Nur Sie selbst sind in der Lage, diese Klänge zu dirigieren, so daß daraus ein harmonisches Ganzes entsteht.

Wie der französische Moralist La Rochefoucauld sagte: «Wenn wir in uns keinen Frieden haben, dann ist es sinnlos, ihn in äußeren Dingen zu suchen.»

Selbstbetrug – warum?

Der Selbstbetrug, der so viele von uns dazu bringt, unsere inneren Signale zu ignorieren, beginnt eigentlich damit, daß wir versuchen, andere zu betrügen.

Das kleine Kind beherrscht noch nicht die Fähigkeit, sich selbst oder andere zu betrügen. Da es praktisch nichts über von außen kommende Signale weiß, handelt es allein auf der Grundlage seiner inneren Signale. Erst wenn es versteht, daß ein Belohnungssystem existiert, welches von außen Gefühle, Reaktionen und Verhalten beeinflußt, kommt es in Versuchung, ein wenig zu «schwindeln» und in selbstzerstörerischer Weise zu denken und zu handeln.

Durch Schwindeleien wollen wir anderen etwas vormachen, damit sie denken, wir seien etwas, was wir in Wirklichkeit gar nicht sind. Wir wollen versuchen, andere zu manipulieren, und erreichen, daß wir uns ihnen «überlegen» fühlen. Wir entwickeln einen falschen Stolz, wir beginnen anzugeben, zu heucheln – vor allem, indem wir andere für Dinge verurteilen, die wir selbst tun –, und wir versuchen, das System der Belohnungen zu unserem eigenen Vorteil zu nutzen. Dabei setzen wir dann häufig Ärger, Sticheleien oder Arroganz ein, um unsere Ziele zu erreichen.

Die Unehrlichkeit gegenüber uns selbst kann weitgehend an der Bereitschaft gemessen werden, uns selbst untreu zu werden, um anderen möglichst glaubwürdig eine falsche, der Wirklichkeit nicht

entsprechende Vorstellung von uns zu geben. Jeder von uns kennt Leute, die bestimmte Dinge tun, nur um «anzugeben». Es gibt viele Menschen, die so tun, als wären sie offen und ohne Vorurteile, wenn es ihnen im Moment vorteilhaft erscheint, die sich dann aber umdrehen und über ihre Mitmenschen schlecht reden. Andere zerreißen sich das Maul über die verdorbene Jugend und den Drogenmißbrauch, während sie selbst regelmäßig Schlaftabletten oder fragwürdige Aufputschmittel konsumieren, um ihren Alltag überhaupt bewältigen zu können.

Es ist Selbstbetrug, wenn Sie versuchen, sich und andere davon zu überzeugen, daß Sie etwas sind, was Sie in Wirklichkeit nicht sind, und zugleich den inneren Signalen mißtrauen, die Ihnen sagen, wer Sie wirklich sind. Dies bedeutet eigentlich, daß Sie sich selbst immer wieder von neuem in die Irre führen, und je mehr Sie sich betrügen, desto mehr werden Sie sich selbst verachten.

Ein sehr konkretes Beispiel für die Konsequenzen eines derartigen Selbstbetrugs kommt aus meinem eigenen Leben. Möglicherweise müssen auch Sie erst eine tiefgreifende persönliche Erfahrung des Unehrlich-Seins machen, bevor Sie empfinden können, was das bedeutet.

Ich spielte einmal Tennis mit einem Partner, der eigentlich viel besser war als ich, und ich glaubte, daß ich mich selbst übertreffen müßte, um ihn zu schlagen. Aber ich wollte unbedingt gewinnen. Der Spielstand war fast gleich, als er einen Ball schlug, von dem ich wußte, daß ich ihn nicht zurückschlagen konnte. Während der Ball kam, dachte ich für den Bruchteil einer Sekunde: «Dieser Ball muß einfach aus sein!» Plötzlich hörte ich mich «Aus!» schreien, obwohl ich erkannte, daß er tatsächlich gerade noch im Spielfeld war.

Ich mußte nun blitzartig entscheiden, ob ich ehrlich sein und den Punkt aufgeben oder die Sache zu meinem Vorteil belassen wollte. Mein Gegner hatte die Situation nicht genau erkennen können, weil er nicht hundertprozentig darauf geachtet hatte, wo der Ball aufgekommen war.

Ich beließ es dabei, gewann den Punkt und den Satz, aber ich fühlte mich sehr schlecht. Da ich meine Selbstachtung irgendwie verloren hatte, wurde mein Spiel immer miserabler. Ich verlor die nächsten drei Sätze und schließlich das ganze Spiel, obwohl zu Anfang meine Chancen sehr gut standen.

Damals habe ich meinem Gegner nicht gesagt, warum mein Spiel plötzlich so schlecht wurde. Mein eigenes Gefühl des Ärgers über mich selbst reichte aus, um mir die Lektion zu erteilen, die ich brauchte: daß es für mich sehr viel wichtiger war, ehrlich zu sein, als unbedingt zu gewinnen.

Seit jenem wichtigen Tag bin ich viele Male in der gleichen Situation gewesen, und ein paarmal habe ich mich wieder dabei ertappt, daß ich «Aus!» rief, obwohl der Ball eben noch im Spielfeld war. Aber heute sage ich daraufhin sofort: «Nein, einen Moment mal, er war doch noch gültig – ein toller Ball!» Dann stelle ich meistens fest, daß ich gut weiterspielen kann, weil ich mit mir selbst im Frieden bin.

Wenn Sie sich selbst und anderen gegenüber aufrichtig sind, dann werden Sie sich nicht nur besser fühlen, sondern Ihre Fähigkeit, «gut zu spielen», wird sich weiter verbessern. Sie werden wirklich fähig, an sich und an Ihrem Verhalten Freude zu haben.

Ehrlich werden zu sich selbst

Wenn Sie sich fragen, wen Sie mit fremdbestimmtem Denken und Handeln betrügen wollen, wenn Sie zu dem Schluß gekommen sind, daß es ein Fehler ist, irgend jemanden zu täuschen, dann sind Sie auf dem besten Wege zur totalen Ehrlichkeit und Aufrichtigkeit gegenüber sich selbst. Sie haben vielleicht ein wenig der defensiven Einstellung und der Unehrlichkeit nachgespürt, die Sie bisher an den Tag gelegt haben. Wenn dies der Fall sein sollte, dann bedeutet der nächste Schritt in Richtung auf mehr Ehrlichkeit gegenüber sich selbst nicht, daß Sie ein Schuldgeständnis ablegen oder sich wegen etwas längst Vergangenem schuldig fühlen sollten. Es bedeutet für Sie einfach zu erkennen, daß Sie früher einige Entscheidungen getroffen haben, bei denen Sie sich selbst zum Narren hielten. Akzep-

tieren Sie diese Tatsache, arbeiten Sie dann langsam an Ihrer Fähigkeit, auf Ihre inneren Signale zu vertrauen.

Ehrlichkeit gegenüber sich selbst bedeutet, daß Sie sich von dem Bedürfnis befreien, Ihr Selbstwertgefühl nach äußerlichen Kriterien auszurichten. Es bedeutet, daß Sie sich im Spiegel in die Augen sehen können und sich gut dabei fühlen, weil Sie heute gewillt waren, mit sich selbst und mit jedem anderen ehrlich zu sein, obwohl dies vielleicht äußerlich schwerwiegende Konsequenzen hat: Es könnte Sie sogar Ihren Job kosten, Ihre Ehe oder Ihren besten Freund. Sie gewinnen dabei jedoch ein sehr wertvolles Gut: Ihren inneren Frieden.

Eine ehrliche Einstellung sich selbst gegenüber erfordert eine realistische Einschätzung Ihrer Stärken und Schwächen, ein Erkennen jener Abwehrmechanismen, die Sie gegen Ihre inneren Signale aufgebaut haben, und die konsequente Arbeit, all diese Mechanismen aus Ihrem täglichen Leben zu verbannen.

Es bedarf keiner öffentlichen Erklärung, und Sie brauchen auch niemanden auf Ihr Programm hinzuweisen, wenn Sie beschlossen haben, sich selbst gegenüber ehrlich zu sein. Sie brauchen sich nur innerlich zu verpflichten, all das zu sein, was Sie sein können. Erkennen Sie, daß niemand sonst Ihnen zur Wahrheit oder Ehrlichkeit gegenüber sich selbst verhelfen kann. Sie müssen die Wahrheit in sich entdecken, wenn Sie sie für Ihr Leben nutzen wollen. Vielleicht entscheiden Sie sich dafür, nach außen hin falsch zu bleiben und andere darin zu täuschen, wer Sie sind; aber auch wenn Sie diesen Weg einschlagen, können Sie doch wenigstens jetzt damit beginnen, zu sich selbst vollkommen ehrlich zu sein. Sie wissen, daß Sie in sich eine Stimme haben, die sich immer wieder für einige kurze Augenblicke melden wird, wenn Sie erneut dabei sind, in Selbstbetrug zu verfallen. Diese Stimme wird Sie unweigerlich fragen: «Warum tue ich das? Wann werde ich aufhören mit der Schauspielerei? Ich weiß, daß es mir leichter erscheint, arrogant als ehrlich zu sein, aber ich werde versuchen, das zu ändern.»

Die inneren Signale als
Schlüssel zur Kreativität

Dies ist mein letzter Punkt zum Thema «Vertrauen auf die inneren Signale». Es ist nur klug, auf seine innere Stimme zu hören: Man schafft damit die beste Basis für Kreativität. Es gibt zwar kein Standardrezept dafür, wie man ein originelles Werk schafft, wie man schöpferisch denkt, sich kreativ hervortut; es gibt keine Möglichkeit vorherzusagen, wann, wo oder von wem originelle Werke kreiert werden. Die großen Künstler, Musiker, Schriftsteller, Architekten, Wissenschaftler, Erfinder, alle wirklichen Neuerer, zeichnen sich ausnahmslos dadurch aus, daß sie nicht nur gelernt haben, wie man auf seine inneren Signale vertraut, sondern daß sie sich auch geweigert haben, die Normen anderer in bezug auf die eigenen Gedanken und Pläne zu akzeptieren. Mit anderen Worten: Die Quelle der Inspiration oder der Kreativität liegt, ebenso wie die Quelle der Jugend, im Inneren jedes Menschen verborgen.

In der Welt der Sagen und Mythen ist es «die Muse», die einen Menschen küßt und ihm zum Beispiel brillante Gedichte einhaucht. Doch das bedeutet nicht, daß die Muse ein äußerer Einfluß ist, von dem abhängt, ob der Mensch Verse schmieden kann oder nicht. Dieses Bild soll für Sie nichts anderes bedeuten, als daß Sie selbst den «Brunnen Ihrer Kreativität» öffnen müssen.

Jeder von uns hat einen solchen Brunnen von unendlicher Tiefe in sich – und dieser Brunnen birgt mehr Kreativität, als wir uns jemals vorstellen können. Der einzige Grund, warum viele von uns diese Quelle verschlossen halten, ist die Furcht, daß wir bei einem Vergleich schlecht abschneiden könnten. Zum Beispiel werden Sie häufig hören: «Ich würde wirklich gerne Lieder schreiben, aber ich bin eigentlich nicht sehr kreativ. Ich habe eben nicht solche großen Inspirationen wie die berühmten Komponisten.»

Aber wie, glauben Sie, machen es denn die fähigen Komponisten? Sie können es sich nicht leisten, jedesmal ängstlich zu fragen: «Würde wohl jemand anders es großartig finden?»

Sie haben nie den Kontakt zu ihren kindlichen inneren Signalen verloren, durch die Lieder und Melodien gleich wann entstehen können. Und sie haben niemals das Vertrauen in ihren eigenen Geschmack verloren. Viele ihrer Kompositionen haben sie zunächst nur für sich selbst und ihre engsten Freunde niedergeschrieben.

Sicherlich können Sie sich daran erinnern, wie Sie sich als Kind ihre eigenen Lieder ausgedacht haben. Ich rate Ihnen: Nehmen Sie wieder Kontakt auf mit den inneren Signalen, die Ihnen Inspirationen geben für neue Lieder, Erfindungen, Rezepte oder wissenschaftliche Theorien – und lassen Sie sie ans Tageslicht kommen! Seien Sie überzeugt: Wenn das, was Sie tun, Ihnen selbst sinnvoll erscheint, wenn Sie etwas wirklich gerne machen, wenn Sie wirklich das Gefühl haben, daß Sie ein wunderbares, selbstverwirklichtes Leben für sich selbst leben – wie könnten dann alle diese Signale falsch sein?

Was ich Ihnen in diesem Kapitel vermitteln möchte: Sie und jeder andere auf dieser Welt wurden «frei geboren», um das gesamte kreative Potential in sich selbst zu entwickeln und dabei mit dem eigenen Gewissen in Frieden zu leben. Aber wenn Sie wirklich frei sein wollen, dann müssen Sie auch die gesellschaftlichen Risiken eingehen, die auftauchen, wenn Sie allen äußeren Zwängen widerstehen.

Selbstbestimmte Menschen orientieren sich an irgendeinem äußeren Belohnungssystem; sie geben sich nicht auf. Der griechische Philosoph Pythagoras sagte vor ungefähr zweitausendfünfhundert Jahren zu seinen Studenten: «Erweist euch vor allem selbst Ehre und Achtung.» Wenn Sie sich entschließen, ebenfalls diesem weisen Rat zu folgen, dann werden Sie den Schritt zum selbstbestimmten Leben machen.

Neun Wege, den inneren
Signalen zu folgen

Ich gebe Ihnen jetzt einige Tips, wie Sie Ihren inneren Signalen stärker folgen und so eine fundamentale Veränderung Ihrer Einstellungen und Ihres Verhaltens bewirken können.

Definieren Sie Ihre Ziele für sich selbst. Versuchen Sie, äußere Einflüsse auf Ihr Verhalten und Ihre Lebensumstände, von außen bestimmte Gedanken oder Gefühle soweit wie möglich auszuschalten. Anstatt zum Beispiel zu sagen: «Ich habe einen Anfall von Angst» (als hätte ein Geschwader feindlicher Flugzeuge plötzlich auf Sie Angstbomben abgeworfen), versuchen Sie diese Aussage umzuwandeln in: «Ich reagiere in dieser Situation ängstlich.» Oder anstatt zu sagen: «Meine Frau hat mir die Vorstellung eingeimpft, unter Verfolgungswahn zu leiden», sagen Sie: «Ich habe es zugelassen, daß die Meinung, die meine Frau von mir hat, für mich wichtiger geworden ist als die Meinung, die ich über mich selbst habe.» Anstatt zu sagen: «Ich habe Angst vor hohen Aussichtstürmen», versuchen Sie zu sagen: «Ich mache mir selber Angst, wenn ich mich an einem schwindelerregenden Ort befinde, sogar dann, wenn ich weiß, daß ich vollkommen sicher bin.»

Dann versuchen Sie, ob Sie diese Aussagen in Wahrheiten über sich «übersetzen» können, die vielleicht einen neuen, positiven Ansatz enthalten. Eine solche «Übersetzung» könnte zum Beispiel so aussehen: «Ich habe in dieser Situation ängstlich reagiert, weil ich fürchtete, daß mein Chef meine Arbeit bemängeln würde. Aber das war eine sinnlose Reaktion, denn er hat sie noch nicht einmal angesehen. Ich habe mir selbst Angst eingejagt, in dem ich mir das Schlimmste, was überhaupt passieren könnte, vorgestellt habe. Deshalb bin ich entschlossen, mir keine Sorgen mehr zu machen. Selbst wenn er meine Arbeit kritisiert – wie soll mir meine Angst dann helfen? Wir werden eben die Angelegenheit diskutieren und entscheiden, was als nächstes zu tun ist. Vielleicht werde ich etwas daraus lernen. Wenn er aggressiv wird und versucht, mir angst zu machen, dann ist das sein Problem, aber ich werde mich nicht mit-reißen lassen. Ich habe mein Bestes getan.»

«Ich habe mich entschlossen, nicht zuzulassen, daß meine Frau mich manipuliert, indem sie mich für Dinge verurteilt, von denen meine inneren Signale mir sagen, daß sie vollkommen in Ordnung sind.»

«Ich habe entdeckt, daß ich Angst vor Tiefen und Abgründen habe, weil ich fürchte hinunterzufallen. Im Grunde genommen habe ich Angst davor, plötzlich die Kontrolle zu verlieren und hinunter-zuspringen! Das Problem ist jetzt gelöst, weil ich mich entschlossen habe, meinen Instinkten zu vertrauen, und mir vorstelle, ich sei eine Katze, immer wenn mich die Höhenangst packt. Wird eine Katze über den Rand des Abgrunds hinwegschauen? Sicherlich. Wird sie jemals über den Rand springen? Niemals. Ich versuche, mich an verschiedenen Orten, die Schritt um Schritt höher liegen, wie eine Katze zu verhalten. Ich beginne damit, daß ich mich auf die oberste Sprosse einer Leiter stelle, und schließlich werde ich in der Lage sein, vom höchsten Gebäude der Stadt herabzublicken. Jetzt fürchte ich mich nicht länger vor der Höhe.»

Achten Sie sorgfältig darauf, wo und wann andere versuchen, Ihr Leben unangemessen zu steuern, und wehren Sie sich. Wenn Sie das Gefühl haben, daß Ihre Eltern versuchen, Sie übermäßig zu lenken, dann ist der beste Weg aus dem Käfig, ihnen in sachlicher Form deutlich zu machen, daß Sie solche Kontrollversuche in Zukunft ablehnen werden. Ob Sie sie gegen Ihren Willen dazu bewegen wol-len, Klavierunterricht zu nehmen; ob sie sagen, daß Sie nicht allein campen dürfen, obwohl Sie schon 16 sind; oder ob man Sie dahin beeinflussen will, daß Sie Arzt werden, obwohl sie selbst nicht ein-mal wissen, was Sie denn eigentlich werden möchten: Wenn Sie gleichzeitig fest und ruhig, vielleicht sogar heiter Ihren Standpunkt vertreten, werden Sie entdecken, daß diejenigen, die versuchen, Sie von außen zu kontrollieren, lockerlassen und Sie mehr respektieren. Machen Sie sich folgendes klar: Jedesmal, wenn Sie das Gefühl ha-ben, daß Sie von äußeren Belohnungen oder Signalen kontrolliert werden und daß diese Signale mit Ihren inneren Signalen kollidieren, dann geschieht dies nur, weil Sie es zulassen. Erkennen Sie: Niemand kann Sie gegen Ihren Willen zum Narren machen.

Vielleicht ist das Wesentliche, dessen Sie sich bewußt sein sollten: die Tatsache, daß Sie niemals auf Ihre Umwelt nur reagieren sollten, wenn Sie in Wirklichkeit selbst die Dinge in Bewegung setzen können. Wenn Sie einmal beschlossen haben, sich auf sich selbst zu verlassen, um aus den Sackgassen in Ihrem Leben hinauszugelangen, dann werden Sie entdecken, daß sich Ihnen überall gute und neue Gelegenheiten zur Selbstverwirklichung bieten. Sie können jede einzelne Situation in Ihrem Leben als Chance zur positiven Entwicklung ihrer Persönlichkeit betrachten, wenn Sie nur auf Ihre inneren Signale achten und die Risiken eingehen, die damit verbunden sind.

Betrachten Sie einmal die im folgenden angeführten Beispiele, und überlegen Sie, ob diese Dinge wirklich wichtig sind für Ihr Glück. Fragen Sie sich ganz ehrlich, inwieweit Sie dazu neigen, sich davon abhängig zu machen und zuzulassen, daß diese Dinge Sie von einem selbstbestimmten Leben abhalten.

Tabletten, Alkohol, Nikotin und andere «gesellschaftlich akzeptierte Drogen»

Wir sind eine Generation oberflächlich orientierter Menschen. Wir meinen, bestimmte Hilfsmittel heilen unsere Krankheiten oder versetzen uns in eine gute Stimmung.

Wie oft haben Sie wohl in letzter Zeit zu sich gesagt: «Ich kann mich selbst nicht von meinen Kopfschmerzen kurieren; ich nehme lieber diese kleine Pille, die mir das abnimmt», «Ich kann nicht schlafen», «Ich kann nicht wach bleiben», «Ich werde nicht mit den Kindern fertig», «Ich kann mich nicht entspannen», «Ich komme nicht los von dieser Verstopfung, diesem Durchfall, dieser Übelkeit am Morgen, diesen Menstruationskrämpfen, der laufenden Nase, diesem kleinen Muskelschmerz, diesem Ärger – aber ich kann ja immerhin eine von diesen kleinen Pillen nehmen.»

Diese Einstellung resultiert zum Teil aus den Werbesendungen,

von denen wir jeden Tag so lange berieselt werden, bis wir ihnen allmählich glauben.

Bei jeder Tablette, die Sie einnehmen, sagen Sie insgeheim zu sich: «Ich kann mir nicht selbst helfen, also werde ich mich auf jenes Produkt verlassen, welches mein Unbehagen beseitigt.»

Jede Pille, die Sie schlucken, verführt Sie dazu, mehr an Pillen zu glauben als an sich selbst.

Ich sage nicht, daß Sie niemals Medikamente nehmen sollten. Denn sie sind offensichtlich für viele medizinische Behandlungsarten notwendig.

Aber bevor Sie die nächste Pille nehmen, fragen Sie sich, was Sie tun könnten, um ihr Problem ohne Tablette zu lösen. Sagen Ihnen Ihre inneren Signale: «Um diese Kopfschmerzen loszuwerden, nimm ein heißes Bad, leg eine Platte mit sanfter Musik auf, oder geh ein wenig im Park spazieren.» Dann vergessen Sie die Tablette! Tun Sie, was Ihre inneren Signale Ihnen nahelegen! Sie werden erstaunt sein, wie viele alltägliche Krankheiten Ihre inneren Signale ganz gut zu kurieren wissen. Wenn Sie zu einem Arzt gehen müssen, dann sollten Sie sichergehen, daß dieser seine Aufgabe darin sieht, Ihnen zu helfen, Ihr Problem in den Griff zu bekommen, und zwar mit besonderer Rücksicht auf die natürlichen Heilkräfte Ihres Körpers und einem Minimum an äußeren Hilfsmitteln.

Es gibt eine Reihe von Mitteln, die niemals notwendig sind. Der Cocktail etwa, mit dem Sie sich angeblich besser entspannen können, die Zigarette, die Ihnen hilft, die Spannung zu lösen, Drogen, die Sie in eine gute Stimmung versetzen sollen; dies sind alles unnütze und giftige Produkte, die Sie daran hindern, für Ihre persönlichen Stimmungen die volle Verantwortung zu übernehmen. Jedesmal, wenn Sie sich auf eines dieser Mittel verlassen, um in Stimmung zu kommen, dann unternehmen Sie wieder einen Schritt, um die Kontrolle über Ihr Leben aus der Hand zu geben und sich von einem äußeren System abhängig zu machen. Wenn Sie Ihren inneren Signalen vertrauen, werden Sie es niemals zulassen, daß Sie Ihr Leben mit Tabletten, Alkohol, Tabak oder anderen Drogen vergiften, auch wenn dies von Ihrem sozialen Umfeld toleriert würde.

Kleidung und Prestige

Überlegen Sie einmal, inwieweit Sie Ihre Kleidung aufgrund von Prestige-Erwägungen aussuchen, und entschließen Sie sich, diese äußere Kontrolle so weit wie möglich zu reduzieren. Achten Sie nur auf Ihre inneren Signale, die Ihnen sagen, was Sie zu einem bestimmten Anlaß gerne tragen und kaufen möchten.

Etikette und Benimm

Inwieweit lassen Sie es zu, daß äußere Regeln Ihnen vorschreiben, wie Sie sich bei bestimmten gesellschaftlichen Anlässen zu verhalten haben?

Verlassen Sie sich auf Ihre inneren Signale, die Ihnen sagen, wie Sie sich in einer bestimmten Situation wirklich höflich benehmen? Oder meinen Sie, Sie müßten zunächst einmal Herrn Knigge oder irgendeine andere Autorität konsultieren, bevor Sie sich entscheiden, wie Sie Ihre Gabel zu halten haben, wie Sie auf eine Einladung antworten oder wie Sie sich verhalten sollten, wenn Sie sich das nächste Mal mit jemandem treffen?

Erinnern Sie sich an das Kind, das im Restaurant zwischen den Tischen entlangwandert, wie es im Kapitel 5 beschrieben wurde? Dieses Kind ist so höflich, wie es nur sein kann. Es vertraut darauf, daß andere genauso sind, und auf der anderen Seite hat es absolut kein Bedürfnis, sich nach irgendwelchen genormten Anstandsregeln zu richten, um zu beweisen, daß es wirklich höflich ist.

Respektieren Sie sich selbst und achten Sie auf Ihre inneren Signale, dem sie werden Ihnen immer sagen, wie Sie sich in einer bestimmten Situation am besten verhalten sollten. So werden Sie entdecken, daß Ihre natürlichen guten Manieren allen Verhaltensregeln, die Sie jemals in einem Buch finden können, bei weitem überlegen sind.

Geschmack

Wenn Sie ein Glas Wein probieren, sich einen Film oder eine Fernsehshow ansehen oder wenn Sie wissen wollen, ob Sie ein bestimmtes Lied mögen oder nicht – verlassen Sie sich dann vor allem auf Ihre eigenen inneren Signale, gleichgültig, wie die Meinung der anderen darüber ist? Oder schätzen Sie den Wein entsprechend seinem Etikett oder dem Preis auf der Flasche ein? Haben Sie gegenüber einer bestimmten Theateraufführung ein Vorurteil, das sich daran orientiert, was «die Kritiker» bereits darüber gesagt haben?

Die Franzosen sagen: «Chacun à son goût.» Jeder nach seinem eigenen Geschmack. Dies bedeutet, daß in Fragen des Geschmacks Sie allein der einzige Richter sind. Wenn Sie Ihre inneren Signale gewöhnlich abblocken und lieber sagen, was man von Ihnen erwartet, dann werden Ihnen die folgenden Beispiele Anregungen vermitteln, wie Sie wieder mit Ihrem wirklichen, persönlichen Geschmack in Kontakt kommen können.

Das nächste Mal, wenn Sie irgendeinen der üblichen Drinks an einer Bar bestellen wollen, dann lassen Sie den Barkeeper doch eine der teuren Marken bringen und ein Glas von seiner gewöhnlichen, billigeren Marke – ohne daß Sie selbst sehen, was Sie vor sich haben. Probieren Sie beide und entscheiden Sie sich, welche von beiden Sie lieber mögen. Wenn Sie keinen Unterschied feststellen können, dann nehmen Sie das nächste Mal die billigere. Wenn Sie wirklich die teurere Marke vorziehen, dann genießen Sie sie um des Geschmacks und nicht um des Prestiges willen, das mit dem Trinken dieser Marke angeblich verbunden ist.

Wenn Sie wieder einmal ein Kunstmuseum besuchen, das Haus eines Freundes, der Gemälde besitzt, oder irgendeinen anderen Ort, wo Kunstwerke zu sehen sind, dann überlegen Sie doch einmal, an welchen Exponaten Sie wirklich Freude haben.

Sie werden bald feststellen, daß Menschen, die sich in ihrem Geschmacksurteil am stärksten an Autoritäten orientieren, Sie gerade dafür besonders respektieren, daß Sie es wagen, sich auf Ihr eigenes Urteil zu verlassen.

Werbung

Jedesmal, wenn Sie eine Werbung lesen, hören oder sehen, dann machen Sie sich bewußt, daß dies nur eine Art Propaganda ist, die Sie davon überzeugen soll, daß die Meinung anderer wichtiger ist als Ihre eigene. Werbebotschaften zielen alle darauf ab, Ihr Selbstbewußtsein zu untergraben. Sie sollen nach irgendwelchen äußeren Belohnungen süchtig werden. Man gaukelt Ihnen vor, daß Sie dann glücklich werden, wenn Sie ein bestimmtes Produkt kaufen.

Das nächste Mal, wenn Sie Werbung hören oder sehen, dann fragen Sie sich: «Welche Informationen habe ich daraus abgeleitet, die mir geholfen haben zu entscheiden, ob dieses oder jenes Produkt für mich wirklich nützlich ist? Inwieweit war dies nur eine Aufforderung, dieses oder jenes Erzeugnis zu kaufen, weil andere mich kritisieren könnten, wenn ich es lasse?»

Wenn Sie sich unter diesem Aspekt genügend Werbesendungen ansehen, dann werden Ihre inneren Signale Ihnen bald sagen, daß fast keiner dieser Spots ernst zu nehmen ist.

Soziale Rangstufen

Kindergarten, erste Klasse, zweite Klasse ..., sehr gut, gut, befriedigend ..., Anfänger, Fortgeschrittene, Könner ... – wir gehören zu einem Kulturkreis, in dem man besessen ist von Klassifizierungen, von Rängen und Hierarchien aller Art, von Äußerlichkeiten, durch die man den «Fortschritt» oder den «Status» von jedermann in fast allen Lebensbereichen einschätzen und bewerten kann.

Wenn wir darüber nachdenken, dann werden wir sofort erkennen, daß es sehr viele Abstufungen und Kategorisierungen gibt, die vollständig unnötig sind. Sogar bei den offensichtlich legitimen hat man das Gefühl, daß man sie bei weitem zu ernst nimmt. Somit erkennen wir sehr wohl, welche destruktiven Wirkungen dies auf unsere Glückschancen hat.

Unser gesamtes Erziehungssystem folgt einer absurden Logik:

Schon in der ersten Klasse bekommen Kinder eine Beurteilung – und später richtige Zeugnisse, denn wie sollte man sonst wissen, ob man die Kinder in die nächste Klasse versetzen kann? Dies geht im Laufe von zehn oder dreizehn Schuljahren immer so weiter, und es scheint, als ob auf jedem Schritt dieses Weges Noten unbedingt notwendig wären.

Diese Einstufungs- und Zeugnissysteme helfen jedoch niemandem beim Lernen. Ihr wesentlicher, grundlegender Zweck ist, Sie zu einem außenorientierten Menschen zu machen, Sie dahin zu bringen zu akzeptieren, daß der wichtigste Teil Ihrer Erziehung an den Noten und an anderen äußeren Belohnungen, die die Lehrer Ihnen geben, gemessen wird. Das gesamte Erziehungssystem zielt darauf, Sie durch ein von außen willkürlich festgelegtes Labyrinth von Noten hindurchzumanövrieren, und nicht so sehr darauf, Sie zu lehren, die wirkliche Freude zu empfinden, die das Lernen bereiten kann. Betrachten wir einmal die verschiedenen Titel, die unsere Gesellschaft zu vergeben hat. Es ist an sich nichts verkehrt daran, den Rang eines Leutnants oder den Titel eines Professors zu besitzen. Die Streitkräfte müssen einer straff organisierten Kommandostruktur unterstehen und die Fakultäten einer Universität zumindest in der Weise organisiert sein, daß die akademischen Freiheiten geschützt werden. Wir müssen uns jedoch immer wieder fragen: «Ist meine gute Note oder meine Beförderung nur dadurch zustande gekommen, daß ich mich an äußeren Signalen ausgerichtet habe, die mir gesagt haben, ich müsse unbedingt die nächste Stufe der Anerkennung erklimmen? Oder ist die Beförderung nur ein angenehmes Nebenprodukt auf dem Weg zum Erfolg, den ich für mich persönlich eingeschlagen habe?»

Wenn Sie sich zum Schluß einmal vorstellen, daß Sie alle Menschen, die Ihnen Zeugnisse erteilen oder Sie in bestimmte Ränge einordnen, in derselben Weise beurteilen sollen, wie Sie von ihnen beurteilt werden, dann werden Sie sicher oft laut lachen müssen und schließlich zu einer sehr viel besseren, von innen heraus orientierten Perspektive aller äußeren Einstufungen, Ränge und Hierarchien gelangen.

In den üblichen Beurteilungssystemen ist die Motivation, etwas wirklich Herausragendes zu leisten, deutlich vermindert. Nehmen wir einmal an, in einer Sportstunde stellt ein Lehrer ein willkürliches Beurteilungssystem auf:

Eine Eins bekommt man etwa für fünfzig Liegestütze, eine Zwei für vierzig, eine Drei für dreißig, eine Vier für zwanzig und eine Fünf für zehn. Die meisten Schüler werden nun versuchen, fünfzig Liegestütze zu machen – und es dabei belassen. Nur sehr wenige werden daran Interesse haben, hundert oder sogar einhundertfünfzig Liegestütze zu schaffen. Dieselbe Motivationsbeschränkung tritt in jeder leistungsorientierten Umgebung ein. Wenn etwa das Ziel in Ihrem Beruf lediglich eine Beförderung ist, dann werden Sie wahrscheinlich gerade das Nötigste tun, um dieses Ziel zu erreichen. Nur wenn Sie von Anfang an von innen heraus motiviert sind, nur wenn Sie ein tüchtigerer, positiverer Mensch werden wollen in dem, was Sie sich für sich selbst wünschen, nur dann gibt es keine Schranken für Ihre Motivation. Deshalb will sich ein selbstverwirklichter Mensch, der für sich keine Grenzen anerkennt, nicht mit äußerlichen Einstufungen und hierarchischen Systemen befassen, denn genau jene Systeme setzen seiner Motivation und dem, was er erreicht, Grenzen.

Familienhierarchien

Wie werden Sie in Ihrer Familienhierarchie eingestuft? Sind Sie das älteste männliche Familienmitglied, die Vater- oder Großvaterfigur? Oder sind Sie «eins der Kinder»? Sind Sie die «Erfolgskanone» oder das «schwarze Schaf» in der Familie? Wieviel Bedeutung messen Sie Ihrer Stellung in Ihrer Familie bei, und inwieweit bestimmt dieser Aspekt Ihr Leben außerhalb der Familie?

In unserer Kultur ist die Familie sehr häufig nach außenorientierten Rangordnungen organisiert. Ihre Struktur entspricht oft der autoritärer Hierarchien.

Die Familie ist Eckpfeiler eines fremdbestimmten Wertesystems. Deshalb wird in Familien so häufig eigenständiges Denken unterdrückt, und Familienmitglieder, die sich zu weit von dem entfernen, was man allgemein von ihnen erwartet, werden bestraft. «Zur Familie zu gehören» wird wichtiger als selbständiges Denken und Verhalten. Denn dies wird häufig als mit dem Familienleben unvereinbar angesehen. Aber die Menschen, die sich aufgrund ihrer inneren Signale dagegen auflehnen, müssen dies tun – selbst wenn sie deshalb von ihrer Familie kritisiert oder sogar ausgestoßen werden. Nur in sehr gesunden Familien wird das Vertrauen auf die inneren Signale nicht als Verrat angesehen. Normalerweise wird jedes Familienmitglied gründlich darauf gedrillt, seine eigenen Ansichten um des Zusammenhalts willen zu unterdrücken. Häufig kann man Sätze hören wie: «Warum kannst du nicht sein wie deine Schwester? Wie kannst du nur dauernd an dich selbst denken? Du wirst deinen Vater traurig machen, wenn du nicht das tust, was er möchte. Als ältester Sohn hast du gewisse Verpflichtungen!»

Wenn wir uns einmal überlegen, wie viele von uns dazu gezwungen werden, ihre eigene Individualität zu ignorieren, um sich besser in außenorientierte Familiensysteme einzugliedern, und in welchem Ausmaß unser Rang in der Familie uns dazu zwingen kann, unsere eigene Persönlichkeit zu verleugnen, dann können wir vielleicht erkennen, warum die Familie sich als traditionelle Institution allmählich selbst auflöst. Zumindest vertreten viele Sozialwissenschaftler diese Ansicht.

Wenn Ihre Familie unter starkem Streß steht oder sogar auseinanderfällt, dann ist es für Sie besonders wichtig zu erkennen, daß Groll und Feindseligkeit immer dann entstehen, wenn Sie versuchen, andere dazu zu bewegen, die eigenen Impulse zu unterdrücken und den von außen aufgesetzten Wertmaßstäben zu entsprechen.

Wenn Sie es unmöglich finden, Ihren heranwachsenden Sohn oder Ihre Tochter «unter Kontrolle zu halten», dann ist der Grund dafür wahrscheinlich, daß Sie in Ihrer Rolle als Mutter oder Vater Ihrem Kind seine Gefühle vorschreiben wollen. Dagegen wird es sich auf jeden Fall wehren, denn es fühlt sehr deutlich, daß Sie versuchen, sein Wachstum zu beschneiden. Die Lösung ist, Ihre Funktion in der Familie einen Moment lang zu vergessen – sei es nun die der

Mutter, der heranwachsenden Tochter, des reichen Onkels, des armen Cousins oder gar die des «schwarzen Schafes». Behandeln Sie einfach alle anderen Familienmitglieder und sich selbst gleich, unabhängig von Status und Rang, und Sie werden bald feststellen, daß dies der beste Weg ist, Respekt, Liebe und «innere» Verantwortung in einer Familie zu fördern.

Gerade in Familien, die besonders um ihren Status in der Gesellschaft besorgt sind und in denen eine sehr strenge, hierarchische Struktur und Rollenverteilung herrscht, neigen die Kinder dazu, so schnell wie möglich die Familiengemeinschaft zu verlassen. Auf der anderen Seite sind solche Familien, in denen man den Kindern hilft, selbständig zu werden und sobald wie möglich die von ihnen selbst gewählte Richtung einzuschlagen, sehr häufig diejenigen, in die die Kinder oft und gerne zurückkehren, die den Kontakt pflegen und in Krisenzeiten außerordentlich eng zusammenhalten.

Psychologie

Gerade in der wissenschaftlichen Psychologie ist das Ausmaß des nach außen orientierten Denkens besonders erschreckend. Dadurch wird verhindert, daß Menschen geholfen wird, wieder mit ihren eigenen inneren Signalen in Kontakt zu kommen und wieder zu lernen, auf sich selbst zu vertrauen. Häufig bewirken Psychotherapeuten, daß die Klienten von ihrer Autorität und Zuneigung sogar noch stärker abhängig werden, als sie es bereits von Eltern, Ehegatten, Vorgesetzten, Kindern oder anderen Personen sind. Letztlich vermitteln sie ihnen, daß sie immer auf therapeutische Hilfe angewiesen sein und niemals selbständig werden können.

Dahinter verbirgt sich keine böse Absicht der Therapeuten. Tatsächlich reden sie sehr häufig über die Probleme von «Übertragung» und «Abhängigkeit». Nach meiner Meinung erkennen sie jedoch ganz einfach nicht, inwieweit ihre Theorien, Namen und Stempel, die sie für das Befinden ihrer Patienten bereithalten, und die Methoden, welche die Psychologie als Forschungsmedizin zur Verfügung hat, ihre Patienten nur daran hindern, wieder volles Vertrauen in ihre eigenen inneren Signale zu entwickeln und so eine innere Integrität und geistige Gesundheit zu erlangen. Anstatt zu lernen, ihre innere Erregung, ihre Bestrebungen, Phantasien oder sogar Träume selbst zu interpretieren, wird den Patienten beigebracht, daß sie die Wahrheit über sich nur herausfinden können, wenn ein psychologischer Experte ihre inneren Signale für sie deutet. Es ist nicht außergewöhnlich, daß Patienten schließlich durch ein jahrelanges Studium der Psychologie selbst Psychologen werden.

Im Extremfall wird der Patient mehr seinen inneren Signalen entfremdet und darauf festgenagelt, jahrelang mehrmals wöchentlich zu seinem Therapeuten zu gehen und dabei möglicherweise mehr Geld auszugeben, als er sich leisten kann. Das ist unter Umständen bereits Anlaß genug, um Angstgefühle auszulösen.

Dies allein beweist schon, daß Therapien durchaus auch eine ungesunde Abhängigkeit fördern können. Wenn der Patient daran denkt, aus der Therapie auszusteigen, kann sich deshalb folgendes Gespräch einstellen:

Patient: «Ich würde jetzt gerne mit der Therapie aufhören. Ich komme ja schon jahrelang zu Ihnen, und nichts hat sich bewegt.»

Therapeut: «Sie klingen frustriert.»

Patient: «Ich bin auch irgendwie frustriert. All diese Jahre, und ich weiß überhaupt nicht, ob mir das irgend etwas nützt.»

Therapeut: «Sie sind jetzt wütend auf mich, nicht wahr?»

Patient: «Ja, ich glaube. Ich möchte aus der Therapie aussteigen. Ich würde meine Probleme gerne selbst lösen.»

Therapeut: «Das beweist nur, daß Sie noch nicht so weit sind, daß Sie die Therapie verlassen können. Ihre Aggressionen mir gegenüber sind nicht auf die Situation beschränkt. Wir sollten an diesem Problem arbeiten, bevor Sie die Dinge selbst in die Hand nehmen.»

Das klingt vielleicht unglaublich und lächerlich, aber es ist die Aufzeichnung eines Gesprächs, in dem eine Patientin nach sieben Jahren wöchentlicher Sitzungen zum Ausdruck brachte, daß sie keine Therapie mehr wollte. Es war eine Frau, die sich aufgrund der endlos scheinenden Behandlung gefangen fühlte. Deshalb wollte sie die Therapie abbrechen und sich allein an ihrer eigenen Vernunft orientieren – aber sie wagte es nicht, ohne vorher die Erlaubnis des Therapeuten eingeholt zu haben! Als sie mir ihre Geschichte erzählte, sagte ich, daß ich nicht verstehen könne, wieso sie sich ihrem Therapeuten gegenüber verpflichtet fühle und daß sie die Therapie beenden solle, wenn sie das Gefühl habe, keine Therapie mehr zu benötigen. Sie solle einfach einen kurzen Brief schreiben oder telefonisch ihren Therapeuten über die Entscheidung informieren.

Sie war voller Zweifel und Ängste. Da ihr Therapeut ihren Entschluß nicht billigte, meinte sie, er müßte wohl etwas über sie wissen, wovon sie keine Ahnung hatte und was sie in Zukunft quälen und verfolgen würde, wenn sie die Therapie ohne sein Einverständnis verließ.

Die Vorstellung, daß wir Therapeuten benötigen, die uns helfen, unsere Probleme zu lösen, ist in unserer nach außen orientierten Kultur stark verbreitet. Viele Leute haben keinen freien Willen mehr, wenn es darum geht zu entscheiden, ob sie eine Therapie brauchen oder nicht. Sie bekommen allmählich das Gefühl, daß sie ihrem Therapeuten etwas schuldig sind – und zwar mehr als die Zeit oder das Geld, die sie für die Behandlung aufgewendet haben.

Die meisten Therapeuten verstärken durch ihr Verhalten unbewußt das an Äußerlichkeiten orientierte Denken und Handeln in allen Bereichen der Diagnostik und Behandlung. Dabei verlassen sie sich häufig auf die äußerst fragwürdigen Ergebnisse oberflächlicher Tests. Wenn man Ihnen in einer Therapie einzureden versucht, die Ursache Ihrer Probleme liege darin, das wievielte Kind Sie unter den Geschwistern sind oder wie das Verhalten Ihrer Eltern war, wie Ihre Säuglingszeit oder Ihre Kindheit ausgesehen hat, was Ihr sozialer oder wirtschaftlicher Status war oder inwieweit Sie mit Ihren Geschwistern rivalisieren, dann werden Sie im wesentlichen darauf trainiert, eine fremdbestimmte, beeinflußbare Persönlichkeit zu werden. Es wird dazu kommen, daß Sie therapiesüchtig werden und nicht lernen, selbst die Verantwortung und Kontrolle in Ihrem Leben zu übernehmen. Es ist wichtig für Sie zu erkennen, wie leicht Sie zum Sklaven eines Therapeuten oder bestimmter psychologischer Theorien und Methoden werden können. Man wird Ihnen vielleicht beibringen, nach äußeren Anlässen zu suchen, die Sie für Ihre Schwierigkeiten verantwortlich machen können.

Man wird Ihnen Wege zeigen, diese Schwierigkeiten unter dem Aspekt bestimmter Theorien zu analysieren, etwa dem «Ödipuskomplex», «Minderwertigkeitskomplexen», «Neurosen» oder «Psychosen». Es ist deshalb für Sie von lebenswichtiger Bedeutung, innezuhalten, wann immer Sie automatisch damit beginnen, nach einer psychologischen Lösung zu suchen, die anderen Quellen entspringt als Ihren eigenen Signalen. Wenn Sie eine Therapie machen und Ihr Therapeut hilft Ihnen nicht dabei, Ihre Abhängigkeit von jenen äußeren Bestimmungsfaktoren zu lösen und zugleich darauf hinzuarbeiten, bald aus der Therapie entlassen zu werden und künftig selbstbestimmt Entscheidungen zu treffen, dann empfehle ich unbedingt, entweder die Therapie aufzugeben oder nach einem Therapeuten zu suchen, der für Sie und Ihr Leben keine zusätzliche Fremdbestimmung darstellt.

Es gibt viele Fachleute, die wirklich daran interessiert sind, Ihnen zu mehr Selbstbestimmung zu verhelfen – Sie müssen ganz einfach nur darauf bestehen.

Religiöse Gemeinschaften

Kleinere Religionsgemeinschaften und Sekten außerhalb der Großkirchen verlangen häufig, daß ihre Mitglieder blind mit nationalistischen oder rassistischen Vorurteilen oder auch überkommenen Traditionen und Normen übereinstimmen, durch die diktiert wird, auf welche Weise sie ihr Leben gestalten sollen. Durch solche Vorschriften wird den Anhängern dieser religiösen Organisationen nahegelegt, ihren eigenen Sinn für ethische und moralische Werte zu ignorieren. Religionsgemeinschaften sind oft sehr autoritär organisiert und aggressiv außenorientiert. Das hat manchmal ungeheuer gefährliche Auswirkungen – zum Beispiel, wenn sie für Hexenverfolgungen, für Religionskriege oder für blinde Loyalität eintreten.

Aber je mehr Menschen von ihrer Religion dazu ermutigt werden, sich stärker auf ihre eigene innere Führung zu verlassen, ihr Verhalten selbst zu steuern und sich eben deshalb «moralisch» und «richtig» zu verhalten, desto größer ist die Wahrscheinlichkeit, daß die Botschaft aller wirklich bedeutenden, auf Selbstverwirklichung gerichteten Religionen erfüllt werden wird.

Wenn Sie Ihre Religion als im wesentlichen oberflächlich empfinden, dann machen Sie sich einmal klar, daß einige der schlimmsten Ungerechtigkeiten, die jemals Menschen zugefügt wurden, im Namen der Religion begangen wurden. Wenn Sie jedoch das Gefühl haben, durch Ihre Religion bei der Verwirklichung Ihrer Ziele gestützt und gefördert zu werden, dann kann der Glaube zu einer starken positiven Kraft in Ihrem Leben werden.

Ich hoffe, Sie haben erkannt, in welcher Größenordnung und mit welcher Reichweite willkürliche Systeme, Belohnungs-, Bestrafungs- und Anerkennungsdenken uns beeinflussen und manipulieren und unser eigenes Denken von vornherein ausklammern.

Ich hoffe, daß Sie neue Ideen für Ihr Glück und Wachstum entdecken, die Sie ausschöpfen können, wenn Sie sich einmal dazu entschlossen haben, Ihren inneren Stimmen und Impulsen nachzugeben und sich von ihnen lenken zu lassen.

Ich gehe davon aus, daß alle Menschen eine potentiell unbegrenzte Kreativität besitzen. Vielleicht kann die zentrale Botschaft dieses Kapitels deshalb lauten: Wir dürfen uns selbst nicht das Licht unserer inneren Führung nehmen.

Betrachten wir es einmal so: Einige Leute sind – mit einer Laterne ausgerüstet – mitten in der Nacht irgendwo ausgesetzt worden. Nehmen wir an, es gibt keine Gefahr und keinen besonderen Grund zusammenzubleiben. Ihre einzige Aufgabe besteht darin, bis zum Morgen herumzuwandern, bis sie wieder abgeholt werden. Wer wird wohl seine Laterne hoch vor sich hertragen und eine Richtung einschlagen, an der er besonderes Interesse hat? Wer wird automatisch hinter den anderen hertraben und seine Laterne an der Seite herunterbaumeln lassen, so daß er nur die Erde unter sich und die Rücken derer sieht, denen er folgt?

Wer wird wohl sagen: «Das erste, was wir tun müssen, ist, die Sache ein wenig zu organisieren. Peter hat die größte Erfahrung, also wollen wir ihm alle folgen?» Wer sagt: «In Ordnung, ich mache den Anfang; alle hinter mir in einer Reihe aufstellen»? Und wer sagt wohl: «Wieso denn das, zum Teufel? Ich habe Lust, in die andere Richtung zu gehen – und wenn irgend jemand mit mir kommen möchte, dann können wir gemeinsam gehen und uns vielleicht ein wenig aufteilen, so daß wir zusammen mehr von dem Wald entdekken.» Kurz gesagt: Worin besteht der Unterschied zwischen dem, der seinem eigenen Licht folgt, und demjenigen, der sich den eigenen Lichtschein verstellt oder sein eigenes Licht hinter dem Rücken anderer blockiert?

Ich überlasse es Ihnen zu entscheiden, zu welcher Gruppe sie gehören möchten. Diese Entscheidung haben Sie natürlich immer schon selbst getroffen, aber es ist möglich, daß Sie sich dessen nie ganz bewußt waren. Vielleicht haben Sie sich in Ihrem Leben bisher immer nur angepaßt und sich nach anderen orientiert. Dann sollten Sie über das nachdenken, was einmal ein Prediger zu seinen Jüngern sagte, bevor seine Lehren zur organisierten Religion wurden: «Ihr seid das Licht der Welt. ... Man zündet nicht ein Licht an und stülpt ein Gefäß darüber, sondern man stellt es auf den Leuchter; dann leuchtet es allen im Haus.» *

* Matthäus 5,14–15

7. Die «höheren Bedürfnisse» respektieren

Zu Beginn des vorigen Kapitels wurde erläutert, daß die höheren Bedürfnisse, die Sie als Mensch haben, auf den inneren Signalen beruhen, denen Sie unbedingt auf Ihrem Weg zu einem grenzenlos selbstverwirklichten Leben vertrauen lernen müssen. Mit «höheren Bedürfnissen» meine ich jene, die hinausgehen über die grundlegenden biologischen Überlebensbedürfnisse wie Nahrung, Wasser, Wohnung, Schlaf und Bewegung. Solche höheren Bedürfnisse sind unter anderem das Bedürfnis nach Liebe, Wahrheit, Schönheit und sinnvoller Tätigkeit.

Wenn ich diese Bedürfnisse als «höher» bezeichne, dann will ich damit nicht andeuten, daß sie in irgendeiner Weise «über» die anderen, mehr fundamentalen Bedürfnisse gestellt werden sollten. Sie könnten ebensogut argumentieren, daß Ihre tierischen Bedürfnisse «höher» sind, weil sie befriedigt sein müssen, bevor Sie sich anderen zuwenden.

Sie könnten auch anführen, daß Ihre «höheren Bedürfnisse» nach Liebe, Schönheit oder Wahrheit «höher» eingestuft werden sollten als Ihre biologischen, da deren Erfüllung und Befriedigung ebenfalls zu Ihrem Glück beitragen kann. Darüber hinaus gibt es gute Gründe zu glauben, daß eine Vernachlässigung der höheren Bedürfnisse letztlich für Sie genauso destruktiv sein kann wie der Mangel an Essen, Trinken oder Schlaf.

Aber warum versuchen wir die menschlichen Bedürfnisse überhaupt in eine Hierarchie einzuordnen? Dafür gibt es keinen Grund –

es sei denn, Sie neigen dazu, einige dieser Bedürfnisse auf Kosten anderer zu vernachlässigen.

Eine Hierarchie widerspricht Ihrer fundamentalen Einheit als Mensch; sie verursacht ihre innere Spaltung, Angst und Konflikt. Ich habe mich nur aus formalen Gründen entschieden, jene Bedürfnisse, die über Ihr biologisches Überleben hinausgehen, als «höher» zu bezeichnen, weil sie Ihnen dabei helfen werden, zu immer höheren Ebenen eines völlig freien Lebens aufzusteigen – dann nämlich, wenn Sie beginnen, sie als Bedürfnisse anzusehen, die Sie sich jeden Tag Ihres Lebens erfüllen müssen.

Es ist wichtig, daß Sie alle Ihre Bedürfnisse, beginnend mit der Notwendigkeit zu essen bis zur Sehnsucht nach Schönheit, Güte und Gerechtigkeit, als ein Netzwerk betrachten, ähnlich wie bei einem Trampolin. Wenn Sie auf einem Trampolin springen und eines seiner Beine, ein Seil oder die Bespannung ist schadhaft, so landen Sie bald wieder auf dem Boden.

Wenn andererseits das Gestell fest ist, wenn die Seile kräftig sind und die Bespannung elastisch, wenn alles funktionstüchtig ist, dann werden Sie fähig sein, so hoch zu springen, wie Sie nur wollen, und so viele Sprungübungen zu machen, wie Sie möchten, ohne fürchten zu müssen, daß das Trampolin unter Ihnen zusammenbricht. Ihre «grundlegenden» Bedürfnisse als Mensch sind, um bei diesem Bild zu bleiben, das Gestell; Ihre «höheren» Bedürfnisse vielleicht die Bespannung.

Versuchen Sie einmal auf der Bespannung herumzuspringen, während sie auf dem Boden liegt, oder springen Sie in der Mitte des Gestells, wenn es nicht bespannt ist: Sie werden erkennen, wie unmittelbar, wie stark auch Ihre Bedürfnisse zusammenhängen.

Die Leitlinien unseres Lebens

Im Bereich der psychologischen Forschung gibt es mehr und mehr Hinweise darauf, daß Ihre höheren Bedürfnisse auf Instinkten beruhen, die ebenso mächtig und wichtig sind für Ihr Überleben und Ihr Glück wie Ihre grundlegenden tierischen Instinkte.

Sie erinnern sich sicher daran, wie im vierten Kapitel erläutert wurde, daß die Instinkte Reaktionsweisen auf die Umwelt darstellen, die erblich, unveränderbar und nicht verstandesabhängig sind. Es sind beispielsweise körperliche Reaktionen, um physische Anspannung zu mildern, die in jenen Lebenssituationen entstanden ist, in denen eine grundlegende, «animalische» Reaktionsweise gefordert ist. Ich möchte hier noch hinzufügen, daß die Gedanken und Gefühle, die auftauchen, wenn unsere höheren Bedürfnisse verletzt werden – wenn wir beispielsweise eine Lüge hören oder etwas erfahren, das wir als außerordentlich niederträchtig und unangenehm empfinden – sehr stark der Reaktion ähneln, die wir zeigen, wenn man uns einen Schlag mit der Faust versetzt. Unser Körper reagiert möglicherweise nicht so drastisch, aber überall in uns entsteht unmittelbare Spannung und ein instinktiver Drang, diese Spannung zu lösen. Wir möchten zu der Lüge sagen: «Moment mal, das ist nicht wahr», oder zu etwas Niederträchtigem: «Dies ist wirklich gemein, ich muß etwas daran ändern.» Der Unterschied zwischen Ihren animalischen Instinkten und den Instinkten, die Ihre höheren Bedürfnisse bedingen, besteht darin, daß Sie körperlich krank werden, wenn Ihnen die Befriedigung der wesentlichen animalischen Instinkte verweigert wird. Werden Ihre höheren Bedürfnisse dauerhaft unterdrückt und ignoriert, dann sterben Sie seelisch und geistig – und dazu zählen auch Selbstmord oder die Einlieferung in eine Nervenklinik.

Tatsächlich ist die Mißachtung der höheren Bedürfnisse des Menschen die Basis der Gehirnwäsche. Der politische Gefangene, der zur Einzelhaft verurteilt wurde, dem man jeden Tag etwas vorlügt und dem man jede Hoffnung auf Gerechtigkeit verweigert; der

Mensch, der sich einer religiösen Sekte anschließt und den man Ritualen unterwirft, die seine Selbstachtung untergraben, oder den man zwei Tage lang in einen dunklen Raum einsperrt – diese Personen sind zutiefst frustriert und gequält, weil ihre höheren Bedürfnisse nicht gestillt werden. In beiden Fällen hat eine andere Person eingegriffen und die Fähigkeit vereitelt, daß der Mensch sich selbst höhere Bedürfnisse erfüllt.

In diesem Licht betrachtet erscheint es so, daß die höheren Bedürfnisse uns im Leben Leitlinien bieten – sie bedeuten uns etwas wie die Sonne oder der Himmel, nach denen sich die Pflanzen bei ihrem Wachstum orientieren. Sie zeigen uns, «wo es nach oben geht» in Richtung unbegrenztes, selbstverwirklichtes Leben. Falls Sie keine Ahnung haben, nach welchen Kriterien Sie sich richten sollen, werden Sie sie dennoch finden, wenn Sie auf Ihre innere Stimme hören und wie jede Pflanze dem Licht entgegenwachsen.

Wenn Sie Ihre höheren Bedürfnisse nicht als Leitlinie Ihres Lebens betrachten, dann wird Ihre Persönlichkeit zerbrechen. Es bedarf keiner besonderen Anstrengung, um zu entdecken, welches Ihre höheren Bedürfnisse sind und wie Sie sie erfüllen sollen. Die Art und Weise, in der sich diese Bedürfnisse zu Wort melden, ist für Sie genauso klar zu erkennen wie zum Beispiel Ihre sexuellen Instinkte und Ihr Bedürfnis nach Nahrung – wenn Sie nur auf sie hören wollen.

Ich werde im folgenden einige der höheren Bedürfnisse, die ich für mich als lebenswichtig erkannt habe, erörtern.

Individualität

Das Bedürfnis, seine eigene Individualität zu empfinden und leben zu können, ist ein Instinkt, der jeden Aspekt unseres Lebens beherrscht. Je stärker die Erfüllung dieses Befürfnisses verweigert wird – etwa in Gesellschaftssystemen, in denen jeder dazu angehalten wird, mit den anderen konform zu gehen, was Aussehen, Kleidung, Denken und Verhalten anbetrifft –, desto stärker ist der Geist des einzelnen wie in einem dumpfen Nebel in Gefühlen der Hoffnungslosigkeit und der Langeweile gefangen.

Individualität ist nicht nur um ihrer selbst willen wertvoll. Ihre höheren Bedürfnisse werden Ihnen zum Beispiel nicht sagen, daß Sie sich einen Ring durch die Nase ziehen müssen, damit Sie sich in der Masse von anderen unterscheiden und jedem demonstrieren können, wie individuell oder was für ein «starker Typ» Sie sind. Es ist vielmehr so, daß Individualität irgendwie «zufällig» entsteht, während Sie das tun, wozu Sie gerade Lust haben.

Der selbstverwirklichte Mensch realisiert seine Individualität, indem er seine inneren Signale höher schätzt als alle von außen kommenden Vorschriften und Belohnungen.

In meinem eigenen Leben habe ich festgestellt, daß viele Menschen meine Individualität schätzen, Menschen die auch ihre Individualität schätzengelernt haben. Diejenigen dagegen, die meine Individualität verurteilen, zeigen selbst am wenigsten Anzeichen von Individualität und laufen wie gefühllose Roboter im Einklang mit der Masse durchs Leben.

Bei den meisten Menschen kann Individualität nicht unterdrückt werden. Sogar in Ländern, wo sie sehr kritisch betrachtet wird, oder in Organisationen wie der Armee, in der sie sehr bewußt reglementiert wird, erweist sich das instinktive Bedürfnis nach Individualität bisweilen als so stark, daß es – vielleicht auch in nur sehr geringem Maße – immer zur Geltung zu kommen versucht. Es kann sich in einer goldenen Plombe im Vorderzahn zeigen, in einer bestimmten Tätowierung oder der schief aufgesetzten Mütze eines Soldaten, in den knallroten, blumengemusterten Vorhängen in einem einzigen Fenster der riesigen Wohnungsanlage oder in der besonderen Art, wie ein Mensch lächelt, lacht oder tanzt. Individualität ist das Kennzeichen der Originalität eines Menschen, wie er niemals vorher auf dieser Erde gelebt hat. Respektieren Sie Ihr höheres Bedürfnis, genau jetzt jenes einzigartige Individuum sein zu wollen, oder Sie werden tatsächlich «Ihr Leben verlieren». Kein Wissenschaftler wird jemals diese Tatsache bestreiten können! Sie sind zu einem bestimmten Zeitpunkt und an einem bestimmten Ort in der menschlichen Geschichte geboren worden, und niemals wird irgend jemand völlig identisch mit Ihnen sein: Ihr Schicksal, die Tatsache, daß Sie als ein einzigartiges, unendlich komplexes menschliches Wesen geboren wurden, können Sie nur in Ihrer Phantasie leugnen; ausgelöscht werden kann es niemals.

Akzeptieren Sie Ihr menschliches Schicksal, und erkennen Sie Ihre einzigartige Individualität und die Individualität Ihrer Mitmenschen. Nur so können Sie eine ganzheitliche, unbeschränkte Einstellung zur Selbstverwirklichung erlangen und allmählich beginnen, auf alle ihre Lebenssituationen so zu reagieren, daß Sie denken: «Niemand war jemals mit dieser besonderen Situation konfrontiert. Ich als Individuum muß in dieser Situation die Entscheidung treffen, die am kreativsten ist – um meiner selbst und um der anderen Menschen willen. Meine Individualität und meine persönliche Freiheit, Entscheidungen zu treffen und Verantwortung zu übernehmen, sind eine Realität, der ich nicht ausweichen kann, selbst wenn ich es wollte. Ich muß meine Individualität jetzt zu schätzen wissen, oder ich werde sie verlieren und ein fremdbestimmter, beeinflußbarer Mensch werden wie ein Versuchstier in einem Laboratorium.»

Wenn Sie Ihre Individualität instinktiv in allen Bereichen Ihres Lebens achten, dann werden Sie bei allen Aktivitäten ein Gefühl von Freude und Genuß haben.

Respekt

«Respektieren» bedeutet, etwas als wertvoll anzuerkennen, ohne einzugreifen und zu stören – etwa, wenn Sie das Verlangen eines anderen Menschen nach Ruhe respektieren. Das Bedürfnis der Selbstachtung und das Bedürfnis, andere zu respektieren (wenigstens die, die Sie schätzen), sind den Menschen von fundamentaler Bedeutung. Denn wenn Sie sich nicht selbst achten, dann betrachten Sie sich als zu nebensächlich, um wirklich geschätzt zu werden. Sie fordern damit praktisch heraus, daß andere Sie schlecht behandeln.

Schon vorher wurde erwähnt, daß Techniken der Gehirnwäsche und der psychologischen Kontrolle im allgemeinen darauf beruhen, daß sie die Selbstachtung des Individuums untergraben – was zur Folge hat, daß die Persönlichkeit des einzelnen praktisch zerbricht. Nur wenige von uns sind solchen extremen Bedingungen ausgesetzt; aber wir alle befinden uns dauernd in Situationen, in denen die zwischenmenschliche Achtung nicht gleich verteilt ist. Zum Beispiel fordern viele Eltern von ihren Kindern bedingungslosen Respekt. Aber sie verlangen auf der anderen Seite, daß die Kinder ihren Respekt erst verdienen müssen, indem sie «respektable» Leistungen erbringen. Viele Lehrer und Autoritätspersonen verlangen in ähnlicher Weise Respekt, einzig aufgrund der Tatsache, daß sie sich in einer bestimmten Position befinden, und sie machen deutlich, daß sie Studenten und anderen Untergebenen kein Anrecht auf Respekt zubilligen.

Wirklicher Respekt zwischen Menschen sollte eine Einstellung sein, die auf beiden Seiten gleichermaßen vorhanden ist. Sonst handelt es sich nur darum, daß eine Person sich einer anderen unterwirft. Der Vater und die Mutter, die von ihren Kindern Respekt fordern, tun dies nur deshalb, weil sie das Gefühl haben, daß sie selbst ihre Kinder nicht von Anfang an und grundsätzlich als Menschen respektiert haben. Wäre dies der Fall gewesen, dann hätten die Kinder auf natürliche, instinktive Weise reagiert und die Eltern hätten es nicht nötig, Forderungen zu stellen. Die verlangte Reaktion ist nur geheuchelt, nicht ein wirklicher, aus tiefstem Herzen kommender Respekt.

Ebenso verhält es sich mit der Selbstachtung. Wenn Sie sich den Selbstrespekt verweigern, dann werden Sie bald feststellen, daß es mit Ihnen bergab geht. Ihr Appetit läßt nach, Sie werden Ihre Körperpflege vernachlässigen, das Interesse am Leben verlieren und krank werden. In allen von uns steckt das instinktive Bedürfnis nach Respekt. Und doch ist es so, daß die meisten geistig oder körperlich kranken Leute sich häufig ganz einfach nicht mehr respektieren. Sie behandeln sich selbst in respektloser Weise, und folglich tun andere dies auch. Wenn Sie dies nicht glauben, dann gehen Sie einmal in eine Nervenklinik, und sehen Sie sich die Leute an, die seit langem dort leben. Betrachten Sie einmal die Auswirkung des Mangels an selbstverständlicher Achtung. Die Menschen sind so depressiv geworden, daß sie «zusammengebrochen» sind. Respektlose Behandlung beginnt häufig im Kindesalter; bei Erwachsenen haben sich diese Botschaften der Respektlosigkeit bisweilen so tief eingegraben, daß sie nicht länger fähig sind, als gesunder Mensch zu funktionieren.

Geborgenheit

Das Bedürfnis, zu anderen Menschen oder zu einer bestimmten Gruppe zu gehören, zu Ihrer unmittelbaren Umgebung oder zur Welt als Ganzes – in dem Sinne, daß Sie sich in der Welt «zu Hause» fühlen –, ist für Ihr Leben genauso notwendig wie Essen und Schlafen. Menschen sind nicht besonders lebenstüchtig ohne dieses Zugehörigkeitsgefühl. Selbst Einsiedler und Bergsteiger brauchen diese Geborgenheit: Sie fühlen sich den Wäldern und Bergen verbunden, weil dies ein Teil der Natur ist, der zu ihnen gehört.

Möglicherweise ist es in komplexen Gesellschaftssystemen und bei einer hohen Bevölkerungszahl besonders schwierig, ein Gefühl der Geborgenheit zu entwickeln. Das beweisen Menschen, die zu Kriminellen geworden sind, «Penner», Drogensüchtige, jene, die in unseren Großstädten keine Geborgenheit finden können, oder auch die älteren Menschen, die in Pflegeheimen ihr Leben fristen, die innerlich verfallen und sich selbst aufgeben, weil sie nicht länger das Gefühl haben, zu irgend jemandem zu gehören, bei dem sie sich geborgen fühlen können.

Das Gegenteil von Geborgenheit ist das Fremdsein, die Entwurzelung. Im Leben der meisten Menschen ist dieser Zustand oft nicht zu vermeiden. Manchmal muß man einfach von Menschen, von der Familie oder sogar von seiner Heimat Abschied nehmen.

Aber Fremdsein und Entwurzelung können auch wertvoll sein als ein Zwischenstadium oder als Schritt dorthin, wo Ihr Bedürfnis nach Geborgenheit besser erfüllt wird – bei einem anderen Menschen, in einem anderen Land oder in einem anderen Beruf.

Bei Menschen, denen Entfremdung von allem und allen zur festen Gewohnheit im Leben geworden ist, läßt sich beobachten, daß sie zugleich unter Depressionen und Angst leiden und daß sich häufig auch ihre Gesundheit verschlechtert. Das kann bis zur Einweisung in ein Pflegeheim oder sogar zum Tod führen.

Der erste Schritt, um Ihr Bedürfnis nach Geborgenheit zu erfüllen, ist die Frage, ob Sie wirklich das Gefühl haben, daß Sie Teil Ihrer Umwelt sind. Wenn Sie die Häuserreihe, in der Sie wohnen, entlangwandern – haben Sie dann das Gefühl: «Ja, das ist genau der Ort, wo ich hingehöre; der Vogel dort singt für mich, und ich gehöre genau hierher, wo ich den Gesang des Vogels genieße. Und dort ist mein Freund Paul; er gehört auch hierher.» Oder denken Sie: «Ich gehöre nicht wirklich hierher, ich sollte jetzt eigentlich ganz woanders sein. Ich wünschte, ich lebte wieder in Kalifornien. Wir gehören nicht wirklich in diese Umgebung. Wer ist der Mann dort? Gehört er hierher?» Haben Sie vielleicht ähnliche Gedanken, die eine chronische Entfremdung von Ihrer Umgebung ausdrücken? Wenn Sie durchs Leben hasten und andauernd versuchen, irgendeinen Platz oder eine Gruppe zu finden, bei der Sie das Gefühl haben, daß Sie wirklich dorthin gehören, dann liegt das daran, daß Sie eine grundsätzliche Tatsache nicht akzeptiert haben: Sie gehören genau dahin, wo Sie jetzt in diesem Moment sind – und zwar in dem Sinne, daß niemand auf der Erde ein größeres Recht hat, hier zu sein, als Sie es haben.

Nehmen Sie einmal an, Sie wären ein ziemlich mittelloser Jugendlicher, der mit seiner schäbigen Kleidung durch die Straßen einer vornehmen Villengegend von Haus zu Haus geht, um sich durch Gelegenheitsarbeit ein wenig Geld zu verdienen. Plötzlich hält eine riesige Limousine neben Ihnen, und jemand sagt: «Mensch, hau ab von hier. Du gehörst hier nicht hin!»

Wie reagieren Sie darauf? Haben Sie das Gefühl: «Der Mann hat recht. Ich gehöre wirklich nicht hierher?» Oder sagen Sie sich: «Was meint der Mann denn eigentlich – ich gehöre nicht hierher?

Meint er, ich gehöre nicht auf die Welt, weil ich mir keine bessere Kleidung kaufen kann? In welcher Position ist er überhaupt, daß er mir sagen könnte, ich gehörte nicht hierher? Ich habe das gleiche Recht, auf dieser Straße zu gehen, wie er das Recht hat, auf ihr zu fahren. Ich gehöre in diese Welt ebenso wie er!»

Wenn Sie also nicht akzeptieren, daß Sie dorthin gehören, wo Sie sich gerade befinden, und daß Sie das Recht haben, dort zu sein, dann bringen Sie sich um die Möglichkeit, Ihr Bedürfnis nach Geborgenheit immer dort befriedigen zu können, wo Sie sich jetzt, in diesem Moment befinden.

Wir alle haben das instinktive Bedürfnis, zu jemandem zu gehören, wichtig zu sein, uns in wichtige Beziehungen einzubringen. Werden diese Bedürfnisse nicht erfüllt, so wirkt dies auf unseren Organismus ebenso zerstörerisch, als bekämen wir keine Nahrung oder keinen Schlaf. Der Unterschied ist nur, daß es ein wenig länger dauert, bis die Symptome an die Oberfläche kommen.

Liebe und Zuwendung

Die außerordentlich große Bedeutung, die Zuwendung und Liebe für ein kleines Kind haben, ist allen Eltern gut bekannt. Wir kennen die Folgen, die extremer Liebesentzug auf Kleinkinder haben kann. Ein Säugling, der fortlaufend nach der Uhr gefüttert und gewickelt, der mit großer Sorgfalt gepflegt, aber niemals auf den Arm genommen, geküßt und gestreichelt wird und mit dem niemals jemand spielt, wird sehr bald verkümmern.

Er wird seine Umgebung und die Welt ablehnen, er wird reizbar, verliert seinen Appetit, weist Essen und Trinken zurück und wird schließlich vielleicht sogar verhungern. In weniger schweren Fällen, in denen Eltern sich nur oberflächlich um ihre Kinder kümmern, sie ab und zu hochnehmen und mit ihnen spielen – hier und dort einmal für ein paar Minuten, aber immer hastig und widerwillig –, werden die Kinder ebenso zeigen, daß sie das Leben zurückweisen. Vielleicht können sie überleben und, wenn sie erwachsen sind, diesen

Zustand überwinden und erkennen, wie wichtig Liebe und Zuwendung für sie und für jeden anderen sind. Wenn sie sich daran erinnern, welche Nachteile sie empfunden haben, dann werden sie vielleicht die liebevollsten und warmherzigsten Menschen. Aber ob das Kind in Ihnen noch jetzt nach Liebe hungert oder nicht: Sie müssen sich entschließen, Liebe und Zuwendung heute zu empfinden, und es nicht auf später verschieben. Sie verdienen nicht nur Liebe und Zuwendung, Sie brauchen sie auf jeden Fall für Ihr eigenes Überleben.

Wir alle kennen Leute, von denen wir sagen: «Er ist ein sehr gewissenhafter Ehemann und Vater, aber er ist nicht sehr zärtlich.» So etwas sagt man häufig über Männer.

Von Frauen wird auf jeden Fall erwartet, daß sie offen, liebevoll und zärtlich sind, vor allem zu ihren Kindern, während Männer vermeintlich dazu da sind, das tägliche Brot zu verdienen, die Familie zu beschützen und zu disziplinieren und «Fels in der Brandung» zu sein. Offene Zeichen von Zuwendung und Zärtlichkeit werden bei ihnen oft als Zeichen von Schwäche und Verletzlichkeit angesehen. Dies ist natürlich absurd, und nach meiner Erfahrung sind Männer, die ihr eigenes Bedürfnis nach Zärtlichkeit respektieren und dies auch offen zeigen, unweigerlich stärker als diejenigen, die immer nur der traditionellen Männerrolle zu entsprechen suchen. Zumindest haben sie mehr inneren Frieden, ihre Stimmung ist ausgeglichener, sie sind weniger reizbar und neigen weniger dazu, sich über Kleinigkeiten aufzuregen oder bereits in einer kleinen Krise den Kopf zu verlieren.

Der Mensch, der systematisch sein Bedürfnis nach Zuwendung leugnet, und sich denjenigen, die er liebt, künstlich entfremdet, wird sich stets bis zu einem gewissen Maße in der Welt isoliert fühlen. So sehr er sich selbst oder anderen zum Beispiel einreden mag: «Mein Sohn weiß, daß ich ihn liebe, auch ohne daß ich ihn die ganze Zeit herze und küsse» – körperlicher Kontakt ist auf jeden Fall unersetzlich, wenn man sich wirklich wie ein Teil der Familie, wie ein Teil der Menschheit und der Welt fühlen will.

Das Bedürfnis nach Zuwendung und Körperkontakt äußert sich stets unmittelbar und direkt. Aber das Merkwürdige an den Menschen ist, daß sie zwar das Bedürfnis eines Hundes, einer Katze oder eines Kanarienvogels nach Liebe und Zärtlichkeit respektieren, jedoch von einem Vater nicht erwarten, daß er den Arm um seinen Sohn legt, wenn beide etwa nach dem Ballspiel vom Spielfeld gehen.

Wir sollten also ganz einfach versuchen, uns und diejenigen, die wir lieben, in dieser Hinsicht ebenso gut zu behandeln wie unsere Haustiere. Dann wird bald jedem das Bedürfnis nach Zärtlichkeit erfüllt werden.

Und wie ist es mit unserem Bedürfnis zu lieben und geliebt zu werden? In der Liebe stellen wir uns Fragen zum Kern unserer Persönlichkeit, etwa: «Kann ich jemanden finden, den ich lieben kann und der mich liebt?» «Wie soll ich wissen, ob ich diese Person wirklich liebe oder ob sie mich wirklich liebt?»

Es scheint, daß die Befriedigung Ihres Bedürfnisses nach Liebe nur zur Hälfte von Ihnen selbst abhängt und daß Sie kaum etwas tun können, wenn es tatsächlich niemanden gibt, der gerne von Ihnen geliebt werden würde oder den Sie lieben möchten.

Die anderen enthalten Ihnen dann – so scheint es – Liebe vor. Diese Einstellung wird ihnen jedoch nicht weiterhelfen. Machen Sie sich nichts vor: Die Erfüllung Ihres höheren Bedürfnisses nach Liebe hängt in der Tat von niemand anderem ab als von Ihnen allein.

Selbst wenn wir einmal annehmen, der Mythos, daß es für jeden nur einen perfekten Partner gibt, sei wahr – obwohl jede Witwe oder jeder Witwer, die zum zweiten Mal glücklich verheiratet sind, Ihnen sagen werden, daß dies absurd ist –, selbst dann wird die Liebe zwischen Ihnen und jenem perfekten Partner unmöglich, wenn Sie nicht wissen, wie man liebt und wie man geliebt wird. Und wenn Ihr Partner spürt, daß Sie es nicht wissen, dann werden Sie bald wieder getrennte Wege gehen. Vielleicht sagen Sie hinterher: «Der blöde Kerl hat mich zurückgewiesen.»

War das wirklich so? Sie haben nach jener «besonderen Person» Ausschau gehalten und sich die ganze Zeit nur ängstliche Fragen gestellt: «Ist er nun der Richtige oder nicht? Woher soll ich wissen, ob ich ihn wirklich liebe? Und wenn das zutrifft, wie kann ich ihn dazu veranlassen, daß er mich liebt? Was geschieht, wenn ich ihn liebe, aber er mich nicht? Ich werde Liebeskummer haben.» Darüber grübelten Sie, statt sich in diesem Moment für die Person zu interessieren.

Sie haben sich zu viele Sorgen gemacht, um herauszufinden, ob er Sie liebt oder nicht. Sie haben so lange das Spiel von «Er liebt mich – er liebt mich nicht» gespielt, daß Sie ganz vergessen haben, die zarte Pflanze der Liebe zu wässern! Sie haben sich so viele Gedanken gemacht über den Status und die Zukunft der «Beziehung», daß Sie dadurch gar nicht mehr fähig waren, die Beziehung aktiv zu pflegen und zu entwickeln.

Wenn Sie meinen, Liebe sei eine Art fliegende Untertasse, die vielleicht – oder auch nicht – vom Himmel herunterkommt und Sie dann in irgendeine magische, ekstatische Welt entführt, so haben Sie ein wesentliches Element der Liebe vergessen: Es ist die Kunst, jeden einzelnen Moment bewußt zu leben, eine Kunst wie das Tanzen, die Sie, wenn Sie sie engagiert praktizieren, mit jedem Partner zu jeder Zeit ausüben können. Ein Mensch, der niemanden finden kann, den er liebt und der diese Liebe erwidert, ist vergleichbar mit dem Tänzer, der tanzen möchte, aber einfach nicht den richtigen Partner zu finden scheint. Dabei hat er sich in Wirklichkeit niemals die Mühe gemacht, wirklich tanzen zu lernen. Er bleibt immer den falschen Idealen seiner Einbildung verhaftet.

Es ist nicht einfach so, daß die auf Gegenseitigkeit beruhende Liebe «passiert», sie ist vielmehr eine kreative Kunst, die Sie mit anderen Menschen auf verschiedene Weise pflegen – beginnend mit eintägigen Freundschaften bis hin zu lebenslangen, romantischen und erotischen Beziehungen. Ob Ihre Bedürfnisse nach Liebe und Zuwendung in Ihrem Leben (zumindest in Ihrem Erwachsenenleben) erfüllt werden, hängt allein davon ab, ob Sie wirklich «tanzen» lernen möchten.

Natürlich müssen Sie die Tatsache akzeptieren, daß es nie zwei Partner gibt, die lernen könnten, zusammen zu tanzen, ohne daß sie ab und zu einander auf die Zehen treten. Und manche Paare werden die Kunst des Tanzens nie richtig erlernen. Aber wenn Sie die Kunst des Liebens verstehen, dann werden Sie ganz gewiß herausfinden, daß es zahlreiche Menschen gibt, die gerne einen freundschaftlichen Walzer mit Ihnen wagen würden, und auch sehr viele, die Lust hätten, sich in einem romantisch-erotischen Tango zu versuchen. Sie sollten sich dabei bewußt sein, daß der Tanz nichts damit zu tun hat, sich eine Frau oder einen Mann zu «angeln» oder eine Gruppe von Freunden «festzunageln».

Sie müssen nur lernen, etwas Liebe, Zärtlichkeit und Freundschaft bei dem entsprechenden Menschen im richtigen Moment zu investieren.

Erkennen Sie, daß jeder Tanz für Sie eine Chance bedeutet, ein noch schöneres «Hoch» zu genießen, noch schöner zu tanzen, als Sie dies jemals zuvor getan haben – und Sie werden entdecken, daß Sie sehr wohl den Weg kennen, sich Ihre Bedürfnisse nach Liebe und Zuwendung zu erfüllen.

Sie wissen sicherlich längst selbst, wie wichtig Ihr Bedürfnis nach Liebe für Sie ist. Wenn Sie sich aber einreden: «Nun, so wichtig ist es auch wieder nicht; ich kann auch ohne Liebe leben, wenn ich muß», oder: «Ich habe es versucht, aber ich empfinde es als zu mühselig», dann werden Sie insgeheim wissen, daß Sie nur rationalisieren, sich sinnlos über die süßen Trauben beschweren, die Sie angeblich zwar erreichen können, wobei Sie aber das Risiko scheuen. Sie werden sicherlich ahnen und sollten sich eingestehen, daß Sie im Grunde nicht wissen, wie Sie lieben sollen.

Fragen Sie sich nur, wie Sie im Moment ein wenig Freude und Vergnügen erfahren können: mit einem Freund, einem geliebten Menschen, Ihren Eltern oder Ihren Kindern, dem Fremden, mit dem Sie ein paar Worte in der Untergrundbahn oder im Laden wechseln, mit irgend jemandem, zu dem Sie gerade Kontakt haben.

Lassen Sie zu, daß Ihre natürliche Liebe zu sich selbst und zu allen Menschen sich entwickelt – und Sie werden feststellen, daß Liebe in der Tat überall ist, zu jeder Zeit und für jeden, vom neugeborenen Kind in den Armen seiner Mutter bis zum Fünfundneunzigjährigen im Pflegeheim.

Sinnvolle Arbeit

Wir alle möchten produktiv sein. Dies bedeutet nicht, daß wir irgendeinen Job haben und für jemanden arbeiten müssen, um ein erfülltes Leben zu führen. Aber das Gefühl, nützlich zu sein, kreativ tätig zu sein, eine bestimmte Aufgabe zu haben und sie bis zum Ende durchzuführen, ist von lebenswichtiger Bedeutung. Dies sind grundlegende Bedürfnisse. Wenn Sie sie vernachlässigen, empfinden Sie Langeweile und machen die schmerzhafteste und kränkendste aller menschlichen Erfahrungen: Sie verlieren das Interesse. Menschen, die das Interesse am Leben verlieren, werden ganz einfach immer schwächer. Sie sind ohne Ziel und werden für sich und die Gesellschaft zur Belastung. Sie leiden schließlich unter schweren Depressionen, Selbstmitleid und allen möglichen psychosomatischen Symptomen, und es ist möglich, daß sie letztlich daran scheitern und zugrunde gehen. Es ist in der Tat ein sehr wichtiger Instinkt, produktiv zu sein und sich in einer sinnvollen Arbeit zu engagieren. Jenen, die diesem Instinkt nicht folgen, bleibt nichts als ein langweiliges Leben und die Apathie, die der Inaktivität folgt.

Jedes lebendige menschliche Wesen möchte in diesem Sinne arbeiten, zumindest ist dies als ursprünglicher Instinkt vorhanden. Nur wenn man zu lange an einem Job «hängt», der zu ermüdend ist, bei dem man zu stark unter Druck steht oder bei dem man das Gefühl hat, daß er niemandem wirklich nützt, dann wird man wahrscheinlich irgendwann zu dem Schluß kommen: «Ich will nicht mehr arbeiten. Ich möchte mich pensionieren lassen und einfach spielen und mich entspannen.» Falls auch Sie so denken, dann bin ich sicher, daß Sie sich falsch einschätzen. Sie werden das selbst herausfinden, wenn Sie sich wirklich pensionieren lassen oder in Rente gehen. In Ihrem Leben wird sich eine Leere ausbreiten. Sie werden das Gefühl bekommen, daß Sie nutzlos sind, und nach einer Weile werden sie beginnen, nach einer sinnvollen Beschäftigung zu suchen. Sie werden vielleicht ehrenamtlich im sozialen Bereich arbeiten, Nachbarskinder betreuen oder einfach Aufräumarbeiten auf einem verkommenen Grundstück am Ende der Straße erledigen.

Wie tief das Bedürfnis nach sinnvoller Arbeit ist, kann man an körperlich oder geistig behinderten Menschen sehen. Gleichgültig, wie schwer ihre Behinderung auch sein mag, diese Menschen können alle irgend etwas tun. Sie möchten auch immer etwas tun, und der Unterschied zwischen denen, die tatsächlich die Chance dazu bekommen, und jenen, die leer ausgehen, ist wie Tag und Nacht. Diejenigen, denen man die Möglichkeit zur Arbeit vorenthält oder denen man irgendeine stumpfsinnige Beschäftigungstherapie anbietet, sind voller Widerwillen, frustriert und deprimiert. Ihre Behinderung beginnt in ihrem Leben eine übertrieben wichtige Rolle zu spielen; ihre körperliche Verfassung wird immer schlechter, und sie werden möglicherweise passiv und chronisch abhängig von der Pflege anderer.

Diejenigen Behinderten, die sich selbst eine Arbeit aussuchen können oder denen man eine Arbeit anbietet und dabei die notwendige Hilfe gibt, beginnen als Menschen aufzublühen. Fast alle Behinderten sagen, daß es nicht so sehr ihre Behinderung selbst war, die ihnen Schwierigkeiten bereitet hat, sondern die Annahme, daß sie aufgrund ihrer Behinderung vielleicht kein Recht auf Arbeit haben könnten; daß sie weder Stolz noch Selbstachtung entwickeln konnten, weil sie sich ihren Lebensunterhalt nicht selbst verdienen und keinen Beitrag zur gesellschaftlichen Entwicklung leisten konnten. Darüber hinaus sehen sie in fast jeder Arbeit, zu der sie fähig sind, einen Sinn, und sie können die Menschen kaum verstehen, die dauernd an ihrer Arbeit herumnörgeln.

Eine andere Gruppe, die sehr wohl das Bedürfnis nach sinnvoller Arbeit einzuschätzen weiß, ist die Generation der Älteren, die man mit fünfundsechzig oder früher in den Ruhestand versetzt hat – zu einem Zeitpunkt, wo sie wußten, daß sie eigentlich noch sehr viel mehr Jahre an Arbeit «in sich» haben. Die «Grauen Panther» oder ähnliche Seniorengruppen haben sich in den letzten Jahren immer nachdrücklicher beschwert: «Wenn Ihr uns das Recht auf Arbeit vorenthaltet, warum begrabt Ihr uns dann nicht einfach?» Für sie ist allzu deutlich klar geworden, wie groß der Unterschied ist zwischen denen, die man plötzlich aus dem Arbeitsleben ausgestoßen hat, und denen, die in Bereichen tätig sind, in denen man nicht zwangsweise in Rente oder in Pension geht. Sie wissen ganz genau, daß der Eisenwarenhändler oder der Rechtsanwalt, der, bis er achtzig und älter ist, seinen Mann steht, sehr wohl längst tot sein könnte, wenn man ihn gezwungen hätte, in einem willkürlich festgelegten Alter vorzeitig in den Ruhestand zu gehen.

Wenn Sie weder Sinn noch Erfüllung in der Arbeit finden, dann haben Sie zwei Möglichkeiten zur Wahl: Sie können einen Weg suchen, um Ihren Job sinnvoll zu gestalten, oder Sie können Ihre Arbeitsstelle kündigen und einer für Sie sinnvollen Tätigkeit nachgehen. Letzteres erfordert möglicherweise etwas Geduld von Ihnen, einige Risiken, eine Umschulung oder Weiterbildung, vielleicht sogar ein finanzielles Opfer. Darüber hinaus werden Sie vielleicht bei anderen auf Ablehnung stoßen, weil Sie ein gewisses Maß an Sicherheit aufgeben. Andere halten Ihnen vielleicht vor, daß Sie doch genug Geld verdienen und damit alle Ihre menschlichen Bedürfnisse befriedigen können – daß es also unwichtig sei, ob sie Ihren Job für sinnvoll erachten oder nicht. Aber wenn Sie die zentrale Bedeutung sinnvoller Arbeit in Ihrem Leben erkennen, dann wissen Sie, daß Sie keine wirkliche Sicherheit empfinden, wenn Ihre Arbeit sinnlos ist. Keine noch so große Menge Geld kann Sie dann für die Leere in Ihrem Leben entschädigen.

Erholung und Entspannung

Wenn Sie sich jene Menschen vorstellen, die während langer Perioden ihres Lebens besonders produktiv und kreativ waren, dann werden Sie feststellen, daß alle diese Leute ihr Bedürfnis nach Selbsterneuerung, Erholung und geistiger Belebung respektierten. Winston Churchill zum Beispiel empfand Malen als eine wunderbare Möglichkeit, allen Problemen dieser Welt für eine Weile den Rücken zu kehren. Woody Allen spielt einmal in der Woche in einer Kneipe in New York City Klarinette. Viele Akademiker «verschlingen» triviale Mord- und Kriminalgeschichten. Sei es nun Schach oder Volleyball, Zelten oder Restaurieren von Antiquitäten – welche Form der Erholung Sie auch immer für sich wählen, es ist für Sie von lebenswichtiger Bedeutung, auf Ihr grundsätzliches biologisches Bedürfnis nach regelmäßiger Erholung zu achten.

Wenn Sie «arbeitssüchtig» geworden sind und sich niemals selbst eine Pause gönnen, dann wird auch Ihre Arbeit darunter leiden. Vielleicht arbeiten Sie zwölf Stunden am Tag, aber während der letzten paar Stunden werden Sie immer langsamer und verlieren Ihre Fähigkeit, klar zu denken. Sie können von Glück reden, wenn Sie in einer von vier Stunden wirklich intensiv und konzentriert arbeiten. Wenn Sie jeden Tag extrem schuften, dann werden Sie feststellen, daß Sie langsamer und immer abgestumpfter werden und sogar Ihre ersten Arbeitsstunden am Morgen nicht mehr so produktiv sind, wie sie es eigentlich sein sollten. Als nächstes werden Sie entdecken, daß Ihr Geist beginnt abzuschweifen, daß er versucht, sich selbst Ruhepausen zu nehmen, die Sie ihm verweigern. Sie werden sich dabei ertappen, wie Sie mit leerem Blick und gedankenlos aus dem Fenster starren.

Sie werden sich sagen: «Nun reiß dich einmal zusammen; zurück an die Arbeit!» Aber wenige Minuten später werden Sie doch wieder aus dem Fenster starren.

Tatsächlich gibt es Beweise dafür, daß ein großer Teil des kreativen Denkens unbewußt während der Zeit abläuft, in der Sie sich erholen. Berühmte Fallbeispiele sind die von Newton unter dem Apfelbaum und Archimedes in der Badewanne. Wenn Sie also der Ansicht sind, daß Sie mehr schaffen, wenn Sie keine Erholungspausen einlegen, dann überprüfen Sie noch einmal Ihre Ansicht!

Welche Arbeit Sie auch immer verrichten – ob Sie nun Hausfrau sind und jeden Tag mit fünf kleinen Kindern zu Hause sitzen; oder ob Sie Bauarbeiter sind, der jede Überstunde wahrnimmt; oder ob Sie als Kandidat für eine Wahl aufgestellt und für die nächsten vier Monate mit Terminen ausgebucht sind – Ihr Körper und Ihr Geist werden rebellieren, wenn Sie ihnen keine Chance geben, sich einmal von der täglichen Routine völlig abzuwenden und irgend etwas anderes zu tun – nur weil es Spaß macht.

Neben dem elementaren Bedürfnis nach Arbeit und Produktivität besteht auch ein instinktives Bedürfnis nach Entspannung, Ruhe und der Möglichkeit, einmal jedem Druck auszuweichen. Ihr instinktives Bedürfnis nach Entspannung ist lebenswichtig, weil Sie durch dauernden Druck und Überarbeitung zusammenbrechen würden, wenn Sie diesen Instinkt nicht hätten. Ohne die Fähigkeit zur Entspannung sind Sie anfälliger für alle möglichen Krankheiten: Bluthochdruck, Herzstörungen, Ausschlag, Krämpfe, nervöse Ticks und so weiter. Ihr Körper weiß sehr wohl, daß zuviel Druck Sie umbringen kann, und er sehnt sich danach, gelegentlich aus Druck und Streßsituationen auszubrechen und ein wenig Muße zu genießen. Wenn Sie nicht glauben, daß dies ein Instinkt ist, dann versuchen Sie sich vorzustellen, wie Sie überleben könnten, wenn Sie keinen inneren Mechanismus hätten, der Ihnen sagt, wann Sie erschöpft sind. Sie würden einfach immer weiterarbeiten – bis Sie zusammenbrechen. Bedauerlicherweise haben immer wieder Menschen diesen Instinkt ignoriert, und das hat viele das Leben gekostet. Bei jeder Tätigkeit wird Sie der Instinkt begleiten, der Ihnen sagt, daß Sie einmal ausspannen müssen – selbst dann, wenn Sie ihn verdrängen und ignorieren.

Kreativität

Viele werden auf die Frage, was nach ihrer Meinung die lebenswichtigen seelischen Bedürfnisse von Menschen sind, vielleicht Dinge nennen, die ich auch schon erwähnt habe – etwa Liebe oder sinnvolle Arbeit. Ich nehme jedoch an, daß nur wenige an Kreativität denken würden – vor allem, weil das kategorisierende Denken und Einteilen in «kreativ» und «unkreativ» in unserem kulturellen Umfeld eine so große Rolle spielen. Dies führt zu Urteilen wie: «Klaus ist sehr kreativ; ich wette, er wird später einmal ein Künstler. Ich selbst bin nicht sehr schöpferisch. Kreative Menschen sind anders als die meisten anderen. Sie müssen einfach ein bißchen ausgeflippt sein, um ihr schöpferisches Potential zu nutzen.»

Wie kann Kreativität ein allgemeines menschliches Bedürfnis sein, wenn nur so wenige Menschen wirklich die Möglichkeit besitzen, sich selbst dieses Bedürfnis zu erfüllen?

Wenn wir uns alle als «nicht kreativ» einstufen würden, dann würde jede Originalität verlorengehen, und vor uns würden für alle Zeiten immer nur dieselben Filme ablaufen. Wir würden immer wieder in derselben Weise bauen, denken, sprechen, unterrichten und alles das, was wir tun, stets in derselben Weise abwickeln. Das hätte wahrscheinlich zur Folge, daß sich die Menschheit innerhalb kürzester Zeit zu Tode langweilen würde.

Glücklicherweise kann dies jedoch niemals der Fall sein, denn Kreativität ist nun einmal ein tiefverwurzeltes menschliches Bedürfnis. An allen Dingen, die von Menschenhand geschaffen werden – von der Tageszeitung bis zum Apollo-Raumschiff –, können Sie voll Ehrfurcht bewundern, wie kreativ wir sind. Tatsächlich ist das Gegenteil von Kreativität die Imitation. Die einzige Möglichkeit, wie Sie Kreativität unterdrücken können, besteht darin, daß Sie andere Menschen und deren Verhalten dauernd getreu nachahmen.

Im Gegensatz zu Kreativität steht auch die Destruktivität, das willkürliche Zerstören der guten, wertvollen und schönen Dinge, die Menschen geschaffen haben. Auch das destruktive Verhalten in menschlichen Beziehungen gehört dazu. Um diesem zerstörerischen Drang bei sich selbst entgegenzuwirken, müssen Sie versuchen, kreativ und originell zu denken. Sie dürfen auf keinen Fall die Denkweisen destruktiver Menschen imitieren. Für Kreativität und Originalität kann ich Ihnen jedoch kein Patentrezept empfehlen. Blinde Nachahmung oder gedankenlose Konformität zu vermeiden ist der beste Weg zur Kreativität.

Ihre angeborene Kreativität ist der Ausdruck Ihrer Individualität. Sie wird sogar dann auf sehr subtilen Wegen zum Vorschein kommen, wenn Sie versuchen, sie zu verleugnen. Zum Beispiel, wenn Sie «automatisch» die richtigen Zutaten für Ihre hausgemachte Suppe wählen, ein Spiel erfinden oder ein Bild malen.

Betrachten Sie einmal all die Aktivitäten in Ihrem Leben, bei denen Kreativität – im Gegensatz zur Imitation – im Spiel ist oder danach drängt, verwirklicht zu werden. Sie werden dieses Phänomen wahrscheinlich bei all Ihren Aktivitäten entdecken: beim Kochen, beim Spielen mit den Kindern, beim Reparieren des Autos, in Ihrem Beruf, beim Möblieren Ihrer Wohnung oder beim Schreiben eines Briefes. Sie brauchen nur eine Sekunde lang innezuhalten und sich selbst zu fragen: «Wieviel von dem, was ich jetzt tue, ist nur ein gedankenloses Imitieren? Wenn ich nur meiner Vorstellungskraft freien Lauf lasse und mich frage, wie man dies vielleicht besser und schöner machen könnte – und später darüber nachdenke, welche meiner Phantasien auch praktisch umzusetzen sind –, wer weiß, wo ich dann mit meinen Gedanken landen werde?»

Das ist der Kern der Kreativität, der sie zu einem so unentbehrlichen menschlichen Instinkt macht: die Faszination und Spannung angesichts dessen, daß Sie niemals wissen, was Ihr Geist als nächstes hervorbringt. Sie lassen Ihrer Kreativität Spielraum, wenn Sie einfach das akzeptieren, was Ihre Vorstellungskraft Ihnen anbietet – so wie Sie die Muscheln akzeptieren, die Ihr Auge am Strand sieht. Auf einige dieser unzähligen Muscheln werden Sie nur einen flüchtigen Blick werfen wollen; andere möchten Sie vielleicht aufheben und ein wenig genauer ansehen, einige vielleicht aus reiner Freude so weit Sie können hinauswerfen, einige mit nach Hause nehmen und ein paar Wochen lang aufbewahren – und einige möchten Sie vielleicht polieren, zu einer Halskette verarbeiten, rahmen, vielleicht sogar auf ewig behalten.

Dies ist die Art und Weise, wie kreative Menschen arbeiten. Sie öffnen die Pforten ihres Geistes für die Bilder ihrer Phantasie und Vorstellungskraft. Da sie sich darauf eingestellt haben, daß sie ihre kreativen Gedanken verarbeiten wollen, sortieren sie dann im Geist die Ideen für bestimmte Arbeiten. Ob Sie nun an Ihrem Schreibtisch sitzen oder irgendwo angeln, in einen Bus einsteigen oder schlafen – Ihre Phantasie arbeitet bei jeder Gelegenheit. Sie müssen nur das, was sie Ihnen anbietet, zu nutzen wissen. Dies ist ein Vorgang, der Ihnen sicherlich in gewisser Hinsicht vertraut ist. Immer, wenn Sie sich bestimmten Möglichkeiten öffnen, läuft dieser Mechanismus ab. Denken Sie für einen Moment an die Bereiche Ihres Lebens oder an die Dinge, die Aktivitäten, die Sie als außerordentlich inspirierend empfunden haben. Fragen Sie sich dann, ob Ihr Geist nicht in genau der Weise gearbeitet hat, wie ich es oben beschrieben habe.

Nehmen wir zum Beispiel an, Sie würden Ihre Kochkünste als sehr kreativ einschätzen. Das bedeutet, daß Sie nicht ausschließlich nach Rezeptbüchern kochen, daß Sie nicht in zweiwöchigem Abstand immer wieder dieselben Mahlzeiten auftischen oder zwanghaft irgendeinem Schema folgen. Sie werden allerdings sicherlich auch nicht ein paar Würstchen, Eiskrem, saure Gurken, Zitronensaft, roten Pfeffer, Bier und Schokoladenpulver willkürlich in einen Topf werfen und das Gemisch kochen, um zu sehen, wie dieses Gericht schmecken könnte. Wahrscheinlich greifen Sie oft auf bewährte Rezepte zurück, auf einige alte Lieblingsrezepte und auf einige neue, die vielversprechend aussehen. Aber dann sind die Rezepte Ihrer Sammlung sicherlich bekritzelt mit geringfügigen Abweichungen, die Sie in der Vergangenheit ausprobiert haben – bis Sie schließlich Ihre eigene Paella, ein Bœuf Stroganoff, Kung-Pau-Hühnchen oder einen Gemüseauflauf kreiert haben.

Hätten zahllose Köche nicht im Laufe vieler Jahre ihre Kreativität auf diese Weise erprobt, wären sie alle nur den Rezepten gefolgt, die irgendwann einmal niedergeschrieben worden sind, dann würden wir jetzt immer noch wie die Neandertaler der Anweisung folgen: «Nehmen Sie die soeben erlegte Beute und rösten Sie sie im Holzfeuer.»

Wenn Sie Ihr eigenes geistiges Bedürfnis nach Kreativität verleugnen und sich statt dessen immer nur auf Nachahmung und Konformität beschränken, dann werden Sie bald nur noch wie ein Automat handeln – aber mit all den Depressionen, Ängsten, Frustrationen und der Selbstverachtung, die aus dem Versuch resultieren, den genialen Schöpfer in sich selbst zu verdrängen.

Wenn Sie andererseits meinem Rat folgen und versuchen, von sich selbst mehr zu lernen, von der Art und Weise, wie Sie in Ihren kreativen Phasen vorgegangen sind, wenn Sie andere in ihrer kreativen Höchstform beobachten und von ihnen lernen, wenn Sie sich dazu entschließen, einmal Ihren kreativen Instinkten freien

Lauf zu lassen, wann immer Ihnen originelle Ideen in den Sinn kommen — dann werden Sie bald entdecken, daß Sie auf Ihre eigene, besondere Weise ein kreativer, selbstverwirklichter Mensch geworden sind.

Gerechtigkeit

Können Sie sich daran erinnern, wie Sie das erste Mal unter einer Behandlung gelitten haben, die Sie als Ungerechtigkeit empfanden, oder wie Sie gesehen haben, daß einem anderen eine solche Ungerechtigkeit widerfuhr? Vielleicht hat jemand Ihren Eltern oder einem Lehrer eine Lüge über Sie erzählt, und Sie haben deshalb eine Tracht Prügel bekommen oder mußten eine Stunde nachsitzen. Vielleicht hat der Kindertyrann aus der Nachbarschaft Ihren besten Freund «nur so aus Spaß» verprügelt. Vielleicht konnte Ihr Vater keine Arbeit finden, weil er Ausländer war. Was immer es auch gewesen sein mag — haben Sie instinktiv darauf reagiert? Wie lange hielt diese Reaktion an? Wie stark war Ihr Abscheu? Wie sehr haben Sie sich gewünscht, daß Sie das Unrecht irgendwie beseitigen könnten?

Heute scheint es eine sehr beliebte Haltung zu sein, daß Menschen ihr instinktives Bedürfnis nach Gerechtigkeit für sich selbst und andere verleugnen, indem sie sagen: «Die Welt ist nun einmal ungerecht, und niemand kann irgend etwas daran ändern. Ich stehe meiner eigenen Entwicklung nur im Wege, wenn ich versuche, gerechter zu sein als alle anderen. Man wird mich immer betrügen und über mich hinweggehen. Vielleicht kann ich das nicht verhindern, aber ich habe die Möglichkeit, mir einen Ausgleich zu schaffen, wenn ich ungefähr in gleichem Maße andere betrüge oder mich über sie hinwegsetze.»

Dies ist genau die Logik, die der skrupellose Automechaniker einsetzt, wenn er dem Direktor der Kreditfirma 2000 Mark für Reparaturen berechnet, die unnötig waren oder niemals vorgenommen worden sind. Es ist dieselbe Logik, die dann der skrupellose Direktor der Kreditfirma einsetzt, wenn er dem Automechaniker einen Kredit von 20 000 Mark bewilligt und dabei genau weiß, daß der Mechaniker nicht das Kleingedruckte des Vertrages gelesen hat und diesen Kredit nie wird zurückzahlen können. Im Rahmen dieser Logik meint jeder, es sei gerechtfertigt, von der nächsten Person nur ein klein wenig mehr zu nehmen, um sich dafür schadlos zu halten, was einem selbst angetan wurde.

Wenn Sie der Meinung sind, daß Sie wirklich vorankommen, wenn Sie dieses «Spiel des Lebens» nach den «harten Regeln der Realität» spielen, wenn Sie andere schon im voraus um das bringen, worum diese Leute Sie betrogen hätten, wenn sie nur die Möglichkeit dazu gehabt hätten, dann werden Sie sicher jeden Kontakt zu Ihrem Bedürfnis nach Gerechtigkeit verlieren. Möglicherweise reagieren Sie dann eines Tages wirklich mit Aggressivität und Verfolgungswahn, und Sie beginnen, die Gesetze zu mißachten, kriminell zu werden, zu betrügen, zu rauben oder Geld zu unterschlagen.

Es stimmt zwar, daß es überall auf der Welt Ungerechtigkeiten gibt und dies den Instinkt des Menschen verletzt, der sein eigenes Bedürfnis nach Gerechtigkeit respektiert. Aber der selbstverwirklichte Mensch klagt zunächst einmal nicht die Welt dafür an, daß es Ungerechtigkeit gibt. Außerdem weigert er sich zu akzeptieren, daß die Welt von Natur aus soviel Ungerechtigkeiten in sich birgt. Er glaubt auch nicht, daß sie unbedingt so sein muß, wie sie ist. Und schließlich läßt er es nicht zu, daß seine instinktive Abneigung gegen jede Art von Ungerechtigkeit ihn in die Resignation treibt. Er weiß, daß möglicherweise gleich nach der instinktiven Reaktion des Widerwillens sein stets aktiver Sinn für Gerechtigkeit ihm eine Vorstellung davon vermitteln wird, wie diese Ungerechtigkeit beseitigt werden könnte. Wenn er irgend etwas tun kann, dann wird er diese Möglichkeit nutzen und nicht seine Zeit damit verschwenden, die Welt zu verfluchen, weil es in ihr Ungerechtigkeiten gibt. Und er wird die Welt oder sich selbst auch dann nicht verwünschen, wenn er keinen Einfluß darauf hat.

Ihr Bedürfnis nach Gerechtigkeit bedeutet nicht, daß Ihnen selbst und allen anderen Menschen zwangsläufig stets Gerechtigkeit widerfahren müßte. Für Sie ist es vielmehr wichtig, Ihren eigenen Gerechtigkeitssinn zu respektieren, ihn zu entwickeln und sich manchmal zu sagen: «Vollkommene Gerechtigkeit gibt es zwar nicht, aber ich werde in diesem Fall trotzdem einmal versuchen, etwas zu erreichen.»

Für den selbstverwirklichten Menschen ist nichts so wichtig wie die Suche nach Gerechtigkeit. Er hat viele Möglichkeiten, eine gerechte Sache zu unterstützen: etwa, indem er für ein neues Gesetz gegen eine allgemeine Ungerechtigkeit eintritt, indem er für die Bürgerrechte arbeitet, für eine Reform der Wahlen, für nukleare Abrüstung, für die Menschenrechte oder irgendein anderes Anliegen, von dem er meint, daß dadurch mehr Gerechtigkeit, Frieden und Harmonie in die Welt gebracht werden. Er tut dies nicht, weil er die Illusion hätte, daß er alle Probleme dieser Welt lösen oder alle Ungerechtigkeiten ganz und gar beseitigen könnte, sondern einfach deshalb, weil es ihm Vergnügen macht, sich aus Loyalität gegenüber seinem Gewissen eines seiner wichtigsten seelischen Bedürfnisse zu erfüllen.

Wahrheit

Bewußt oder unbewußt vermittelt Ihnen Ihr Geist dauernd ganz präzise Eindrücke und Wahrheiten über jede Situation, in der Sie sich befinden. «Wahrheit» bedeutet nicht, daß Sie niemals einen Fehler machen – dies ist ohnehin unmöglich – und auch nicht, daß Sie niemals lügen. Das Prinzip Wahrheit bedeutet für Sie persönlich, daß Sie immer auf der Grundlage der Ihnen zur Verfügung stehenden Informationen und Ihrer eigenen Überzeugung handeln. Ihr Geist wird sehr schnell die Widersprüchlichkeiten in Ihrem Gedankengebäude herausfinden. Er ist sozusagen der schnellste und gründlichste Computer, den es überhaupt gibt. Wenn Sie ihm bei einem bestimmten Problem einfach die Möglichkeit geben «loszurattern», dann werden in Ihrem Gehirn entweder die grünen Lichter von «wahr», die orangen Lichter von «Widerspruch» oder die roten Lichter von «falsch» aufleuchten. Nehmen wir ein extremes Beispiel: Stellen Sie sich vor, Sie verbringen eine Woche in der Gesellschaft von Menschen, die fortwährend lügen. «Wo ist das Toilettenpapier?» – «Es ist im Schrank.» – «Ich kann es nicht sehen.» – «Das kommt daher, weil ich gelogen habe. Es ist überhaupt nicht dort.» – «Nun, wo ist es denn?» – «Im Regal.» – «Ich kann es nicht finden.» – «Das kommt daher, daß ich gelogen habe. Es ist nicht im Regal.» – «Wo denn?» – «Wir haben gar kein Toilettenpapier.» – «Ist das wirklich wahr?» – «Nein, ich habe gelogen.»

Wenn Sie eine Woche lang unter dieser Art von Kommunikation leiden müßten, dann würden Sie sicher verstehen, daß man in Gesellschaft von chronischen Lügnern, Schwindlern oder Betrügern sehr schnell ein chronisches Mißtrauen gegen die Menschheit und schließlich sogar Mißtrauen gegen sich selbst entwickelt. Dies kann zu Verfolgungswahn, Depressionen, Passivität oder sogar Panik führen. Sie werden entdecken, daß Sie andauernd wütend und ärgerlich sind, unfähig, mit irgend jemandem zu kommunizieren, und bald werden Sie sogar an sich selbst Zweifel haben. Wenn Sie fortwährend mit Lügnern zu tun haben, dann werden Sie bald diese Lügner und sich selbst zu hassen beginnen. Ihre Gesundheit wird sich verschlechtern, und Sie werden das Interesse am Leben verlieren. Menschen, die lange Jahre unschuldig in primitiven Gefängnissen zugebracht haben, in denen sie unter Lügnern und Betrügern leben mußten, fanden es äußerst schwierig, anschließend wieder auch nur ein Fünkchen Vertrauen in die Menschheit oder sogar in sich selbst zu gewinnen. Wenn man lange einer solchen Umgebung ausgesetzt ist, dann wirkt dies wie eine bakterielle Infektion, die nicht bekämpft werden kann und allmählich den Organismus schwächt, bis er nicht mehr funktioniert.

Wahrheit ist für unser Überleben absolut notwendig und eines unserer grundlegendsten seelischen Bedürfnisse.

Ein selbstverwirklichter Mensch ist zunächst immer ein aufrichtiger Mensch. Er macht gegen Unehrlichkeit Front, er ist ehrlich in seinen menschlichen Beziehungen, er versucht nicht, die Wahrheit zu verschleiern oder andere zu betrügen. Was ist es, das Sie bei vielen Menschen so sehr ablehnen, etwa bei den Politikern, den Bürokraten, den Geschäftsführern großer Firmen, bei großen politischen Organisationen oder aufdringlichen Vertretern? Ist es, daß sie Ihnen unehrlich erscheinen?

Wenn eine Organisation so weit heruntergekommen ist, daß die Wahrheit dort nicht mehr geachtet wird, dann ist das unvermeidliche Resultat ein Chaos.

Der grenzenlos selbstverwirklichte Mensch sucht in allen seinen Handlungen nach Wahrheit. Sein Wahrheitsbedürfnis ist so stark, daß er sich außerordentlich anstrengen wird, um vor allem für sich selbst zur Wahrheit zu gelangen. Er wird nicht durch Machtbedürfnisse motiviert, sondern durch das Bedürfnis nach Wahrheit. Dies ist der Grundpfeiler, auf dem unsere Kultur ruhen sollte. Der selbstverwirklichte Mensch wird selbst in den trivialsten Gesprächen nicht bereit sein, die Wahrheit zu verleugnen. Er wird sich nicht entschuldigen oder bestimmte Dinge so erklären, daß andere zufrieden sind, denn er will im Hinblick auf die Wahrheit keine Kompromisse schließen.

Der selbstverwirklichte Mensch ist dann zufrieden, wenn er das Gefühl hat, daß er stets nach der Wahrheit strebt. Er wird akzeptieren, daß er Fehler macht, aber er wird nicht zulassen, daß irgend jemand sich anmaßt, besser zu wissen als er selbst, wie der Weg seiner eigenen Wahrheitssuche verlaufen sollte. Das Resultat des Strebens nach Wahrheit in allen Dingen wird seine grundlegende Ehrlichkeit als Mensch sein. Wenn er sich selbst niemals zu belügen braucht, dann wird er auch gegenüber anderen niemals lügen. Eine Ausnahme wäre natürlich eine Situation, in der ihn sein grundsätzliches moralisches Empfinden zu einer Notlüge greifen läßt, etwa wenn er einem Dieb erzählt, er hätte kein Geld, während er es in Wirklichkeit in einem anderen Raum versteckt hält.

Lassen Sie mich zusammenfassen: Der Mensch auf dem Weg zur grenzenlosen Selbstverwirklichung hat eine natürliche Neigung, in allen Dingen nach der Wahrheit für sich selbst zu suchen, der er ständig folgt.

Schönheit

Das Bedürfnis nach Schönheit ist vielleicht das umfassendste und lebenswichtigste seelische Bedürfnis, weil es alle anderen einschließt. Individualität ist schön. Ebensoschön ist der Respekt vor sich selbst und anderen und das Gefühl, ein Teil der Welt und der Menschheit zu sein. Schön sind auch Zuneigung und Liebe, eine sinnvolle Arbeit, Erholung, Kreativität, Gerechtigkeit, Wahrheit, und schön kann selbstverständlich auch die äußere Erscheinung eines Menschen sein.

Wir neigen dazu, sehr eingleisige Vorstellungen in bezug auf Schönheit zu haben. Wenn wir sagen: «Sie ist wirklich ein feiner, schöner Mensch», dann meinen wir häufig: Sie bringt Schönheit, Harmonie, Humor, Liebe und Respekt in ihr eigenes Leben und in das anderer Menschen ein.

Wir brauchen Schönheit in unserem Leben. Nur so können wir positive Gefühle entwickeln. Musik, Malerei, Bücher, anspruchsvolle Diskussionen, Theater, Sonnenuntergänge, Blumen, Tiere, Flüsse, lächelnde Gesichter und frische Luft sind für Menschen, die glücklich und gesund leben wollen, absolut notwendig. Ein selbstverwirklichter Mensch sucht nach Schönheit und trägt dazu bei, diese Schönheit auch anderen zugänglich zu machen. Fast ohne Ausnahme engagieren sich solche Menschen für Aufgaben, die helfen, die Welt schöner und lebenswerter zu machen. Sie möchten, daß jedermann die Schönheit schätzenlernt. Schönheit gibt uns Hoffnung. Beobachten Sie einmal Flüchtlinge, die während ihres ganzen Lebens in Armut und Mangel gelebt haben. Wenn solche unterprivilegierten Menschen das erste Mal an einem Konzert, an einem Picknick oder an irgend etwas wirklich Schönem teilnehmen, dann ist es, als injiziere man ihnen eine Dosis Glück. Sie genießen es, sie kosten es aus und saugen es in sich hinein. Eine einzige Begegnung mit wahrer Schönheit reicht oft aus, um ihnen neue Kraft und Hoffnung für viele Monate zu geben. Je mehr Sie lernen, Schönheit zu genießen und sie auch anderen verfügbar zu machen, desto näher kommen Sie auch Ihrem Lebensziel, ein selbstverwirklichter Mensch zu sein.

8. Der Sinn des Lebens

Wer sein Leben ohne innere Zwänge gestalten möchte, muß darin einen Sinn sehen können. Ohne diesen Sinn werden Sie Ihr Leben als leer empfinden, unzufrieden sein, Angstgefühle, Aggressionen und andere Symptome entwickeln. Diese Reaktionen sind die direkte Antwort auf ein fremdbestimmtes Leben. Die meisten Menschen haben sich in ihrer alltäglichen Routine festgefahren: Rechnungen müssen bezahlt, die Familie muß versorgt und die Kinder müssen erzogen werden. Man fährt zur Arbeit und wieder nach Hause, man spart ein paar Mark, um noch mehr kaufen zu können – das Leben «läuft wie am Schnürchen», aber es bleibt unbefriedigend. Natürlich muß jeder Rechnungen bezahlen; aber wenn die Arbeit, die Ihnen dies ermöglicht, für Sie bedeutungslos ist, dann werden Sie frustriert und unzufrieden. Sie haben das Gefühl, daß Sie die kostbaren Augenblicke Ihres Lebens mit Dingen vergeuden, die Ihnen keine innere Zufriedenheit und keine Gemütsruhe verschaffen. Wenn Ihr Leben Ihnen nicht diese Gefühle des inneren Friedens und der Selbstverwirklichung vermittelt, dann müssen Sie sich überlegen, wie Sie es schaffen, in Zukunft darin eine Aufgabe und einen Sinn zu finden.

Man muß dafür nicht unbedingt seinen Arbeitsplatz wechseln, Beziehungen beenden oder andere drastische Änderungen vornehmen. Wesentlich ist vielmehr Ihre innere Einstellung zu dem, was Sie tun. Aber wenn Sie einfach mit der alltäglichen Routine fortfahren, Pflichten erfüllen, die Ihnen widerstreben, und sich innerlich leer fühlen, dann müssen Sie erst einmal Ihr inneres Potential kennenlernen, das Sie dazu befähigt, ein selbstverwirklichtes und von inneren Zwängen freies Leben zu führen. Sie müssen in bezug auf sich selbst den Mut haben zu sagen: «Ich werde mich in meinem Leben vollkommen und zufrieden fühlen, weil ich es wert bin. Das Leben ist ganz einfach zu kurz, um sich nach der Meinung der anderen zu richten. Ich werde die Entscheidungen über mein Leben selbst in die Hand nehmen, und wenn ich Fehler begehe oder in Schwierigkeiten gerate, dann bin ich bereit, den Preis dafür zu bezahlen. Zumindest werde ich dann mit mir zufrieden sein können, weil ich allein darüber entscheide, wie mein Leben verlaufen soll.» Eine solche innere Einstellung ist von entscheidender Bedeutung, wenn man ein Gefühl für den Sinn und Wert des eigenen Lebens entwickeln möchte.

Das Gefühl für die Bedeutung des eigenen Lebens ist etwas sehr Persönliches. Einige Menschen entwickeln es dadurch, daß sie schriftstellerisch tätig sind oder bewußt Zeit mit ihren Familien verbringen. Einige Menschen empfinden Zufriedenheit bei der wichtigen Aufgabe der Kindererziehung. Andere wiederum fühlen sich voller Leben, wenn sie eine Lokomotive fahren, Medikamente verschreiben oder Piloten ausbilden. Das Gefühl, im Leben eine Aufgabe zu erfüllen, kommt aus Ihrem Inneren, und nur Sie können wissen, ob Sie es haben oder nicht. Ich kann nur über meine eigenen Erfahrungen sprechen, die ich durch meine Gespräche mit Tausenden von Menschen gesammelt habe. Als Therapeut habe ich sehr schnell gelernt, daß die Hauptursachen für selbstzerstörerische Gedanken und Verhaltensweisen im sinnentleerten Leben dieser Menschen zu finden sind. Nur wenige Menschen machen die Erfahrung, daß ihr Leben tatsächlich Sinn und Bedeutung hat.

Ich sehe meine Lebensaufgabe darin, Menschen davon abzubringen, von sich selbst eine stereotype Meinung zu haben. Ich ermutige Sie, ihre Phantasie einzusetzen und zu überlegen, was ihnen wirklich Spaß machen würde. Dann beginnen sie häufig darüber zu sprechen, was ihnen persönlich lohnend und sinnvoll erscheint.

Es ist traurig, daß so viele Menschen sich einfach weigern, die Schritte zu unternehmen, die ihnen schließlich das Gefühl vermitteln könnten, daß sie ein sinnvolles Leben führen. Von Menschen, die das Risiko scheuen, habe ich unzählige Male dieselben Argumente gehört: «Ich habe Angst zu scheitern.» «Aber was wird aus meinen familiären Verpflichtungen?» «Ich kann jetzt nicht so einfach den Kurs ändern, dafür bin ich doch schon zu alt.» «Hier zu sitzen und zu träumen ist nicht schwer, aber die Realität zwingt mich dazu, Geld zu verdienen, damit ich meinen Lebensunterhalt bestreiten kann.» Diese Aussagen und andere Gefühle und Argumente sind nur Ausreden, um weiter in der eigenen Trägheit verharren zu können.

Man kann im Leben nur dann einen Sinn sehen, wenn man es sich zur Aufgabe macht, so zu werden, wie man in seinem tiefsten Inneren ist und sein möchte. Alles andere – die tägliche Routine, das Bezahlen der Rechnungen, die familiären Verpflichtungen – wird sich von alleine klären, wenn Sie nur ein Gefühl dafür entwickeln, wie Sie sinnvoll leben können. Wenn Sie bisher stets ein verantwortungsvoller und gewissenhafter Mensch waren, dann werden Sie diese Werte nicht plötzlich über Bord werfen und zum Einsiedler werden, der in einer Höhle in der Wildnis lebt. Sie können sich dafür entscheiden, zufrieden und verantwortungsbewußt zu sein und allen ihren persönlichen Pflichten nachzukommen, wenn Sie nur bereit sind, Ihre Angst vor Veränderungen und Mißerfolgen abzulegen. Diese Angst ist das größte Hindernis auf Ihrem Weg zum selbstverwirklichten Menschen, der frei ist von inneren Zwängen. Falls Sie nun nach Ausflüchten suchen und meinen, aufgrund früherer Entscheidungen heute nichts mehr an Ihrem Leben ändern zu können, dann werden Sie schließlich genau das bekommen, wofür Sie sich eingesetzt haben: ein Leben, ausgefüllt mit Verpflichtungen, aber ohne inneren Frieden. In meinen Augen hat jedoch das Gefühl, als Mensch bedeutsam und wichtig zu sein, den höchsten Stellenwert. Dieses Ziel dürfen Sie auf keinen Fall aufgeben.

Man kann gar nicht oft genug betonen, wie wichtig das Gefühl ist, ein sinnvolles Leben zu führen. Nichts spielt für Ihr Überleben und Ihr emotionales Gleichgewicht eine größere Rolle. Ohne einen Lebenssinn werden Sie für Depressionen, Krankheit und Streß anfällig. Ich habe viele Menschen gekannt, die die Einstellung besaßen: «Ohne meinen Mann/meine Frau kann ich nicht leben. Er/sie ist alles, was ich habe.» Sie wurden kurz nach dem Tod ihres Ehepartners krank oder starben. Wenn man seinen Lebenssinn von einem anderen Menschen abhängig macht, dann besteht die Gefahr, daß man über sein eigenes Schicksal die Kontrolle verliert. Wenn sich der Sinn Ihres Lebens an einem anderen Menschen orientiert und dieser sie dann verläßt oder stirbt, dann erscheint Ihnen Ihr Leben plötzlich sinnlos. Deshalb muß dieses Gefühl für den Sinn des Lebens unbedingt in Ihrem eigenen Inneren wurzeln.

Viele Menschen leben weiter, weil sie in ihrem Leben eine wichtige Aufgabe erfüllen. Sie gehen in einer Aufgabe so auf, daß sie es sich einfach nicht leisten können, krank zu werden oder zu sterben: Wenn die Aufgabe erfüllt ist und ihr Leben somit keinen Sinn mehr hat, führt dies häufig zu Krankheit oder sogar zum Tod. Viktor Frankl schreibt in «Die Suche nach dem Sinn», wie einige seiner Mitgefangenen in einem Konzentrationslager den Lebenswillen verloren, als sie in ihrem Dasein keinen Sinn mehr sehen konnten. Ein Leidensgenosse im Konzentrationslager hatte Frankl dagegen von seinem Traum erzählt: Er träumte, daß er am 30. März 1945 aus dem Lager befreit werden würde. Auf diese Hoffnung baute er seinen Lebenswillen, sie wurde sein einziger Lebensinhalt. Viktor Frankl schreibt über diesen Mann:

«Am 29. März wurde er plötzlich krank und hatte hohes Fieber. Am 30. März, dem Tag, an dem – wie sein Traum es ihm prophezeit hatte – der Krieg und sein Leiden vorbei sein sollte, fiel er ins Delirium und verlor das Bewußtsein. Am 31. März war er tot. Allem Anschein nach war er an Typhus gestorben... Der wahre Grund für den Tod meines Freundes war jedoch, daß die erwartete Befreiung nicht stattgefunden hatte und daß er darüber zutiefst enttäuscht war. Dies führte plötzlich zu einer Schwächung seiner Widerstandskraft gegen eine latente Typhuserkrankung. Sein Glaube an die Zukunft und sein Lebenswille waren dahin, und sein Körper fiel der Krankheit zum Opfer. – Schließlich bekam die Stimme seines Traumes doch noch recht – wenn auch auf makabre Weise.»

Frankl sah nun seine Lebensaufgabe darin, diese Geschichte der Nachwelt weiterzugeben. Er wußte, daß er überleben mußte, um seine Aufgabe zu erfüllen. Dieser Wille gab ihm eine ungeahnte Stärke und ließ ihn überleben. Das dramatische Beispiel zeigt, wie wichtig es ist, daß jeder Mensch in seinem Leben eine Aufgabe und einen Sinn findet. Vielleicht geht es bei Ihnen nicht gerade um Leben und Tod, aber eines ist sicher: Ihre emotionale Stabilität, das Gefühl der eigenen Würde und Ihr persönliches Glück hängen davon ab, daß Sie ein Gefühl für die Bedeutung und den Sinn in Ihrem Leben verspüren. Und dieses Sinngefühl muß aus Ihnen selbst kommen. Sie sollten es nicht von anderen Menschen oder äußeren Faktoren abhängig machen.

Der letzte Zentimeter

Stellen Sie sich einmal Ihr Leben als eine Strecke von einem Kilometer Länge vor. Anfangs- und Endpunkt dieser Strecke sind Geburt und Tod. Dieser Kilometer kann auf verschiedene Weisen zurückgelegt werden, aber am Ende dieser Reise steht immer der Tod. Ihr «Lebenskilometer» besteht aus 100 000 Zentimetern. Ihre ganze Bildung und Erziehung, Ihre Erfahrungen und Ziele sind darauf ausgerichtet, Ihnen zu helfen, über die ersten 99 999 Zentimeter zu kommen. Dies ist die größte Strecke Ihres Lebens, und die Regeln für diesen Lebensabschnitt unterscheiden sich erheblich von denen, die für den kritischen letzten Zentimeter gelten.

Während des größten Teils Ihres Lebenskilometers beziehen sich diese Regeln darauf, vorwärtszukommen, mit den Menschen in Ihrer Umgebung zu konkurrieren, Geld zu verdienen, eine Familie zu gründen, für die Zukunft zu sparen, Karriere zu machen, befördert zu werden, sich Bildung anzueignen, die Tricks und die Fähigkeiten zu lernen, die man für das Überleben in unserer fremdbestimmten Kultur braucht. Für den letzten Zentimeter gelten völlig andere Maßstäbe: Er ist das Symbol für den Sinn Ihres Lebens. Er ist ein Zeichen dafür, wie wertvoll, lebendig und wichtig Sie als einzigartiger Mensch sind, und er ist der wahre Grund Ihres Daseins. Diesen letzten Zentimeter können Sie nur dann mit dem Gefühl eines selbstverwirklichten und sinnerfüllten Lebens in Zufriedenheit und Dankbarkeit bewältigen, wenn dieses Bewußtsein bereits ein Teil der Leitlinien und Regeln war, die auch Ihren bisherigen Lebensweg bestimmt haben.

Dies Buch bezieht sich gewissermaßen auf diesen letzten, ausschlaggebenden Zentimeter, den Teil Ihres Lebens, den Sie und auch Ihre Lehrer im allgemeinen ignorieren. Für diesen ausschlaggebenden Zentimeter gelten die Regeln, die Ihrem eigenen Inneren entspringen. Hier geht es nicht um Konkurrenzkampf und Karriere. Es geht hier um Ihre eigene Selbstachtung und nicht um Rivalität mit Ihren Mitmenschen; es geht um die eigene Selbstverwirklichung und das Vertrauen auf die inneren Signale und nicht um die Anhäufung materiellen Reichtums. Es ist notwendig, daß Sie lernen, für alle 99 999 Zentimeter Ihres Lebenskilometers Verhaltensweisen und Denkweisen zu entwickeln, die Ihnen helfen, in Ihrem Lebensbereich einen Sinn zu sehen. Wenn Sie das nicht tun, dann sind Sie vielleicht nach außen hin erfolgreich, aber innerlich sehr unzufrieden. Die Entdeckung des Lebenssinns hängt untrennbar damit zusammen, daß man ein völlig freier Mensch wird, der Risiken eingeht, seine eigene Selbstverwirklichung anstrebt und sich weigert, jemand zu sein, der sich den Verhaltensnormen anderer anpaßt. Wenn Sie nach Konformität streben und sich selbst nach Maßstäben beurteilen, die Ihnen von außen aufgezwungen werden, oder wenn Sie sich auf irgendeine Weise selbstzerstörerisch verhalten, dann werden Sie niemals in Ihrem Leben einen Sinn sehen können. Man wird Ihnen zwar eine gewisse Anerkennung entgegenbringen, wenn Sie auf der Karriereleiter nach oben geklettert und vielleicht sogar reich geworden sind. Aber Sie werden von innerer Unruhe und Unzufriedenheit geplagt werden, solange Sie nicht das Gefühl haben, daß Sie Ihrer individuellen Lebensaufgabe nachgehen. Es ist das Bewußtsein über die Bedeutung des letzten Zentimeters Ihres Lebenskilometers, das den Ausschlag gibt, ob Sie sich innerlich zufrieden fühlen.

Warum wohl bringt die westliche Gesellschaft dem Zen-Buddhismus, dem Taoismus, der transzendentalen Meditation und allen östlichen Philosophien soviel Mißtrauen entgegen? Die Antwort ist, daß der größte Teil unseres Lebens nichts mit dem zu tun hat, was diese Philosophien anbieten. Wir verfügen noch nicht einmal über Begriffe, um gewisse Bewußtseinszustände zu beschreiben, die in einer Zen-buddhistischen Lebenseinstellung als selbstverständlich gelten. Wir können die völlige Konzentration auf ein intensives Leben im Hier und Jetzt nicht angemessen beschreiben. Es gibt bei uns keine Worte für die Gefühle, die sich einstellen, wenn unser Geist zum Beispiel völlig ruhig ist und durch nichts von außen gestört werden kann.

Es ist schwierig, mit den Mitteln der abendländischen Sprachen diesen Zustand der völligen Selbstverwirklichung und inneren Zufriedenheit zu beschreiben. Dies liegt vor allem daran, daß wir diese Ideen in unserem schnellen, konkurrenzbetonten, fließbandartigen und krank machenden Leben vollständig ignorieren. Sie selbst haben wahrscheinlich überhaupt keine Übung darin, ein Gefühl der inneren Ruhe und ein Bewußtsein für den Sinn des Lebens zu entwickeln. Sie haben so viele Jahre gelernt, Ihr Leben nach Äußerlichkeiten auszurichten, daß es Ihnen jetzt schwerfällt, in transzendentalen Begriffen zu denken. Man hat Sie gelehrt, daß es Grenzen gibt, und Sie wurden nicht zum großzügigen, alle Zwänge überschreitenden und humanistischen Denken erzogen.

Die Menschen, die fähig waren, in ihrem Leben den Sinn zu erkennen, haben dieses Ziel erreicht, indem sie sich über ihr eigenes Ich erhoben und ihren Blick auf die gesamte Menschheit richteten. Schließlich haben Sie es sich zur Aufgabe gemacht, aus der Erde für die Menschen einen Ort zu machen, an dem es sich besser leben läßt. Versuchen Sie nur, zu anderen Menschen freundlich zu sein, sie spüren zu lassen, daß auch ihr Leben Sinn und Bedeutung hat, dann haben Sie bereits den ersten Schritt zur Verbesserung der allgemeinen Lebensqualität getan.

Die Suche nach dem
Sinn des Lebens

Es ist für uns alle an der Zeit, die Suche nach dem Sinn auf die ersten 99 999 Zentimeter unseres Daseins zu verlagern. Dann werden wir auch den letzten, entscheidenden Zentimeter als Endpunkt und zugleich als Höhepunkt unseres Lebenswegs beschreiten.

Sie, und nur Sie, kennen Ihr inneres Ich. Niemand kann in Ihre Haut schlüpfen. Sie müssen mit sich selbst und dem, was Sie tun, zufrieden sein. Wenn dies nicht der Fall ist, werden Sie demoralisierende Gefühle der Langeweile, Routine und Leere verspüren.

Immer wieder kann man in der Presse über Menschen lesen, die nach Krankheit oder Unfall dem Tod nur um Haaresbreite entgangen sind und die danach eine völlig andere Einstellung zu ihrem Leben entwickelten. Wenn Menschen solche existentiellen Bedrohungen unversehrt überstehen, ändern sie in den meisten Fällen ihr Leben, so daß das Bewußtsein vom «ausschlaggebenden Zentimeter» jetzt zur bestimmenden Kraft für die davorliegenden Zentimeter wird. Mit anderen Worten: Die meisten Menschen müssen erst mit dem Tod konfrontiert werden, bevor sie sich bemühen, den Sinn ihres Lebens zu erkennen.

Diese Menschen, denen das Leben neu geschenkt wurde, lassen oft ihren schnellebigen Lebensstil hinter sich. Häufig suchen sie nach Möglichkeiten, auch ohne Streß ihren Lebensunterhalt zu verdienen, und sie beginnen, mehr Zeit mit den Menschen zu verbringen, die sie lieben. Sie nutzen ihre Zeit sinnvoller. Häufig widmen sie sich Dingen, durch die sie sich selbst verwirklichen können.

Sie entspannen sich und nehmen sich mehr Zeit dafür, die wahre Schönheit des Lebens zu genießen. Ihre unmittelbare Begegnung mit dem Tod ist ein Prozeß der Läuterung, der es ihnen erlaubt, zu neuem Leben zu erwachen und aus ihrer Zeit mehr zu machen als das, womit sie sich vorher beschieden haben. Es bedarf aber nicht erst solch einschneidender Erfahrungen, um in seinem Leben einen Sinn zu erkennen. Bei der Suche nach dem Lebenssinn geht es jeden

Tag aufs neue darum, das eigene Leben so zu leben, daß es Ihnen und den Menschen, die Sie lieben, die größte Zufriedenheit verspricht. Akzeptieren Sie die selbstzerstörerische Logik nicht, die besagt, daß Sie sich jetzt nicht mehr ändern können, weil Sie in Ihren alten Lebensstil bereits soviel Zeit und Mühe investiert haben. Sie müssen noch nicht einmal Ihre gesamte Lebensweise ändern, um in Ihrem Leben einen Sinn sehen zu können. Sie müssen sich nur selbst zur Aufgabe machen (und sich auch daran halten), Ihre Einstellung so zu ändern, daß Sie wieder einen Sinn verspüren – ein Gefühl, das den meisten Menschen unserer Gesellschaft fehlt.

Wenn Sie ein Haus bauen, dessen Fundament auf einem Stützpfeiler ruht und dieser plötzlich einbricht, wird das ganze Gebäude einstürzen. Wenn Sie Ihr ganzes Leben nach einer Person, einer Tätigkeit, einem Beruf oder einem einzigen anderen Stützpfeiler ausrichten und Ihnen dieser verlorengeht, dann werden Ihre Existenz und Persönlichkeit genau wie das Haus zusammenbrechen. Um sich sicher fühlen zu können, sollten Sie deshalb den Kurs in Ihrem Leben korrigieren, sich wieder auf sich selbst verlassen und in vielen verschiedenen Aktivitäten einen Sinn sehen. Es hat keinen Zweck, seinen Sinn im Leben von einer einzigen Person oder einer Tätigkeit abhängig zu machen. Der grenzenlos freie Mensch, der nach den Sternen greift, ist jemand, der sich in jeder Situation kreativ und lebendig fühlen kann. Er muß sich nicht in einer ihm vertrauten Umgebung vergraben oder nur die Dinge tun, die er zu tun gewohnt ist. Alles, was ein Mensch zu tun vermag, kann eine Quelle der inneren Zufriedenheit und des Lebenssinns sein, vorausgesetzt, er ist in der Lage, die alten Denkmuster abzulegen, die ihn zu einem unzufriedenen Leben verdammen.

Sie können Zufriedenheit empfinden, wenn Sie mit Ihrem Kind einige Minuten im Wohnzimmer spielen. Sie können diese Zeit aber auch als Gelegenheit betrachten, sich zu langweilen und sich ausgeschlossen zu fühlen. Die Entscheidung liegt immer bei Ihnen. Man kann überall Wunder entdecken, aber auch bis in alle Ewigkeit nach ihnen suchen. Der Psychologe Abraham Maslow beschrieb eine solche Einstellung folgendermaßen: «Wenn man in weiter Entfernung nach Wundern sucht, ist dies in meinen Augen ein sicheres Zeichen für die Unkenntnis, daß alles ein einziges Wunder ist.» Sich diese grundlegende Wahrheit zu eigen zu machen, ist von entscheidender Bedeutung, wenn man in seinem Leben einen Sinn und eine Aufgabe sehen möchte.

Das Leben ist ein Abenteuer

Die meisten Menschen fürchten sich vor Veränderungen; sie verharren immer am gleichen Ort. Der Grund dafür ist nicht die Unfähigkeit, sich in einer anderen Umgebung zurechtzufinden. Sie scheuen vielmehr vor dem Veränderungsprozeß zurück.

Eines ist jedoch sicher: Auch Sie werden, wie jeder Mensch auf dieser Erde, nicht immer der gleiche bleiben. Veränderungen sind wie das Salz in der Suppe des Lebens. Es gäbe kein Wachstum, kein Leben, keinen Tod – es gäbe nichts, wenn unser Leben nicht einem ständigen Wandel unterworfen wäre. Wenn Sie Ihrem Leben einen Sinn geben möchten, müssen Sie sich mit dieser Tatsache vertraut machen. Sie müssen lernen, Veränderungen zu begrüßen, statt sie zu fürchten.

Vielleicht erscheint Ihnen dies als ein gewagter Schritt zu neuen Ufern. Natürlich haben Sie sich im Laufe der Zeit daran gewöhnt, sich in Ihrer Umgebung wohl zu fühlen. Sie wissen schon immer im voraus, was Sie jeden Tag erwartet. Sie haben eine gewisse äußere Sicherheit, wenn in Ihrem Leben alles vorhersehbar ist. Aber wenn diese Vorhersehbarkeit in Ihrem Leben überhandnimmt, entsteht in Ihnen das Gefühl der Leere und Sinnlosigkeit. Es schwächt Ihre Fähigkeiten und Möglichkeiten, sich selbst zu verwirklichen. Wenn es in Ihrem Leben sowohl Vorhersehbarkeit und Stabilität als auch die Möglichkeit gibt, Neues zu erleben und sich zu verändern, dann haben Sie eine gute Basis, um Ihren Lebenssinn zu erkennen. Wenn

Sie die Chance wahrnehmen, neue Erfahrungen zu machen, Risiken einzugehen und – was am wichtigsten ist – die Dinge zu tun, die Sie, ungeachtet der Meinung anderer, für wichtig halten, wird in Ihrem Alltag das Gefühl eines sinnvollen Lebens zunehmend stärker werden.

Unsere Welt verändert sich rasant. Niemand lebt für sich allein. Jeder nimmt am Prozeß der Veränderung teil. Sogar während Sie in Ihrem Sessel sitzen und dieses Buch lesen, verändern Sie sich. Ihre Zellen verändern sich, Sie sehen jeden Tag ein wenig anders aus, Sie haben heute vielleicht andere Ansichten als vor ein paar Jahren. Sie tun Dinge, die Sie früher noch für unangebracht hielten. Ihr Wortschatz hat sich gewandelt.

Auch morgen werden Sie anders sein. Sie werden sich zum Beispiel anders kleiden, werden andere Worte benutzen oder eine andere politische Meinung vertreten. Sobald Sie jede Veränderung als Notwendigkeit im menschlichen Leben anerkannt haben, werden Sie auch bereit sein, sie als wichtigen Bereich Ihres Lebens zu akzeptieren. Wenn Sie sich an die Vorstellung gewöhnen können, daß Veränderung etwas Wundervolles ist, dem man nicht aus dem Weg gehen sollte, werden Sie neue, aufregende, risikobereite Verhaltensweisen entwickeln, die Ihrem Leben einen Sinn geben, bevor Sie sich dessen überhaupt bewußt sind.

Autoritäre Menschen sehen in jeder Veränderung eine Gefahr. Selbstverwirklichte Menschen begrüßen sie! Der Unterschied liegt darin, entweder in jeder beliebigen Situation wirksam zu handeln oder überfordert und gelähmt zu sein, wenn das Resultat des Wandels ungewiß ist und vielleicht sogar den eigenen Status in Frage stellen könnte. Wenn man Veränderungen gegenüber eine positive Einstellung gewinnen will, muß man zuerst sich selbst gegenüber eine positive Einstellung haben. Sobald man schrittweise beginnt, mit sich selbst zufrieden zu sein, fühlt man sich von Veränderungen immer weniger bedroht, denn man vertraut darauf, mit ihnen fertig zu werden. Der unsichere Mensch scheut sie, weil er ständig an sich selbst zweifelt und nicht weiß, ob er das Neue, was auf ihn zukommt, bewältigen kann.

Ein selbstverwirklichter Mensch zu sein erfordert die Bereitschaft, ein Abenteurer zu werden, neue Verhaltensweisen auszuprobieren, neue Menschen kennenzulernen, das Unbekannte zu erforschen und sogar das Geheimnisvolle und Unbekannte zu begrüßen. Selbstverwirklichte Menschen stellen sich immer neuen Herausforderungen. Sie möchten nicht, daß alles so bleibt, wie es ist. Sie sind bereit, die Stellung zu wechseln, ohne sich davor zu fürchten, daß deshalb Schwierigkeiten entstehen. Sie scheinen von einer inneren Zuversicht erfüllt zu sein, daß sie alles bewältigen können, was sich ihnen in den Weg stellt. Ein selbstverwirklichter Mensch hat kein Interesse daran, sein ganzes Leben lang unverändert zu bleiben. Es macht ihm keine Angst, daß er jetzt anders denkt als früher. Er ist durchaus bereit zuzugeben, daß veraltete Wertvorstellungen und Einstellungen nicht mehr greifen und jederzeit für immer abgelegt werden können, wenn sie nicht mehr sinnvoll sind. Er kann also erkennen und sich zugestehen, daß eine Meinungsänderung notwendig ist. Er wird den überholten Wertvorstellungen auch nicht nachtrauern.

Weil sich selbst verwirklichende Menschen immer neue, unbekannte Bereiche erforschen und nach den Sternen greifen, stoßen sie ständig auf neue Ideen und Einstellungen. Fremden begegnen sie aufgeschlossen. Aufgrund dieser Offenheit für alles Neue begrüßen sie jede Veränderung, weil auf diese Weise ihr Leben sinnvoll, bereichert und erfüllt wird.

Der selbstverwirklichte Mensch wird die Risiken, die mit einer Veränderung – insbesondere mit einer gesellschaftlichen – einhergehen, auf sich nehmen und versuchen, die Skeptiker, die sich ihm in den Weg stellen, von den positiven Aspekten des Wandels zu überzeugen. Vieles, was heute selbstverständlich ist, wie etwa gesetzlich verankerte Rechte für die Armen, das Stimmrecht, allgemeine Schulbildung, Bürgerrechte, Flugreisen, Satellitenübertragung und alles andere, was wir heute als normal ansehen, wurde früher als radikal und bedrohlich empfunden und mußte ebenfalls erst von weitblickenden, risikobereiten Menschen erkämpft und durchgesetzt werden. Entdecken Sie darin das Vorbild für Ihre Lebensführung.

Nehmen Sie sich vor, heute mit einem Fremden zu sprechen. Stellen Sie fest, ob Sie mit dieser Person nur ein paar Minuten Ihrer Zeit verbringen können. Wenn Sie anderen Menschen aufgeschlossen gegenübertreten, wenn Sie mit ihnen auch nur kurz reden, so wird Ihnen dies helfen, die grundlose Angst vor dem Unbekannten abzubauen. Ich habe es mir selbst zum Beispiel angewöhnt, jeden Tag mindestens einen neuen Menschen kennenzulernen. Im Restaurant spreche ich etwa kurz mit einem freundlichen Kellner oder einem Tischnachbarn und versuche, ihnen gegenüber möglichst aufgeschlossen zu sein. Es ist immer einfach, Fremde vorbeigehen zu lassen. Aber wenn Sie sich nur wenige Minuten Zeit nehmen, sich dem anderen mitzuteilen, und versuchen, etwas über ihn zu erfahren, ist dies in den allermeisten Fällen eine sehr bereichernde Erfahrung.

Hören Sie damit auf, sich für den Status quo einzusetzen, auch in Ihrer persönlichen Lebensführung. Die «guten alten Zeiten» sind vorbei. Wichtig ist nur, was heute geschieht. Wenn Sie an veralteten Vorstellungen festhalten und dauernd in der Vergangenheit graben, berauben Sie sich der Möglichkeit, die Gegenwart zu genießen. Damit verstärken Sie außerdem nur Ihren Widerstand gegenüber Veränderungen.

Akzeptieren Sie jede Veränderung als etwas Unvermeidbares, auch wenn sie Ihnen zunächst vielleicht mißfällt. Nichts bleibt für immer gleich; die Erde wird sich immer weiterdrehen. Neue Ideen, Einstellungen, Sitten und Wertvorstellungen sind noch lange kein Zeichen dafür, daß die Welt aus den Fugen gerät. Sie machen das Leben nur aufregend und abwechslungsreich. Veränderungen werden auf jeden Fall stattfinden – warum also nicht zu einem Menschen werden, der diesen Wandel als etwas Angenehmes empfindet? Je mehr Sie sich darin üben, sich an Unbekanntem zu erfreuen, das Neue zu erforschen und Risiken einzugehen, um so ausgefüllter wird Ihr Leben sein. Langeweile hat ihre Ursache darin, daß alles immer beim gleichen bleibt und der Alltag zur Routine wird. Das Gefühl, im Leben einen Sinn und eine Aufgabe zu haben, entwickeln Sie dann, wenn Sie die Veränderung bejahen. Die Entscheidung liegt allein bei Ihnen!

Hoffnung und Selbstvertrauen

Wenn Sie die Hoffnung aus den Augen verlieren und das Gefühl haben, daß Ihr Lebensweg immer wieder in eine Sackgasse führt, werden Sie innerlich bald verkrüppelt sein. Sie werden sich schon innerhalb kurzer Zeit so deprimiert fühlen, als ob Sie Ihr Leben in einem Käfig eingesperrt verbringen müßten. Je länger Sie in diesem Zustand verweilen, desto stärker wird das Gefühl der Lähmung, und schließlich geht es mit Ihnen bergab, zuerst geistig, dann auch körperlich. Aber was bedeutet das Wort «Hoffnung»? Es ist eine rein geistige Einstellung. Sie können sich bewußt gegen sie entscheiden, sie aber auch zu einem wesentlich und stets gegenwärtigen Bestandteil Ihrer Persönlichkeit machen.

Für sich selbst voller Hoffnung zu sein bedeutet, daß man Vertrauen in sich hat. Vertrauen und Hoffnung bedingen sich gegenseitig. Hoffnung bedeutet, daß man seine kreativen Energien einsetzt, um die eigene Lebensqualität zu verbessern. Und man braucht Vertrauen, um dieses Vorhaben in die Realität umzusetzen. Vertrauen hängt vom Verhalten ab: Man gewinnt es nicht, wenn man es sich lediglich wünscht oder nur darüber nachdenkt. Die Hoffnung ist eine Sache des Geistes, das Vertrauen eine Sache des Verhaltens. Sie müssen zu der Überzeugung gelangen, daß nichts hoffnungslos ist. Ganz gleich, wie Ihre Lebensumstände auch sein mögen – Sie können sich immer dazu entschließen, hoffnungsvoll zu sein, und sich damit für vertrauenschaffende Verhaltensweisen entscheiden. Menschen, die ihre Kriegsgefangenschaft überlebt haben, bestätigen, wie wichtig Hoffnung ist. William Niehous wurde nach über drei Jahren der Gefangenschaft im venezolanischen Urwald befreit. Rebellen hatten ihn dort unter primitiven Bedingungen als Geisel festgehalten. Er führte sein Überleben darauf zurück, daß er niemals die Hoffnung aufgegeben hatte und sich jeden Tag aufs neue mit ihr auseinandersetzte.

Hoffnung ist etwas, worüber nur Sie allein entscheiden. Sie wurzelt in Ihrer Entscheidung, sich selbst zu vertrauen und Ihren Wert als ein einzigartiger und wichtiger Mensch niemals zu unterschätzen. Hoffnung kann man nur gewinnen, wenn man sich auch bewußt dafür entscheidet, sie zu haben! Es gibt dafür keine magische Formel, und sie zu erlangen birgt kein Geheimnis. Sie entscheiden sich dafür, sich von äußeren Einflüssen nicht unterkriegen zu lassen.

Sie allein werden die Verantwortung dafür übernehmen, Ihr Leben zu ändern, wenn Sie unzufrieden sind. Vor den damit verbundenen Risiken werden Sie nicht zurückschrecken. Wenn Sie dann Ihre Entscheidung in die Realität umsetzen, werden Sie ganz automatisch die Dinge tun, die Ihnen das Gefühl vermitteln, daß Ihr Leben einen Sinn hat. Welche Dinge dies sind, ist bei jedem Menschen anders. Sie werden feststellen, was für Sie das Richtige ist, indem Sie experimentieren, anstatt zu jammern und passiv zu bleiben. Ihr Nachbar glaubt vielleicht, sich als Schafhirte am besten verwirklichen zu können. Ihre Schwester würde vielleicht Gefallen daran finden, ihren eigenen Buchladen zu eröffnen; Ihr Bruder wäre vielleicht zufrieden, wenn er als Rechtsanwalt einen schwierigen Fall bearbeiten könnte; Ihre Eltern reisen vielleicht gerne, aber Sie selbst finden möglicherweise an all diesen Aktivitäten überhaupt keinen Gefallen. Aber Sie werden auch für sich selbst die richtige Betätigung finden, wenn Sie Gelegenheiten nutzen, etwas Neues auszuprobieren. Sie müssen den Mut aufbringen, Risiken einzugehen, Hoffnung zu haben und sich niemals vor den eigenen Erfolgen zu fürchten. Die Angst vor dem eigenen Erfolg ist eine der grundlegenden Ursachen, warum es so vielen Menschen versagt bleibt, in ihrem Leben einen Sinn zu sehen.

Keine Angst vor der eigenen Größe

Viele Menschen fürchten sich vor ihren eigenen Fähigkeiten und geben sich mit Dingen zufrieden, die für sie sinnlos und unbefriedigend sind. Sie sind bereit zu glauben, daß sie mittelmäßig sind.

Abraham Maslow nannte dieses Verhalten das «Wer? Ich?»-Syndrom.

Wenn Sie ein Kind fragen, ob es einmal berühmt sein wird, lautet seine Antwort häufig: «Wer? Ich?» Wenn ich mit jungen Menschen spreche, die Medizin, Jura oder Architektur studieren oder sich in einem anderen Beruf ausbilden lassen wollen, dann frage ich sie, wie erfolgreich sie einmal werden wollen: «Werden Sie der Arzt sein, der ein Mittel gegen Krebs findet? Werden Sie der Rechtsanwalt sein, der sich vor dem Obersten Gerichtshof für die Gleichberechtigung einsetzt? Werden Sie den Grundriß für das wichtigste neue Gebäude der Welt zeichnen? Werden Sie dem Hunger auf unserer Erde ein Ende bereiten? Werden Sie sich zu der großartigsten Persönlichkeit entwickeln, zu der Sie in einem bestimmten Bereich fähig sind?» In den meisten Fällen bekomme ich die folgende Antwort zu hören: «Ich will nur meinen Lebensunterhalt verdienen. Ich möchte die Welt nicht verändern.»

Diese Einstellung hält nur davon ab, in seinem Leben einen Sinn zu sehen. Wenn Sie mit Ihrer Tätigkeit lediglich Ihren Lebensunterhalt verdienen wollen, werden Sie bald eine innere Leere verspüren und in Ihrem Leben keinen Sinn mehr entdecken können. Wenn nicht Sie die Energiekrise bewältigen, ein Mittel gegen Krebs finden, dem Hunger in der Welt ein Ende bereiten, die Ungerechtigkeit aus der Welt schaffen und einen Beitrag zur gesellschaftlichen Entwicklung leisten – wer soll es dann tun? Dazu werden nur die Menschen fähig sein, die in ihrem Leben einen Sinn sehen. Es werden jene sein, die über ihr eigenes Ich hinausgewachsen sind, die ihr eigenes Bedürfnis nach Anpassung abgelegt haben und die sich weiter vorgewagt haben als die meisten Menschen. Sie sind bei allem, was sie tun, sehr engagiert, eifrig und hingebungsvoll. Sie hören auf ihre inneren Signale, vertrauen sich selbst und sehen ihr Leben als sinnvoll und nicht als reine Routine an. Dies sind die grenzenlos selbstverwirklichten Menschen, die sich keinen inneren Zwängen unterwerfen – die Menschen, die ich in diesem Buch beschreibe.

Es liegt an Ihnen. Sie können Ihre Träume mißachten, Ihre innere Größe abstreiten, sich für den «sichersten» Weg entscheiden und nur für Ihren Lebensunterhalt sorgen – aber dann garantiere ich Ihnen, daß Sie in Ihrem Leben niemals einen Sinn finden werden, daß Sie niemals genau das Gefühl entwickeln, wonach Sie sich so sehr sehnen. Sie müssen die Gesellschaft nicht reformieren, um sich selbst zu verwirklichen, sondern lediglich überzeugt sein, daß Sie Dinge tun, die wirklich eine Rolle spielen. Das heißt auch, daß Sie zumindest für einen anderen Menschen, wenn nicht sogar für viele, diese Welt lebenswerter gestalten.

Jeder von uns trägt die Fähigkeit in sich, innere Größe zu entwikkeln. Die meisten von uns denken nur nie darüber nach. Daran erinnert zu werden, daß man Risiken eingehen muß und aktiv sein sollte, statt ein Lippenbekenntnis abzulegen, empfinden viele von uns förmlich als Bedrohung. Man hört überall Rechtfertigungsversuche und lernt viele Menschen kennen, die sich einfach «mit weniger begnügen». Je mehr Sie dazu neigen, «sich mit weniger zu bescheiden», um so mehr wird Ihnen das Gefühl versagt bleiben, ein sinnvolles Leben zu führen.

Menschen sehen in der Regel zu anderen empor, die es zu Größe und Erfolg gebracht haben, und bewundern ihre Überlegenheit. Sie sehen Leonardo da Vinci, Kopernikus, Alexander den Großen, Johanna von Orléans, Sokrates, Lincoln oder Marie Curie als Menschen mit übermenschlichen Fähigkeiten an. Allzu leicht vergessen sie, daß Sokrates und Leonardo auch nur menschliche Wesen wie wir alle waren, die mit den gleichen Gedanken, Zweifeln, Ängsten und Befürchtungen zu kämpfen hatten wie wir. Sie waren keine Übermenschen, sondern nur tatkräftiger als ihre Zeitgenossen. Sie vergaßen ihre eigene «Wer? Ich?»-Einstellung und entschieden sich statt dessen, aktiv zu sein und das Leben anzupacken, statt zu jammern – auch wenn ihre Leistungen vielleicht erst von späteren Generationen anerkannt wurden.

Stellen Sie sich einfach vor, Sie wären in der gleichen Situation wie Sokrates, der als Mensch über seine Philosophie nachdenkt und der die Risiken einzugehen bereit ist, sich gegen die Gesellschaft aufzulehnen. Die Zeiten haben sich zwar geändert, aber in einem sind Sie Sokrates oder allen anderen, die vor Ihnen etwas geleistet haben, ebenbürtig: Sie sind ein Mensch. So werden Sie schließlich auch in Ihrem Leben einen Sinn sehen können, wenn Sie Ihre eigene Größe nur aus einer anderen Perspektive betrachten.

Wie fühlen Sie sich, wenn Sie unter Menschen sind, von denen Sie glauben, daß diese Ihnen überlegen sein könnten? Entscheiden Sie sich dafür, Minderwertigkeitskomplexe zu entwickeln? Erzittern Sie bei dem Gedanken, ein Gespräch mit einem großen Denker zu eröffnen? Diese Art Einstellung ist die Regel, wenn «durchschnittliche» Menschen auf jemanden treffen, der offensichtlich wirklich etwas im Leben erreicht hat. Aber auch hier kommt es auf Ihr Selbstbewußtsein an, darauf, in welcher Situation Sie sich sehen wollen.

Es ist ein Teufelskreis: Das Gefühl persönlicher Unzulänglichkeit, das Sie lähmt, hält Sie auch davon ab, in Ihrem Leben einen Sinn zu sehen. Stellen Sie sich vor, daß Sie großartig und phantastisch sind, und denken Sie entsprechend. Dann haben Sie auch den Mut, den Sinn für Ihr Leben selbst zu entwickeln. Erst dann werden Sie Ihre wahren Fähigkeiten zu schätzen wissen – ein Gefühl, das Ihnen bisher versagt war. Wenn Sie hingegen vor Ihrer eigenen Größe davonlaufen, sich für die Routine entscheiden und beschließen, sich in jeder Situation minderwertig zu fühlen, dann fürchten Sie sich wirklich vor Ihrer eigenen, wahren Vollkommenheit. Es ist möglich, sich vollkommen zu fühlen und dennoch fähig zu sein, nach noch größerer Vollkommenheit zu streben.

Ihre Selbstkritik, Ihre Minderwertigkeitskomplexe und Ihre Bereitschaft, sich mit dem zufriedenzugeben, was Sie sind – all dies trägt zu einem umfassenden Gefühl der Sinnlosigkeit in Ihrem Leben bei. Wenn Sie darüber hinauswachsen und Ihre eigenen Träume von Größe in der Realität noch übertreffen möchten, müssen Sie sorgfältig prüfen, welche Einstellung Sie persönlich zum Leben in dieser Welt haben.

Das Leben als etwas
Heiliges betrachten

Im Leben einen Sinn zu sehen heißt auch, alles Lebendige in der ihm eigenen Bedeutung und Würde zu achten. Der selbstverwirklichte Mensch glaubt sehr stark daran, daß alles, was lebt, heilig ist. Er weiß genau, welchen Wert das Leben an sich hat und daß die Achtung davor ein Teil der Lebensqualität überhaupt ist. Selbstverwirklichte Menschen empfinden es als besonders schmerzvoll, mit ansehen zu müssen, wenn ein Mensch oder Tier ohne Achtung behandelt wird. Sie kennen den Wert jedes Lebewesens. Wer sich selbst verwirklicht hat, wird kaum jemals einen anderen Menschen mißhandeln, verachten oder verletzen.

Wenn man sich mit Menschen unterhält, die diese Einstellung besitzen, wird man nie hören, daß sie schlecht über andere reden. Sie verurteilen nicht und verbringen ihre Zeit nicht damit, andere zu beobachten, um ein schlechtes Haar an ihnen zu finden. Im Gegenteil: Ein selbstverwirklichter Mensch ist davon überzeugt, daß anderen Menschen Würde und Respekt zustehen. Das gleiche gilt in seinen Augen für ihn selbst. Aus dieser Quelle schöpft er seinen Lebenssinn. Aufgrund des starken Engagements für seine Lebensziele ist er in der Regel ein sehr beschäftigter Mensch – immer aktiv und voller Neugier auf das, was sich in seinem Leben zutragen wird.

Der Umgang mit einem solchen innerlich freien Menschen wird von vielen als Kraftquelle empfunden. Man sucht seine Nähe, weil er ehrlich und bereit ist, genau das zu sagen, was er denkt. Er neigt dazu, andere zu motivieren, weil er mit gutem Beispiel vorangeht. Seine Selbstachtung färbt auf andere, weniger selbstbewußte Menschen ab.

Selbstverwirklichte Menschen genießen es, anders zu sein als andere, und sie behandeln alle anderen Wesen ebenfalls als einzigartige, unverwechselbare Individuen. Sie kämpfen darum, in allem, was sie tun, ihre eigene Persönlichkeit zu bewahren. Ihre berufliche Karriere ist für sie kein Grund, zu Konformisten zu werden. Um ihrer Individualität willen nehmen sie auch Ablehnung und das Unverständnis ihrer Umwelt in Kauf. Sie beurteilen Menschen nicht nach Äußerlichkeiten. Sie verurteilen auch niemanden wegen eines Fehlverhaltens. Sie vergeben jedem, der aus seinen Fehlern gelernt hat, und sind nicht nachtragend, sondern ehrlich bereit, dem Gestrauchelten eine neue Chance zu geben.

Der amerikanische Dichter e. e. cummings schrieb dieses kleine Gedicht, das zeigt, welche Bedeutung ein selbstverwirklichter Mensch der Individualität und dem Kampf gegen die Angepaßtheit beimißt:

> *kein anderer als du selbst zu sein*
> *in einer welt die*
> *tag und nacht ihr bestes gibt*
> *dich andren gleichzumachen*
> *heißt den schwersten kampf zu kämpfen*
> *den ein mensch kämpfen kann*
> *und niemals aufzugeben*

Grenzenlos selbstverwirklichte Menschen können nicht in künstlich geschaffene Gruppen und Kategorien eingeordnet werden. Sie sind weder auf der Seite der Arbeitgeber noch auf der Seite der Gewerkschaften oder sonst irgendeiner Gruppierung – sie stehen auf der Seite der Menschlichkeit. Sie sagen bei jeder Gelegenheit ehrlich ihre Ansicht und nicht das, was man von ihnen erwartet. Sie haben sich über alles eine eigene Meinung gebildet und weigern sich, nur als gut funktionierende, angepaßte Teile des großen konformen Systems behandelt zu werden. Sie entscheiden nur nach ihrem Gewissen und respektieren die anderen, die dies ebenfalls tun. Man sollte niemals versuchen, einen selbstverwirklichten Menschen «in eine Schublade» zu stecken. Wenn man glaubt, sich von ihm ein Bild gemacht zu haben, wird man feststellen, daß er sich und sein Verhalten ändert.

Beobachten Sie sich einmal im Gespräch mit anderen. Versuchen Sie zu vermeiden, über andere schlecht zu sprechen, und lassen Sie sich nicht dazu verführen, gemein und destruktiv zu sein. Streichen Sie Begriffe aus Ihrem Wortschatz, die das Ziel haben, andere zu verleumden. Vergessen Sie nicht, daß Sie sich nur selbst täuschen, wenn Sie sich dadurch überlegen fühlen wollen, daß Sie andere schlechtmachen. Wenn Sie merken, daß Ihre Freunde und Verwandten verächtlich über andere sprechen, sollten Sie sie freundlich auf ihr Fehlverhalten aufmerksam machen und sich weigern, an diesem Spiel teilzunehmen.

Üben Sie sich darin, allen Lebewesen die gleiche Achtung entgegenzubringen wie Ihrem eigenen Leben. Wenn Sie sehen, daß jemand Hilfe braucht, sollten Sie sich die Zeit nehmen zu helfen. Sie werden bald merken, daß Sie sich viel wohler fühlen, weil Sie Leben schützen, statt es zu zerstören. Die Achtung vor dem Leben kann sich auch auf das Tierreich beziehen. Wir alle bewohnen gemeinsam diese Erde und sollten uns gegenseitig zu mehr Unabhängigkeit und Gesundheit verhelfen. Das ist ein wesentlicher Teil unserer Lebensaufgabe. Wenn Sie das Leben als etwas Heiliges sehen, werden Sie einen Sinn spüren und als Mensch glücklicher und zufriedener sein.

Dreizehn Wege, das Leben zu genießen

Denken Sie jetzt bitte nicht, daß Ihnen das Gefühl für den Sinn des Lebens einfach zufliegen wird, wenn Sie von einigen neuen Strategien Gebrauch machen. Im Leben Sinn und Bedeutung sehen zu können setzt voraus, daß man Schritt für Schritt eine bestimmte innere Einstellung entwickelt.

Um dieses Ziel zu erreichen, müssen Sie kontinuierlich daran arbeiten, sich von inneren Zwängen zu befreien. Beherzigen Sie zusätzlich die folgenden Ratschläge, die Ihnen helfen werden, diese Persönlichkeitsentwicklung zu beschleunigen:

Denken Sie daran, daß man auf verschiedene Weise seinen Lebensunterhalt verdienen kann. Erinnern Sie sich auch daran, daß es keinen Grund gibt, ewig im gleichen Beruf oder in der gleichen Stellung zu bleiben, nur weil man schon so viel Zeit investiert hat. Geben Sie sich selbst die Chance, sich zu verändern und neue Gebiete kennenzulernen, wenn Sie Ihren weiteren beruflichen Werdegang planen.

Es ist absurd zu denken, es sei unreif, in der Mitte des Lebens den Beruf oder die Stellung zu wechseln. Es ist dumm und neurotisch, Aktivitäten fortzusetzen, die Ihnen keine Befriedigung verschaffen, wenn sich Ihnen doch so viele verschiedene Möglichkeiten bieten. Denken Sie daran, daß alles, wofür Sie sich interessieren, eine Gelegenheit sein kann, den Lebensunterhalt zu bestreiten und voller Vitalität in der Arbeit aufzugehen. Wenn Ihnen etwas Freude bereitet, was andere als unreif oder unverantwortlich verurteilen, dann ignorieren Sie einfach die Einschätzung der anderen. Sie können es nicht immer allen recht machen, wenn Sie es sich selbst recht machen möchten. Sie werden dabei oft Risiken begegnen. Gehen Sie diese Risiken ein, sie werden Sie nur Ihrem Lebenssinn ein Stück entgegenführen, und fordern Sie die Menschen, die Ihnen am Herzen liegen, ebenfalls dazu auf, dies zu tun. Geben Sie ihnen nicht die Schuld dafür, daß Sie sich vielleicht nicht richtig entfalten und sich nicht selbst verwirklichen können.

Begeistern Sie sich für Dinge, für die Sie sich entscheiden. Wenn Sie ein Problem mit Elan angehen oder sich mit Begeisterung persönlichen Aufgaben widmen, werden Sie das Gefühl haben, etwas Sinnvolles zu tun, und auch Ihr Leben als sinnvoll betrachten. Begeisterungsfähige Menschen stehen voller Freude und neugieriger Spannung im Leben. Sie sehen darin eine permanente Herausforderung und keine Entmutigung, wenn sie manche Dinge immer wieder tun müssen. Sie akzeptieren eine einmal getroffene Entscheidung und widmen sich der Aufgabe mit besonderem Eifer. Wenn man zu einer Aufgabe die richtige Einstellung hat, kann die Zeit, die man sich dieser Arbeit – sei sie nun angenehm oder unangenehm – widmet, wie im Flug vergehen. Man muß eine Tätigkeit nur aus der richtigen Perspektive, nämlich positiv, betrachten. So kann auch der Hausputz Freude bringen, wenn ich an die Gemütlichkeit und Sauberkeit denke, die hinterher herrscht. Ich kann mich großartig fühlen, wenn ich auf meine Kinder aufpasse oder die ganze Nacht aufbleibe, um ein Manuskript zum vereinbarten Termin fertigzutippen. Das liegt nicht daran, daß ich ein besonderer Mensch bin, sondern an der Entscheidung, das Leben generell enthusiastisch zu sehen. Meine Zeit ist das wertvollste Gut meines Lebens – und ich weiß das zu schätzen.

Seien Sie natürlich und vertrauensvoll. Vergessen Sie, ein Mensch sein zu wollen, der andere dauernd beeindrucken will. Üben Sie sich in Zurückhaltung, wenn Sie merken, daß Sie vor anderen angeben oder etwas vortäuschen möchten, was Sie gar nicht sind. Seien Sie so natürlich, wie Sie sich fühlen. Wenn Sie an einem Ort weinen möchten, an dem andere lieber Tapferkeit zur Schau stellen, dann sollten Sie weinen. Und wenn Sie laut lachen möchten, dann tun Sie es einfach! Sie werden sehen, daß Ihr Leben auf die anderen ansteckend wirkt. Je mehr Sie sich bemühen, natürlich zu sein, um so eher werden Sie in Ihrem Leben einen Sinn sehen können. Wenn Sie angeben oder sich unnatürlich verhalten, werden Sie sich im Innersten dafür hassen und Ihren Lebenssinn aus den Augen verlieren. Wenn Sie sich selbst ablehnen, werden Sie niemals das ehrliche Gefühl haben können, daß Ihr Leben sinnvoll ist. Sie müssen zuerst mit sich selbst im reinen sein, bevor Sie in Ihrer Umwelt produktiv und sinnvoll sein können. Sie müssen nur echt und Sie selbst sein, ohne sich zu zieren oder zu rechtfertigen.

Seien Sie ein aktiver Mensch. Aktive Menschen sind in den meisten Fällen zufriedener als solche, die untätig und in sich gekehrt sind. Wenn man viele verschiedene Interessen hat und das richtige Gleichgewicht zwischen Entspannung und Arbeit findet, dann wird das Leben aufregend und sinnvoll. Je aktiver Sie sind, ohne unter den Anstrengungen zu leiden, desto mehr werden Sie tun wollen. Menschen, die viele Dinge tun, sind viel eher zufrieden als solche Menschen, die in allen Lebensbereichen lahm und passiv sind.

Lassen Sie sich von Ihren höchsten Wertvorstellungen leiten. Ein selbstverwirklichter Mensch, der keine inneren Zwänge kennt, unterscheidet sich von den meisten Menschen in einem wesentlichen Punkt: Er lebt nach seinen höchsten Wertvorstellungen und läßt sich von ihnen motivieren. Suchen Sie nach Ihrer eigenen Wahrheit, halten Sie in Ihrer Welt nach Schönheit und Gerechtigkeit Ausschau. Bestehen Sie darauf, mit Respekt behandelt zu werden. Fordern Sie Gutes, anstatt das Böse in Ihrem Leben zu akzeptieren. Denken Sie daran, daß der Mangel an Wahrheit, Schönheit, Gerechtigkeit und Würde genauso krank macht wie der Mangel an Sauerstoff und Nahrung. Es dauert nur ein bißchen länger, bis die Krankheit ans Tageslicht kommt.

Entscheiden Sie, was Sie in Ihrem Leben wirklich lieben. Dann sollten Sie sich aktiv für diese Liebe einsetzen. Versuchen Sie nicht, Ihre Liebe in eine bestimmte Form zu drängen; dadurch werden Sie sich nur unausgefüllt fühlen. Sie haben das Recht, das zu lieben, was Sie möchten, ohne sich nach den Wertvorstellungen und Rangordnungen anderer Menschen zu richten. Seien Sie in Ihrem Leben aktiv und bekämpfen Sie Ihre Neigung, andere aktive Menschen zu kritisieren. Je mehr Sie es vermeiden, andere in kleinlicher Art und Weise zu kritisieren, und je mehr Sie Ihre Zeit dazu nutzen, in irgendeiner Weise aktiv zu sein, um so eher werden Sie in Ihrem Leben einen Sinn sehen können. Man kritisiert andere oft deshalb, weil man sich selbst unausgefüllt und unwichtig fühlt – und das sind genau die Gefühle, auf die Sie in Zukunft in einem sinnvollen Leben verzichten möchten.

Erlauben Sie es sich, in Ihrem Leben etwas als heilig zu betrachten. Ihre Familie, Ihren Partner, Ihre Religion, Ihre Ehrlichkeit, Ihre Liebe zur Kunst oder irgend etwas anderes, das für Sie heilig ist, kann eine wundervolle Hilfe sein, um im Leben einen Sinn zu sehen. Wenn man das Gefühl hat, daß gewisse Dinge oder Menschen heilig sind, neigt man in der Regel dazu, sie auch voller Ehrfurcht zu behandeln. Je mehr solcher Gefühle Sie für die wichtigen Menschen und Dinge in Ihrem Leben hegen, als desto sinnvoller werden Sie Ihr Leben empfinden.

Pflegen Sie die Freundschaften, die für Sie von Bedeutung sind.

Betrachten Sie jede vertrauensvolle Freundschaft als etwas Heiliges und Ehrliches. Streben Sie nach dieser Art von Beziehungen; sie können ein wahrer Schatz sein. Sagen Sie nicht nur, daß Sie einen anderen Menschen lieben, zeigen Sie es ihm auch durch Ihr Verhalten. Wenn es einen wichtigen Menschen gibt, mit dem Sie Ihr Leben teilen, jemand, von dem Sie wissen, daß er Sie niemals verurteilen wird, und zu dem Sie völlig ehrlich und offen sein können, werden Sie die Zeit zu schätzen wissen, die Sie mit ihm verbringen. Nur so können Sie in einer Beziehung Augenblicke der höchsten Selbstverwirklichung und der Sinnfindung erleben.

Versuchen Sie, die Unzulänglichkeiten in Ihrem Leben zu vergessen, und konzentrieren Sie sich vielmehr auf das, was Sie wirklich werden möchten. Denken Sie immer daran: Man muß nicht zuerst krank werden, um sich besser zu fühlen. Seien Sie vielmehr ein Mensch, der sich für Verbesserung und Wachstum einsetzt. Arbeiten Sie daran zu akzeptieren, daß auch Sie Fehler haben dürfen. Sie können sich so annehmen, wie Sie sind, aber Sie sollten sich zugleich jeden Tag aufs neue darum bemühen, sich weiterzuentwickeln. Je öfter Sie sich für eine Weiterentwicklung entscheiden, um so stärker wird Ihr Gefühl sein, im Leben einen Sinn zu erfüllen.

Prüfen Sie, wie ehrlich viele Ihrer Rechtfertigungen sind. Hören Sie damit auf, sich selbst hinters Licht zu führen – wenn Sie nicht ehrlich zu sich selbst sind, werden Sie in Ihrem Leben niemals einen Sinn sehen können. Gestehen Sie es sich ein, wenn Sie geizig, anspruchsvoll, voreingenommen, arrogant, vorschnell urteilend oder sogar dumm sind. Sehen Sie darin eine Erfahrung, aus der Sie lernen können, aber versuchen Sie das nächste Mal, ein solches Verhalten abzubauen. Wenn man sein Verhalten ändern möchte, muß man zuerst gegenüber sich selbst ehrlich sein und zugeben, daß man Fehler gemacht hat. Durch Ehrlichkeit gegenüber sich selbst kommt man ein gutes Stück vorwärts – auch wenn es vielleicht einige Schwierigkeiten bereitet, sich auf Anhieb zu ändern. Und wenn Sie wirklich ehrlich zu sich selbst sind, werden Sie sich viel besser fühlen und schon bald in Ihrem Leben einen Sinn sehen. Und gerade das ist es, was viele Menschen leider niemals erreicht haben.

Denken Sie daran, daß Sie in Ihrem Streben, Sie selbst zu sein, niemals scheitern können. Sie sollten immer versuchen, das zu verwirklichen, was Sie sich wünschen. Sie müssen aber gleichzeitig auch auf Mißerfolge vorbereitet sein. Während Sie in gewissen Dingen, die Sie tun, getrost scheitern dürfen – und es versteht sich von selbst, daß man als Mensch niemals etwas lernen kann ohne den geringsten Mißerfolg –, können Sie als Mensch niemals scheitern, denn Sie sind in jedem Moment Ihres Lebens vollkommen. Lernen Sie, einige Fehler zu akzeptieren, und hören Sie damit auf, sich grundsätzlich als gescheiterte Existenz zu betrachten, nur weil manche Aktivitäten danebengegangen sind.

Versuchen Sie, das Wesentliche des Lebens zu bewältigen und auf Oberflächlichkeiten zu verzichten. Sie werden sich bedeutender fühlen, wenn Sie sich im Leben an Dingen orientieren, die wirklich Gewicht haben. Daß Sie manchmal kindisch und ausgelassen sein möchten, heißt nicht, daß Sie sich nicht der höchsten Werte bewußt sind. Wie oft hört man Menschen von sich sagen, daß sie nicht wirklich zählen und eigentlich unbedeutend seien? Diese Gefühle führen zu Passivität und destruktivem Verhalten.

Betrachten Sie sich als jemanden, der die Welt verändern kann, informiert ist und wirklich zählt – und auch Sie werden in Ihrem Leben einen Sinn erkennen.

Versuchen Sie über das Kleinliche, Enge und Provinzielle in Ihrem Leben hinauszuwachsen. Werden Sie zu einem weltoffenen Menschen. Sehen Sie in allen Menschen dieser Erde Ihre Brüder und Schwestern. Wenn in Pakistan Menschen hungern, hungert auch ein Teil von Ihnen. Wenn Sie weltoffen sind, werden Sie an solchen Mißständen eher etwas ändern wollen, anstatt Ihre Kräfte lediglich auf die Probleme in den eigenen vier Wänden zu konzentrieren. Arbeitslosigkeit, Prostitution, Drogenmißbrauch, Armut – all dies sind Probleme, die es sowohl in Amerika und Deutschland als auch in Indonesien gibt. Tatsache ist, daß wir alle gemeinsam auf diesem kleinen Planeten leben und diese Probleme uns alle betreffen. Wenn Sie die Probleme anderer als Ihr Problem betrachten, wird Sie dies motivieren, etwas dagegen zu tun.

Geben Sie sich nicht mit weniger zufrieden, als Sie bekommen könnten. Fürchten Sie nicht Ihre eigene Größe. Erinnern Sie sich daran, daß Sie alles werden können, wozu Sie sich entschließen. Sie sind nicht großartig, weil andere dies von Ihnen behaupten, sondern Ihre Größe kommt von innen.

Alle schwerwiegenden Probleme, vor denen unsere Welt steht, müssen von großartigen Menschen gelöst werden. Warum sollten Sie nicht einer von ihnen sein? Wenn Sie es nicht sind, wer dann? Wenn jeder die Verantwortung auf andere abschiebt, dann werden unsere Probleme niemals gelöst werden. Arbeiten Sie aktiv an ihrer Lösung, so werden Sie auch den Sinn Ihres Lebens erkennen.

Forschen Sie nach, wenn Sie mehr über sich selbst erfahren möchten. Wenn Sie andere Menschen, die in Ihrem Leben eine Rolle spielen, ehrlich nach Informationen über sich selbst fragen, werden Sie viele Zweifel in Ihren zwischenmenschlichen Beziehungen abbauen können. Hören Sie sich das, was andere über Sie zu sagen haben, bereitwillig an, ohne sich rechtfertigen zu wollen. Je mehr Sie über sich wissen, desto sicherer werden Sie im Umgang mit Ihren Mitmenschen, desto weiter kommen Sie auf Ihrem Weg zum Sinn des Lebens.

Sind Sie ehrlich mit sich selbst? – Neun Gewissensfragen

1. *Wie würden Sie Ihr Dasein verändern, wenn Sie nur noch sechs Monate zu leben hätten?* Die Antwort auf diese Frage hat einen starken Aussagewert, wenn Sie lernen wollen, sich selbst ehrlich zu begegnen. Falls Sie einige sehr drastische Veränderungen vornehmen würden, leben Sie jetzt nicht im vollen Einklang mit sich selbst. Tatsache ist, daß Ihnen, gemessen an der Ewigkeit, nur noch sehr wenig Zeit bleibt. Auch wenn Sie noch fünfzig oder mehr Jahre Ih-

res Lebens vor sich haben, entspricht dies im Verhältnis zur Ewigkeit nur ein paar Sekunden. Falls Sie zu dem Schluß kommen, daß Sie während einer Frist von sechs Monaten viele Dinge ändern würden, dann ändern Sie sie jetzt!

Denken Sie daran, daß Ihre Zeit auf diesem Planeten begrenzt ist. Wenn Sie etwas an Ihrem Beruf, Ihren persönlichen Beziehungen, Ihrem Wohnort, Ihren Freundschaften, Ihrem Lebensstil, dem Umgang mit Ihren Mitmenschen ändern würden, warum tun Sie es dann nicht, solange Sie noch dazu in der Lage sind? Sie werden in Ihrem Leben keinen Sinn sehen, wenn Sie es nicht so leben, wie Sie es gerne möchten. Vertändeln Sie Ihr Leben nicht – leben Sie es!

2. *Mit wem würden Sie leben wollen, wenn Sie die Möglichkeit hätten, frei zu wählen?* Stellen Sie sich einen Moment lang vor, daß Sie keinerlei Verpflichtung hätten, bei Ihrer jetzigen Familie – falls Sie eine haben – zu bleiben, und daß es keine gesetzlichen Gründe gäbe, die gegen eine Veränderung sprechen. Mit wem würden Sie in einer solchen Situation leben? Mit wem sind Sie am liebsten zusammen? Verbringen Sie mit diesen Menschen soviel Zeit, wie Sie möchten? Wenn Sie mit Menschen zusammenleben, denen Sie sich verpflichtet fühlen, an denen Ihnen aber im Grunde nichts liegt, dann sollten Sie sich fragen, warum Sie eine solche unehrliche Entscheidung treffen.

Sind Ihre engsten Freunde wirklich Menschen, die Sie mögen? Basiert Ihre Partnerbeziehung wirklich auf Liebe oder nur auf einer Verpflichtung? Ich glaube, daß man die meisten Beziehungen, die von der Pflicht diktiert sind, in freie und partnerschaftliche Beziehungen umwandeln kann. Man muß nur sich selbst und den Menschen, die einem etwas bedeuten, die Freiheit einräumen, das zu sein, was man sein möchte. Sie brauchen Ihre persönlichen Beziehungen nicht auf Pflichten und Zwänge aufzubauen, sondern Sie sollten vielmehr so ehrlich sein, sich zu fragen, ob diese Beziehungen wirklich das sind, was Sie (und die anderen) sich eigentlich wünschen. Wenn die Antwort «nein» lautet, können Sie sich dazu entschließen, Ihre Beziehungen entweder zu verbessern oder sie zu lösen, und dazu übergehen, nur noch mit den Menschen zusammenzusein, an denen Ihnen wirklich etwas liegt. Der englische Philosoph Thomas Hobbes sagte einmal: «Verpflichtung ist Sklaverei, und Sklaverei ist abscheulich.» Wenn man sein Leben nur deshalb mit Menschen verbringt, weil man dazu verpflichtet ist, fehlt einem jede persönliche Ehrlichkeit, und man hat sich statt dessen für die Sklaverei entschieden. Obwohl Sie vielleicht Ihre Entscheidungen damit rechtfertigen, daß Sie ein guter Mensch mit Verantwortungsgefühl sind, untergraben Sie den Sinn Ihres eigenen Lebens. Sie werden in Ihren Beziehungen ständig an Ihre Unfähigkeit erinnert, sich für das zu entscheiden, was Sie wirklich möchten. Außerdem: Wer würde sich darüber freuen, wenn ein anderer nur aus reinem Pflichtbewußtsein mit ihm zusammen ist? Jeder Beziehung, die ausschließlich auf Verpflichtungen aufbaut, fehlt es an Würde.

3. Wo *würden Sie leben wollen, wenn Sie es sich aussuchen könnten?* Stellen Sie sich nun vor, daß es keinen Grund gibt, dort zu leben, wo Sie jetzt sind. Wo würden Sie wirklich gerne leben? Würden Sie sich tatsächlich für die Umgebung, die Stadt, das Land oder den Teil der Welt entscheiden, in dem Sie jetzt zu Hause sind?

Wenn Sie an einem Ort nur aus dem Grund bleiben, weil Sie schon immer dort gelebt haben, dann sind Sie nicht ehrlich zu sich selbst. Sie haben vielleicht das Gefühl, daß Sie nicht in der Lage sind, den Wohnort zu wechseln, daß Sie mit der Gegend, in der Sie jetzt leben, fest verwurzelt sind. Aber zum großen Teil beruhen solche Argumente auf der Angst vor dem Neuen und Unbekannten. Es ist einfach leichter, sicherer und problemloser, dort zu bleiben, wo man ist.

Sie können jedoch überall dort sein, wo Sie gerne sein möchten. So einfach ist das. Sie müssen sich nicht an Ihre Vergangenheit gebunden fühlen, sondern können das tun, was Sie wirklich für sich selbst wünschen. Die Angst vor Veränderungen, vor dem Wohnortwechsel und vor der damit verbundenen Ungewißheit beruht allein darauf, daß man zu sich selbst nicht ehrlich ist. Wenn Sie Ihre

Trägheit rechtfertigen und sagen, daß ein Umzug zur Zeit nicht möglich sei, dann führen Sie kein wirklich ehrliches Leben.

4. *Wie lange würden Sie schlafen, wenn Sie keine Uhr hätten?* Gehen Sie regelmäßig zur «Schlafenszeit» ins Bett? Wachen Sie auf, wenn es morgens «Zeit dafür ist»? Gehen Sie ins Bett mit dem Gedanken, daß Sie wirklich müde sein werden, wenn Sie nicht acht Stunden Schlaf bekommen? Lassen Sie Ihrer Phantasie nur ein paar Minuten Zeit: Stellen Sie sich vor, Sie hätten keine Uhr, und es wäre Ihnen unmöglich, in Erfahrung zu bringen, wie lange Sie schlafen. Was glauben Sie, wie viele Stunden würden Sie jede Nacht schlafend verbringen? Glauben Sie, daß Sie noch regelmäßig zur selben Zeit zu Bett gehen würden? Die meisten Menschen machen ihren Schlaf von Äußerlichkeiten wie Uhren und Kalendern abhängig, anstatt auf ihre innere Stimme zu hören. Ihre Schlafgewohnheiten beruhen größtenteils auf dem, was Sie gelernt haben, und nicht auf Ihren tatsächlichen Bedürfnissen. Wahrscheinlich würden Sie viel weniger schlafen wollen, wenn Ihr Leben voller aufregender Aufgaben wäre und Sie nicht ständig im Kopf darüber Buch führen müßten, wann Sie ins Bett gegangen sind und wie viele Stunden Sie geschlafen haben. Sie sollten auch in dieser Hinsicht vollkommen ehrlich zu sich selbst sein.

So kann man zum Beispiel aus Langeweile oder Gewohnheit schlafen, oder man flieht vor unangenehmen Aufgaben in den Schlaf. Je mehr Zeit Sie in wachem und lebendigem Zustand verbringen und je stärker Sie Ihr Leben nach Ihren eigenen Wünschen statt nach den Gewohnheiten oder Erwartungen anderer ausrichten, desto ehrlicher werden Sie sich selbst einschätzen. Viele Studien haben gezeigt, daß Menschen weniger an Schlaf denken, wenn sie beschäftigt sind, die Zeit förmlich vergessen und ein aktives, aufregendes Leben führen. Müdigkeit ist etwas, das solche Menschen nur selten erleben. Sie spüren leichter den Sinn ihres Lebens.

5. *Wieviel und wann würden Sie essen, wenn Sie an keine festgelegten Mahlzeiten gebunden wären?* Stellen Sie sich vor, Sie könnten

nur essen, wenn Sie hungrig sind, und dann auch nur so viel, bis Sie satt sind. Glauben Sie, daß Sie dann die gleichen Eßgewohnheiten wie heute hätten? Viele Menschen essen, weil sie fürchten, in ein paar Stunden vielleicht hungrig zu werden. Die meisten essen nach der Uhr, anstatt auf ihre inneren Bedürfnisse zu hören.

Ehrlichkeit in dieser Hinsicht bedeutet, daß man sich selbst dazu entschließt, wann man essen möchte, daß man seine eigenen Bedürfnisse befriedigt, anstatt sich an ein von außen auferlegtes Schema zu halten.

Sie müssen wirklich nicht essen, nur weil es jetzt Zeit für das Mittag- oder Abendessen ist, weil alle anderen essen oder weil Sie sonst in ein paar Stunden hungrig sein könnten. Essen Sie einfach nur dann, wenn Sie das Bedürfnis danach haben.

6. Was würden Sie tun, wenn es so etwas wie Geld nicht gäbe? Stellen Sie sich doch einmal vor, daß Sie alles tun könnten, wozu Sie Lust haben. Vergessen Sie, daß Sie Ihren Lebensunterhalt verdienen müssen, und fragen Sie sich einfach, was Sie tun würden, wenn Geld keine Rolle spielte. Falls Sie Ihr Leben mit einer für Sie bedeutungslosen Arbeit verbringen und sich mit dem Argument rechtfertigen, daß Sie damit Geld verdienen, um so Ihren Lebensunterhalt zu bestreiten, dann haben Sie sich bereits für Unehrlichkeit gegenüber sich selbst entschieden. Sie messen dann dem Geld mehr Bedeutung zu als Ihrem eigenen Lebenssinn. Solange Sie auf diese Weise Prioritäten setzen, werden Sie niemals einen wirklichen Sinn im Leben sehen können und auch nicht völlig ehrlich zu sich selbst sein.

Die meisten Menschen merken gar nicht, daß sie vom Geldverdienen gejagt und versklavt werden. Man kann ein erfülltes Leben führen, die Dinge tun, die einem Freude bereiten und einen Sinn vermitteln, und zugleich zufrieden und verantwortungsvoll und ohne Schulden leben. Was immer Ihnen Spaß machen würde, kann auch eine Quelle des Gelderwerbs sein. Es gibt auf dieser Welt für fast alles einen Markt und Millionen Menschen, die von Ihren Unternehmungen profitieren können. Ausschlaggebend ist, ob Sie zu sich selbst ehrlich sein können, ob Sie das Risiko auf sich nehmen, genau die Dinge zu verwirklichen, die Ihnen einen echten Lebensinhalt anstelle des Gefühls vermitteln, nur dem Geld hinterherzujagen.

7. *Wie alt würden Sie sich fühlen, wenn Sie nicht wüßten, wie alt Sie tatsächlich sind?* Wenn Sie Ihr Geburtsdatum nicht wüßten und auch keine Möglichkeit hätten, es in Erfahrung zu bringen, wie alt würden Sie sich dann schätzen? Glauben Sie, nur die Dinge tun zu können, die Ihrem Alter entsprechen? Verzichten Sie aufgrund Ihres Alters auf viele Dinge im Leben? Sollten junge Menschen sich Ihrer Ansicht nach anders als alte verhalten? Wenn Ihre Denkweise an solch stereotype Altersvorstellungen gebunden ist, sind Sie zu sich selbst nicht gerade sehr ehrlich. Sie können eigentlich alles machen, wozu Sie Lust haben, auch wenn anscheinend niemand sonst in Ihrem Alter so handelt. Ein Mensch, der völlig ehrlich zu sich selbst ist, macht sein Denken und Handeln nicht vom Alter abhängig. Sie sind so alt, wie Sie sein möchten, und jegliche Einschränkungen aufgrund des Alters haben Sie sich selbst auferlegt. Sie können auf einer Schaukel schaukeln, in eine Diskothek tanzen gehen oder Abenteuerromane verschlingen – wenn Sie das wirklich tun möchten. Der völlig ehrliche Mensch, der in seinem Leben einen Sinn sieht, läßt nicht zu, daß sein Alter seine Lebensentscheidungen beeinflußt. Er verhält sich so, wie er es für richtig hält, und richtet sich nicht nach dem, was angeblich für ein bestimmtes Lebensalter angemessen ist. Einige Menschen leiden unter der Tatsache, daß sie immer älter werden. Andere, die viel ehrlicher zu sich selbst sind, akzeptieren ihr Alter und beachten solche künstlichen Grenzen nicht. Sie sind einfach so, wie sie sein möchten, ohne sich um ihr Alter zu kümmern.

8. *Welche Art Persönlichkeit wollten Sie gern sein, wenn Sie heute einen neuen Anfang machen könnten?* Stellen Sie sich vor, Sie könnten die Persönlichkeitsstruktur wählen, die Ihnen am meisten zusagt. Wofür würden Sie sich entscheiden? Wären Sie selbstsicherer, nicht mehr so schüchtern, extrovertierter, nicht so schuldbeladen, ausgeglichener, humorvoller, ein bequemerer Gesprächspartner, nicht mehr so leichtgläubig? Wenn Ihre Persönlichkeit nicht Ihrem

Wunsch entspricht, haben Sie sich dazu entschlossen, nicht sehr ehrlich zu sich selbst zu sein. Alles, was Ihnen an sich selbst nicht gefällt, können Sie ändern – vorausgesetzt, Sie entscheiden sich wirklich dafür. Natürlich werden Sie nach einem solchen Beschluß an sich arbeiten müssen, aber ausschlaggebend ist, daß die Entscheidung allein bei Ihnen liegt. Ihre Persönlichkeit entspricht genau dem, was Sie daraus machen. Sie allein treffen diese Lebensentscheidung und können sie, wenn Sie es wünschen, auch wieder rückgängig machen. Der völlig ehrliche Mensch weiß, daß er für seine eigene Persönlichkeit selbst verantwortlich ist. Er gibt keinem anderen Menschen die Schuld dafür, wie er ist, auch wenn er weiß, daß einige seiner früheren Erfahrungen zu seinem jetzigen Persönlichkeitsbild beigetragen haben. Völlige Ehrlichkeit bedeutet, daß man anderen nicht die Schuld an seinen eigenen Fehlern gibt!

9. *Wie würden Sie sich beschreiben, wenn Sie keine Klischees verwenden könnten?* Stellen Sie sich vor, jemand bittet Sie, sich selbst zu beschreiben. Ihnen ist es aber untersagt, die traditionellen Klischees zu verwenden, die so viele Menschen gebrauchen. Stellen Sie sich vor, daß Sie nicht sagen können, wie alt Sie sind, wo Sie wohnen, wo Sie studiert haben, welchen familiären Hintergrund Sie haben, welche Berufsausbildung Sie genossen haben, wie Ihre finanzielle Situation ist, ob Sie verheiratet oder ledig sind, welche Farbe Ihr Haar hat, wie groß Sie sind oder sogar wie Sie heißen. Stellen Sie sich statt dessen vor, daß Sie genau beschreiben müßten, welche Art Mensch Sie sind. Wären Sie wirklich dazu in der Lage?

Könnten Sie tatsächlich über sich selbst sprechen, ohne dabei auf die herkömmlichen Klischees zurückzugreifen, die so oft verwendet werden, um zu verbergen, wie wir tatsächlich sind? Könnten sie offen über Ihre Gefühle als Mensch reden? Über den Sinn Ihres Lebens? Könnten Sie über Ihre Empfindungen, Ängste, Rechtfertigungsmechanismen und Wünsche sprechen? Könnten Sie offen über Ihre Fähigkeit sprechen, Liebe zu schenken und entgegenzunehmen? Wenn Sie auf Klischees zurückgreifen müßten und sich so beschreiben würden, als würden Sie einen Fragebogen oder ein Bewerbungsformular ausfüllen, dann sind Ihre innere Ehrlichkeit und Ihr Lebenssinn offensichtlich fremdbestimmt. Sie betrachten sich vielleicht nur als eine Ansammlung von statistischen Fakten und sehen nicht, daß Sie ein besonderer Mensch sind. Wenn man völlig ehrlich zu sich selbst sein möchte, muß man fähig sein, sich in seiner individuellen Einzigartigkeit zu erkennen. Es bedeutet, daß man auf die Frage: «Wer bin ich?» eine Antwort weiß, die nicht auf stereotypen Aussagen und statistischen Fakten beruht.

Diese neun hypothetischen Fragen haben Ihnen vielleicht geholfen zu verstehen, was für ein Mensch Sie sind. Völlig ehrlich zu sich selbst zu sein ist von wesentlicher Bedeutung, wenn man in seinem Leben einen Sinn sehen möchte. Das hat nichts damit zu tun, wie viele Lügen Sie im Laufe eines Tages von sich geben. Es geht vielmehr darum, wieviel Sie wirklich über sich selbst wissen und wie groß Ihre Bereitschaft ist, gegenüber sich selbst Ihre Fehler und Rechtfertigungen einzugestehen. Können Sie in den Spiegel blicken und sich so akzeptieren, wie Sie sind?

Die übelste Form der Selbsttäuschung ist, sich etwas vorzumachen und sich dann auch noch einzubilden, das sei keine Illusion. Es kann Ihnen vielleicht für einige Zeit gelingen, Ihrer Umwelt ein Bild von sich zu vermitteln, das nicht der Realität entspricht. Wenn Sie sich aber dauernd selbst etwas vormachen, werden Sie in Ihrem Leben keinen Sinn sehen und nie das Gefühl haben, Ihr Leben sei etwas wirklich Wertvolles.

Immer wieder wird mir die Frage gestellt: «Wie kann ich herausfinden, was ich eigentlich will?» Die meisten Menschen finden keine Antwort darauf, da sie lieber dem Erfolg hinterherlaufen, als ihrer inneren Stimme zu folgen. Nietzsche hat für alle suchenden Menschen eine gute Antwort gefunden:

Wer in seinem Leben das Warum sieht, kann mit fast jedem Wie zurechtkommen!

9. Sie können nur gewinnen!

Ein selbstverwirklichter und innerlich freier Mensch gewinnt immer. Wer stets Gewinner sein will, muß zugleich erkennen, daß es im Spiel des Lebens keine Verlierer geben muß.

Unsere Gesellschaft ist von dem Gedanken besessen, daß ein Gewinner andere in äußerlichen Dingen übertrifft und ausschaltet.

Aber ein selbstverwirklichter Mensch hält sich nicht an dieses System, in dem so viele Menschen wie in einer Falle feststecken. Für ihn, der innerlich frei ist, ist das Gewinnen ein inneres Ziel. Es ist die Fähigkeit, sich selbst in buchstäblich allen Situationen des Lebens als Sieger zu sehen, wenn man nur auf seine innere Stimme hört.

Sie müssen niemanden besiegen, um ein Gewinner zu sein. Die Voraussetzung ist, daß Ihr Selbstwertgefühl sich nach einem inneren und nicht nach einem äußeren Maßstab richtet. Wenn Sie erst bei jeder Gelegenheit mit einem Gegner fertig werden müssen, dann räumen Sie Ihrem Rivalen auch das Recht ein, darüber zu bestimmen, was Sie von sich als Mensch halten. Der selbstbestimmte Mensch weigert sich, sich selbst als Verlierer abzustempeln, nur weil an irgendeinem Tag ein anderer über bessere Fähigkeiten verfügt als er. Sie müssen die Einteilung der Welt in Gewinner und Verlierer vergessen, wenn Sie ein innerlich freier Mensch sein möchten. Hören Sie auf, sich als den ewigen Verlierer zu sehen.

Wenn Sie sich bewußt sind, daß Ihre geistige Haltung immer auch eine Sache Ihrer persönlichen Einstellung und Ihres Willens ist, können Sie damit beginnen, eine Gewinnerphilosophie in allen Bereichen Ihres Lebens zu entwickeln, ohne sich dabei selbst zu täuschen. Sie können sich jederzeit als Gewinner fühlen. Sie müssen sich niemals bestrafen, weil Sie einem anderen Menschen begegnet sind, der an einem Tag zufällig besser war als Sie. Sie müssen sich nicht für unzulänglich halten, weil Sie ein Ziel noch nicht erreicht haben. Sie müssen sich nicht an anderen orientieren, um zu sehen, wie Sie sich als Mensch bewähren. Sie müssen sich auch nicht dauernd mit anderen vergleichen, um zu begreifen, welchen Wert Sie als Mensch haben.

Wichtig ist, sich in allem, was man tut, als Gewinner zu betrachten. Sie können aus jeder Erfahrung lernen. Und wenn Sie auch Ihre negativen Erfahrungen dazu benutzen, sich zu einer Weiterentwicklung zu motivieren, dann werden Sie bald zu den ständigen Gewinnern zählen; dies ist nur eine Frage der Einstellung. Einen Gegner zu schlagen ist hingegen etwas, das einem an einem Tag gelingen wird und am nächsten Tag nicht.

Niemand kann immer alle anderen besiegen. Aber jeder kann aus gleich welcher Tätigkeit als Gewinner hervorgehen; er kann lernen, in Zukunft seine Leistung zu steigern, wenn er sich seiner Fähigkeiten bewußt ist. Vor allem müssen Sie sich von den selbstzerstörerischen Denkmustern unseres Kulturkreises befreien: von der Einstellung, die Gewinnen damit definiert, daß man Verlierer besiegt.

Auf Kosten anderer gewinnen?
– Ein Trugschluß!

Unsere Gesellschaft legt außergewöhnlich großen Wert darauf, daß man immer auf Kosten von Verlierern gewinnt. In der Geschäftswelt heißt dieses Spiel: Karriere mit Ellenbogen. Im Leistungssport wird den jungen Sportlern beigebracht, daß sie um jeden Preis gewinnen müssen. Derjenige, der nicht siegt, sieht sich als Versager. Die Schulen, die soviel Wert auf Noten und Prüfungen legen, stempeln die Schüler als Sieger und Verlierer ab. Es werden Bücher darüber geschrieben, wie man immer Sieger sein, wie man den anderen übertrumpfen, die «Nummer eins» sein kann, wie man seinen Gegner psychisch fertigmacht. Inhalt all dieser Bücher ist oberflächliches Konkurrenzdenken.

Der selbstverwirklichte Mensch läßt sich dagegen von seiner inneren Stimme leiten. Für ihn ist die Vorstellung, daß man einen anderen besiegen oder sich selbst mit anderen vergleichen muß, ein Widerspruch in sich selbst. Daher geht ein Mensch, der keinen inneren Zwängen unterliegt, in sich, um zu entscheiden, ob er im Leben ein Gewinner ist oder nicht. Für einen selbstverwirklichten Menschen hat Gewinnen nichts mit Besiegen, Übertrumpfen, Vergleichen, Aufsteigen, Wettbewerb oder einer anderen Art der äußerlichen Selbsteinschätzung zu tun. Der selbstverwirklichte Mensch weiß vielmehr, wie sinnlos es ist, andere als Maßstab für seinen eigenen Status zu nehmen. Daher kann er sich immer, egal was er tut oder wie er sich verhält, als Gewinner fühlen, weil jeder einzelne selbst – und nicht ein von außen diktierter Maßstab – darüber entscheidet, ob er ein Gewinner ist oder nicht.

Warum sollten Sie sich immer nur im Vergleich zu anderen einschätzen? Sie sind in dieser Welt einzigartig. Sie wissen, daß kein anderer Mensch so aussieht, handelt, denkt oder fühlt wie Sie. Wie können Sie folglich ein Verlierer sein, nur weil Sie einer Norm nicht gerecht werden, die von anderen Menschen aufgestellt worden ist?

Sie sind als Mensch nicht gescheitert, nur weil Sie vielleicht einmal ein Ziel nicht erreicht haben. Sie müssen lediglich aus Ihren Erfahrungen lernen und sich dem nächsten Ziel widmen. Ohne Mißerfolge kann man nichts lernen. Jeder Mensch, der etwas erreicht hat, hat in seinem Leben eine Menge Mißerfolge einstecken müssen. Man muß sich jedoch niemals selbst als Verlierer abstempeln. Denn sobald Sie sich als Verlierer sehen, werden Sie ein negatives Bild von sich entwickeln. Wer sich auf diese Weise immer als Verlierer betrachtet, behindert sich in seiner eigenen Entfaltung. Für einen selbstverwirklichten Menschen ist es jedoch wichtig, sein Potential immer weiter ausschöpfen zu können. Thomas Edison wurde einmal gefragt, wie man sich fühlt, wenn man 25 000mal daran gescheitert ist, einen einfachen Akkumulator herzustellen. Seine Antwort ist für uns alle von großer Bedeutung: «Gescheitert? Ich bin nicht gescheitert. Heute kenne ich 25 000 verschiedene Möglichkeiten, wie man einen Akku nicht herstellt.»

Es lohnt sich niemals, etwas zu rechtfertigen oder zu verteidigen, das von der Persönlichkeitsentfaltung abhält. Daher basiert die Fähigkeit, ständig ein Gewinner zu sein, darauf, daß man die Vorstellung aufgibt, ein Verlierer zu sein, wenn man einmal gescheitert ist. Sie können nichts erfinden, wenn Sie sich grundsätzlich als Verlierer sehen, nur weil Sie bisher noch keinen Erfolg hatten.

Ich fordere Sie nicht einfach zu einem Spiel auf. Ich lege Ihnen auch nicht nahe, sich selbst zu täuschen und sich als Gewinner zu bezeichnen, wenn dies einfach nicht den Tatsachen entspricht. Ich fordere Sie vielmehr dazu auf, Ihre Auffassung vom Gewinnen und Verlieren zu ändern, so daß Sie über dieses heimtückische Schwarz-weiß-Denken hinauswachsen und sich statt dessen überlegen, wofür Sie sich entscheiden – ohne sich von äußeren Bewertungskriterien beeinflussen zu lassen. Sie können allem, wofür Sie sich entscheiden, mit einer Gewinnerhaltung begegnen. Ich meine allem! Der Gewinner unterscheidet sich von den Menschen, die sich als Verlierer sehen, darin, daß er selbstbestimmt ist und voller Selbstachtung auf seine innere Stimme hört.

Hoffnung, nicht Frustration, ist der Schlüssel zur Verbesserung. Zusammenarbeit, nicht Wettstreit, steigert die Leistung in fast allen menschlichen Unternehmungen. Innerlich von Stolz erfüllt zu sein, statt sich selbst schlechtzumachen, ist das Geheimnis des inneren und äußeren Erfolgs. Entspannt und ungehemmt zu sein, mit sich selbst in vollem Einklang, voller Selbstvertrauen – dies sind die Schlüssel zum fortwährenden Erfolg. Man übersteht einen Test, spielt ein wichtiges Match, hält eine Rede oder macht etwas anderes Anstrengendes dann am besten, wenn man mit sich selbst in vollem Einklang ist. Zu schreien, zu schimpfen, zu sticheln, zu schmeicheln, zu bestrafen oder zu verhöhnen führt lediglich zu größeren Spannungen und somit zu weiteren «Mißerfolgen» in Streßsituationen.

Je mehr Sie mit sich selbst im Einklang leben, und je eher Sie sich die Chance geben, eine Tätigkeit ganz einfach zu genießen, um so mehr werden Sie auch zu besseren Leistungen fähig sein. Und mit einer solchen Einstellung werden Sie sich nie dazu herablassen, sich selbst oder einen anderen Menschen mit so würdelosen Begriffen wie «Verlierer» abzustempeln.

Gewinner werden – aber wie?

Dies war letztlich das Ziel Ihrer Schulbildung: In jedem Fach wurde Ihnen beigebracht, nach der Antwort zu suchen, die den Lehrer erfreut, nach guten Noten und Beliebtheit zu streben und Ihre eigenen individuellen Gedanken zu vergessen. Sich Bildung anzueignen bedeutete, sich anzupassen, sich gut zu benehmen, auswendig zu lernen, Prüfungen zu bestehen, das Gelernte zu vergessen und noch einmal alles vor einer Klassenarbeit zu pauken, um es dann wieder für immer zu vergessen. Diese engstirnige Einstellung zum Lernen hat sich später wahrscheinlich in fast allen Ihren Lebensbereichen bemerkbar gemacht. Ihnen wurde beigebracht, daß es im Leben immer Sieger und Verlierer gibt. Sie fingen an, den Sieger als einen Menschen zu definieren, der die meisten Punkte erzielt oder die anderen äußerlich gesehen auf irgendeine Weise übertrifft. Sie wurden vom Sportlehrer getadelt, wenn Sie ein Spiel verloren oder im Vergleich zu den anderen schlecht abgeschnitten hatten. Sie lernten, in allem persönliche Bestleistungen zu erbringen und sich nie die Chance zu geben, eine Aktivität einfach zu genießen. Eine solche Lebenseinstellung führt bei Erwachsenen schließlich zu Magengeschwüren, Depressionen und destruktiver Selbstkritik. Man ermunterte Sie nicht dazu, einfach etwas zu tun, es auszukosten, Ihre eigene Wahrheit zu suchen. Statt dessen war Ihre Erziehung auf äußere Belohnungen fixiert, auf Schulnoten, Wettkämpfe und Geldverdienen. Beinahe Ihre ganze Erziehung zielte darauf ab zu lernen, sich und andere in Schubladen einzuordnen und sich an extreme Bewertungsmaßstäbe zu halten.

Es ist klar, daß es Sie mit der Zeit auslaugen wird, wenn Sie immer versuchen, in allem der oder die Beste zu sein. Es wird Sie auch davon abhalten, wirklich Hervorragendes in den Bereichen Ihres Lebens zu erreichen. Sie wissen, daß Sie nicht immer besser sein können als alle anderen, warum sollten Sie also andere Menschen zum Maßstab für Ihren Wert oder Ihre Fähigkeiten machen? Sie wissen, daß nichts im Leben entweder schwarz oder weiß ist, sondern daß es für jedes Problem viele denkbare Lösungen gibt und es nicht einfach damit getan ist, etwas in eine bestimmte Kategorie einzuordnen. Sie wissen, daß alle Menschen, ganz gleich welche Fehler sie machen, Würde und Wert haben. Und dennoch vergessen so viele Menschen diese einfache Wahrheit, weil sie fast jeden Tag ihres Lebens unermüdlich danach streben, zu gewinnen und andere als Verlierer abzustempeln.

In diesem Buch steht das Thema im Mittelpunkt, wie Sie sich selbst, Ihr gesamtes Denken und Verhalten, auf eine neue Weise sehen können. Sie werden immer auf der Gewinnerstraße sein, wenn Sie sich neue Denkweisen aneignen, die zu neuen Gefühlen führen und die schließlich neue Verhaltensweisen nach sich ziehen. Der Weg zu einer Gewinnermentalität und damit zu einer neuen, innerlich freien und grenzenlos selbstverwirklichten Persönlichkeit führt über die folgenden Stufen.

1. Denken wie ein Gewinner

Sie allein sind für die Gedanken in Ihrem Kopf verantwortlich. Praktisch alle selbstzerstörerischen Verhaltensweisen und Ansichten beruhen auf Ihrem Denken, und Sie allein sind Herr Ihrer Gedanken. Sobald Sie dies als eine Lebenstatsache akzeptieren, befinden Sie sich auf dem Weg, die Dinge zu ändern, die Ihnen an sich selbst nicht gefallen. Gefühle entstehen nicht einfach aus dem

Nichts. Niemand handelt ohne Grund auf eine bestimmte Weise. Ihren Gefühlen und Verhaltensweisen gehen bestimmte Denkprozesse voraus, und niemand kann Sie dazu zwingen, etwas zu denken, was Sie nicht denken wollen. Sie sind frei, Ihre Gedanken zu wählen. Sobald Sie verstanden haben, daß Ihre Gefühle und Verhaltensweisen unmittelbar auf Ihren Gedanken beruhen, werden Sie auch verstehen, daß man jedes persönliche Problem am besten dadurch löst, daß man sich von den Gedanken befreit, die negative Gefühle und selbstzerstörerische Verhaltensweisen auslösen.

Sie müssen lernen, Ihre Gedanken zu kontrollieren. Wenn Sie ein innerlich freier Mensch sein möchten, müssen Sie lernen, anders zu denken als bisher. Sich daran zu erinnern, daß Sie jede gewünschte Haltung in beinahe jeder Situation einnehmen können, ist der erste Schritt in die Richtung, im Leben die Einstellung eines ständigen Gewinners zu entwickeln.

Sie müssen zunächst einmal die Überzeugung, ein Verlierer zu sein, aus Ihrer Vorstellung verbannen. Wie ein Gewinner zu denken heißt nicht, daß man stets einen anderen Menschen übertreffen muß. Es bedeutet, daß man fähig ist, aus einer Situation zu lernen, in der man das gesteckte Ziel nicht erreicht hat. Es bedeutet, daß Sie nicht immer in allem perfekt sein müssen. Sie sollen jedoch denken, daß Sie perfekt sein können und daher fähig sind, zu wachsen und sich zu entfalten. Perfektsein in jedem Moment bedeutet nicht, daß man ewig auf einer Stufe stehenbleiben muß. Es bedeutet, daß man sich selbst die Möglichkeit gibt, sich weiterzuentwickeln. Sich als Gewinner zu fühlen heißt, sich nicht selbst herabzusetzen. Es bedeutet, daß man übertriebene Selbstkritik aus seinem Kopf streicht. Es bedeutet, daß man sich nicht andauernd mit anderen vergleicht. Statt dessen gibt man sich die Chance, der Mensch, das Individuum zu sein, das man in Wirklichkeit ist. In dem Moment, in dem Sie Verantwortung für Ihre «Verlierergedanken» übernehmen, werden Sie sie in «Gewinnergedanken» umwandeln können. Wenn Sie gegen einen starken Gegner Tennis spielen und von ihm geschlagen werden, dann sind Sie eigentlich nur dann der Verlierer, wenn Sie dies von sich selbst glauben. Tatsächlich festigt jede Niederlage Ihren Charakter und steigert Ihre Fähigkeiten. Sie könnten vom Tennisplatz gehen und sich sagen, daß Sie heute etwas dazugelernt haben, daß Sie jetzt wissen, welche Schläge Sie verbessern müssen, daß es wirklich eine einmalige Erfahrung war, gegen einen so starken Gegner gespielt zu haben. Sie können sich aber auch anders entscheiden: Sie können schmollen und Ihren Schläger auf den Boden werfen, wütend über sich selbst werden, sich als wertlos bezeichnen und sich völlig auf die Tatsache fixieren, daß Sie dieses Match verloren haben. Wofür Sie sich auch immer entscheiden, die Realität bleibt dieselbe. Ein ständiger Gewinner weiß, daß man aus seinen Niederlagen genausoviel lernen kann wie aus seinen Siegen und daß es im Leben nichts gibt, weshalb man sich selbst schlechtmachen sollte.

2. Fühlen wie ein Gewinner

Gefühle bestimmen unsere Gedanken. Wenn Sie sich Ihre Gedanken aussuchen können, dann sind Sie auch fähig zu entscheiden, was und wie Sie fühlen. Gefühle sind kein großes Geheimnis. Sie sind das Ergebnis Ihrer Gedanken, und umgekehrt.

Ein selbstverwirklichter Mensch ist innerlich frei und kann sehr emotional sein, aber er wird sich nie von seinen Gefühlen überwältigen und lähmen lassen. Sie werden in Ihrem Leben nur dann Eigenständigkeit und Freiheit erlangen, wenn Sie lernen, mit Ihren Gefühlen umzugehen und für sie die Verantwortung zu übernehmen, anstatt das mysteriöse «Unbewußte» oder längst vergangene Geschehnisse für Ihre gegenwärtigen Gefühle verantwortlich zu machen. Wut als eine Entscheidung zu sehen und nicht als etwas, das Sie überkommt, gibt Ihnen die Chance, immer dann etwas zu tun, wenn diese Wut Sie oder andere zu lähmen droht. Wenn Sie die Auffassung akzeptieren, daß Sie nichts dafür können, wie Sie sich fühlen und daß Ihre Gefühle Sie überwältigen, dann sind Sie ganz offensichtlich unfähig, etwas dagegen zu unternehmen, wenn Ihre Gefühle in Ihrem Leben eine Belastung darstellen. Es ist viel vernünftiger, für seine Gefühle die Verantwortung zu übernehmen, anstatt sie dem Zufall oder irgendwelchen Genen zuzuschreiben.

Ein ständiger Gewinner bemüht sich darum, auf Probleme und Erfahrungen im Leben nicht so zu reagieren, daß er depressiv, traumatisiert, wütend, schuldbeladen, überängstlich, gehemmt oder allzu selbstkritisch wird. Ihr gefühlsmäßiger Zustand entscheidet darüber, wie leistungsfähig Sie sind. Je angespannter Sie sich fühlen, je stärker Sie eine Situation als Sache auf Leben und Tod sehen, je mehr Sie sich über sich selbst ärgern, desto kleiner wird Ihre Chance sein, aus dieser Erfahrung als Gewinner hervorzugehen.

Diese emotionalen Reaktionen basieren unmittelbar darauf, wie Sie sich im jeweiligen Moment fühlen. Wenn Sie sich unter Druck setzen oder sich immer wieder an längst vergangene Ereignisse erinnern, wenn Sie sich über sich selbst oder über Ihr Gegenüber ärgern und sich innerlich verkrampfen, weil Sie sich in Gedanken selbst bedrohen, dann entscheiden Sie sich dafür, sich als ein Verlierer zu fühlen.

Die gleiche emotionale Reaktion ist möglich, wenn Sie in der Schule eine Prüfung ablegen, wenn Sie zu einem Bewerbungsgespräch gehen oder wenn Sie an irgendeiner anderen Prüfung teilnehmen müssen, die hohe Anforderungen an Sie stellt. Je verkrampfter Sie sind, je häufiger Sie sich als einen hoffnungslosen Fall sehen und je öfter Sie dazu neigen, sich selbst zu beobachten, um so eher werden Sie sich für negative Gefühle entscheiden, die Sie davon abhalten, erfolgreich zu sein. Wenn Sie sich außerdem danach beurteilen, wie gut Sie eine Sache gemacht haben, anstatt sich darauf zu konzentrieren, wieviel Sie aus dieser Erfahrung lernen können, dann werden Sie sich wieder in Gedanken als Verlierer abstempeln und sich entsprechend fühlen.

Sich ständig als Gewinner zu fühlen ist auch in den schwierigsten oder frustrierendsten Zeiten möglich. Wie Sie auf Ereignisse und Ihre Aktivitäten im Leben reagieren, liegt allein in Ihrer Hand. Der selbstverwirklichte Mensch hat verstanden, daß Traurigkeit und Depression eine Verschwendung wertvoller Lebenszeit bedeuten. Er wird nicht zulassen, daß ihn aufgrund von Leid und Schmerz ein

Gefühl der Lähmung überwältigt. Wenn man innerlich frei ist, geht man ein Problem tatkräftig an, denn es ist selbstzerstörerisch und deprimierend, untätig zu sein. Menschen, die träge, faul und bequem sind, schwelgen einen Großteil ihrer Zeit in Selbstkritik und Selbstmitleid. Der ständige Gewinner begeistert sich dagegen so sehr für das Aktivsein und Aufgehen in der Gegenwart, daß er einfach für eine Verlierermentalität keine Zeit mehr hat.

Sich im Sumpf der Selbstkritik, der Wut oder der Depression zu suhlen ist nicht die Art des ständigen Gewinners.

3. Handeln wie ein Gewinner

Es wird Ihnen nicht schwerfallen, sich wie ein ständiger Gewinner zu verhalten, wenn Sie sich davon überzeugt haben, daß Sie wirklich allein aufgrund Ihrer eigenen Entscheidung Ihre Geisteshaltung so ändern können, daß Sie sich immer als Gewinner sehen. Dann werden Sie auch akzeptiert haben, daß Ihre Gefühle Ihren Zielen nicht im Wege stehen müssen. Sie werden die Ausstrahlung eines ständigen Gewinners bekommen.

Wenn Sie allerdings immer über Ihre eigene Schulter blicken, um zu sehen, was der andere macht, damit Sie beurteilen können, ob Sie selbst der Sieger sind, oder wenn Sie immer einen anderen Menschen als Vergleichsmaßstab brauchen, dann sind Sie von äußeren Faktoren abhängig. Unter solchen Bedingungen werden Sie sich nur selten zu den Siegern zählen können. Sie werden fast Ihre ganze kostbare Zeit damit verbringen, mit den anderen zu konkurrieren, und trotzdem immer «der typische Verlierer» sein.

Man kann sich in fast allen Situationen des Lebens darin üben, wie ein Gewinner zu handeln. Solche Verhaltensweisen beruhen unmittelbar auf Ihrer inneren Einstellung. Beginnen Sie, aus Mißgeschicken und Fehlern zu lernen. Sie werden bei Schwierigkeiten wie beispielsweise einer Steuerprüfung, niedrigem Einkommen, Krankheit, Tod eines Familienmitglieds und in allen anderen kleinen und großen Streßsituationen die Fähigkeit haben, jeden Augenblick zu schätzen und voll auszuleben. Fangen Sie an, in schwierigen Situationen immer nach etwas Positivem Ausschau zu halten, statt sich von den Umständen besiegen zu lassen. Sie beginnen dann auch Risiken einzugehen und neue Verhaltensweisen auszuprobieren, vor denen Sie bisher zurückgeschreckt sind. Denn jetzt fühlen Sie sich nicht mehr wie ein Verlierer. Diese Gewinnermentalität zahlt sich besonders in einer Hinsicht aus: Das Leben wird frei und wahrhaft «grenzenlos». In den folgenden typischen Alltagssituationen zeigt sich, wie ein ständiger Gewinner sich verhält.

Bei der Arbeit. Sie müssen nicht am Konkurrenzkampf teilnehmen. Tatsächlich werden Sie leistungsfähiger sein und effektiver arbeiten können, wenn Sie nicht ausschließlich auf Ihren beruflichen Aufstieg fixiert sind. Die Ironie des Schicksals liegt darin, daß Sie dann sogar bessere Chancen haben aufzusteigen. Menschen, die einfach ihre Arbeit erledigen, die sich an dem erfreuen, was sie tun und den Tag so nehmen, wie er ist, sind wahrscheinlich besonders produktiv und werden bald für eine Beförderung in Erwägung gezogen. Je «menschlicher» Sie zu sich selbst und zu anderen sind, desto lieber wird man Sie in einer Führungsposition sehen wollen.

Ich habe an zahlreichen Bewerbungsgesprächen teilgenommen. In jedem Gespräch hatte ich die folgende Einstellung: «Wenn ich nur ich selbst bin und mich in keiner Weise verstelle, und wenn ich zudem noch zeige, daß ich durchaus auch ohne diese Stelle überleben kann, dann werde ich den Eindruck erwecken, den ich erwecken möchte.» Je weniger ich den anderen beeindrucken wollte, um so mehr konnte ich meine wahre Persönlichkeit zeigen. Ich war immer ein Gewinner, auch wenn ich nicht immer die Stelle bekam. Ich lernte aus jedem Bewerbungsgespräch etwas Wichtiges, ich fühlte mich danach immer wie ein Sieger. Warum? Weil ich keinen besonderen Ort brauche, um mit mir selbst zufrieden zu sein. Ich sah das Ganze als eine Gelegenheit, wertvolle Erfahrungen zu sammeln. Ich testete mich in einer schwierigen Situation und lernte etwas daraus.

Sie können sich in jeder Interaktion mit Ihrem Vorgesetzten oder Ihren Kollegen als Gewinner sehen. Sie können Ihrem Vorgesetzten mit der Haltung begegnen, daß Sie – unabhängig davon, wie das Gespräch ausgeht – ein wundervoller Mensch sind. Sie können durch diese Begegnung lernen, wie Sie in zukünftigen Gesprächen besser zurechtkommen. Ihr Selbstwertgefühl kann unangetastet bleiben, denn Sie haben es niemals aufs Spiel gesetzt. Sie können Ihre Arbeit als etwas sehen, zu dem Sie sich entschlossen haben. Wenn Sie ihr wieder nachgehen, dann werden Sie sich an dieser beruflichen Entscheidung erfreuen und sich dadurch entfalten – und zwar noch heute!

Die Verwirklichung einer hundertprozentigen Gewinnermentalität am Arbeitsplatz heißt jedoch nicht, daß Sie Ihr Selbstwertgefühl oder Ihren Lebensinhalt von Ihrer Arbeit abhängig machen. Wenn Sie Ihren Wert nicht mehr nach Ihren beruflichen Leistungen bestimmen, werden Sie nicht mehr auf einen bestimmten Arbeitsplatz «angewiesen» sein. Sobald Sie sich von dieser Abhängigkeit befreien, können Sie vollkommen frei und völlig ehrlich zu sich selbst sein und sich aus freiem Willen eingestehen, wenn Ihre Arbeit Sie nicht mehr erfüllt. Sie werden dann in der Lage sein, all das zu tun, was Sie wollen. Wichtig ist vor allem, daß Sie ein Problem oder eine Aufgabe immer unter dem Aspekt der Selbstverwirklichung sehen. Der kreative Mensch geht in seiner Arbeit auf und erledigt nicht einfach nur Aufgaben, um ein bestimmtes Gehalt zu bekommen. Sie sollten sich vor allem darum bemühen, jeden Tag zu wachsen und sich zu entfalten.

In Ihren persönlichen Beziehungen. Sie können in allen Ihren persönlichen Beziehungen eine hundertprozentige Gewinnermentalität erlangen, wenn Sie sich dazu entschließen, auch in diesem Bereich ein innerlich freier Mensch zu werden. Das bedeutet, daß Sie frühere unangenehme Erfahrungen mit Menschen, die Sie lieben, vergessen, und sie statt dessen so akzeptieren, wie sie heute sind. Sie müssen aufhören, sie durch Manipulationen so hinbiegen zu wollen, wie Sie selbst sind. Versuchen Sie also nicht dauernd, andere zu ändern; akzeptieren Sie sie statt dessen jeden Tag so, wie sie sind.

Auf einer Gewinnermentalität aufbauende Beziehungen funktionieren also nur, weil alle Beteiligten bereit sind, den anderen so anzunehmen, wie er ist. Außerdem begegnen sie sich mit Ehrfurcht. Wenn Sie Ihren Ehepartner, Ihre Kinder, Freunde und Bekannte voller Ehrfurcht so schätzen und lieben, wie sie sind, werden Sie in der Liebe niemals Verlierer sein. Sie können gar nicht verlieren, wenn Sie einfach den anderen schätzen und sich in der Beziehung entfalten.

Wenn ich merke, daß ich meiner Tochter etwas Unfreundliches sagen möchte oder sie kritisieren will, dann sage ich immer zu mir: «Möchtest du wirklich, daß die Beziehung auf kleinlichen Streitigkeiten und auf Feindseligkeit beruht? Wenn du sie wirklich schätzt, darfst du diesen Meinungsunterschieden nicht viel Gewicht beimessen.» Sobald ich mir wieder ins Gedächtnis gerufen habe, daß sie ein würdevoller, wichtiger Mensch ist, der seine eigenen Gefühle hat, daß ich ihr nichts von dieser Würde nehmen möchte, finde ich meist eine effektivere und produktivere Möglichkeit, meiner Kritik an ihr Ausdruck zu verleihen. Wenn ich mich also wirklich darum bemühe, nicht übermäßig kritisch, beleidigend oder übellaunig zu sein, dann gelingt mir das zumeist auch. Anstatt mich in einen langen Streit verwickeln zu lassen, äußere ich lediglich meine Meinung, wenn jemand, den ich liebe, sich schlecht benimmt. Dann ziehe ich mich zurück und gehe so einer Auseinandersetzung aus dem Weg. Auf diese Art können fast alle Streitigkeiten auf gewinnbringende Weise beendet werden.

Wenn auch Sie sich darum bemühen, alle spannungsgeladenen Situationen in Ihren zwischenmenschlichen Beziehungen zu beseitigen, und statt dessen jeden Menschen um seiner selbst willen schätzen, können Ihre Beziehungen hundertprozentige Gewinne sein. In einer gesunden Beziehung gibt es diese Streitigkeiten nicht. Sie können sich alle beleidigenden Verhaltensweisen abgewöhnen, wenn Sie den Menschen, die Sie lieben, eine Gewinnermentalität entgegenbringen. Man wird nicht immer einer Meinung sein, aber unterschiedliche Ansichten zu haben heißt nicht, daß es zu Streitigkeiten kommen muß.

In Aus- und Weiterbildungsaktivitäten. Wenn Sie aus reinem Presti-gedenken heraus versuchen, sich weiterzubilden, dann werden Sie immer nach Noten, nach dem Lob des Lehrers und nach guten Zeugnissen streben. Doch ein ständiger Gewinner weiß, daß wahre Bildung allein auf inneren Werten beruht. Das Lernen um der grö-ßeren Lebensfreude willen, damit man der Wahrheit, der Schönheit, der Achtung des Lebens näher kommt, ist schon Grund genug, daß man sich bilden möchte. Wenn Sie gegen den Druck, den andere auf Sie ausüben, immun sind und einfach aus dem Grund lernen, weil Sie selbst es möchten, dann haben Sie die Chance, ein hundertpro-zentiger Gewinner in puncto Bildung zu werden.

Zeugnisse sind im Grunde völlig wertlos, auch wenn viele fremd-bestimmte Menschen Sie davon überzeugen möchten, daß man sie unbedingt braucht. Sie werden nach Ihren eigenen Möglichkeiten in der Welt vorwärtskommen und das Leben genießen. Dabei geht es nicht nach den Noten auf einem Schulzeugnis. Sooft ich auch in Fernsehsendungen aufgetreten bin oder vor einem großen Publi-kum geredet habe, bin ich niemals nach meinen Prüfungsnoten in Psychologie gefragt worden. Die Menschen kümmern sich nicht darum, und das ist auch besser so.

Wie weit Sie im Leben kommen, hängt von Ihrer Selbsteinschät-zung und nicht von Ihren Abschlußzeugnissen ab. Weil viele junge Menschen sich ständig als Verlierer sehen, erzielen sie nur mittelmä-ßige Ergebnisse. Sie müssen sich unbedingt klarmachen, daß Ihr Selbstwert nichts mit ihren Noten zu tun hat, daß Sie in einer Klau-sur schlecht abschneiden und trotzdem ein Gewinner sein können, wenn Sie sich innerlich von allen Zwängen befreit haben. Man lernt aus allem, was man im Leben macht. Manchmal werden andere Sie kritisieren, manchmal werden Sie nicht ganz oben sein – aber wenn Sie damit zufrieden sind, daß Sie etwas Wertvolles aus dieser Erfah-rung lernen können, dann werden Sie ein Gewinner sein.

In sportlichen Wettkämpfen. In diesem Bereich kommt die Gewin-ner-Verlierer-Mentalität in unserer Gesellschaft am deutlichsten zum Vorschein. Mittlerweile wissen Sie, wie ich mich dafür ein-

setze, daß man jeden sportlichen Wettbewerb als Vergnügen betrachtet. Es stimmt, daß es wichtig ist, im Wettbewerb Kampfgeist
zu zeigen, aber man muß sich niemals als Verlierer oder Versager
fühlen, weil man seinem Gegner unterlegen war. Für sich selbst
Sport zu treiben, seine Fähigkeiten zu verbessern, den Leistungs-
stand zu erreichen, mit dem Sie zufrieden sind, entspannt und streß-
frei zu sein und sich nicht ständig mit anderen zu vergleichen – das
sind Verhaltensweisen, die Sie bei jeder sportlichen Aktivität zum
ständigen Sieger machen. Wenn Sie sich eine Gewinnermentalität
zu eigen gemacht haben, dann werden Sie mehr Siege erzielen, als
wenn Sie kämpfen, sich verausgaben, fordern, wütend werden und
sich auf Teufel komm raus verkrampfen. Der entspannte, innerlich
freie Mensch, der es genießt, seinem Körper die Führung zu überlassen, ist derjenige, der nicht nur im Sport, sondern in allen Lebensla-
gen gewinnt.

In diesem Bereich ebenso wie in vielen anderen (Erziehung, sexuelle Partnerschaft, Reisen Hobbys, Führungsaufgaben) können
Sie ständig ein hundertprozentiger Gewinner sein. Wenn Sie an eine
Aufgabe immer voll Zuversicht herangehen, dann können Sie, ganz
gleich was andere sagen, überhaupt nicht verlieren. Vielleicht werden Sie in der Öffentlichkeit als «Verlierer» abgestempelt, oder Ihre
Freunde bezeichnen sie so, aber in Wahrheit werden Sie nur dann
ein Verlierer sein, wenn Sie sich selbst so sehen. Wie Sie sich einstufen, liegt in Ihrer Hand. Der Schlüsselfaktor, um eine Gewinnermentalität zu entwickeln, ist sicherlich, die Meinung der anderen
ignorieren zu lernen und auf seine innere Stimme zu hören. Niemand wird Sie dann jemals davon überzeugen können, ein Verlierer
zu sein. Der «Verlierer» macht vielleicht Fehler, möglicherweise erweckt er den Anschein, dumm zu sein, wird eventuell «besiegt»,
wird nie wieder ein Buch verkaufen, auf der Bestsellerliste erscheinen oder einen einzigen Pfennig in seinem Leben verdienen; aber er
wird sich immer als Gewinner betrachten, da er sich so sehen
möchte. Denn jeder Fehler, den er macht, bietet ihm die Möglichkeit, besser und effektiver zu werden. Mit dieser Einstellung
kann er niemals wirklich Verlierer sein. Und das ist schließlich das

Ziel eines freien Lebens, das keine inneren Zwänge kennt: in den eigenen Augen ein Gewinner zu sein.

Ich habe nun ausführlich über innerlich freie, normale und neurotische Menschen gesprochen. Ich weiß, daß man für ein innerlich freies Leben die typischen Verhaltensweisen ablegen muß, mit denen sich so viele zufriedengeben. Ein selbstverwirklichter Mensch entscheidet sich, noch einen Schritt weiter zu gehen.

Wenn Sie das Gefühl haben, daß Sie sich neue Denkweisen aneignen möchten, die Ihnen im Leben den Sinn zeigen, dann habe ich mit diesem Buch mein Ziel erreicht. Sie haben tatsächlich die Möglichkeit, Ihr altes Ich, mit dem Sie sich bisher zufriedengegeben haben, zu übertreffen und Ihren persönlichen Gipfel an menschlicher Größe zu erreichen.

Als ständiger Gewinner müssen Sie sich selbst als das Ziel sehen und nicht als ein Mittel, dieses Ziel zu erreichen. Betrachten Sie sich als einen vollkommenen Menschen, als jemanden, der wertvoll ist, weil er existiert. Sie müssen nicht erst durch Leistungen und Besitz Ihren menschlichen Wert beweisen. Sie können sich stetig weiterentwickeln und sich ändern, wenn Sie es wünschen. Sie können sich aber auch so, wie Sie sind, als vollkommen und wertvoll einstufen. Hierin liegt kein Widerspruch.

Wenn Sie sich dies bewußtgemacht haben, werden Sie auch Ihre Mitmenschen nicht mehr verkennen, sondern sie so sehen, wie sie wirklich sind. Sie werden darum bemüht sein, sie als vollkommen zu betrachten und nicht ständig versuchen, ihre Persönlichkeit zu beeinflussen.

Ihre Chance, ein selbstverwirklichter Mensch zu werden, der keine inneren Zwänge kennt, und weiter zu gehen, als Sie es sich in Ihren kühnsten Träumen jemals vorzustellen wagten, ist in greifbare Nähe gerückt. Daran glaube ich so fest wie an alles, was ich bisher geschrieben habe. Ausschlaggebend ist lediglich, ob Sie selbst bereit sind, sich für den Weg zur Selbstverwirklichung zu entscheiden.

Ich habe alles Wissenswerte in diesem Buch festgehalten. Mehr kann ich dazu nicht sagen. Lesen allein reicht allerdings nicht aus, um das Konzept in die Praxis umzusetzen. Das Buch kann Ihnen lediglich eine Hilfe sein. Ich versichere Ihnen aber, daß Sie sich innerlich ruhiger und glücklicher fühlen werden, wenn Sie sich aktiv darum bemühen, alle inneren und äußeren Zwänge abzulegen, die Ihre Persönlichkeitsentfaltung beeinträchtigen. Sie sollten schon jetzt beginnen, wenn Sie wirklich nach den Sternen greifen möchten. Und noch eins: Falls andere die gleiche Absicht haben, stellen Sie sich ihnen nicht in den Weg.

Anhang

Von der Neurose zur Selbstverwirklichung: eine Übersicht über Einstellungen und Verhaltensweisen

Die folgende Liste soll Ihnen helfen, Ihre Einstellungen und Verhaltensweisen zu prüfen und im Vergleich zu denen eines neurotischen, «normalen» oder selbstverwirklichten Menschen einzuordnen.

Die linke Spalte zeigt, wie neurotische und chronisch unglückliche Menschen denken und sich verhalten und warum ihre selbstzerstörerische Geisteshaltung sie die meiste Zeit so depressiv macht. Die mittlere Spalte verdeutlicht, wie «normale» oder «durchschnittliche» Menschen denken und warum ihre Geisteshaltung so selten zu wahrem Glück oder zu Erfüllung führt. In der rechten Spalte wird schließlich dargestellt, wie ein selbstverwirklichter Mensch diese Bereiche des Lebens betrachtet.

Die 37 Punkte der Aufstellung beziehen sich alle auf Themen, die in den vorausgegangenen Kapiteln dieses Buches behandelt wurden. Trotzdem stellen sie nur eine willkürliche Auswahl aus einer fast unendlichen Vielzahl möglicher Aspekte dar: Ich hätte zahlreiche weitere Punkte aufführen können. Vielleicht gelingt es Ihnen, die Liste durch persönliche Erfahrungen zu ergänzen.

Ich bin mir sicher, daß Ihnen beim Lesen einige kreative Gedanken zu Ihrer Lebensphilosophie kommen werden, so daß Sie sich schließlich Ihrer eigenen Verhaltensweisen in allen Situationen bewußt werden. Es wird Ihnen leichter fallen, Ihr Leben nach Ihren eigenen Vorstellungen und Wünschen zu gestalten.

Denken Sie daran: Die Ratschläge von «Autoritätspersonen», ob dies nun Psychiater oder Politiker sind, können Sie allenfalls dahin bringen, sich «normal» oder «durchschnittlich» entsprechend den Normen der etablierten Gesellschaft zu entwickeln. Wenn Sie hingegen über diese «Normalität» hinausgehen wollen, müssen Sie sich selbst darum bemühen. Es gilt, auf Ihre innere Stimme zu hören, Ihre natürliche Kreativität und Ihre eigene Liebe zum Leben zu fördern. Betreten Sie das «verbotene Paradies» des unbegrenzten, freien Willens und ursprünglichen Denkens! Sie dürfen nur nicht zulassen, daß einige selbsternannte Experten und Moralapostel Ihnen den Weg versperren und den Zugang verweigern.

Angst Panik	Passivität Apathie	Sich durchschlagen	Zurecht-kommen	Das Leben meistern
Der Neurotiker		**Der «Normale»**	**Der selbstverwirklichte Mensch**	
1. Fürchtet und meidet das Unbekannte. Bleibt beim Gewohnten und läßt sich von einer neuen Umgebung einschüchtern. Regt sich über jede Art der Veränderung auf. Möchte auch sich selbst nicht ändern.		1. Akzeptiert das Unbekannte, aber sucht nicht danach. Paßt sich vielleicht entstehenden Veränderungen an, leitet aber niemals selbst welche ein. Zeigt nur wenig positives Bemühen, sich selbst zu ändern.	1. Sucht das Unbekannte und liebt das Geheimnisvolle. Begrüßt jede Veränderung und ist bereit, mit allem im Leben zu experimentieren. «Die Schönheit des Lebens liegt im Wandel.»	
2. Lehnt sich selbst ab. Findet viele Dinge, die ihm an sich selbst nicht gefallen. Hat das Gefühl, häßlich, dumm und «unter Durchschnitt» zu sein. Mißtraut sich und anderen. Besitzt ein schwach ausgeprägtes Gefühl für Geborgenheit und Zugehörigkeit.		2. Akzeptiert sich in vielerlei Hinsicht, tut dies aber eher resigniert als enthusiastisch. Hat das Gefühl, sich genausogut «anzupassen» wie die anderen. Lebt im großen und ganzen zufrieden dort, wo er hinzugehören glaubt.	2. Sagt «ja» zu sich selbst. Hat ein stark ausgeprägtes Zugehörigkeitsgefühl zur Welt und zur Menschheit.	

3. Wird regelmäßig durch irrationale Wut gelähmt. Ist in vielen Situationen unfähig, sich zu kontrollieren oder «klar zu denken»; fällt durch verbitterte Gefühlsausbrüche auf, die in allen Menschen Unbehagen hervorrufen.

4. Ist in fast allem fremdbestimmt. Beurteilt den Wert eines Menschen immer nach «Statussymbolen». Seine persönliche Meinung ist sehr stark von äußeren Einflüssen abhängig.

3. Ist oft wütend, behält jedoch die Kontrolle über diese Aggressivität. Kann seiner Verärgerung und Frustration Ausdruck verleihen und ist im allgemeinen fähig, mit den zugrundeliegenden Ursachen auf rationale Art und Weise umzugehen. Ruft selten bei anderen Gefühle des Unbehagens hervor.

4. Seine Motivation kommt gelegentlich aus seinem eigenen Inneren, vorwiegend jedoch immer noch von außen. Ist dabei von Belohnungen abhängig. Kann sich manchmal zugunsten des eigenen Gewissens und eigener Wünsche über äußere Einflüsse hinwegsetzen. Möchte sich jedoch insgesamt «anpassen».

3. Verspürt manchmal Wut – besonders wenn er auf Ungerechtigkeiten stößt – aber diese Wut mobilisiert ihn eher, als daß sie ihn lähmt. Bewahrt die Ruhe, während er um kreative und konstruktive Lösungen ringt. Es macht Spaß, mit einem solchen Menschen zusammenzuarbeiten.

4. Kennt das System der Einflußnahme von außen durch Belohnungen und fremdbestimmte Motivation. Respektiert seine positiven inneren Signale und versucht, mit ihrer Hilfe seinen individuellen Lebensweg zu gehen.

Angst Panik	Passivität Apathie	Sich durchschlagen	Zurecht- kommen	Das Leben meistern
Der Neurotiker		**Der «Normale»**	**Der selbstverwirklichte Mensch**	
5. Bleibt ein chronischer Nörgler, wenn es um die eigenen Lebensbedingungen und den Zustand der Welt geht. Nutzt andere hauptsächlich für seine eigenen Zwecke aus und lädt ihnen zur eigenen Entlastung seine persönlichen Probleme auf. Neigt dazu, sich über Gott und die Welt zu beschweren, anstatt zufrieden zu sein oder gar etwas ändern zu wollen.		5. Findet vieles, worüber man sich beklagen könnte, beschwert sich aber selten und ist nicht nachtragend. Kann in der Regel mit anderen über Problemlösungen sprechen. Sucht nicht zwanghaft nach den negativen Seiten des Lebens.	5. Sieht im Leben nichts, worüber es sich zu klagen lohnt, außer dann, wenn diese Beschwerden zur Lösung von Problemen beitragen können. Teilt anderen, wenn möglich, seine Klagen mit, um sich ihrer Unterstützung zu vergewissern. Ist ein aktiver und tatkräftiger Mensch, kein destruktiver Kritiker.	

6. Weiß, daß Liebe und Respekt dem Menschen entgegengebracht werden, der diese beiden Eigenschaften kultiviert und fördert. Hat keine Angst vor Ablehnung.

7. Hat keine «Leistungsängste». Weiß, daß man aus «Fehlern» wie aus «Erfolgen» gleichermaßen lernen kann. Kümmert sich nicht darum, wie seine Leistung durch andere oder durch äußere Normen beurteilt wird. Weiß, daß Angst und Sorgen seine «Leistung» nur beeinträchtigen. Hat kein Bedürfnis, sinnlos materiellen Besitz anzuhäufen.

6. Fühlt sich in der Regel von seiner Familie oder seinem engen Freundeskreis bis zu einem gewissen Grad geliebt und respektiert, dem Rest der Menschheit jedoch ein wenig entfremdet. Kann denen, die ihm nahestehen, ausreichend Liebe und Respekt entgegenbringen, aber völlig niedergeschmettert sein, wenn er dabei auf Ablehnung stößt.

7. Hat in den meisten Lebensbereichen «normale» Leistungsängste; in einigen Bereichen sind sie besonders ausgeprägt: Arbeit, Sexualität, Sport usw. Ist fähig, manchmal eine «schlechte Leistung» zu akzeptieren. Kann sich aber unter gewissen Umständen auch sehr darüber aufregen. Fühlt sich beherrscht von dem Bedürfnis, Geld und materielle Güter zu erwerben.

6. Hat das Gefühl, daß andere ihn nicht lieben, schätzen oder respektieren, und wirft ihnen Gefühllosigkeit ihm gegenüber vor. Geht niemals in sich, um sich zu fragen, wieviel Liebe, Zuneigung und Achtung er eigentlich anderen Menschen entgegenbringt.

7. Ist immer besorgt über seine «Leistungsfähigkeit», und deprimiert, wenn andere seine Leistung kritisieren. Arbeit, Geld und materieller Besitz verkörpern für ihn die höchsten Werte.

Angst Panik	Passivität Apathie	Sich durchschlagen	Zurecht- kommen	Das Leben meistern
Der Neurotiker		**Der «Normale»**	**Der selbstverwirklichte Mensch**	
8. Scheint im Leben kein Ziel zu haben. Sieht in der Arbeit oder in seinen zwischenmenschlichen Beziehungen wenig Sinn. Empfindet das Leben als einen ständigen Kampf. Ist panisch um sein Überleben besorgt, auch wenn er sich objektiv gesehen «in Sicherheit» befindet.		8. Sieht in einigen Lebensbereichen einen Sinn, ist aber nicht in der Lage, alle Bereiche zu einem einheitlichen, sinnvollen Ganzen zusammenzufassen. Strengt sich auf einigen Gebieten gewaltig an, obwohl dies eigentlich gar nicht nötig wäre.	8. Fühlt und zeigt deutlich in fast allen Bereichen, daß das Leben einen Sinn hat. Seine ganzheitliche Weltanschauung ermöglicht es ihm, in allem einen Sinn zu sehen. Wandert niemals ziellos umher und kämpft auch nie ergebnislos für eine Sache. Sein unerschütterliches Gefühl der Sicherheit basiert auf seinem inneren Selbstwertgefühl.	

9. Wird fast ausschließlich durch die Notwendigkeit motiviert, seine grundlegenden animalischen Bedürfnisse zu befriedigen und den Erwartungen anderer zu entsprechen. Zollt seinen höheren Bedürfnissen und denen anderer Menschen wenig oder gar keinen Respekt.

10. Hat starke Besitzansprüche gegenüber seiner Familie, seinen Freunden und jeder Gemeinschaft. Betrachtet sie als sein Eigentum, das er immer zu verlieren fürchtet. Empfindet häufig Gefühle tiefer und irrationaler Eifersucht.

9. Ist vorwiegend durch animalische Bedürfnisse, äußere Einflüsse und Belohnungen motiviert, aber auch dazu in der Lage, einige seiner höheren Bedürfnisse und die der anderen zu respektieren und ihnen mit gewissem Erfolg nachzukommen.

10. Hat genaue Vorstellungen davon, wie andere sich verhalten sollten, und kann in gewissen Situationen krank vor Eifersucht werden. Oft völlig verzweifelt, wenn er in der Liebe eine Enttäuschung erlebt.

9. Wird hauptsächlich durch höhere menschliche Bedürfnisse und Wertvorstellungen motiviert. Erkennt den Stellenwert der elementaren animalischen Bedürfnisse und befriedigt sie ohne größere Probleme. Die Suche nach Wahrheit, Schönheit, Gerechtigkeit und Frieden steht in seinem Leben immer an erster Stelle.

10. Hat keine Besitzansprüche gegenüber Menschen und Dingen. Weiß, daß man am schnellsten jemanden verliert, wenn man ihn krampfhaft festhält. Kennt praktisch keine Eifersucht.

Angst Panik / Passivität Apathie	Sich durchschlagen	Zurecht-kommen / Das Leben meistern
Der Neurotiker	**Der «Normale»**	**Der selbstverwirklichte Mensch**
11. Denkt in strikten Dichotomien. Kann selten in einer Angelegenheit zwei Seiten sehen. Entscheidet sich für einen Standpunkt und verteidigt diesen unnachgiebig. Sieht die Welt nur durch die Brille seiner Vorurteile.	11. Neigt zwar in mancher Hinsicht zu traditionellen dichotomischen Denkweisen, kann aber Vernunft zeigen, wenn man ihm entsprechend gegenübertritt. Regt sich manchmal über andere Menschen auf, die er in Schubladen einordnet, hat bestimmte Vorurteile (z. B. gegenüber Minderheiten) und kann unklare oder unsichere Situationen schlecht ertragen.	11. Neigt grundsätzlich nicht zu undifferenziertem dichotomischem Denken. Sieht immer zuerst das Ganze. Erkennt die Wahrheit selbst in scheinbaren Gegensätzen. Geht an jedes Problem mit Zuversicht und Tatkraft heran. Regt sich niemals darüber auf, wie andere Menschen ihn oder andere einordnen.

12. Ist ständig mit der Vergangenheit und der Zukunft beschäftigt. Sinnt häufig über vergangenes Unrecht oder «die gute alte Zeit» nach. Baut gern Luftschlösser, wobei er zumeist Angst davor hat, was die Zukunft tatsächlich alles bringen könnte. Schmiedet zahllose Pläne, um «das Schlimmste» zu verhindern.

13. Neigt dazu, «unreifes» Verhalten bei sich und anderen zu kritisieren. Auf sein Leben üben starre, oberflächliche Normen des «Erwachsen-Seins» großen Einfluß aus. Verurteilt schnell spontane oder kindliche Verhaltensweisen als «kindisch». Regt sich über die «Unreife» aller Altersgruppen auf. Kann Kinder nicht einfach Kinder sein lassen.

12. Ist mitunter auf die Vergangenheit fixiert. Macht sich Gedanken über die Zukunft und hat dabei einige Ängste. Im allgemeinen vertritt er jedoch den Standpunkt, daß «alles besser werden wird, wenn ...» Wird selten durch Reuegefühle gelähmt. Ist aber auch nur selten wirklich dazu fähig, im Hier und Jetzt aufzugehen.

13. Verlangt meist von sich selbst, sich «wie ein Erwachsener» zu verhalten. Toleriert kindliches Verhalten nur bei Kindern. Verurteilt bei anderen häufig «unreifes» Verhalten, ohne sich jedoch besonders darüber aufzuregen.

12. Behandelt die Vergangenheit lediglich als etwas, durch das er gelernt hat, wie es jetzt zu leben gilt. Die Zukunft sieht er als eine Zeit, die voll ausgelebt werden sollte, wenn es soweit ist. Zukunftspläne werden nur dann gemacht, wenn es für die Verfolgung der persönlichen Lebensziele notwendig ist. Lebt ausschließlich in der Gegenwart.

13. Lehnt es ab, sein Verhalten oder das anderer als «reif» oder «unreif» abzustempeln. Entscheidet selbst, nach welchen Maßstäben er sich entwickeln möchte, und gesteht anderen die gleiche Chance zu. Schätzt kindliches Verhalten bei Menschen jeden Alters und fördert solche Verhaltensweisen bei sich selbst.

Angst Panik	Passivität Apathie	Sich durchschlagen	Zurecht-kommen	Das Leben meistern

Der Neurotiker

14. Erlebt keine emotionalen Höhepunkte mit dem intensiven Gefühl, im Hier und Jetzt zu leben. Ist unfähig, äußere Einflüsse abzublocken, die Zukunftsorientiertheit und Versagensängste fördern. Befindet sich häufig an einem «emotionalen Tiefpunkt».

Der «Normale»

14. Ist fähig, manch einen emotionalen Höhepunkt zu erleben, wundert sich aber, warum diese nicht intensiver und häufiger auftreten und warum das Leben so oft langweilig und uninteressant ist. Akzeptiert im allgemeinen, daß «das Leben nun einmal so ist», ohne darüber nachzudenken, was man tun kann, um die Erlebnisqualität zu verbessern.

Der selbstverwirklichte Mensch

14. Kann bei beinahe allen Aktivitäten «Höhepunkte» erfahren. Wächst über Zukunfts- und Versagensängste hinaus und denkt kreativ darüber nach, wie er im Hier und Jetzt mehr intensive Erfahrungen machen kann.

15. Liebt seine animalische Natur und bringt seinem Körper und dessen Funktionen viel Ehrfurcht entgegen. Reagiert unverzüglich auf alle seine Bedürfnisse. Treibt aus reinem Vergnügen Sport. Akzeptiert den Alterungsprozeß als einen Teil des Lebens und Wachsens. Verbirgt oder verleugnet niemals sein Alter.

16. Versucht, körperliche «Supergesundheit» zu erreichen, verzichtet dabei möglichst auf Ärzte und Medikamente. Ist sich bewußt, daß er allein die Kraft hat, sich gesund zu erhalten. Fürchtet den Tod nur, wenn er von ihm wirklich bedroht ist. Vertraut er darauf, daß seine Instinkte und sein Körper im Rahmen des Möglichen der Gefahr gewachsen sind.

15. Schämt sich einiger Körperfunktionen. Verbirgt und unterdrückt sie, aber meint zugleich, daß dies «einfach der Preis ist, den man für das Animalische in sich zahlen muß». Betreibt zwar Sport, aber meist durch äußere Belohnungen motiviert. Leidet unter dem Älterwerden, weiß aber, daß man dagegen nichts tun kann.

16. Fühlt sich im allgemeinen gesund und fürchtet sich nicht unnötig vor Krankheiten. Hat nur gelegentlich aus rationalen Gründen «Angst vor dem Tod». Verläßt sich sehr auf Ärzte und Medikamente, sieht darin ein Allheilmittel für jede Unpäßlichkeit. Ist sich nicht bewußt, daß er selbst etwas für seine «Supergesundheit» tun kann.

15. Empfindet Abneigung gegenüber seinen elementaren Körperfunktionen und äußert dies auch. Ekelt sich vielleicht vor natürlichen Körpergerüchen oder vor seiner Sexualität und findet sportliche Betätigung langweilig. Akzeptiert das Altern nicht als natürlichen Prozeß, sondern leidet darunter und versucht alles, um es zu leugnen oder zu verbergen.

16. Ist hypochondrisch veranlagt: Hat ständig Angst vor allen möglichen Krankheiten und vor dem Tod. Klagt vielleicht über mysteriöse Schmerzen und wird zunehmend von Ärzten und Tabletten abhängig. Kann sich nicht vorstellen, daß er sich selbst heilen kann. Befürchtet, daß seine Krankheiten sein Leben beherrschen werden.

Angst Panik	Passivität Apathie	Sich durchschlagen	Zurecht-kommen	Das Leben meistern
Der Neurotiker		**Der «Normale»**	**Der selbstverwirklichte Mensch**	
17. Fühlt sich die meiste Zeit schuldig. Hat das Gefühl, daß andere, vor allem auch die Mitglieder seiner eigenen Familie, ihn dauernd verurteilen, auch wenn dies gar nicht der Fall ist. Läßt sich aufgrund irrationaler Schuldgefühle leicht durch andere manipulieren. Versucht andererseits dauernd, in anderen Schuldgefühle zu wecken. Ist ständig mit der Suche nach einem «Sündenbock» beschäftigt.		17. Hat Schuldgefühle aufgrund einiger spezifischer Verhaltensweisen, wird aber nicht fortwährend von einem schlechten Gewissen verfolgt. Läßt sich manchmal durch Menschen, die seine Schuldgefühle ausnützen, manipulieren und versucht bisweilen, andere auf die gleiche Weise zu manipulieren. Macht sich oft Gedanken darüber, «wer schuld ist», kann aber im allgemeinen vergeben und vergessen.	17. Fühlt sich nur dann schuldig, wenn sein Gewissen ihm sagt, daß er etwas falsch gemacht hat. Reagiert unverzüglich auf die Stimme seines Gewissens. Versucht, das Geschehene wiedergutzumachen und so die Schuldgefühle aufzuheben. Manipuliert niemals andere durch Schuldgefühle und läßt auch nicht zu, daß andere dies mit ihm tun. Kümmert sich nicht darum, wer Schuld gehabt hat, sondern versucht vielmehr, bestehendes Unrecht zu beseitigen.	

18. Ist hochgradig abhängig von Familie, Freunden, Arbeit und Organisationen, denen er angehört. Klammert sich ängstlich an sie, da sein Selbstwertgefühl fast ausschließlich auf diesen Beziehungen basiert; bricht in sich zusammen, wenn sie scheitern; unterdrückt das eigene Bedürfnis nach Unabhängigkeit.

19. Macht andere oder die «Gesellschaft» für sein Unglück verantwortlich. Schiebt Eltern, Chef oder Familie die Schuld für seine Fehler in die Schuhe. Wird wütend, wenn andere ihn damit konfrontieren, was er selbst daran ändern könnte. Zeigt kein Interesse an der Lösung von Problemen, sondern nur an der Schuldzuweisung.

18. Seine Identität hängt in hohem Maß von Familie und Freunden ab. Er hat zugleich aber auch das Bedürfnis nach persönlicher Unabhängigkeit. Leidet unter der Vielzahl von Abhängigkeiten in seinem Leben. Wäre gern eigenständiger, ist aber selten bereit, die damit verbundenen Risiken einzugehen.

19. Zwar gibt er kaum anderen Menschen die Schuld für seine eigenen Fehler, aber er hat auch nicht das Gefühl, sein Leben selbst in der Hand zu haben. Verschwendet oft Zeit damit, anderen Vorwürfe zu machen, anstatt sich gemeinsam mit ihnen um eine gute Lösung zu bemühen.

18.´ Hat die Dichotomie Abhängigkeit – Unabhängigkeit überwunden und weiß, daß alle Menschen aufeinander angewiesen sind. Ist in seinem Selbstwertgefühl und in seiner Identität von niemandem abhängig. Kennt aber die Art und Weise, in der alle als eigenständige und doch durch ein gemeinsames Schicksal miteinander verbundene Menschen in dieser Welt voneinander «abhängen».

19. Vergeudet niemals seine Zeit damit, anderen für die Fehler dieser Welt die Schuld zu geben. Weiß, daß alles, was in seinem Leben zählt, von ihm gesteuert werden kann. Findet vielleicht in dem, was der andere oder er selbst tut, Fehler, versucht aber, sie auszumerzen, statt bloß nach einem Sündenbock zu suchen.

Angst Panik	Passivität Apathie	Sich durchschlagen	Zurechtkommen	Das Leben meistern
Der Neurotiker		**Der «Normale»**	**Der selbstverwirklichte Mensch**	
20. Hat in den meisten Situationen keinen Sinn für Humor. Erzählt vielleicht auswendig gelernte Witze oder versucht, ab und zu zwanghaft lustig zu sein, indem er zum Beispiel lauthals über seine eigenen Scherze lacht. Er findet aber nichts amüsant, was ihm im Leben «ernst» ist, etwa seine autoritären Einstellungen oder seinen Wunsch nach gesellschaftlicher Anerkennung. Er mag keinen spontanen Humor und lehnt ihn in den meisten Fällen kategorisch ab.		20. Lacht im allgemeinen gerne, wenn es «angemessen» ist, zum Beispiel in der Kaffeepause. Tut dies aber häufig auf Kosten anderer und beteiligt sich am allgemeinen Klatsch. Lacht selten über sich selbst oder über das, was für ihn «sehr ernst» ist. Kann nur in bestimmten Situationen spontan lustig sein.	20. Erkennt, daß Humor in allen Lebenslagen angebracht ist. Humorvoll sein heißt für ihn allerdings nicht, daß man immer lacht oder lustig ist, sondern bedeutet, daß man Leben mit allem akzeptiert, was dazugehört. Lacht gern und so oft sich ihm die Gelegenheit dazu bietet oder er eine solche schaffen kann. Schätzt spontanen Humor in allen Lebenslagen.	

21. Ist sehr engstirnig in bezug auf die eigenen Wertvorstellungen und die Einschätzung der eigenen Person. Häufig ausgesprochen chauvinistisch, wenn es etwa um die Familie, die Nachbarschaft, die engsten Freunde oder den Bekannten mit dem höchsten Prestige geht. Hat das Gefühl, diese Werte um jeden Preis verteidigen zu müssen. Fühlt sich persönlich angegriffen, wenn sie in Frage gestellt werden.

21. Zeigt gelegentlich chauvinistische Einstellungen, häufig aber auch Neigung zu Patriotismus und Nationalismus als höchste Wertvorstellungen. Macht sich einige Gedanken über die Probleme der Menschheit, ist aber mehr nationalem und provinziellem Denken verhaftet, als von einer wahren Liebe zur Menschheit geprägt.

21. Seine Wertvorstellungen und sein Selbstverständnis sind zutiefst human. Er kann sich dem provinziellen und nationalen Chauvinismus widersetzen. Lehnt jegliche Form von Rassismus ab. Behält globale Zusammenhänge im Auge und sieht sich vor allem als «ein Mensch».

Angst Panik	Passivität Apathie	Sich durchschlagen	Zurecht- kommen	Das Leben meistern
Der Neurotiker		**Der «Normale»**	**Der selbstverwirklichte Mensch**	

Der Neurotiker

22. Vergleicht sich ständig mit anderen, verfolgt, was andere tun und wie er in allen Lebensbereichen im Vergleich zu ihnen dasteht. Er regt sich auf, wenn andere ihn an äußeren Normen gemessen übertreffen, und verunglimpft die Leistungen der anderen, damit er das Gefühl hat, besser abzuschneiden. Um dieses Ziel zu erreichen, greift er sogar zu unfairen Mitteln und lügt oder betrügt.

Der «Normale»

22. Akzeptiert Konkurrenz und Wettstreit als «Realität», sieht sie aber nur selten als Dinge, bei denen es um Leben oder Tod geht. Leidet zuweilen unter dem Vergleich mit anderen in Bereichen wie Arbeit oder Liebesbeziehungen. Nimmt am Konkurrenzspiel, so gut es geht, teil.

Der selbstverwirklichte Mensch

22. Lehnt das Konkurrenz- und Wettbewerbsspiel insgesamt ab. Geht meist völlig in dem auf, was er tut, so daß er kaum wahrnimmt, wie sich andere verhalten, außer wenn sie mit ihm arbeiten oder spielen. Freut sich über die Erfolge anderer, die einen Beitrag zum Wohl der Menschheit darstellen.

23. Hat ständig Angst zu versagen. Geht Aktivitäten aus dem Weg, in denen er ungeschickt oder unerfahren ist. Ärgert sich über sich selbst oder andere, wenn er an etwas scheitert. Ist unfähig, aus seinen Fehlern zu lernen. Versucht in den meisten Fällen, seine Unzulänglichkeiten zu verbergen oder zu leugnen. Redet manchmal schlecht über andere und deren Fehler.

24. Neigt zu fanatischer Heldenverehrung. Hebt berühmte Menschen hervor, mit denen er sich identifiziert, und lebt praktisch durch sie. Verkraftet es nicht, wenn seine Idole ihn «verraten». Ärgert sich darüber, wenn andere nicht seine Anbetung teilen und seine Helden vielleicht sogar in Frage stellen.

23. Haßt Mißerfolge. Bemüht sich sehr darum, in allem erfolgreich zu sein. Verlangt, daß die anderen Familienmitglieder sich im selben Maß anstrengen sollen. Akzeptiert jedoch gelegentlich eine Niederlage als Preis für den Erfolg. Ist in der Lage, neue Dinge auszuprobieren: «Wenn man nicht von Anfang an Erfolg hat, muß man es noch einmal versuchen. Gib nicht gleich auf.»

24. Hat Idole, weiß aber, daß auch sie nur Menschen sind. Neigt insbesondere dazu, «historische Größen» als Helden zu verehren. Identifiziert sich mit dem, wofür diese Menschen gekämpft haben. Nimmt sie vielleicht vor anderen in Schutz, steigert sich aber niemals in eine lähmende Wut hinein, wenn seine Idole in Frage gestellt werden.

23. Lehnt die Dichotomie Erfolg – Mißerfolg ab. Begrüßt das Versagen als Teil jedes Lernprozesses. Ist bereit, beinahe alles zu versuchen, was ihn interessiert. Verspürt nicht den Drang, bei all seinen Handlungen im Vergleich zu anderen erfolgreich zu sein. «Erfolg» stellt sich für ihn wie von selbst ein, wenn er seine Lebensziele erreicht und Dinge tut, an denen ihm wirklich etwas liegt.

24. Hat keine besonderen Vorbilder und Idole. Hat erkannt, daß auf jeden berühmten Helden Millionen unbekannter kommen. Kann in jedem Menschen ein Vorbild sehen. Lernt aus den Beispielen derer, die der Menschheit gedient haben; ist aber mit seinem eigenen Beitrag viel zu sehr beschäftigt, als daß er durch einen anderen leben möchte.

Angst Panik	Passivität Apathie	Sich durchschlagen	Zurecht- kommen	Das Leben meistern
Der Neurotiker		**Der «Normale»**		**Der selbstverwirklichte Mensch**
25. Ist in allem ein Konformist und ständig darüber besorgt, ob er in den Augen der Mehrheit oder der «Autoritäten» alles «richtig macht». Zieht ständig Bücher oder Zeitschriften mit Verhaltensmaßregeln zu Rate und richtet sich nach jedem Modetrend. Befolgt selbst die kleinlichsten Regeln und Verhaltensmaßstäbe, ohne darüber nachzudenken, und fordert, daß andere sich auch danach richten.		**25.** Hält sich an die meisten gesellschaftlichen Regeln und paßt sich vielen Sitten und Gebräuchen an, gesteht sich aber zugleich etwas Individualität zu. Ist in den meisten «wichtigen Bereichen» ein Konformist, beispielsweise wenn es um die berufliche Laufbahn, politische Ansichten oder den Wohnort geht. Kann kleinliche Anordnungen und Verhaltensregeln immerhin dadurch überwinden, daß er sie als lächerlich bewertet.		**25.** Legt keinen Wert auf Konformität um ihrer selbst willen und auf Belohnungen und Anerkennung von außen. Will aber nicht aus purem Selbstzweck unangepaßt sein. Lehnt blinde Anpassung vor allem in lebenswichtigen Bereichen ab. Kann kleinliche Verhaltensvorschriften und Gebräuche ohne weiteres umgehen. Setzt sich für die Änderung von wirklich unsinnigen Normen und Traditionen ein.

26. Hat Angst vor dem Alleinsein. Unterdrückt sein Bedürfnis und das der anderen nach Privatsphäre. Ist ständig von Rückmeldungen anderer abhängig. Befürchtet, daß andere sich oder irgend etwas vor ihm verbergen wollen, wenn sie einmal allein sein möchten. Stört oft andere in deren Privatsphäre.

26. Zieht es im allgemeinen vor, nicht alleine zu sein, weiß aber einige «private Augenblicke» zu schätzen. Reagiert depressiv auf Einsamkeit, wenn er zu lange allein ist. Respektiert in den meisten Fällen das Bedürfnis der anderen nach Privatsphäre, wundert sich aber oder sorgt sich über die Menschen, die «zuviel» allein sein möchten.

26. Ist allein genauso glücklich wie unter Menschen. Besteht auf seinem Recht auf Privatsphäre und gesteht anderen das gleiche Recht zu. In seinem Leben gibt es Zeiten, die er allein, und solche, die er mit anderen verbringt und nach seinem Wunsch gestaltet. Kennt nicht die «Einsamkeitsdepression», weil er mit sich selbst in Einklang steht und immer Menschen finden kann, mit denen er gerne zusammen ist.

Angst / Panik	Passivität / Apathie	Sich durchschlagen	Zurecht-kommen	Das Leben meistern
Der Neurotiker		Der «Normale»	Der selbstverwirklichte Mensch	
27. Ist zu sich selbst nicht ehrlich. Ist innerlich ständig aufgewühlt, da er versucht, etwas darzustellen, was er eigentlich gar nicht ist. Kann eigene Fehler nicht zugeben, sondern erfindet statt dessen Ausreden und Rechtfertigungen. Hört selten auf seine innere Stimme. Kann anderen gegenüber ausgesprochen unaufrichtig sein.		**27.** Hört häufig nicht auf seine innere Stimme. Täuscht manchmal «in kleinem Rahmen» etwas vor, aber nicht, etwas völlig anderes zu sein, als er tatsächlich ist. Kann meist Fehler zugeben, sucht aber auch gleichzeitig nach Ausreden und Rechtfertigungsmöglichkeiten. Seine inneren Signale sind stark genug, um schwerwiegende Unehrlichkeiten gegenüber anderen zu verhindern.	**27.** Hört immer auf seine innere Stimme, die ihn davor warnt, unehrlich zu sein. Schließt vor allem mit seinem Gewissen Frieden. Merkt jedesmal selbst, wenn er im Begriff ist, andere Menschen zu täuschen. Gibt ohne weiteres eigene Fehler zu. Tut dies mit Humor, sucht aber niemals nach Ausflüchten oder Rechtfertigungsmöglichkeiten. Begegnet anderen mit einer tiefempfundenen, unvoreingenommenen Ehrlichkeit.	

28. Geht das Leben nicht schöpferisch an. Hält sich selbst für «einfallslos», läßt das kreative Genie in sich niemals zum Vorschein kommen. Ahmt andere in fast allen Bereichen blind nach, nimmt ihnen ihre Überlegenheit insgeheim aber übel. Läßt sich von wahrhaft kreativen Menschen oder unkonventionellen Lebensweisen einschüchtern.

28. Ist kreativ und verhält sich auch individuell – aber nur in bestimmten Situationen. Vermag seiner Kreativität bei der Arbeit, in wichtigen Beziehungen oder in familiären Situationen nicht freien Lauf zu lassen. Kann aber seine Kreativität in Freizeitbeschäftigungen und Hobbys ausleben.

28. Läßt seiner eigenen, schöpferischen Vorstellungskraft in allen Situationen freien Lauf. Nimmt in allen Lebensbereichen eine kreative Haltung ein. Imitiert andere nur dann, wenn er selbst keinen besseren Weg weiß. Kreativität spielt vor allem in seinem Beruf und seinen wichtigsten Beziehungen eine Rolle.

Angst Panik	Passivität Apathie	Sich durchschlagen	Zurecht- kommen	Das Leben meistern
Der Neurotiker		**Der «Normale»**		**Der selbstverwirklichte Mensch**
29. Stagniert im intellektuellen Bereich. Meint, seine Bildung sei mit der formalen Schulausbildung «abgeschlossen». Unterdrückt jede natürliche, intellektuelle Neugier und mißtraut anderen, die ihrem Wissensdurst nachgehen. Gibt oberflächliche oder «vorprogrammierte» Erklärungen auf die Frage, was er denkt. Wird wütend, wenn andere ihn in Verlegenheit bringen, weil er etwas nicht weiß.		29. Hat nur in begrenztem Maße intellektuelle Interessen. Ist vielleicht in manchen Bereichen wißbegierig – meist in der Freizeit als Bücherwurm, Hobbygärtner oder Hobbymeteorologe –, wird aber selten seine ganze intellektuelle Fähigkeit dafür einsetzen, zentrale Probleme und Fragen des Lebens zu lösen. Hat an einer Weiterbildung lediglich dann Interesse, wenn er beruflich weiterkommen oder nach außen hin erfolgreich sein möchte.		29. Intellektuell durch seinen natürlichen Wissensdurst und seine ständige Suche nach Wahrheit motiviert. Hat erkannt, daß im Grunde jede Bildung hauptsächlich auf eigener Arbeit beruht. Kann sich konzentriert auf jedes Gebiet stürzen, das seine intellektuelle Neugier weckt. Dies gilt vor allem für jene Bereiche, die Probleme und Möglichkeiten des menschlichen Lebens betreffen.

30. Er schmiedet zwanghaft Pläne, fühlt sich ohne sie nicht wohl und wird wütend oder verdrießlich, wenn nicht alle genau eingehalten werden. Verbringt mehr Zeit damit, über «das Programm» nachzudenken, als das eigentliche Ereignis zu genießen. Kann es kaum erwarter, sich über den nächsten Plan Gedanken zu machen.

30. Legt häufig Wert auf « Regelmäßigkeit » im Leben. Bevorzugt regelmäßige Schlafenszeiten oder hat nur an bestimmten Tagen Zeit für sein Sexualleben. In den meisten Fällen zieht er es vor, alles zu planen. Ist aber auch in einem gewissen Maße zur Spontaneität fähig und macht sich keine übermäßigen Gedanken über Pläne und Programme. Dennoch ist sein Leben « überreguliert ».

30. Plant, wenn dies die gegenwärtige Situation erfordert. Nimmt sich anderer an, aber verpflichtet sich nur in dem Maße, wie er dies verkraften kann. Zieht es häufig lieber vor, keinen Plan zu machen, um mehr Möglichkeiten für seine Spontaneität zu gewinnen.

Angst Panik	Passivität Apathie	Sich durchschlagen	Zurecht- kommen	Das Leben meistern
Der Neurotiker		**Der «Normale»**	**Der selbstverwirklichte Mensch**	
31. Ist immer Mitläufer, aber niemals eine Führungspersönlichkeit. Setzt nie eigene Ideen in die Realität um und stellt Autoritäten auch niemals in Frage. Verdrängt ständig das eigene Bedürfnis nach innerer Führung und seinen heimlichen Ärger darüber, daß er nur ein Mitläufer ist. Dadurch lebt er in einem permanenten inneren Konflikt und auf Dauer gesehen in einem Zustand der Lähmung.		31. Gehört meistens zu den Mitläufern, kann aber in einigen Lebensbereichen durchaus Führungspositionen einnehmen. Hört auf seine innere Stimme, wenn es um schwierige Probleme des Gewissens oder um eine klare innere Eingebung geht. Verdrängt häufig sein Bedürfnis, sein eigener Herr zu sein, und leidet zugleich unter diesem Schicksal, das ihn zum Mitläufer macht.	31. Erkennt weder festgefügte Rollen für «Führungspersönlichkeiten» noch für «Mitläufer» an. Hört in allem auf seine innere Stimme. Ist inspiriert, wenn andere ihm zustimmen und mit ihm arbeiten möchten, hat dabei aber nicht das Verlangen nach gedankenlosen Anhängern, sondern nach eigenständigen Mitarbeitern.	

32. Ist vom Geld besessen – ganz gleich, wieviel er davon besitzt. Macht sich ständig Gedanken über sein Überleben, seine langfristige Sicherheit oder über sein Vermögen; dies sind für ihn die objektiven Maßstäbe seines Selbstwertgefühls. Nimmt eine Arbeit an, sogar verhaßte, wenn er dabei nur viel Geld verdient. Ist selten in der Lage, sich wirklich an dem Geld zu erfreuen, das er hat. Ist immer geizig, sieht auf die Armen herab, auch wenn er selbst wenig besitzt, und blickt ehrfurchtsvoll zu den Superreichen auf. Insgeheim ist er über seine Abhängigkeit vom Geld verärgert und hat deshalb ständig mit schweren inneren Konflikten zu kämpfen.

32. Neigt dazu, sich zu viele Sorgen über Geld zu machen, auch wenn er davon genug hat. Er sehnt sich aber vor allem nach materieller Unabhängigkeit und schätzt nicht so sehr das Geld um des Geldes willen. Für ihn haben Geld und Selbstwertgefühl nur selten etwas miteinander zu tun. Wäre sehr gern reich, ist aber nicht bereit, dafür eine unangenehme, unbefriedigende Arbeit zu verrichten. Ist fähig, das Geld, das er besitzt, zu genießen, auch wenn das Ausgeben manchmal Schuldgefühle in ihm hervorruft. Ist ziemlich großzügig und gerät ab und zu aufgrund des Geldes in Konflikte.

32. Die Anhäufung von Geld als Selbstzweck ist für ihn sinnlos. Verrichtet die Arbeit, die ihm sinnvoll zu sein scheint, und lebt so, daß er unabhängig vom Geld trotzdem immer glücklich sein kann. Macht den Wert eines Menschen niemals vom Geld abhängig. Wenn er durch seine Arbeit materiellen Reichtum erlangt, dann ist das nur eine angenehme Nebenerscheinung. Genießt alle Erfahrungen, ob sie nun Geld kosten oder nicht. Gibt Geld ohne Schuldgefühle aus, handelt dabei aber niemals unbedacht. Ist zu anderen, die bedürftig sind, sehr großzügig. Konflikte wegen des Geldes sind ihm völlig unbekannt.

Angst Panik	Passivität Apathie	Sich durchschlagen	Zurecht-kommen	Das Leben meistern
Der Neurotiker		**Der «Normale»**	**Der selbstverwirklichte Mensch**	
33. Ist praktisch völlig unfähig, sich zu entspannen oder zu erholen; betrachtet dies als «nicht gewinnbringend», als «Verschwendung der kostbaren Arbeitszeit». Leidet ständig unter Angstgefühlen und körperlicher Anspannung. Ist in Spielen so auf den Wettkampf fixiert und so angespannt, daß er sich nicht an ihnen erfreuen kann. Verbringt den Urlaub damit, sich über Lappalien, zu erfüllende Pläne oder unerledigte Arbeit Sorgen zu machen. Kann nicht abschalten.		33. Vernachlässigt häufig sein Bedürfnis nach Erholung und Entspannung, aber gönnt sich zumindest genügend Zeit, um «bei klarem Verstand» zu bleiben. Entspannt sich selten völlig, da ihm zu viele Gedanken durch den Kopf gehen. Erholung ist in seinen Augen ein Luxus, der nach wichtigen Dingen erst an zweiter Stelle kommt: «Warte bis zum Urlaub». Kann sich in der Freizeit und im Urlaub einigermaßen vergnügen, dabei aber nicht immer völlig abschalten.	33. Sieht Erholung und Entspannung als notwendig an, um glücklich und kreativ zu sein, das Leben voll auszuschöpfen und mit allen Situationen fertig zu werden. Ist Experte darin, sich in regelmäßigen Abständen zu entspannen, sei es durch Yoga, Meditation oder auf anderen Wegen, die er selbst entdeckt oder erfunden hat. Sieht die Freizeit als reine Erholung an. Macht jeden Tag mehrmals «Urlaub». Weiß, wie man Urlaub genießt, und läßt nie zu, daß er durch Streßsituationen nicht abschalten kann.	

34. Hat keinen Sinn für Ästhetik und besitzt sehr engstirnige, starre Vorstellungen darüber, was schön ist. Findet überall etwas Häßliches. Beurteilt die Schönheit eines Menschen nach dessen Statussymbolen und findet die meisten Leute häßlich. Das führt zu Langeweile und Griesgrämigkeit.

34. Hat ziemlich stereotype Ansichten darüber, was im Leben schön ist. Möchte sein Bedürfnis nach Schönheit befriedigen, versucht aber nicht, sein Blickfeld für neue Aspekte der Schönheit zu erweitern. Dies führt zu vielen «blinden Flecken», wenn es darum geht, Schönheit zu sehen oder zu schaffen. Schönheit beurteilt er anhand der akzeptierten äußeren Normen der Gesellschaft.

34. Findet die Welt schön und wunderbar. Kennt keine Grenzen in der Vielfalt der Schönheit, keine Einschränkungen, wo oder wie sie gefunden oder geschaffen werden kann. «Das Lächeln eines Kindes kann schöner sein als jeder Sonnenuntergang.» «Das abbruchreife Haus am anderen Ende der Straße würde auf einem Foto toll aussehen, wenn ich die Hauswand mit den wilden Lilien fotografiere.» «Alle Menschen sind eigentlich schön, auch wenn das, was sie tun oder hervorbringen, häufig nicht schön ist.» Er gibt die Suche nach der Schönheit im Leben nie auf.

Angst Panik	Passivität Apathie	Sich durchschlagen	Zurecht- kommen	Das Leben meistern

Der Neurotiker

35. Meint, keinen Einfluß auf den Verlauf seines Lebens ausüben zu können. Ist resigniert zu dem Schluß gekommen, daß alles im Leben vorausbestimmt ist: Man «hat sein Los gezogen». Ist ein Fatalist, der häufig Dinge und Menschen – sich selbst eingeschlossen – als «hoffnungslose Fälle» ansieht und der in tiefe Depressionen und Verzweiflung verfällt, wenn er sich nicht damit ablenkt, äußere Ziele zu erreichen.

Der «Normale»

35. Meint, vieles im Leben sei durch Äußerlichkeiten wie Rassenzugehörigkeit, soziale Schicht, Erziehung und Glück vorherbestimmt, hat aber das Gefühl, daß die Menschen «sich verbessern» können, wenn sie nur ehrgeizig sind und in dem «Erfolgsspiel» der Gesellschaft «die richtigen Entscheidungen treffen». Er verzweifelt nicht, weil er doch immerhin in begrenztem Maße an seine persönlichen Möglichkeiten glaubt, etwas erreichen zu können und Erfolg zu haben.

Der selbstverwirklichte Mensch

35. Hat jeden Moment im Leben das Gefühl, selbst über alles entscheiden zu können. Lehnt von außen kommende Wertvorstellungen und Einflüsse ab, da diese ihn nur an seiner Entfaltung hindern. Wenn er persönliche Entscheidungen trifft, achtet er nicht auf «Ehrgeiz» und «Richtigkeit», sondern glaubt an den unbegrenzten freien Willen.

36. Hat wenig Achtung vor dem Leben oder vor der Menschheit. Glaubt, das menschliche Leben sei eigentlich wertlos, zum Beispiel angesichts des Hungers in vielen Teilen der Welt. Akzeptiert Krieg und Gewalt als natürlich im Leben. Denkt nur an sich und seine nächsten Angehörigen. Meint, daß die anderen sich genausowenig um sein Leben kümmern, wie er sich um das ihre.

36. Respektiert alle Menschen, konzentriert sich aber dabei hauptsächlich auf die Menschen in seiner Nähe. Akzeptiert die Ansicht, daß die hungernden Menschen in weiten Teilen des Globus besser tot wären. Hofft, daß eines Tages Krieg und Gewalt aus dieser Welt verschwunden sein werden, ist aber im Grunde pessimistisch. Glaubt, daß Kriege zwischen Menschen und Staaten unvermeidbar sind. Hält Hungerkatastrophen und Seuchen ebenfalls für unausweichlich. Hofft, daß die Menschen, die er liebt, davon niemals betroffen sein werden.

36. Achtet alle Lebewesen als etwas Heiliges; geht davon aus, daß jedes menschliche Wesen den gleichen Wert hat. Er glaubt, daß Krieg, Gewalt, Hungersnöte und Seuchen von diesem Planeten verschwinden können, wenn die Menschen sich dazu entscheiden, sie zu beseitigen. Er hat es sich zur Lebensaufgabe gemacht, die Situation jedes einzelnen zu verbessern und Ungerechtigkeiten aus der Welt zu schaffen.

Angst Panik	Passivität Apathie	Sich durchschlagen	Zurecht- kommen	Das Leben meistern
Der Neurotiker		**Der «Normale»**	**Der selbstverwirklichte Mensch**	
37. Betrachtet das Leben als ständigen Kampf. Hat das Gefühl, immer gegen den Strom zu schwimmen und nie anhalten und einmal nach Luft schnappen zu können. Meint, jeden Moment untergehen zu können. Steckt in einem Teufelskreis von Panik, Apathie und dem verzweifelten Versuch auszubrechen.		37. Befindet sich in einem Kreislauf, in dem Apathie, Bemühen und Bewältigung sich abwechseln.	37. Schwimmt mit dem Strom. Hat immer das Gefühl, stromabwärts getragen zu werden. Begeistert sich dafür, daß er «Wildwasser» – also alle Lebenssituationen – meistern kann. Ist von der Schönheit der sich ständig verändernden Welt, durch die er getragen wird, begeistert. Genießt ruhige Momente am Ufer des Lebensstroms, in denen er sich erholt, oder erforscht voller Begeisterung seine Umgebung. Beherrscht meisterhaft seinen Willen, seine Gedanken, Gefühle und sein Verhalten.	

Laurie Ashner / Mitch Meyerson
Wenn Eltern zu sehr lieben
(rororo sachbuch 9359)

Karola Berger
Co-Counseln: Die Therapie ohne Therapeut *Anleitungen und Übungen*
(rororo sachbuch 9954)
Co-Counseln bedeutet: sich gegenseitig beraten. In dieser neuen Form der «Laien-Therapie» finden sich zwei Menschen zum therapeutischen Gespräch zusammen. Das Buch vermittelt mit leicht verständlichen Anleitungen und einfachen Übungen die Grundlagen und Techniken dieser neuen Methode.

Klaus Birker / Barbara Schott
Den Job will ich haben! *Die erfolgreiche Bewerbung NLP – das Psycho-Power-Programm*
(rororo sachbuch 9986)
Mit Hilfe der Techniken des Neuro-Linguistischen Programmierens, kurz NLP, kann man in kürzester Zeit lernen, sich optimal auf Bewerbungssituationen vorzubereiten. Die in diesem Buch vorgestellten Übungen sind leicht anwendbar, effektivitätsorientiert und im Management erprobt.

Robert M. Bramson
Schwierige Leute – und wie man am besten mit ihnen umgeht
(rororo sachbuch 8727)

Diane Fassel
Ich war noch ein Kind, als meine Eltern sich trennten ... *Spätfolgen der elterlichen Scheidung überwinden*
(rororo sachbuch 9984)

Daniel Hell
Welchen Sinn macht Depression?
Ein integrativer Ansatz
(rororo sachbuch 9649)

Karin Mager
Fair und selbstbewußt miteinander reden *Wie Sie Konflikte meistern*
(rororo sachbuch 60106)
Dies ist kein Programm für Harmoniesüchtige, die sich gegenseitig kein Härchen krümmen können, sondern eines für jedermann und jedefrau, die schwierige Gespräche selbstbewußt führen und Konflikte fair lösen wollen.

Tim Rohrmann
Junge, Junge – Mann, o Mann
Die Entwicklung zur Männlichkeit
(rororo sachbuch 9671)

Ian Stuart-Hamilton
Die Psychologie des Alterns
(rororo sachbuch 9516)

Psycho Power – NLP

Streß mit dem Chef, Probleme in der Familie oder Angst vor der Zukunft – Probleme, die allein schwer zu meistern sind. Jetzt erscheint bei *rororo* das Psycho-Power-Programm zur Stärkung des Selbstbewußtseins, bekannt als **Neurolinguistisches Programmieren (NLP)**, das in den siebziger Jahren von den Amerikanern Richard Bandler und John Grinder entwickelt wurde. Knapp, praxisnah und verständlich geschrieben, bieten die Bücher konkrete Hilfe für Alltag und Beruf.

Cora Besser-Siegmund
Das Rauchen aufgeben
(rororo sachbuch 9956)
Frei von Eifersucht
(rororo sachbuch 9985)
Mit Hilfe der vorgestellten Übungen und Tricks kann man lernen, wie man sich nicht länger von der alles zerfressenden Eifersucht beherrschen läßt, sondern statt dessen seine Energien auf neue, positive Ziele konzentriert.

Barbara Schott
Gut drauf sein, wenn's schiefgeht
(rororo sachbuch 9604)
Cool bleiben
(rororo sachbuch 9603)
Passiert es Ihnen auch immer wieder, daß Sie gereizt reagieren, die Fassung verlieren und manchmal richtig aus der Haut fahren? Das muß nicht sein. Sie können mit einfachen Mitteln gezielt lernen, Ihre Stimmung positiv zu verändern.
Andere Wege wagen
(rororo sachbuch 9605)

Cora Besser-Siegmund
Frei von Eifersucht
NLP –
Das Psycho-Power-Programm

Barbara Schott/ Klaus Birker
Freunde finden
(rororo sachbuch 9668)
Prüfungsstreß ade
(rororo sachbuch 9669)
Kompetent verhandeln
(rororo sachbuch 9773)
Geschicktes Verhandeln will gelernt sein – ob am Telefon oder am Verhandlungstisch. Dieses Buch stellt einfach anwendbare Strategien vor.
Schüchternheit überwinden
(rororo 9774)
Mut zur Entscheidung
(rororo sachbuch 9957)
Fällt es Ihnen manchmal schwer, klar ja oder nein zu sagen? Mit diesem Buch können Sie lernen, wie man Entscheidungen als positive Herausforderung begreifen kann.
Selbstbewußt auftreten
(rororo sachbuch 9905)
Souverän mit Kunden umgehen
(rororo sachbuch 9796)
Den Job will ich haben *Die erfolgreiche Bewerbung*
(rororo sachbuch 9986)

rororo sachbuch

«Die Liebe hat nun einmal dieses Übel, daß Krieg und Frieden immer wechseln.» *Horaz, Satiren*

Lonnie Barbach
Mehr Lust *Gemeinsame Freude an der Liebe*
(rororo sachbuch 8721)

Cheryl Benard / Edit Schlaffer
Männer *Eine Gebrauchsanweisung für Frauen*
(rororo sachbuch 8820)

Konrad Berg
Das Jawort geben *Schöne und phantasievolle Hochzeitsrituale*
(rororo sachbuch 9787)
Dieses Buch stellt poetische, praktische und spirituelle Gestaltungsideen rund um die Heirat vor und ist eine Fundgrube für alle, die ein einfallsreiches Hochzeitsfest feiern wollen.

Roland Bickmann
Ein Tag wie der andere *Szenen einer Ehe*
(rororo sachbuch 9637)

Patricia Evans
Worte, die wie Schläge sind *Verbaler Mißbrauch in Beziehungen*
(rororo sachbuch 9783)

Donna Ewy
Eine glückliche Familie werden *Lebensgestaltung für Paare*
(rororo sachbuch 9785)

Marty Klein
Über Sex reden *Heimliche Wünsche, verschwiegene Ängste*
(rororo sachbuch 8824)

C. Notarius / H. Markman
Wir können uns doch verstehen *Paare lernen mit Differenzen zu leben*
(rororo sachbuch 9790)

Diane Vaughan
Wenn Liebe keine Zukunft hat *Stationen und Strategien der Trennung*
(rororo sachbuch 8818)

Judith Sills
Liebe nach dem ersten Blick *Handbuch für Romantiker*
(rororo sachbuch 9134)
«Dies ist kein Buch über hoffnungslos unglückliche Beziehungen, sondern eines über potentiell glückliche.»

Katherine Wyse Goldman
Immer ein schlechtes Gewissen – kleine Lebenshilfe für berufstätige Mütter
(rororo sachbuch 9777)
«Dieser kleine Ratgeber soll Mut machen, Selbstzweifel entkräften, mit einigen Vorurteilen aufräumen und ein paar wertvolle Einsichten vermitteln.» *Katherine Wyse Goldman*

rororo sachbuch